芳年华月 草生木长

芳草地国际学校教育发展史志（1956—2016）

樊秀丽 著

图书在版编目 (CIP) 数据

芳年华月　草生木长：芳草地国际学校教育发展史志 (1956—2016) / 樊秀丽著—北京首都师范大学出版社，2017.7
ISBN 978-7-5656-3552-6

Ⅰ.①芳… Ⅱ.①樊… Ⅲ.①芳草地国际学校－校史－1956—2016 Ⅳ.① G629.281

中国版本图书馆 CIP 数据核字 (2017) 第 110448 号

芳年华月　草生木长

芳草地国际学校教育发展史志（1956—2016）

樊秀丽　著

责任编辑　孙　琳
首都师范大学出版社出版发行
地　址　北京西三环北路 105 号
邮　编　100048
电　话　68418523（总编室）　68982468（发行部）
网　址　www.cnupn.com.cn
印　刷　三河市博文印刷有限公司
经　销　全国新华书店
版　次　2017 年 7 月第 1 版
印　次　2017 年 7 月第 1 次印刷
开　本　787mm×1092mm　1/16
印　张　21.25
字　数　298 千字
定　价　68.00 元

目录

崇文 尚德 晓礼 友好

顾明远 序

芳草地国际学校在1956年建校之初主要是为我国驻外使馆工作人员的子女设立的，使我们驻外人员能够安心工作，无后顾之忧。因此，创立这所学校，中央很重视，北京市也很重视，调配了最好的校长和教师。办学一开始就重视贯彻党的教育方针，培养学生全面发展。

1961年学校开始接收外国留学生。开始是西哈努克亲王希望把三位王子送到中国来学习，周恩来总理就把他们安排到芳草地小学。于是芳草地小学就有了外国留学生。1972年，埃塞俄比亚驻华大使代表“外交使团”向周恩来总理提出，希望中国政府在北京建立一所外国驻华使馆人员的子女上学的学校。于是芳草地小学在中央和北京市的关怀下得以重建。1973年学校迎来了重建后的第一批外国留学生。学校分别成立了中国部、国际部两个部门。芳草地小学成为一所名副其实的国际学校。2008年学校正式更名为芳草地国际学校，并创办了多个分校，实行了集团办学。

芳草地国际学校实际上是两部分：一部分是普通小学，招收附近接受义务教育的儿童；一部分是国际学校，招收外国驻华使馆及外企工作人员的子女。随着与我国建交的国家越来越多，我国与外国经济、文化交往越来越广泛，国际学生越来越多，学校不断扩大。

我是在上个世纪90年代开始访问这所学校的，后来在苏校长、刘校长主校以后去过多次。学校办得很有特色和质量。国内部与国际部互相交流，使国际学生了解中国文化，同时使中国学生受到国际多元文化的教育，中西文化相互交融，相得益彰。

芳草地学校发展到今天已有六十年的时间，在各级政府的关怀和领导下，经过几代校长、教师的辛勤劳动，取得今天的卓越成绩。回顾学校发展的历史，总结教育教学经验，将有利于大众了解这所有特殊意义的学校，并有利于我国教育的深化改革。

樊秀丽博士采用了田野研究的方法，访问了历届校长、老师和毕业生，通过他们的口述，讲故事，还原了几十年来师生教学活动的情境，使读者了解这所学校的发展。本书既有文献资料，又有师生口述历史，并收集了许多珍贵的老照片，读来有如身临其境，甚感亲切。作者要我写几句话，是为序。

顾明远

2016 年 12 月 24 日

庄孔韶 序

常年在北京东城、朝阳区生活的市民，都会知道这所芳草地小学。它有些不寻常：招收外国孩子、经过挑选的优秀教师；因公办涉外，尤其得到上级关照，办学条件明显优于周边街巷小学。虽说如此，芳草地小学毕竟是在共和国大的政经框架之下运转的，与一般小学的教学过程也有雷同之处。不过，这所学校六十年的办学史志，出于一位知名人类学家之手，并不多见。她细腻的笔触，使得一般人物与事件陈述之外，自然有她的特定关注点，体现在她对教育过程、人性表达和多元文化交流的见解上。

德育是任何一个国家教育的重要组成部分，人类学在关注校训的精神之外，总是在教师与学生互动时的生活细节中发现问题。例如作者从 82 岁高龄的关槐秀老师的口述中采集到 1960 年代困难时期的一则谦让的故事。当一位学生班长发现师生分开就餐的原因竟然是学生有牛奶而老师只喝稀小米粥的时候，学生们感动之至，给老师送去吃不了的牛奶和鸡蛋。老师们的回答却是“你们在长身体，我们扛得住，国家困难是暂时的”。这一幕情景显然会影响一个班级几十人的道德、看待劳动成果、群体认同与鼓舞士气的未来教育选择效果。这是字斟句酌的美好校训之外最重要的生活教育案例。

从来都说中国传统教育的死记硬背不好，即使有可取之处，也是不经济的教学方法。我们从杨军老师的质数教学中看到，她把 100 以内枯燥的不规则质数变成顺口溜来记忆，调动了学生对数学的极大兴趣，使我们对中国文化中有限使用的趣味记忆的教学方法予以肯定。

做作文套用模板已经贻害了不少中小学生，然而当今的考试制度，封闭的教学和宅居生活正是作文模板风靡已久的土壤。我们佩服杨凤茹老师因窗外飘雪而即兴改变语文课堂教学的做法，让学生从教室走出来，走到雪中，人人仔细琢磨对雪和雪的环境的感受，看够了，杨老师就让学生回到教室写作。这就是杨老师的教育智慧！说起来容易，有多少教师放得开呢？在生活中写作文，不用模板，也没有人喊难呀！

樊秀丽教授有不小的篇幅介绍了芳草地小学的体育课，笔者也特别想提及。凭借我们几十年对中国中小学体育教学的观察，即使有对体育和人民体质重视的领袖号召，但在具体落实到体育（对“体音美小三门”的教育歧视由来已久）课程的时候，总是得不到贯彻。原因是多样的，其中之一和对读书的历史性尊重，以及高考升学的体音美非主流地位有关。我们在一百年间看到的是，体育课师生从运动服装到体育器械均能凑合就凑合，国际体育科目“干什么就要像什么”，变成国人体育课“干什么不像什么”。芳草地不仅仅是因为教育教学投入大于一般小学而发展体育，而是他们有自己的保证：“保证课间操”“保证课外活动和体育锻炼（课时及放学后安排）专时专用”。好在这本学校史志提供了难得的清晰照片，可以看到芳草地从1970 年代就要求运动衣裤，经常安排运动会并请家长检阅，以及积极引进新的体育项目，如“滑旱冰”等。体育是健康体魄的基础，建设强大的祖国没有好的身体不足以应对现代快速发展的社会。如果我们的教育仅仅关注人性与道德的教育（思想和精神的力量源泉），并进一步提升对多元民族的理解（国际交往的文化基石），那么，孩子们的身体由谁来重视呢？全国的中小学体育课如何做到像芳草地小学那样的“齐全正规”呢？倘若走到今日的中国体育课看看（例如穿着羽绒服懒散地跑步之类），形式主义的锻炼状态占了多大比例呢？让我们看看芳草地，反省一下，回到蔡元培先生的至理名言“完全人格，首在体育”的行动中去吧！

现代世界是把“左撇子”当作一种亚文化现象看待的。笔者在1950年代上小学时，班里有一位“左撇子”，大家都来围观。若是家长发现自己的孩子有这种倾向，也执意要孩子扳过来。如今欧美大学生有10%~15%的左撇子，我想非洲也一定存在。果然，荣景姓老师不就遇到几内亚的“左撇子”伊萨吗。尊重“左撇子”亚文化，荣老师在教化选择上不是帮他“练习”右手弹吉他，而是采取改装琴弦位置的办法以方便伊萨的惯习。这令伊萨终身感动，30多年后还来看望荣老师。这个世界的无数生物—文化的微小差异在互动中得到尊重，集合起来就是世界各民族和平共处的基础。我们感谢芳草地的教师为文化人类学的普及提供了很好的个案。

芳草地的春游，比起一般小学，可谓是兴师动众！连公安局、保卫科、教育局的领导都调动起来了。不过说起来也难怪，几十个中外学生出游安全第一嘛！不过我阅读了荣老师讲的春游故事，想的是另外的问题：春游时一个外校的学生看到芳草地小学的非洲小留学生，说了一句“她咋这么黑呀！”立即引起“黑孩子”的剧烈反应。好在没有发生冲突，孩子们春游之后平安回家了。如果我们对此事分析一下，70年代中国的大门虚掩尚未开放，外国人来得不多，对肤色差异很敏感。人们脱口而出评价肤色，所谓少见多怪。然而，我们看到率先接纳外国儿童的芳草地小学师生，早已对多元文化感同身受，同学互动中已经不会当面“说黑道白”。现在，“一带一路”走出国门，某些商企、旅游人员由于没有学过文化人类学的知识，在跨文化差异中间不自觉地以本文化的惯习与价值观评判对方，也包括对肤色的不自觉歧视，造成误会和麻烦。芳草地小学成功的多元文化互动教育占了先机，许多经验值得在当今更多的学校、企业、游客中介绍。这本书的这个案例已经由人类学家樊秀丽教授特别点出，介绍和引申到培养多元文化人才的意义上，已是非同小可了！

最令我钦佩的是，樊教授写到了上个世纪60年代“文化革命”的旧事。小孩子为什么做出了与年龄不相称的、参与面向校长、教师的“灾难性批斗”行为呢？50年后原来的参与者因反省而追悔莫及，一再请求过去的校长和老师原谅。2006年芳草地小学举行了一个座谈会。会上当年参与过批斗校长、老师的同学到场深深致歉。然而，他们并未能如愿以偿，因为他们最终并没有得到那位受迫害的校长的原谅。这些当年的懵懂少年们，慢慢在换位思考之后，渐渐认识到受迫害者至今不能原谅学生们的事实已经存在。也许他们心里渐渐理解了：“不原谅就对了，不能原谅，还是不原谅的好……”。樊教授仔细分析了这一案例，分析了这样的国家变故和人性变故的原委，这又回到了人性与道德的问题上。原谅他（她）们的不原谅，或许有一些好处，即让人性的拒绝和折磨来换取世人的“灵魂净化”吧。芳草地小学的这一历史性座谈会，是人性与政治变故的真诚总结。他们在无数教育与教学成就展示的舞台上，一方面勇敢地回首往事，一方面开始设计面向未来的“请进来、走出去、双向国际化”（根据刘飞校长）大业，就需要人性与心灵净化，保有健康的体魄，以及充实新知与技艺，方能游刃有余地面向绚丽的多元文化的世界！

樊秀丽教授关于芳草地的心血之作，的确有不一样的眼光：辛勤耕耘芳草地小学的七任校长和优秀教师们的口述，人事沧桑跃然纸上，令人敬佩、唏嘘和感动。我只是在今天的通读过程中挑拣一些有兴趣的案例重提，挂一漏万，谨此表达人类学对一个知名小学教育教学历程的学术关注。相信这本书所提供的教育记忆、智慧和无限的启发会持续很久，因为全书始终浸透了无限生命的意义，或许作者、作者笔下的师生们会与我有同感。

庄孔韶

2016年12月3日于北京

刘飞序

芳草地，北京一条寻常的街巷，坐落着一所不寻常的小学——芳草地国际学校（前身为芳草地小学）。说芳草不寻常，是因为她是一所国立公办涉外学校，承担着特殊的使命——服务祖国外交事业，接纳来自五大洲的少年儿童；说芳草不寻常，是因为她是一所中学编制的小学，建校初期，教师来自北京市各个优质中小学，可谓名师云集；说芳草不寻常，是因为她是“市政府批准第一批要办好的重点中小学”（重点小学 7 所），这彰显着其在首都基础教育的地位；说芳草不寻常，是因为她得到各个年代党和国家领导人的亲切关怀，在国家级的重要活动中，也多有芳草师生的身影……学校以地命名，反过来又让这片土地更加闻名。

芳年华月，草生木长，已历六十春秋。与耀眼光环相比，芳草师生用亲历的故事诠释芳草教育真谛更显弥足珍贵。张保真校长开篇谈到：“芳草地小学自 1956 年建校的那一天起，就有着特殊的使命和责任……北京市教育局和外交部相关部门的领导，要求把学校办成八一、十一、育英、育才那样的学校”，我们深切地感受到红色基因注入芳草国际化办学中；1956 年秋季，一群天真活泼的孩子走进了北京市东单区芳草地小学，开启了学校外交部子弟住校班的一页；甘金水同学（66 届毕业生）提供的《外交部档案揭秘（2006 年）》，把我们带到 55 年前，“1961 年春，芳草地小学迎来了五名柬埔寨学生，西哈努克亲王的两位王子和黄毅亲王的三位子女”，这是芳草地迈向“国际化的开端”；时光转到 1973 年，遵周总理指示精神，重建芳草地小学（因“文革”芳草地小学

1970 年停办），迎来 65 名外籍学生。“作为一所基础教育建制的学校，大规模接收外籍学生，在中国教育史上，可以说是第一次，是一个创举。”20 世纪 80 年代初期芳草第二课堂引人瞩目，源于教材又不限于教材，生动活泼、丰富多彩，突破教室、学校，新的学习为学生打开了新的视野；90 年代教学改革扎扎实实又如火如荼，这里成了市区教师研修的圣地，永远忘不了拿着一个小马扎（一种小型坐具）坐在大礼堂中听课的情景，中国基础教育的优势在这里充分彰显；2000 年以来，年轻教师成了学校发展的主力军，新的名师群体又站到了首都的高地；2006 年，我们启动了游学项目，1 名教师、13 名学生两个月时间游学新西兰，这个项目作为学校传统已历经十载；2008 年，学校更名为“北京市朝阳区芳草地国际学校”，翻开了集团化办学的篇章；2009 年，时任国家主席胡锦涛同志慰问中外师生，勉励孩子们要心连心、手拉手，长大以后把人类社会建设得更加和谐、更加美好；2013 年以来，我们进一步明确以“芳草教育”昭示自己的品牌，国际化背景下，芳草荣·融核心价值确立、芳草课程整体构建、芳草汉语传播、以学生和学习为核心的芳草质量标准推行……我们且行且思、且思且行。

悠悠芳草，五洲情深，回眸芳草六十年，芳草教育国际化始终是一条主线，请进来、走出去、双向国际化，我们始终在领跑；悠悠芳草，五洲情深，回眸芳草六十年，芳草教育用汗水与智慧书写，丰草绿缛而争茂、佳木葱茏而可悦，我们无愧于时代。

2016 年 10 月 9 日

回眸

回眸芳草地国际学校 60 年

芳草地国际学校（Fang Cao Di International School）位于中国北京市朝阳区建国门外大街日坛北路 1 号，是一所中学建制兼收中外学生的公办涉外的完全小学，创办于 1956 年 9 月，初名北京市东单区芳草地小学。1958 年 9 月，学校改称为“北京市朝阳区芳草地小学”。2008 年 10 月，学校更名为“北京市朝阳区芳草地国际学校”，成为我国第一所公办国际学校。

芳年华月，草生木长，已走过六十载春秋的芳草地国际学校，自创办之日起就肩负着特殊的使命和责任——服务于祖国的外交事业，为增进中外友谊搭建纽带和桥梁。

学校建校以来一直备受党和国家领导人的亲切关怀，在国家级的许多重要活动中都有芳草地师生的身影，芳草地师生讲述着自己的故事，诠释着芳草教育的真谛。

芳草地小学是以地名命名的。据史料记载，该地区正式采用“芳草地”之名，始于民国年间。《北平地名典》记有：此地芳草茂盛，故称之为芳草地。

1956 年 9 月 10 日，芳草地小学正式开学。首任校长张保真带领仅有的 9 名教职员工，怀着建好芳草地的信念，团结一心，共同努力，迈出了艰难的第一步。芳草地小学当时的主要生源为两部分：一部分是外交部的子弟，另一部分是学校附近居民的孩子，共有 150 名左右的学生。

1959 年 9 月 13 日，芳草地小学接到在北京工人体育场举行的第一届全运会的团体操中表演少儿团体操的任务。毛泽东主席、朱德委员长、周恩来总理等党和国家领导人观看了芳草学子的表演。

1960 年 2 月，杨德纶接任芳草地小学第二任校长。当时，国家正处于三年自然灾害时期。杨德纶校长组织全校教职员工“团结合作，共渡难关”，保障了学生学习、身体“两不误”。同年 6 月，柬埔寨西哈努克亲王要求把三位王子送到中国求学。在周恩来总理的直接关怀下，1961 年春天，芳草地小学迎来了西哈努克亲王的两位王子和黄毅亲王的三位子女。自此，芳草地小学迈出走向国际化的第一步。

1961 年芳草地小学被朝阳区教育局认定为“第一类学校”。

1970 年 4 月 4 日，芳草地小学停办（因“文革”停办）。

1971 年 10 月 25 日，在联合国第二十六届大会上，中华人民共和国在联合国的合法权利得到恢复，与我国建交的国家迅速增多。为解决各国来华外交官子女的学习问题，遵照周恩来总理指示，重建芳草地小学。

1973 年 2 月，第三任校长任先带领教职员工，迎来了芳草地小学重建后的首批中国班学生近 400 名。同年 3 月 12 日，又迎来了外国班的首批学生 65 名。其中非洲 47 人、亚洲 10 人、欧洲 6 人、美洲 2 人。这个难忘的日子代表着重建后的芳草地小学向世界敞开了教育之门。作为一所基础教育建制的学校，大规模接收外籍学生，这在中国教育史上，可以说是第一次，是一个创举。

1977 年 1 月，杨国鑑调任芳草地小学第四任校长，时值我国教育改革的初始阶段，党中央对教育工作做出了一系列新的重要决策，教育事业得到了全面恢复和发展。芳草地小学以此为契机，开启了全面育人的教育改革之路。学校在对学生进行高质量教学的同时，重视学生德、智、体的全面发展，全面提高学生整体素质。学校因地制宜地建立的各种兴趣小组，让小学生的第二课堂活跃起来，引人瞩目。

1981 年 3 月，芳草地小学被北京市政府批准为第一批办好的重点中小学。

1995 年 3 月，刘玉袠副校长接任芳草地小学第五任校长。时值全面贯彻落实《中国教育改革和发展纲要》，刘玉袠校长带领全校教职员工更新教育观念，深化教育改革，强化教学管理，重视教学科研，加强队伍建设，健全评价机制，面向 21 世纪，实现由应试教育向素质教育的转轨。教育教学改革工作扎扎实实，芳草地小学成为北京市、朝阳区教师研修的重点学校。

1998 年，芳草地小学首次设置了德育主任这一职位。学校把素质教育渗透到教育教学中的每个环节。

2001 年 10 月，苏国华调任芳草地小学第六任校长。苏国华校长结合北京市第一轮教学改革，制定出第一个《21 世纪的芳草地小学（2002—2004 年）改革发展规划》，2006 年 1 月，又制定出《2006—2008 年学校改革与发展三年规划》，确立了新的办学目标——创办国际一流学校；以及学校发展的三项策略：集团化办学策略、教育品牌策略、开放办学策略。

苏国华校长始终秉承“立足于学生、教师和学校的发展，师生发展优于一切”的理念，“培养现代中国人与友谊小使者”。

在此期间，学校成立了发展专家顾问委员会和教师专业发展专家指导委员会。

2008 年 10 月 10 日，学校实现了集团化办学，正式挂牌“芳草地国际学校”。

2010 年 3 月，刘飞调任芳草地国际学校第七任校长。当时，芳草地国际学校是北京市东部基础教育领域里规模最大的学校。让“芳草清晰”，这是刘校长上任时的基本定位。他提出了“芳草教育”这一概念，其核心价值是“荣 · 融”；基本理念是“易知易行，和而不同”；外显特征是“国际化、规范化、信息化、集团化”。以此让育人目标更清晰：“培养具有中国情怀、国际视野的芳草学子”；努力成为“首都基础教育的典范、中国国际教育的品牌”。

2013 年，学校制定出《北京市朝阳区芳草地国际学校（2013—2015 年）教育改革与发展行动计划》；2016 年 9 月，又制定出《北京市朝阳区芳草地国际学校（2016—2020 年）教育改革与发展行动计划》。

截至 2016 年 9 月，芳草地国际学校隶属朝阳区的学校为一校六址，教职员工 480 人，中外学生 5005 人。还有输出品牌校（北京市丰台区校区和贵州省贵阳校区）两所。

2016 年 4 月 7 日，芳草地国际学校在日坛校区举行了“芳草走过 60 年”新闻发布会。党总支书记穆英主持了发布会，她指出：2016 年对于全体芳草人来说具有特殊的意义，因为芳草地国际学校建校 60 周年了。在各级领导的关心下，在社会各界朋友的支持下，在全体芳草人的共同努力下，风雨兼程 60 年，一路奋进，一路硕果，满园春色，满园欢歌。一代人又一代人的责任和使命，打造芳草教育品牌，为中国乃至世界教育做出贡献，是我们这一代芳草人的责任和使命。

第一章 团结一心 建好芳草地

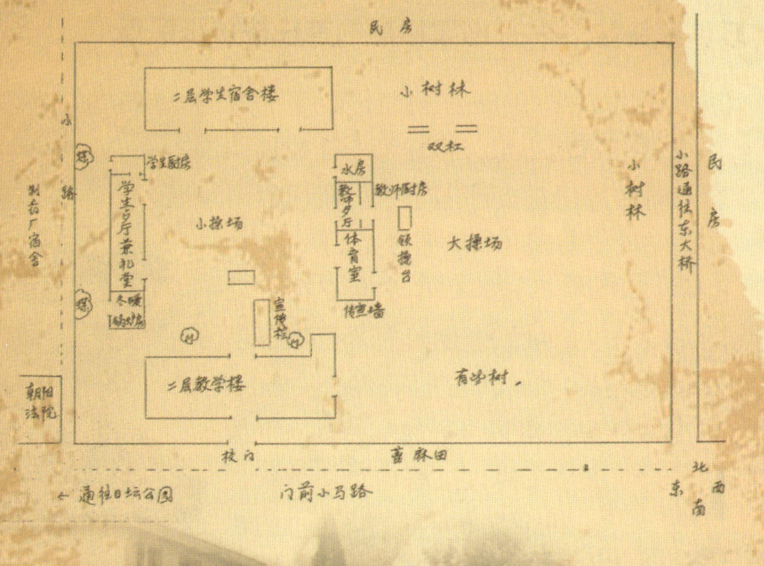

芳草地小学自1956年建校的那一天起，就肩负特殊的使命和责任——服务于祖国的外交事业，为增进中外友谊搭建纽带和桥梁。学生的成长，包括学习、衣食住行、安全、医疗责任等，全部由学校负责。学校按照党的教育方针，培养德、智、体全面发展的人才，保证学生全面健康发展，是学校头等重要任务。

来芳草地小学工作的校领导和老师，既感到光荣，也深知责任重大和创业艰难。要把芳草地小学建好，是大家不争的共识。要把工作做到最好，是大家心底的座右铭。

当时，芳草地小学受北京市教育局、东单区教育局文教科和外交部相关部门的领导，学校被要求办成八一、十一、育英、育才那样的学校。故每两周都要向国务院外事办公室的张茜同志做一次工作汇报。

一、“万事开头难”——创建初期的首任校长张保真

张保真同志（女，1923.01— ）于 1956 年 7 月从外交部调到东单区芳草地小学，担任第一任校长，至 1960 年 2 月，同时兼任党支部书记，后调任朝阳区下三条中心学区党总支书记（参见照片 1-1）。

照片 1-1：第一任校长张保真

1956 年 8 月，一所初具规模的小学矗立在北京市东单区日坛北路 1 号（原址），全名为北京市东单区芳草地小学（参见照片 1-2）。

芳草地小学是由外交部申请，国务院特批，下拨经费人民币 40 万元创建（在建设过程中精简节约，将余款上交）的。创办的初衷是为了解决外交官、驻外使节、十一级以上高级干部的子女，在外国殉职人员和烈士的子女，华侨后代以及部分支边人员子女的教育问题。根据张保真校长回忆，芳草地小学当时受：北京市教育局、东单区教育局文教科和外交部（主要负责外交部子弟的生活）三个部门领导和管理。

照片 1-2：孔凡珍老师和一年级新生（1956 年 9 月）孔凡珍提供

（一）校舍规模

建校初期的芳草地小学占地 1.1 万平方米，操场 3700 平方米，建有两座二层的红砖楼——一座教学楼（北侧）和一座宿舍楼（南侧），建筑面积 4800 平方米。在师生生活方面，学校为教职员工和住校生设置了食堂、澡堂以及供暖的大锅炉房等。针对学生的文体活动，学生饭厅又兼音乐室和礼堂（西侧），教师饭厅的隔壁为体育室（东侧）。东西南北建筑物中间是小操场。校园四周设有围墙，其内外两侧种有树木、蓖麻等植物（参见图 1-1）。

在 20 世纪 50 年代中期，芳草地小学的建设规模足以使得初入职的老师赞不绝口。1958 年 8 月从北京师范学校毕业、分配到芳草地小学的音乐老师高素琴感慨地说：“那个时候到芳草地简直就跟到了天堂一样，特好！”（摘自 2016.01.25，田野笔记）

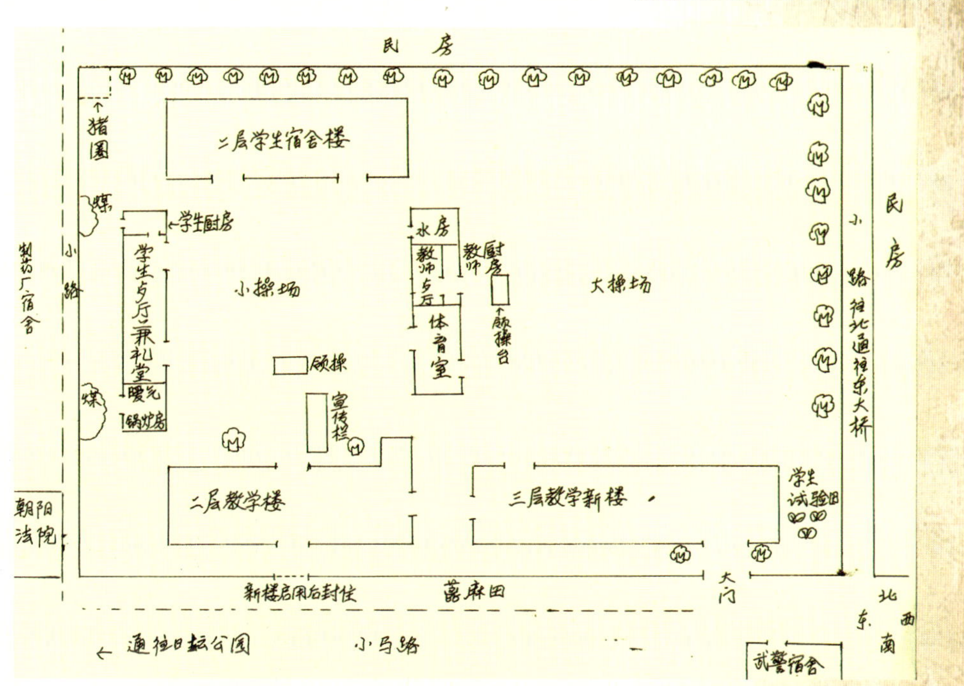

图 1-1：1956 年芳草地小学平面图，2016 年 6 月高素琴老师手绘

（二）建校初期的师资队伍与班级规模

1956 年 9 月 10 日，芳草地小学正式开学，全校共设有四个年级，六个班。一年级三个班（其中两个班为住校班，一个班为走校班）；二、三、四年级各一个班，均为走校班。全校共有学生约 150 人，教职员工 9 人：

张保真：校长兼书记。

杨德纶：教导主任，北京市优秀教师（已故）。

张淑华：住校班一年级班主任，主要担任语文、算术课程教师。

孔凡珍：住校班一年级班主任，主要担任语文、算术课程教师。

戴卉英：走校班一年级班主任，主要担任语文、算术课程教师（已故）。

钱季英：二年级班主任；主要担任语文、算术课程教师（已故）。

周致琴：三年级班主任，主要担任语文、算术课程教师（已故）。

商宗英：四年级班主任；主要担任语文、算术课程教师（已故）。

孟志强：体育教师。

（三）学校的培养目标

芳草地小学当时的主要生源为两部分：一部分来自外交部子弟，是住校生；另一部分是学校附近居民的孩子。据黄树华老师回忆，那时国家经济困难，特别是居住在朝阳门城根附近的走校生，家庭生活拮据，但他们质朴、勤奋、善良的天性非常可爱。

学校按照党的教育方针培养德智体全面发展的人才，要求老师们做到热爱教育事业，热爱孩子，为人师表，坚持正面教育，对学生坚持说服，不许挖苦、损苛，要想尽办法帮助学生排忧解难。

据同学们回忆，在芳草地上学期间，从一年级开始，一直到六年级毕业，每一位老师都跟他们说：“你们是共产主义接班人。”

（四）课程设置

一二年级的主科：语文、算术。副科：体育、音乐、图画，又被称为“小三门”。三四年级除主科外，还开设有常识、大字（书法）、珠算、手工与劳动等课程。当时，音乐、图画老师是由外校的老师兼任的。五六年级开设了自然、地理、历史、美术等课程。

（五）少年先锋队组织

学校少年先锋队（简称少先队）组织是在学校共产主义青年团组织下建立的。

照片 1-3：少年先锋队大队委活动（1957 年）孔凡珍提供

第一任少先队辅导员，由孟志强老师担任。

少先队设有大队长、大队委；每个班设有中队长、中队委和小队长。大队长佩戴红领巾，右臂佩戴白底红条三道杠的袖标；中队长佩戴红领巾，右臂佩戴白底红条两道杠的袖标；小队长佩戴红领巾，右臂佩戴白底红条一道杠的袖标；少先队队员只佩戴红领巾（参见照片 1-3）。大队长通常是由高年级的队员担任。

照片 1-4：“庆祝六一国际儿童节”少年先锋队主题大队会（1963 年）穆卫平提供

少先队要不定期地举行队日活动，每次队日活动都要举行队旗的出旗仪式（相当于升旗仪式，参见照片 1-4）。由一名中队委举旗，两名少先队员护旗，队伍以方阵排列，经过主席台，从右边起步，绕场一周。出旗、敬礼仪式过后，全体少先队员齐唱《中国少年先锋队队歌》：“我们新中国的儿童，我们新少年的先锋，团结起来继承着我们的父兄，不怕艰难不怕担子重。为了新中国的建设而奋斗，学习伟大的领袖毛泽东……”①仪式结束后，由大队辅导员安排具体工作。比如：“少先队入队”主题大队会；“学习雷锋”主题中队会；“缅怀马俊烈士”主题大队会；“庆祝六一国际儿童节”少先队主题大队会；等等。

1956 年 9 月至 1970 年 4 月，历任少年先锋队大队辅导员：

第一任，孟志强，1956 年 9 月—1957 年 2 月；

第二任，孔凡珍，1957 年 2 月—1959 年 9 月；

第三任，高素琴，1959 年 9 月—1961 年 9 月；

第四任，郭云禄，1961 年 9 月—1962 年 9 月；

第五任，苗淑贞，1962 年 9 月—1970 年 4 月。

二、“天真的住校生”——艰难的一年住校生活

一年级两个住校班学生的生活并非一帆风顺，由于住校的一年级学生基本都是从幼儿园直接进入小学的，因此缺乏生活经验，无论什么东西都觉得新鲜、好奇。课间休息时，他们经常跟走校的“片区”学生一起玩耍。据张保真校长回忆，一次，新生入学后不久的一天，走校生采摘了一种被称为苍耳的植物，它属一年生草本菊科植物，其果实属于常用中草药，具有祛风除湿通窍的功效。走校生把采摘来的苍耳果实分给一部分住校生食用，结果导致这些学生上吐下泻。半夜，校长、外交部的相关人员和学校的卫生老师陪同这些学生到医院治疗，所幸有惊无险，全部痊愈。后来，住校生中又多次发生流感、腮腺炎等传染病，学校不得不将他们安排到不同的隔离室中。张保真校长回忆，因为没有经验，不知道如何管理、照顾这些孩子才好，所以非常担心。就这样，在师生的艰苦奋斗、共同努力下，芳草地小学度过了艰难又揪心的第一年。张保真校长用一句话概括了当时的精神：“团结一心，建好芳草地”（参见图 1-2）。

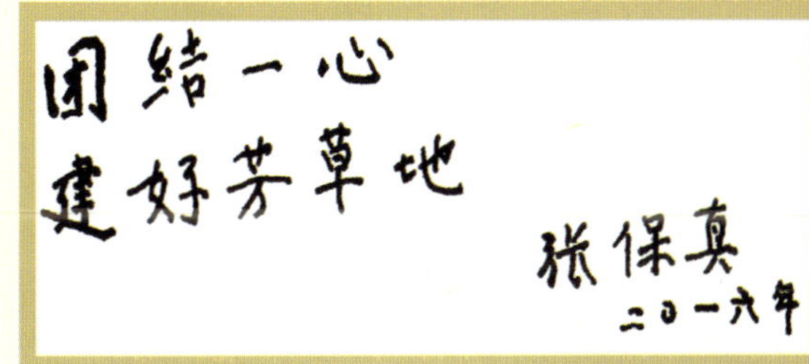

图 1-2：2016 年 1 月 25 日张保真校长题字

① 穆卫平：《芳草地》，未正式出版，第 228 页。

1957 年 5 月，“反右运动”开始，提出不搞特殊化。1957 年 9 月，学校取消了住校制，将原有的两个住校班的学生分别转到北京育英、育才等小学，并调离了两位照顾住校班学生的生活老师（祁老师、刘保育员）。

章丽贞老师于 1957 年 2 月调入芳草地小学，时任代理教导主任。据章丽贞老师回忆，1957 年 9 月，学校由黄庙小学、神路街小学调转来大批师生，再加上本校自己招生，增至十八个教学班。一至六年级均为三个班。

1957 年新增教职人员有：章丽贞、黄树华、杜双果、郭恩秀、黄舜村、张翼等。

三、渐入佳境——芳草地小学初具规模

1958 年 5 月，东单、东四区合并为东城区，芳草地小学划归朝阳区。1958 年 7 月，北京市东单区芳草地小学移交朝阳区教育局（时为东单教育局）管理，学校易名为北京市朝阳区芳草地小学。师资力量得到了加强，陆续新进了音乐、图画等专职教师。照片 1-5 为 1958 年三位老师在芳草地小学门口的留影。

照片 1-5：孔凡珍、黄树华、高素琴老师（左起）（1958 年）高素琴提供

经过两年建校初期的艰苦奋斗，芳草地小学的管理和运行渐入佳境。1958—1961 年的三年中，芳草地小学经历了全区统一考试（1958），恢复了住校制（1959），并开始接收外籍学生（1961）。学校也于 1961 年被朝阳区教育局认定为“第一类学校”。

（一）全区统考初露头角

1958 年，芳草地小学被划归为朝阳区教育局管理后，伴随着全社会的“大跃进”运动，教育领域也随着这股热浪跌宕起伏——各个行政区内部进行中小学的“全区统考”。而全区统考这一标志性事件，也成为芳草地老教师们的“整体记忆”。据章丽贞老师回忆，“一至六年级学生都参加统考，一二年级的小孩就得离开班主任。（统考）出题跟我们无关，监考跟我们无关，判卷跟我们也无关。”芳草地小学的每位教师和

学生都为了这次统考拼尽全力，“（考前）睡不好觉、吃不好饭”（摘自2016.01.07，田野笔记）。教授统考科目的老师们都在心里为自己的班级制定了一个目标成绩，力求在统考时实现既定目标，为学校争光添彩。

在准备统考的复习阶段，芳草地小学的教师们更是充分体现了其特有的师德品质。据张保真校长回忆，1956 年入职的语文老师张淑华、数学老师商宗英、语文老师章丽贞以及钱继英老师所带的班级都在统考中取得了十分优异的成绩。例如后来被评为北京市“劳模”的张淑华老师，“1958 年全区统考中她的班级平均分数是 99.99，就有一个学生把“解放军”写成了“解敬军”，就扣了 1 分，所以全班的分数是 99.99。”（摘自2016.01.25，田野笔记）

（二）好成绩背后的老师们

20 世纪 50 年代末，芳草地小学的教师们似乎都拥有着一股独特的力量，这力量使得他们日夜不知疲倦地将自己的时间全部奉献给学生，并且不放弃任何一个孩子，永远一板一眼、兢兢业业。同时，也正是这种力量将老师们紧密地团结在一起，为芳草地小学共同献力。

在全区统考的背后，是很多老师的一丝不苟、默默付出。其实，统考就像一面镜子，折射出平时老师们的辛勤工作。在和章丽贞老师的访谈中，她饱含真情地为我们讲述了由生活老师转为授课老师的钱季英老师。钱老师的学历不及其他老师，但是成绩却经常是年级最高的。

> 在楼道里，我看见老钱风风火火地迎面走来，直奔教室，手里还攥着个馒头。出于好奇，我尾随其后……教室里有俩学生，男生，两眼距离较宽，典型“弱智相”。他的父母都是弱智。女生也是呆头呆脑。她妈妈是个傻子。只见老钱把馒头分给了两个孩子，低声说着：“快吃！吃完了好学习。”看到这里，我推门进去，一把抓住老钱的胳膊：“老钱，你傻啊你！给他们补课，是瞎子点灯白费蜡！又冷又饿的，何苦呢！快让孩子走……”万万没有想到，我的话没说完，老钱就瞪起眼睛冲我嚷嚷：“你才傻呢！小猫儿、小狗儿，还通人性呢！我不信他们就没治啦！咱们等着瞧！”说着，她一把将我推出了教室。令人惊叹的是，期末成绩出来后，男生和女生的成绩分别为 80.5 和 85 分。不放弃任何一个学生，钱老师的“一根儿筋”，不再是他人眼中的“傻”，却成为执着与信任的代名词。
>
> （摘自 2016.03.11，田野笔记）

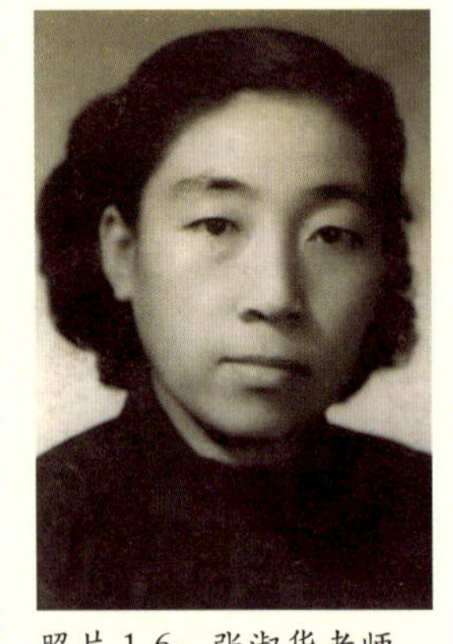

照片 1-6：张淑华老师，照片由其女胡湘陵提供

另外，受访老教师们记忆的焦点也汇集在张淑华老师（参见照片 1-6）的“纺织女工”形象上。张保真校长在谈及张淑华老师时露出了满意的微笑，她描述张老师：“一边上课一边巡视，当发现哪个学生出错了，就说‘你错了啊’（敲桌子），一节课下来就像纺织女工似的，在教室里巡视好几圈儿呢。还有就是一边写一边检查。然后判作业，一看到这个（学生）有毛病就放学留下，‘当天的活儿不留后手’。所以一年级的班都九十多分。”像张淑华老师这样严格的老师还有很多，他们都有一个共同点——“抠”（摘自 2016.01.25，田野笔记），即批改学生的作业或试卷，一丝一毫都不放过，哪怕是一个笔画也要严加规整。

在田野调查中，张保真校长每每说到这件事都十分激动，并严肃地边说边敲桌子。张淑华老师常年患有胃病，却一直坚持工作，导致胃溃疡，曾经在上班途中突发胃穿孔被路人送到医院抢救。1959 年 10 月，张淑华老师被北京市教育局推选出来当选“劳动模范”，到人民大会堂参加群英会。杨德纶主任、孔凡珍老师、章丽贞老师、商宗英老师等很多教师也都是如此，他们早出晚归，自觉地加班加点，星期日变成了“星期七”，不顾自身的疾病，不顾家中的孩子，“舍掉一个保四十个”（摘自 2016.01.19，田野笔记）。章丽贞老师讲 1958—1960 年为芳草地小学的“黄金时期”，而这辉煌的时期也正像这首打油诗描述的一样，是由这些“上班下班没有点，忍饥挨饿成习惯，假日不休平常事，孩子放假没人管，为建新校不怕苦，为国效力很幸福”的老师们铸就的。这种“艰苦奋斗、开拓创新”（参见图 1-3）（摘自 2016.01.07，田野笔记）的精神，似乎已经成为芳草地小学教师的统一标志。老师们互相帮助，集体备课，严把教学质量关。她们自己对自己说不，以苦行僧式的执着，创造着一流的业绩。

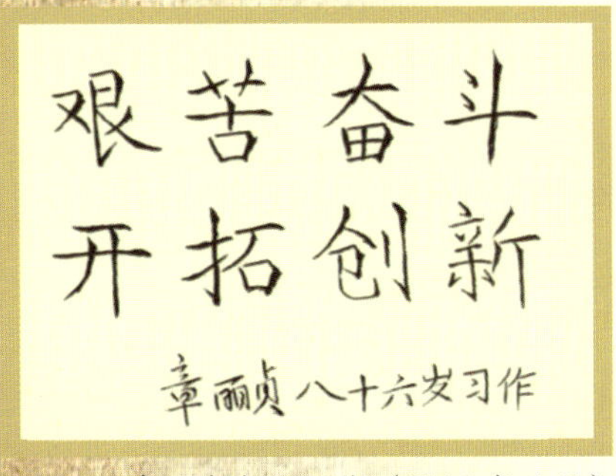

艰苦奋斗
开拓创新
章丽贞八十六岁习作

图 1-3：章丽贞老师习作（2016 年 1 月）

四、住校制的恢复——不负重托

自 1957 年学校取消住校制后，芳草地小学于 1959 年 9 月恢复住

校制。1959 年入学的一年级学生分为八个班，六个走校班，两个住校班（一年级的七班和八班）。

1959 年 8 月，《人民日报》登载了《芳草地小学招生启示》，列出了五条招生标准："1）外交部子弟；2）外籍人士子女；3）烈士子女；4）父母工龄合计 30 年以上者子女；5）战斗英雄与劳动模范子女。"① 而芳草地小学住校班所接收的学生的父母大都常年在外，学校必须对这些孩子的生活、学习、身体成长负全部责任。老师们以高度的热情和责任心忙碌着。每天清晨，学生们还没起床，老师就来到他们的身边，直到晚上熄灯了才离开，终日和他们一起生活、学习、锻炼。住校生的学习和生活等主要由班主任和生活老师负责，这些老师成了他们的"代理妈妈"。

代理妈妈

"代理妈妈"主要是由班主任和生活老师担任。班主任既要负责白天授课，晚上辅导自习，还要照顾学生的部分生活；生活老师负责学生的衣食住行。她们为这些父母不在身边的学生付出了辛勤的劳动，给予了无微不至的关爱，令当年的学生至今都难以忘却。正如 1959 年 9 月 1 日入学，住宿班学生穆卫平所回忆的那样，时任一年级七班班主任的张淑华老师，既是他们的班主任又是他们的代理妈妈。在穆卫平同学讲述的故事里有这样一段记载②：

一天下午，我去一年级教师办公室送作业本，恰好遇见一对眉清目秀、西装革履的中年夫妇走出门来辞行，他们毕恭毕敬地向张淑华老师鞠躬致礼。

回到教室，我看见女生杨虹双手蒙脸趴在桌上，双肩颤抖；也许她遇到了什么伤心的事，正在无声地抽泣吧？几位女同学眼巴巴地站在她的周围，默默地低着头。

这时候，邢培霞眼望窗外大喊，那两位客人走了！同学们呼啦一下子涌向窗口，我远远地看见那一对夫妇再次与张老师握手以后，又朝着我们一年级六班教室这个方向望了一眼，转身走了。

这时候，我听见身后有人放声大哭起来，回过头去一看，原来是杨虹！她挤过来，两眼泪汪汪地望着窗外，不停地朝着远去的那两个人影招手，口中喃喃自语道："再见了，爸爸妈妈！再见……"

直到此时，我方才恍然大悟，原来刚才遇见的那两位客人就是杨虹的父母呀！随即一个硕大的问号便呈现在我的眼前，她为什么不出

① 穆卫平：《芳草地》，未正式出版，第 270 页。
② 穆卫平：《芳草地》，未正式出版，第 30-32 页。

去送行呢？

这时候，张老师走进了教室。周小萍赶紧迎上前去报告：“张老师，杨虹她哭了。”张老师快步走到讲台前面，朝杨虹招手道：“杨虹，你过来！”杨虹转过身来，几步跑过去，扑进了张老师的怀里，呜呜地放声大哭起来。

张老师没有说话，低下头来紧紧地抱着她，轻轻地拍着她的后背；过了好一会儿才说：“好了，不哭了。杨虹，你爸爸妈妈去莫斯科了，去驻外大使馆工作了。”张老师从身后拿出来一个长颈鹿布艺玩具：“你瞧，这是他们给你留下的玩具。”杨虹伸手接过来抱在怀里，这才止住了哭声。

张老师仔细看了一眼杨虹脚上穿的旧布鞋，一边给她擦眼泪一边说：“你爸爸临走时，拜托我照料你的日常生活。你妈妈还给我留下了一些钱，让我帮你买新鞋、新袜子。”听到这里，杨虹慢慢地抬起了头，止不住的眼泪又像断了线的珠子一样滚落下来。

“哎哟，你瞧瞧，袜子都破了。”张老师回过头来对我说，“你去二楼刘秀荣阿姨那儿要一个袜底板来，待会儿我给她补一补袜子。”

话音刚落，李小河也挤进了人群：“报告张老师，我的袜子也破了。”张老师满面笑容道：“不要紧的，老师也给你补一补。”又有几个学生凑了过来。

我一路小跑，把刘秀荣阿姨叫到了我们班教室。她说，她那儿没有袜底板，不过王大娘那儿有。她还说，缝衣服补鞋补袜子都是阿姨的责任，万一她忙不过来，还可以请王大娘帮忙。她不让张老师干这些针头线脑的活计。

张老师笑着说：“不碍事的，这点儿小事，我忙里偷闲捎带脚儿就干了。再说，这些学生的家长出国以前，都一而再再而三地请求我，拜托我，让我不但要教他们读书识字，还要细心照料他们的日常生活。”

刘秀荣阿姨感叹道：“您这是又当教书先生，又当爹娘呀！那可真够难为您的！”

张老师不以为然：“俗话说‘受人之托，忠人之事’嘛。再说了，他们的父母常年在国外工作，他们小小的年纪又过着住校生活；时间久了，我就把他们看成了自己的孩子，我就是他们的代理妈妈呀！”

她一边说着，一边摸了摸李小河的头：“你呀，爸爸妈妈都在驻河内大使馆工作。他们临走之前，曾经跟我有过交代。从今儿起，你有什么事儿，不论遇到什么困难，跟我说就行。”李小河热泪盈眶欲言又止，红着脸低下了头。“张老师，还有我呢！”“还有我呢！”“还有我呢！”一大群同学围拢过来，紧紧地依偎在张老师和刘阿姨的身边。

站在前排的几个女生小声抽泣起来，刘阿姨赶紧安慰她们。谁知道这一安慰不要紧，她们的哭声反而越来越大了，毛蓉君竟然大声喊了起来：“我想妈妈！”

我既没有哭，也没有感觉难过。因为在过去的三年里，我在北京炮司幼儿园里经过了小班、中班、大班的（全托）学习，已经完全适应了寄宿制生活。

张老师说：“你们看，人家穆卫平就没有哭。”同学们的目光一齐转向了我，从他们的眼神里，我读出了伤心与难过，还有疑惑与不解。

张老师提议，同学们，咱们一起唱歌吧！紧接着，刘秀荣阿姨就带头唱了起来：“自从踏进学校的门槛，我们就生活在老师身边，从一个爱哭的孩子变成了一个有知识的少年。虽然离开了妈妈的怀抱，红领巾却披在我们的双肩。这一点一滴的进步，花费了老师多少的血汗。”

我知道，这首歌叫作《在老师身边》。以前，我在幼儿园里学过，一共有三段呢。后来，音乐老师高素琴告诉我，这首歌是金波作词、黄准作曲的。也许同学们还没有摆脱想家、想妈妈的恋家气氛，一时间还没有回过神来。我看看周围，不论是男生还是女生，他们都像木头一样楞呆呆地站在那里。

张老师递给我一个眼神，穆卫平，你会唱吗？我点了点头。她笑着扬了扬头，那意思分明是说，会唱就大声唱出来吧！于是，我便跟着刘秀荣阿姨大声地唱了起来。

站在我旁边的女生周小萍，眼泪汪汪地看了我一会儿，也跟着唱了起来。我发现，虽然有几位女同学已经开口唱了起来，可她们的脸上还挂着泪花呢。

不负重任的寄宿教育，辛勤的耕耘，热情的付出，收到了丰厚的回报。孙德珍老师回忆：这些首批住校班的毕业生有三分之二被跨区录取，考入四中、人大附中、清华附中、北大附中、101 中学等理想学校，为芳草地小学赢得了光彩，也给老师们的工作打了高分。

五、难忘的共同记忆

芳草地小学自建校起，一直受到党和政府无微不至的关怀，无论是老师还是学生都有着难忘的共同记忆。在这所学校学习生活过的学生，都感到幸运、幸福，他们在此度过了快乐的少年时代。学生们系统全面地掌握了小学阶段的各种知识，阅读了大量的课外书籍，锻炼了强壮的身体，为迎接美好的未来打下了坚定而牢固的基础。如今，他们都已步入花甲之年，但依然难忘在芳草地小学的那六年间参加的各种有意义的活动。例如：参加 1959 年中国人民解放军第二届全军运动会和第一届全民运动会，1964 年第二届全民运动会；参加大型团体操表演；自 1959 年 10 月 1 日起，参加每年“首都国庆节游行·见到毛主席”活动；每年参加“缅怀马骏烈士”主题大队会；1963 年参加新闻纪录片《天天向上》的拍摄；1963 年 10 月，有些同学作为北京市优秀少先队员的代表，参加国庆节的群众游行观礼；1964 年在人民大会堂观看音乐舞蹈史诗《东方红》。这些活动给学生们留下了许多美好的回忆。

（一）难忘的共同记忆——参加大型团体操表演

1952 年 6 月 10 日，毛泽东为新中国体育事业题写了“发展体育运动，增强人民体质”12 个大字。这一题词，明确了新中国体育事业的根本目的和发展方向，推动了我国体育运动的发展。在毛主席的号召下，芳草地小学接到了 1959 年 5 月 6 日在北京先农坛体育场举行的中国人民解放军第二届全军运动会和 1959 年 9 月 13 日在北京工人体育场举行的第一届全运会的团体操中表演少儿团体操的任务。芳草地小学的体育教师关槐秀，由于工作业绩突出，被抽调参加第一届全运会大型团体操的编创工作。

接到两次团体操表演的任务，芳草地小学的领导、老师、学生以及家长们都全力以赴。接到任务后，“学校成立了组织训练的班子，动员相关老师成立训练组、后勤组、服装组。分工明确，任务具体。任务下来后老师学生都没休息，没有假期，忙完了第二届全军运动会紧接着又着手第一届全运会。训练中师生都很认真，目标是动作准确、熟练、到位、稳当。”① 在训练过程中，家校共同努力，大家拧成一股绳，为团体操表演贡献出自己的一份力量。高素琴老师回忆到：“杨德纶教导主任，发现演出服不平整，拿着服装到四 (3) 班部嘉媛家里找到部嘉媛奶奶，借用她家的电熨斗熨平服装，部嘉媛奶奶还拿出部嘉媛爷爷的白背心垫在服装下面帮忙熨平。”

① 2016 年 2 月 23 日于北京访谈高素琴老师、黄树华老师，当时的参加者苏青云、杨长锁、部嘉媛、唐丽君均为 1961 年毕业生。

当时的黄树华老师、高素琴老师，苏青云、杨长锁、部嘉媛、唐丽君同学均参加了这两次活动，他们至今记忆犹新。黄树华老师讲述了两次运动会上的场景：

在第二届全军运动会上，芳草地小学的学生负责放飞和平鸽。在中国第一届全运会上，芳草地小学的学生和其他兄弟学校的学生接受了大型团体操《茁壮成长》的表演任务。女生表演跳皮筋，男生表演叠罗汉。校领导对这次活动非常重视，这也是一项政治任务。当时的大队辅导员孔凡珍老师、高素琴老师以及担任四(3)班班主任兼辅导员的黄树华老师、体育老师张翼、古金亮等，每周都带领学生到很远的场地进行两到三次的集训。在表演中，队形随着音乐变换，跳皮筋的学生犹如小燕子在空中飞舞，动作优美而潇洒。

男孩子进场后，迅速地跑动着，时而聚拢，时而散开，不时地变换队形，组成多彩的图案。有的学生做倒立，有的学生脚踩人梯一跃而上，双臂高高举起小树苗儿，预示着孩子们像小树一样茁壮成长及对美好未来的向往，场面壮观，十分感人。学校师生通过这一次活动又经历了一次爱国主义的洗礼，收获了团结协作、刻苦攻坚，最后出色完成了任务，受到上级领导的表扬和好评。

（摘自 2016.02.23，田野笔记）

照片 1-7：毛泽东等党和国家领导人观看第一届全运会（1959 年）关槐秀提供

最让师生难忘的是他们见到了毛泽东主席、朱德委员长、周恩来总理等党和国家领导人，这些领导人观看了他们在第一届全运会上的表演（参见照片 1-7）。

（二）难忘的共同记忆——参加国庆节游行・见到毛主席

据 1956 年入芳草地小学的苏青云同学回忆，1959 年10月1日，是国庆 10 周年。学校按上级要求，组织学生到天安门广场参加庆祝活动。芳草地的同学们都穿着白衬衣、蓝裤子、白球鞋，系着红领巾，一大早就来到了天安门广场。

“整个阅兵式和群众游行过去后，在天安门广场中心的几万名少先队员右手举着花，欢呼着涌向金水桥。毛主席从天安门中间走到扶栏的东头，我和小朋友们使劲高呼：‘毛主席万岁！’我看见毛主席啦！毛主席向我们挥手啦！我们仰望着毛主席从天安门的东头走回中间，我们仍然在高呼：‘毛主席万岁！’‘毛主席万岁！’欢呼声不绝于耳。活动结束，我们才恋恋不舍地回到学校。幸福的心情久久不能平静。”

（摘自 2016.02.23，田野笔记）

由于芳草地小学自身所具有的特殊性及其招生的多样性，国家以及外交部对学校的重视程度很高，因而在芳草地上学的学生有了更多参加国家重要活动的机会。

自 1959 年起，参加国庆节游行成了芳草地小学的传统，而国庆节的游行也成为很多师生共同的回忆。据 1959 年入学的穆卫平同学回忆，他在四年级（1962 年）时参加了国庆节游行并且见到了毛主席。

1962 年 5 月的一天，芳草地小学接到了参加国庆节游行的正式通知。之后，学校每周有三个下午，让四年级的三个班进行队列训练。终于等到了这一天的到来。芳草地小学生的队伍与之前的行进方式、服装、道具均有所改变。

以前正步走，现在改为齐步走；以前男女生都穿白衬衫蓝裤子，现在女生改穿粉红色裙子；以前徒手，现在双手举半圆形粉红色花环。听到这个消息，整个芳草地小学沸腾了……。

10月1日清晨，我们乘车到达东四，步行到东单十字路口集结待命。8 点钟以后，老师开始发放彩色气球，一再叮嘱将线绳拴在手指上，多绕几圈，千万别让气球飞跑了！后来，我默默数了一下，在我们这支体育大军中仍然有不少气球提前飞上了天空，差不多每分钟一个。

我借着去厕所的工夫，从前到后把整个体育大军观察了一遍。在这支队伍中，走在最前面的是我们芳草地小学的学生，接着是一幅巨型标语“发展体育运动，增强人民体质”，再往后是各个体育大军的方阵，例如田径、足球、篮球、排球、乒乓球、羽毛球。最苦的当属游泳运动员方阵了，男生赤膊上阵，下面只穿一条三角形泳裤，女生也只有一件连体式泳衣。北京秋天的清晨异常寒冷，许多人互相拥抱着取暖，还有一些人蹦着跳着，却止不住地打着哆嗦。

10点整，从天安门方向传来了北京市市长彭真的声音。路戈告诉我，过一会儿大家就会听到市长带头高呼口号。那就预示着他的国庆讲话即将结束，群众游行马上就要开始了。

果然不出所料，彭真市长以几个响亮而有力的口号结束了国庆讲话，随后，大会司仪宣布群众游行开始。军乐队开始演奏威武雄壮的进行曲，我心里明白那个抬着巨型国徽举着无数面国旗的国庆游行第一方阵已经开始出发了。

一声号令，我们开始整队，准备出发。体育老师古金亮命令男生方阵站在北侧，女生方阵站在南侧，每排一百人，拉开间隔距离齐步走，我们向着天安门出发了。

国庆节那天，北京市的大街小巷人山人海，红旗招展，歌声嘹亮，人声鼎沸。各路游行队伍分别集结于王府井、东单、南小街乃至建国门等处，有的敲锣打鼓，有的扛着横幅标语，有的打着彩旗，有的推着模型彩车，街道两边的扩音器里播放着激动人心的乐曲。

走到南池子，谷老师举起了手中的半圆形花环，我们也跟着一齐举了起来。他大声喊道："亲爱的同学们，国庆游行开始了！我祝你们获得圆满成功！"我偷偷地用余光瞟了一眼，谷老师左手高举花环，像一尊大理石雕像一样一动不动地站在那里。只见他满面通红，热泪盈眶，右手指引着天安门的方向。

我们挥舞着手中的花环，一边前进一边有节奏地呼喊起来："毛主席万岁！万岁！万岁！万岁！"马上就要见到毛主席了，那个盼望已久激动人心的时刻就要到来了。我们群情激奋斗志昂扬，步伐更加有力，口号更加响亮。无数灼热的目光都聚焦于天安门的方向。

看到了！啊，毛主席！不知道哪个女生情不自禁地喊了出来，与此同时，我也看到了日思夜想的毛主席，他老人家就站在天安门城楼上。我心中默想，毛主席，今天我终于看到您了！毛主席身材高大魁梧神采奕奕，穿着一身灰色中山装，显得比照片更加和蔼可亲。此时此刻，他面带微笑频频向我们招手。他身边还有刘少奇主席、周恩来总理、朱德委员长等党和国家领导人。

我多么想停下脚步，就此拉住时间的车轮，让人生永远定格在这个无比幸福的时刻！让我们再看一眼那些令世人瞩目的伟大领袖吧！但是，严明的游行纪律不允许这样做，我们不得不机械地迈着步伐继续前进。走过天安门，越来越远了，我们仍然手举花环，高呼口号，期望无限制地延长这个无比幸福的时刻。

走过西华街，一串串彩色气球腾空而起，一群群白色的和平鸽飞上了蓝天。仰望天空，有的气球下方悬挂着大幅标语，例如"庆祝国庆”“毛主席万岁”“共产党万岁”，有的气球在空中抛撒出无数彩色纸屑。成群的鸽子围绕着天安门城楼飞翔，嘹亮的鸽哨声由远及近响彻云霄，最后，它们纷纷落于城楼的东西两侧。

我们的队伍走到了西单。在那里，我们见到了等候已久的杨校长和班主任孙德珍老师。同学们一拥而上，纷纷与校长、老师紧紧地拥抱起来，大家不约而同地高声呼喊：“我们见到了毛主席！我们见到了毛主席！”杨校长热泪盈眶，默默地与每个同学一一拥抱；孙老师无比兴奋，她不停地喊道：“同学们，祝贺你们！”

在返校的路上，我们坐在车里仍然不停地朝车窗外有节奏地呼喊着：“我们见到了毛主席！我们见到了毛主席！”我们的喊声吸引了路人的目光，他们纷纷朝我们这里望了过来，向我们微笑，向我们招手，向我们表示衷心的祝贺。①

在芳草地小学师生的碎片化记忆中，在自己的人生中见到毛主席时的激动心情和场景，成为他们多年后仍旧记忆犹新的焦点。而正是因为党和国家对芳草地小学的重视和扶持，才使得芳草地小学的师生能有如此不同。

（三）难忘的共同记忆——“皮筋操”亮相全国

在第一届全国运动会开幕式上的团体操表演中，关槐秀老师创编的儿童操《新中国幸福儿童》成为开幕式的亮点。其中，芳草地小学的学生表演了跳皮筋操《茁壮成长》（参见图1-4，配乐为儿歌《小松树快长大》）。在开幕式现场，男孩子们手举绿色小树苗扮作小树，女孩子们分散在“小树”旁，排列成不同队形，在欢快的音乐伴奏下，似小鹰展翅般跳皮筋②。高素琴老师、黄树华老师在讲述的过程中和同学们即兴唱起了《小松树快长大》。

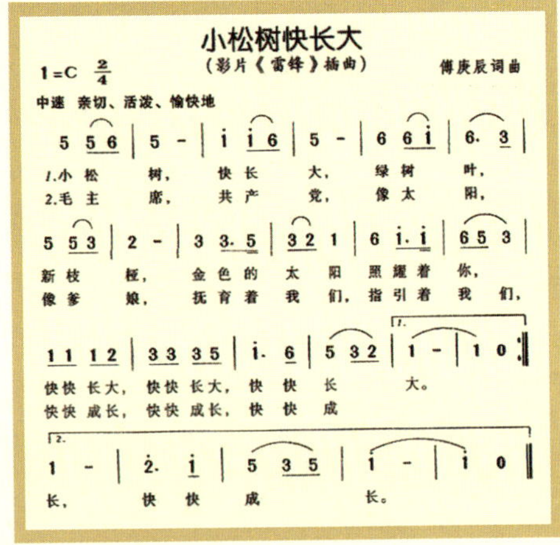

图1-4：儿歌《小松树快长大》词谱

在田野调查中，关槐秀老师现仍对第一届全运会时的情景记忆深刻，她记得在观看开幕式后，毛主席很激动，在工人体育场休息室接见创编

① 穆卫平：《芳草地》，未正式出版，第211-213页。
② 2016年2月16日于北京，关槐秀老师讲述；2016年2月23日于北京，高素琴老师讲述。

人员时还问道：

照片 1-8：关槐秀老师（左二）与周恩来总理（左一）、贺龙副总理（右一）在全运会闭幕式上合影，关槐秀提供

“红太阳是怎么光芒四射的？”“小孩操、战士操是怎么练出来的？”有人问我，一个小孩子的跳皮筋游戏怎么编成体育场上表演的团体操呢？我说：其实把人们带入金色童年的创意是贺龙副总理发起的。周恩来总理、贺龙副总理是运动会的总指挥，一次向领导汇报儿童操“拔萝卜”小样时，贺老总微笑着说：“建国几年啦，能否把拔了多年的萝卜来个创新？我看小孩跳皮筋挺好。”于是小孩子跳皮筋成了亮点，流传至今，还成为北京市少儿赛事项目之一。（参见照片 1-8）

（摘自 2016.02.16，田野笔记）

下图：获得少年跳皮筋比赛中年级组第一名的朝阳区芳草地小学的少年儿童在表演跳皮筋。（本报记者冯文冈摄）

图 1-5：1963 年 11 月 27 日《北京晚报》第四版关于芳草地小学在少年跳皮筋比赛中获得中年级组第一名的报道，穆卫平提供

穆卫平同学回忆：

1963 年秋，要在北京市举办少年跳皮筋比赛，关槐秀老师希望男生积极报名参加。但是，最终只有体育委员男生路戈报名与芳草地的女同学一同参加这次的跳皮筋比赛。1963 年 11 月 27 日《北京晚报》第四版刊登了芳草地小学在少年跳皮筋比赛中获得中年级组第一名的报道（参见图 1-5）。路戈同学在跳皮筋大赛中获得了第八名，前七名都是女生（其中芳草地小学的刘建华是七名之一）。同学们议论纷纷，“真没想到，男生跳皮筋也能有出息呀！”①

从此，男生不能跳皮筋的刻板印象被打破了。

此后，在北京市一系列重要的外宾迎送仪式活动中，人们经常会见到芳草地小学的跳皮筋队伍。例如，欢迎朝鲜民主主义人民共和国委员长崔庸建来访，欢迎柬埔寨西哈努克亲王来访。1964 年年初，芳草地小

① 穆卫平：《芳草地》，未正式出版，第 346-349 页。

学的集体跳皮筋表演“跳”进了人民大会堂的春节联欢会。同年5月1日五一国际劳动节，芳草地小学学生在景山公园为周恩来总理、彭真市长和刘仁副市长等领导表演跳皮筋，老师和学生们都获得了领导们的一致好评（参见照片1-9）。他们还参加了1965年第二届全运会的跳皮筋表演。自从跳皮筋运动一炮走红之后，中央新闻纪录电影制片厂又来芳草地小学拍摄了一部专题片《跳皮筋》。不到两年的时间里，芳草地小学已经拍摄了两部专辑电影。

照片1-9：1964年5月1日，芳草地小学师生表演跳皮筋后与周恩来总理、彭真市长、刘仁副市长合影，关槐秀提供

2016年3月27日下午，我（笔者）在芳草地国际学校见到了1964年5月1日劳动节代表芳草地小学跳皮筋的部分学生。郭力同学带来了她珍藏的50年前参加跳皮筋的照片（参见照片1-10）。其后还见到了一同参加1964年、1965年在人民大会堂、工人体育馆、北京体育馆、工人体育场、先农坛体育馆表演的赵艾沙、叶光、李步、李娅、肖宏素、史纪年、陈舫、刘建华、袁建、任小英、赵建军、林光宁、陈薇薇、周建军等同学，大家一起分享了这些难忘的记忆：“撑皮筋的男同学身着白色衬衫、蓝色短裤，佩戴鲜艳的红领巾，脚穿白色运动鞋；撑皮筋的女同学身着白色衬衫、绿色短裙；跳皮筋的同学身着白色衬衫、粉红色短裙，全部佩戴鲜艳的红领巾，头戴漂亮的发卡，脚穿白色运动鞋。皮筋上系着五彩的蝴蝶结。跳皮筋的表演有一个人跳的，有四至六人集体跳的；有在一根皮筋上跳的，也有在两根皮筋上跳的；伴随着音乐撑筋的同学把皮筋组成各种各样的图案。”如：三角形、四方形，还有五角星的图形等。跳皮筋的同学一上场就引人注目，她们轻盈地跳着，犹如小燕子在空中飞舞，动作非常优美。

照片1-10：1964年郭力等同学代表芳草地小学表演跳皮筋，郭力提供

第二章 肩负重任 坎坷崎岖

纪实

外交档案揭秘

46年前西哈努克送三位王子到北京学习

1960年2月至1970年4月，芳草地小学经历了三年自然灾害，也称三年困难时期（1959年下半年至1962年上半年）。1960年6月，柬埔寨西哈努克亲王要求把三位王子送到中国北京学习。在周恩来总理的直接关怀下，1961年春天，芳草地小学迎来了柬埔寨西哈努克亲王的两位王子——纳拉迪波、克玛努拉克和黄毅亲王的三位子女——黄斯蒂乃万、黄斑纳利德和黄莎纳丽。自此，芳草地小学开始接收外国留学生。1966年6月，文化大革命开始。1970年4月芳草地小学停办。

一、重任在肩的第二任校长杨德纶

杨德纶同志（女，1922.11—2008.10），满族，于 1960 年 2 月接任芳草地小学第二任校长。1956 年时任第一任教导主任，主管教学（参见照片 2-1）。杨德纶校长早年执教于北京市东城区史家胡同小学，被评选为北京市模范教师；曾随中国教育工作者代表团出访越南。1956 年，她奉调来到朝阳区组建东单区芳草地小学。作为教导主任，她在工作中呕心沥血、兢兢业业、克己奉公、任劳任怨。杨德纶校长把自己宝贵的一生，全部奉献给党的教育事业，为国家培养出许多人才，为芳草地小学的健康发展与美好未来奠定了坚实的基础。

照片 2-1：第二任校长杨德纶，其女冯芳提供

（一）学校的培养目标

杨德纶校长自接任校长起，仍然按照党的教育方针，把“应该使受教育者在德育、智育、体育几方面都得到发展，成为有社会主义觉悟的有文化的劳动者”作为学校的培养目标。

学校不仅坚持教育教学的高标准，同时还注重德育和体育的全面发展。学校经常组织学生进行爱国主义教育，师生每年都要在清明节，为马俊烈士扫墓；组织学习雷锋等活动。同时，把体育摆到了重要位置，培养体魄健壮的接班人。自 1961 年秋季开始，芳草地小学逐步开展适合小学生的体育活动，不仅课余生活过得活泼愉快，而且从中受到了教育，陶冶了情操，身体也得到了锻炼。①

（二）学区划分

1960 年 3 月 4 日，北京市朝阳区教育局下发了《关于下三条中心学区划分问题的通知》，“为了加强领导，便于工作，经研究决定：将原下三条学区的 15 个小学，划分为两个学区。(1) 下三条学区共 8 所学校；(2) 三道街中心学区共 9 所学校。芳草地小学划分为三道街中心学区。划分后的一切行政、财务等工作，由四月份起按新划学区办法。各有关学校接通知后，即可办理一切交接手续。”

① 参见晓马：《培养健壮的接班人》《新体育》，1964 年 5 月。

（三）班级设置的调整与师资力量的加强

1960 年 9 月，经朝阳区教育局的统筹安排，芳草地小学的班级设置调整为一至六年级，每个年级均为 3 个班，共有 18 个班。其余班级的学生分流到日坛等小学，1959 年入学的两个住校班转为二年级（1）班、二年级（2）班，二年级（3）班为走校班。此后，一直到 1970 年停办，每年均招收两个住校班和一个走校班。

在芳草地小学任职的老师都是经过严格选拔的。他们不仅要业务能力强、师德好，还要有吃苦耐劳的奉献精神。据老师们回忆，芳草地小学在 20 世纪 60 年代初期就实施了高年级（五六年级）的语文和数学由专职老师任课。当时，这些老师的业务能力都十分过硬，学校的师资力量强大。

根据 1963 年、1964 年朝阳区三道街学区小学情况一览表显示（参见表 2-1），芳草地小学的班级总数均为 18；学生数分别为 701 人、670 人；教职工数分别为 61 人、66 人。

表 2-1：1963 年、1964 年朝阳区三道街学区芳草地小学情况一览表[①]

年	班总数	学生数							教职工数							
		一年级(3)	二年级(3)	三年级(3)	四年级(3)	五年级(3)	六年级(3)	合计	教师	联合支书	专职书记	校长	教导主任	职员	工勤人员	合计
1963	18	128	121	119	90	104	139	701	30	1	—	3	1	19	7	61
1964	18	88	130	130	121	99	102	670	35	—	1	2	—	18	10	66

（四）被认定为“第一类小学”

芳草地小学从建校初始，在各级各部门领导的关怀下，经过全体教职员工的共同努力，在 1961 年朝阳区 119 所小学中名列前茅，被认定为第一类小学。当时的小学共分三类，第一类小学 25 所，第二类小学 68 所，第三类小学 26 所。芳草地小学在第一类小学中排名第 14。

第一类学校的标准：政治挂帅，领导核心健全，能认真贯彻党的方针政策，能以教学为中心全面安排学校工作，领导和教师工作积极主动，深入群众。教师中有集体，并有正确舆论，教师能积极努力工作，学生能努力学习，教学质量能不断提高，师生间有民主平等的关系，师生积极参加劳动，学校管理及生活有制度，抓得好。

① 根据北京市朝阳区教育局办公室 1963 年、1964 年朝阳区教育局中小学概况笔者制作。该资料藏于北京市朝阳区档案馆。

第二类学校的标准：领导核心基本上健全，贯彻党的方针政策一般，学校工作基本上是以教学为中心进行安排的，但有缺点和问题，全校教师大部分是积极努力工作的，教学质量一般，师生关系大部分班是好的，学校管理及生活有制度，但执行不坚决，有缺陷。

第三类学校的标准：党的方针政策贯彻得不好，领导核心不健全，领导思想、作风、方法有问题，脱离群众，教师大部分干劲不足，教学质量不高，培养学生目的不明确。乱班、体罚现象严重存在，抓而未解决，工作中心不明确，较混乱，学校管理及生活抓得不好，群众意见较大。①

（五）增加校舍规模

伴随着外国学生的到来，在国家以及北京市、朝阳区的帮助下，学校增建校舍。1961 年，学校的东侧新建了三层教学楼（参见图 2-1），可容纳 12 个教学班，建筑面积为 2354 平方米，投资 235400 元人民币。②

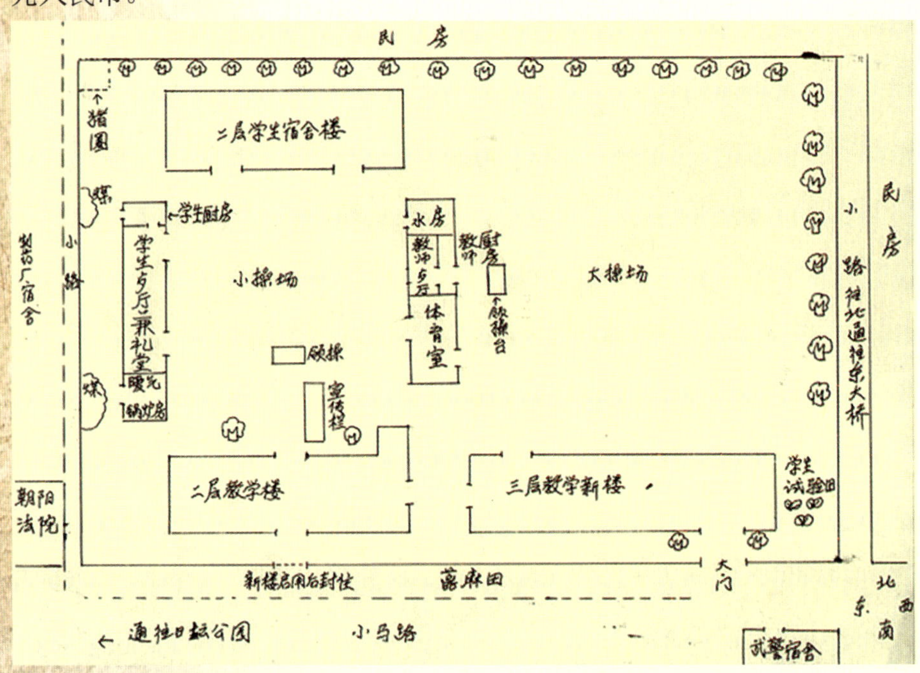

图 2-1：1961 年芳草地小学平面图，2016 年 6 月高素琴老师手绘

1961 年的学校校舍分布如图 2-1 所示：校园北侧建有二层宿舍楼，南侧建有二层教学楼，在教学楼与宿舍楼之间是一个小操场。操场的西边是学生食堂（兼音乐礼堂），其中包括学生厨房、学生餐厅以及锅炉房。

① 参见朝阳区人委 1961 年干部任命呈报表，全宗号 37、目录号 1、案卷号 14，藏于北京市朝阳区档案馆，1961 年资料。

② 参见北京市朝阳区教育局 1958—1964 年全区中小学发展，藏于北京市朝阳区档案馆。

操场的东边为教师食堂，其中包括教师餐厅、教师厨房以及烧水锅炉房。紧挨着教师食堂的是体育室，三层教学楼前设有宣传栏，学校东侧新建的三层教学楼前还设有一个大操场。

图 2-2：北京市初小语文第七册（1960年版）藏于首都师大学教育学院教科书博物馆

（六）教材使用情况

1959 年 11 月 6 日，北京市朝阳区教育局通知，各中小学：“接市教育局（59）教编汪字第 17 号内称：接中央教育部通知，原来由人民教育出版社编写的一部分中、小学教学参考书，将由人民教育出版社修改后出版，供 1960 年春季使用①（参见图 2-2）。

1961 年秋季，小学阶段的教材如下：

一年级：北京初小语文（一）、北京初小算术（一）。

二年级：北京初小语文（三）、北京初小算术（三）。

三年级：北京初小语文（五）、北京初小算术（五）。

四年级：北京初小语文（七）、北京初小算术（七）、常识（上）。

五年级：北京高小语文（一）、北京高小算术（一）、小学珠算（全）小学珠算（二）、高小自然（一）、北京高小地理。

六年级：北京高小语文（三）、北京高小历史（上）、小学珠算（三）、高小自然（三）。

二、团结合作共渡难关——三年自然灾害时期的芳草地小学

1959—1962 年，国家正处于三年自然灾害时期。学校领导为了确保住校生的健康，让在国外工作的学生家长放心，特别制定了学习、生活与活动的管理办法。杨德纶校长号召全校教职员工“团结合作，共渡难关”。

时值如此困难的时期，处在长身体阶段的芳草地小学学生与教师实行分开就餐。学生们仍然享受着大米、白面等食品，早餐多为馒头、咸菜和大米粥“老三样”，食堂会在每周六早上变换食谱，为学生提供糕点、咸菜和大米粥“新三样”。在中国经济建设最困难的时期，芳草地的学

① 该资料藏于北京市朝阳区档案馆。

生享受的待遇十分优厚。杨德纶校长经常在饭前饭后教导同学们珍惜眼前的粮食和国家的关爱与厚待。“同学们，你们千万别忘记了，现在我们国家的经济建设正处在最困难的时期。还有赫鲁晓夫，就是苏联的那个光头。他逼着我们中国人民还债，党中央提倡紧衣缩食，毛主席他老人家带头不吃肉。我们中国人有志气，眼下咱们不得不把那些‘好东西’当作债务还给了苏联老大哥……这几年我们国家遭受了自然灾害。可是，在外交部领导的亲切关怀下，没有让你们这些孩子吃‘赫秃子面’馒头，仍然让你们吃用纯白面做的馒头。学校领导想尽一切办法让你们吃饱吃好，你们应当感到满足了。你们这些孩子，真是身在福中不知福啊！”[①] 每当这时，同学们都懂事地频频点头。（参见照片 2-2）

照片 2-2：杨德纶校长给同学们讲话（1961 年）冯芳提供

学生们在老师的教导下，逐渐懂得了自己所食粮食的来之不易，并且认识到学生与教师分开就餐是因为老师们吃的比他们吃的差得多。如今已 82 岁高龄的关槐秀老师讲述这段难忘的故事时依然十分激动。

有一次，一个班级的班长吃完饭去找老师，一看老师、校长都在那儿每人只有一碗小米粥，还看不到小米哪儿去了，就是粥、咸菜、窝头。孩子看完以后就回去了。回到食堂说：“同学们，你们知道吗？老师为什么不和我们在一起吃饭哪？”大家说：“为什么呀？”“我告诉你们，我们每天喝的是牛奶，可是老师那儿就一碗小米粥，看不到米。有点咸菜，有一个窝头。你们说我们应不应该浪费呀？喝不完的奶都要倒在这个盆里，不吃的鸡蛋都放在这个盆里。”后来学生就自己组织人，不吃的鸡蛋、不喝的牛奶都放在盆里，端到老师、校长那边，大家都愣了。老师们都站起来，跟孩子拥抱，说谢谢孩子们，谢谢你们！有的老师说：“你们正在长身体，国家困难，你们也应该有营养，而我们呢能扛得住，国家困难是暂时的。”特别感人啊，那场面！

（摘自 2016.02.16，田野笔记）

① 穆卫平：《芳草地》，未正式出版，第 190-195 页。

三、国际化的开端

2006 年 7 月 25 日，《文摘》转载了 2006 年 7 月 6 日《新民晚报》杨丽琼撰写的外交档案揭秘——《46 年前西哈努克送三位王子到北京学习》（参见图 2-3）。1960 年 5 月，周恩来总理、陈毅副总理一行访问

编辑/郑红革 版式/唐飞雪 电话/65518022 纪实 2006 年 7 月 25 日 星期二 5

外交档案揭秘

46 年前西哈努克送三位王子到北京学习

46 年前，柬埔寨国家元首诺罗敦·西哈努克曾向中国提出，把他的三个儿子送到北京学习。当时，这三位王子最大的不到 18 岁，小的仅 9 岁，这个消息惊动了周恩来总理等中国党和国家高层领导人。在周总理的亲自过问下，外交部、教育部等相关部门认真办理，迅速妥善安排好了王子们在中国的教育、生活和管理的方方面面。在近日对公众开放的解密外交档案中，有 5 份档案清晰地记载了中柬友谊史上的这段轶事。

"特急"件周总理亲自批示

1960 年 6 月 29 日，外交部收到我驻柬使馆的"加急"电报，报告柬埔寨外交大臣狄潘当天中午约见王大使转达西哈努克的"意见"：要送 9 岁的儿子到北京学习，并已定于 7 月 10 日动身；另一个 14 岁的儿子也要送往北京，他"目前生病，病愈后出发"。7 月 4 日，我驻柬使馆又发回"特急"电报，说柬埔寨新闻大臣周成当天早晨"奉西哈努克命令"转告王大使，"将派三个儿子到中国学习，其中两个定于本月 10 日出发，另一个因病迟行。"

西哈努克当时还不满 38 岁，却早已以卓越的才能活跃在柬埔寨政界及国际舞台上。他主动提出将三个年幼的儿子送往北京，充分体现出他对中国政府和人民的信任。外交部收到这两份电报后，极为重视，立即上报中央和国务院。

对此，周恩来总理当天就作了批示。他还具体要求：找一个政治强、中文好的女教师给他们补习中文，"最好进八一小学和中学。"根据周总理的批示，次日，外交部给我驻柬使馆复电："同意西哈努克的三个儿子来京学习，请向柬方表示欢迎。"三位王子到北京后的安排也有了初步意见：他们三人都需要学习中国语文半年到一年（教员可由我方派），然后再进厂或入学。在学习中国语文期间可都住在柬使馆，请指定一位使馆官员作监护人，以便共同商定他们学习和生活的具体问题。

三王子各有培养"要求"

虽然已有两位大臣向中方准确转达了西哈努克的愿望，我国外交部也迅速复电表示欢迎，但三天后，西哈努克亲王仍亲自给周总理写信，再次表达了他的想法："我对新中国的深切的钦佩和阁下一贯对我的友谊，促使我今天派我的三个孩子到伟大的贵国去学习。直到他们成年。"

信中，西哈努克向周总理简要介绍了三位王子，他还就儿子们的培养方向对中方提出了要求：

"尤瓦纳特，老大，我觉得他天赋较差，学习不很专心，成绩平平。然而他受到其外祖母非常的宠爱。我希望他能首先在一家炼钢厂，然后在北京附近的冶炼厂中培养成为一名工人。"

"纳拉迪波，老二，是一个好学而且勤奋的学生，遗憾的是他身体较弱，不久前还生过盲肠炎。如果他旧病复发，我认为他可以在贵国的首都就医动手术。我觉得他有前途被培养成为一名中文和俄文翻译。"

"凯玛努拉克，最小的，是三个小孩子中最不聪明的一个，他记忆很差，随学随忘。因此我要求他在第一阶段先上小学，然后进入一所技术学校学习一门手艺。"

在信中，西哈努克特别强调："我恳切地要求你们不要给予他们任何特殊的待遇。相反地，我认为有必要让他们适应一个社会主义国家公民的普通生活。"

在此之前，柬政府的两位大臣也已向中方表达过类似的意思："食宿接送由（柬）大使馆负责。亲王嘱大使馆不准用小汽车接送，只可坐公共汽车。""亲王希望以中国工人受到的待遇来对待大的王子，不要有什么区别；让大儿子当学徒，是要使他知道生活不容易，生活是艰辛的，学会劳动。""希望他们能和中国孩子打成一片。"

齐进京总理设宴招待

三位王子是 7 月 20 日一起到北京的。柬驻华大使兰·涅特是他们在中国的监护人。虽然西哈努克提出让大王子进钢铁厂，但外交部和冶金部研究后，认为没有基础知识和一定的中文水平，他学起来会比较吃力，不如也先学一些中文，然后进北京钢铁学院学习，在技术基础课程方面打点底子。当时，国内找不到懂柬埔寨语的人，最小的王子没学过法文，也没法配法语翻译。外交部从驻柬使馆工作人员和柬埔寨华侨中专门为他们请回来两名翻译；北京市也挑选了一名很有教学经验的女教师，除了教他们中文，还为他们补习一些其他方面的功课，负责陪同他们参加一些社会活动。

到北京的第二天，外交部的两位司长就和柬驻华大使一起，与他们谈话，进一步商定他们的学习安排。三天后，周总理和陈毅副总理设宴招待他们。很快，又送他们到中国的医院全面体检。

外交部对他们参加北京市儿童的集体活动及"与外交使节有关的娱乐活动"，也做了安排。经周总理同意，确定各相关部门对三位王子的学习和活动安排各负其责，定期检查和汇报，随时解决存在的问题。

致谢电"不要特殊照顾"

对于中方的安排，西哈努克非常满意。他很快给周总理发来致谢电，表示"深受感动"、"深切的谢意"。他又一次提出，"请阁下和其他友好的领导人把我的三个孩子当作一般学生看待，不要给予他们特权或特殊的照顾。"

为了三个王子在北京的学习，周恩来总理也曾亲自给西哈努克去信，表示中国政府将按殿下的要求认真地教育培养他们，使他们身心健康，学习进步。

周总理还向西哈努克详细介绍了三位王子的健康情况：据医生初步检查结果，尤瓦纳特王子右中下肺有小钙化点，只要适当注意，没有什么问题。纳拉迪波王子目前无慢性阑尾炎情况，以后如有腹痛再进一步检查。凯马努拉克王子的健康情况完全正常。

三位柬王子后来究竟在我国学习了多长时间？他们的学业是否让父亲满意？他们在中国学习期间发生过一些什么样的有趣故事？目前外交档案只解密到 1960 年，我们还无法全部了解。这些后续故事，都有待更多的外交档案解密。

（摘自 7 月 6 日《新民晚报》杨丽琼文）

图 2-3：外交档案揭秘（2006 年）甘金水提供

柬埔寨，受到西哈努克亲王和柬埔寨首都金边市民的热烈欢迎，5 月 9 日结束对柬埔寨的访问。这次周总理访问柬埔寨非常成功，西哈努克亲王惜别情深，从王宫到机场的路上说个不停。到了机场以后，还举行了隆重的告别仪式并发表了热情洋溢的长篇讲话。周总理在外交工作中，一直遵循和平共处五项原则，尊重所访国家的习俗。从外交的大方针到礼节的小细节，事事考虑周密细致，赢得了各国人民的称赞，让中华民族真正地屹立于世界外交的前列。

1960 年 6 月 29 日，外交部收到我驻柬埔寨使馆的"加急"电报，报告柬埔寨外交大臣狄潘当天中午约见我驻柬埔寨大使，转达了西哈努克亲王的"意见"：要把三位王子送到中国北京学校。当时最小的王子仅 9 岁、老二 14 岁，最大的也不到 18 岁。这一消息惊动了周恩来总理等国家领导人。总理当天就做了批示，责成外交部、教育部等相关部门迅速妥善安排王子们在中国的教育、生活和管理的方方面面。另外，周

总理还具体要求：找一位政治觉悟高、中文好的女教师给他们补习中文，“最好进八一小学和中学”。根据总理的批示，次日，外交部给我驻柬使馆复电：“同意西哈努克亲王的三个儿子来京学习，请向柬方表示欢迎。”三位王子到北京后的安排也有了初步意见：他们三人都需要先学习中文半年到一年（教员可由我方派），然后入学或进厂工作。在学习中文期间，可都住在柬使馆，由使馆指定一位官员做监护人，以便与中方共同商定他们学习和生活的具体问题。三位王子中的两位被安排到芳草地小学就读。

（一）外国学生走进芳草地

1961年春，芳草地小学迎来了六名柬埔寨学生，其中两名是时任柬埔寨国家元首诺罗敦·西哈努克亲王的王子——纳拉迪波（次子）、克玛努拉克（三子）（参见照片2-3）；还有柬埔寨第一任首相兼宫廷事务大臣和财政大臣黄毅亲王的三位子女——黄斯蒂乃万、黄斑纳利德、黄莎纳丽（参见照片2-4）。此后不久，柬埔寨驻华使馆商务参赞之妹伊苏坡也进入芳草地小学学习。

照片2-3：纳拉迪波与克玛努拉克（1961年）任友林提供

据老教师们回忆，当时，北京市教育局领导要求担任教外国学生的老师的条件主要有三条：政治可靠；业务水平中上等；外表健康。经学校研究决定：韩永利老师担任纳拉迪波的班主任，章丽贞老师[①]担任克玛努拉克和黄斯蒂乃万，其后又担任黄莎纳丽的班主任。商宗英老师担黄斯蒂乃万的班主任，宁月珠老师任黄斑纳利德的语文老师，黄树华老师担任伊苏坡的班主任。

照片2-4：陈绍光（翻译）、宁月珠老师与黄斯蒂乃万、黄斑纳利德、黄莎纳丽等合影（1966年）宁月珠提供

柬埔寨王子所在班级的班主任章丽贞老师对班内中国学生严加管理，经常进行外事纪律教育，要求

① 章丽贞，1930年出生，1950年参加教育工作，1957年2月调入芳草地小学工作。1956年，全国范围定级调薪被评为二级小学教师；1963年，工资改革被评为一级小学教师。

中国学生与外国同学和睦相处，并在放学后进行班会总结，对当天的学习以及中外同学相处的情况做出指导和总结。章丽贞老师安排班长任友林同学和王立明同学与小王子近距离接触。在章丽贞老师眼里，这两个男同学都是活泼可爱、聪明好学、纯真善良、通情达理的优秀学生。这样可以全面带动、帮助小王子克玛努拉克在校学习；遇到问题还能及时向老师汇报情况，以便及时解决。章老师回忆说：

> 这班学生年纪虽小，却都能从不同角度，用不同方式，积极地支持和帮助我。师生合作共同努力，在柬埔寨小王子克玛努拉克就读的四年中，始终保持零事故，终于平安无事地送走了这个尊贵的小客人。
>
> （摘自 2016.03.11，田野笔记）

1961 年开学不久，柬埔寨商务参赞之妹伊苏坡也来到芳草地小学学习，被编入四年级 (3) 班，黄树华老师担任她的班主任。

根据董荷生先生（黄莎纳丽之夫）的讲述：

> 当时柬埔寨国家元首诺罗敦·西哈努克的王子在中国的生活由外交部部长陈毅和夫人张茜照顾；柬埔寨第一任首相兼宫廷事务大臣和财政大臣黄毅亲王的三位子女在中国的生活由周恩来总理和夫人邓颖超副委员长照顾。
>
> （摘自 2016.05.29，田野笔记）

照片 2-5：邓颖超与黄斯蒂乃万、黄斑纳利德、黄莎纳丽等合影（1961 年）董荷生提供

在董荷生先生提供的照片背面写着：“黄莎纳丽从小在敬爱的周总理和邓颖超副委员长的亲切关怀和抚养下长大成人，这是她和两个哥哥与敬爱的邓妈妈在中南海周总理家的院子里照的合影（见照片 2-5）”。

1961 年至 1966 年，芳草地小学除了上述来自柬埔寨的学生外，还有来自古巴、越南等国家的学生。

（二）对外国学生的教育

在田野调查中，章丽贞老师回忆起担任小王子班主任的情景时，感触颇多，她为我们讲述了许多教小王子学习汉语的故事。

1960 年年底，校长杨德纶通知章丽贞老师，组织决定由她担任柬埔寨王子克玛努拉克的班主任。章丽贞老师肩负着学校的期望，迎来了克玛努拉克小王子。

一九六一年三月六日，我期待已久的小王子终于走进了一年级（3）班的教室，只见他圆头，圆脸，圆眼睛，嘴角上翘，总像微笑，十分可爱。小王子来到中国学校学习的第一个重要任务便是过好语言关，可以与老师、同学自如地进行交流和沟通，真正融入班级中。因此，我决定先从“听”“说”“读”抓起。我反复对小王子说：“中国话好说，好懂又好学。你要多读、多说、多学，别怕出错。”课堂上，我给了他很多“读”和“说”的机会，课下，我又组织同学（参见照片 2-6）与他交谈。小王子的语言天赋很好，态度很认真，进步也很快，但是仍旧有几个汉语拼音字母发音不太标准，如他对 z、c、s 与 zh、ch、sh 六个字母互相混淆，发音不准。为了纠正小王子的发音，我特别为他编写了一些纠正发音的常用词语卡：“喝水”“吃饭”“扫地”“在操场上踢球”“在教室里学习”……经常更换，反复练习。我常见小王子下课后，嘴中还念叨着“扫地”“喝水”……

照片 2-6：曾与小王子一起学习的二年级三班全体同学在新教学楼前合影，关槐秀老师（左一）、张冀老师（左二）、章丽贞老师（右一）（1961 年）任友林提供

此外，图书馆里的《三只小猪》《狼来了》等深受学生欢迎的拼音读物，都成了我们班的座上常客。学生们互读、互听、互学，个别读、分组读，最后脱离图书，同学们站在讲台前讲故事。“讲故事是学生的最爱，有几个淘气包男孩儿（包括王子）喜欢根据故事中的‘老婆婆’‘大灰狼’‘小花猫’等不同的形象，创造出有粗有细、怪里怪气的滑稽声音。教室里的笑声、掌声不断，讲的得意，听的开心，皆大欢喜。”不知不觉，在读书和说书的笑声中，小王子渐渐地、顺利地渡过了语言关，其他同学也逐步地提高了语言能力。1964 年，“小王子回国时，已是满口纯正的普通话。若不是他那满头的卷发，人们

一准儿认为他是一个土生土长的北京娃娃”。

我希望小王子不但能“听”“说”“读”，还希望小王子能够写得一手好字，爱上中国的汉字，将中国优秀、瑰丽的汉字文化带到柬埔寨去。没想到，小王子握笔如千斤重，歪歪扭扭地刚写了几分钟，已是面红耳赤，皱起了眉头。我见势不妙，马上叫停，生怕打击他的积极性，连忙对他说：“你很努力，很认真！今天累了，明天再写。”第二天，我对小王子说：“中国字很好写、很好记，是方形的，很好看。学汉字一点儿也不难，要是你喜欢，很快就能写出漂亮的汉字。”他听后连连点头。克玛努拉克就这样在我的鼓励和表扬中，逐步地爱上了“汉字”。我首先利用“田字格”教小王子把横写平、竖写直，同时教他如何起笔、行笔、收笔，认识先左后右、先上后下等汉字的书写规律。每走一步都离不开“表扬”，表扬他爱动脑、爱动笔、很努力、进步快……一天，小王子交作业时对我说：“老师，我多写了两行字。”太好了，王子爱上了汉字！我抓住机会，大肆表扬，组织同学们传看……次日，一多半学生都多写了几行字。一时间，班里掀起了一个“超额完成作业”的小高潮。随后我趁热打铁，举行了“一个也不能少”的全班“汉字展览”，将学生的汉字贴满班级的墙壁，并且篇篇都有红花，班级里洋溢着浓厚的学习气氛。

（摘自 2016.03.11，田野笔记）

克玛努拉克小王子越来越爱写汉字，实现了章丽贞老师“把中国汉字传入柬埔寨”的美丽梦想！

四、爱国主义教育——为马骏烈士扫墓

芳草地小学非常重视用革命先烈的献身精神教育学生。学校每年都要组织学生为先烈扫墓（参见照片 2-7），这也是少先队大队会的活动之一。

时任大队辅导员的高素琴老师回忆了 1960 年 4 月组织学生为马骏烈士扫墓的故事。

1951年重修马骏墓，时任政务院副总理的郭沫若为马骏墓题写碑文。

照片 2-7：马骏烈士墓（笔者摄于 2016 年 3 月）

清明时节，芳草地小学在北京日坛公园举行少先队大队会，少先队员们身穿白衬衫、蓝裤子，佩戴鲜艳的红领巾，在马骏烈士墓前，缅怀为新中国成立而献身的革命老前辈。学校请朝阳区少年之家的李学彬老师讲述马骏烈士的革命事迹：马骏烈士是我国著名的回族革命烈士，于1927年大革命时期任中共北京市委书记兼组织部长，是中国共产党的优秀党员，后因叛徒出卖被捕入狱，1928年2月15日英勇就义，年仅33岁。新中国成立后，北京市政府于1951年10月在北京日坛公园为马骏烈士树立墓碑。李学彬老师讲得绘声绘色，慷慨激昂，少先队员们听得专注入神，感动得热泪盈眶。随后少先队员代表发言：决心听毛主席的话，跟共产党走，继承先烈遗志，珍惜今日幸福。最后辅导员带领少先队员呼号："为共产主义而奋斗！"少先队员回答："时刻准备着！"

（摘自2016.03.04，田野笔记）

穆卫平在《芳草地》中讲述了1964年的清明节[①]，芳草地小学的全校师生如期来到日坛公园为马骏烈士扫墓的往事。与以往不同的是其他几所小学的师生也前来扫墓。经过领导紧急磋商，各校扫墓活动同时同场进行，但仪式以芳草地小学为主。

扫墓仪式的第一项是出队旗、敬礼，各个学校打出少先队队旗，队员列队敬礼。第二项是各校的学生代表向烈士敬献花圈，芳草地小学指定五年级(1)班，班里又指派穆卫平所在的小队献花圈。几名队员将花圈摆放在烈士墓前；作为中队主席的穆卫平把挽联整理了一下，大家一起敬礼后归队。接下来，司仪宣布默哀（一分钟）。

默哀毕，来自朝阳区少年之家的李学彬老师开始宣讲马骏烈士的生平事迹。我们全校师生都知道，她是刘炳鑫副校长的爱人。几年以来，她一直担任这个角色。其实，她的宣讲早已深入人心，对于马骏烈士的生平事迹，我们这些学生已经达到了耳熟能详甚至倒背如流的程度。

马骏烈士，又名天安，字遹泉，号淮台，回族，1895年出生于吉林省宁安县（今属黑龙江省）；是我党早期的活动家和领导者之一，中国革命的先驱人物，第一批入党的回族党员。

马骏具有出色的宣传和组织能力。1919年五四运动期间，他广泛组织学生，发起并成立了学生联合会，成为五四运动的主要青年领袖

① 穆卫平：《芳草地》，未正式出版，第334-336页。

之一。后来又领导天津各界举行罢课、罢市、示威游行等斗争。

1921年7月，马骏在天津入党，成为天津的第一批共产党员之一。1922年，他到哈尔滨从事地下工作，组织了“救国唤醒团”，开展反帝爱国宣传。他在宁安建立了吉林省第一个党小组，是东北党组织的创始人之一。1925年10月，被派往苏联莫斯科中山大学学习。

1927年大革命失败后，马骏奉调回国，任中共北京市委书记兼组织部长，重建和恢复了北京市的各级党组织。1927年12月，由于叛徒出卖，马骏被捕，在狱中他忠贞不屈，受尽酷刑。1928年2月15日英勇就义，年仅33岁。

宣讲完毕，我们向革命烈士宣誓。一男一女两名少先队员代表站在烈士墓前，高举拳头，庄严宣誓：“……我们的祖国正日新月异，蒸蒸日上！我们的祖国正逐步走向繁荣富强！烈士墓前，我们庄严宣誓：继承革命先烈的遗志，”这时候，全体少先队员齐声宣誓，“好好学习，天天向上，热爱祖国，热爱人民，热爱社会主义，接过先辈的旗帜，迎接灿烂辉煌的明天！”

这一活动传承至今。2000年，马骏烈士墓升格为北京市爱国主义教育基地。该基地已成为未成年人思想道德教育的课堂，充分发挥了爱国主义教育作用。2014年9月30日是全国首个烈士纪念日，中共北京市朝阳区委、区政府、北京市民政局在马骏墓前举行了“朝阳区烈士纪念日公祭仪式”。

五、享有盛誉的体育教学

1961年，关槐秀老师正式到芳草地小学担任体育老师。1961—1966年这一时期，芳草地小学的体育教学取得了令人瞩目的成绩。为了认真贯彻德智体全面发展的教育方针，在杨德纶校长的支持下，芳草地小学在日常教育教学中十分注重学生体育方面的发展。关槐秀老师根据不同年龄学生的特点，量身定做，使每一个学生都能真正感受到体育运动的快乐。关老师认为：“刚入小学的一二年级儿童正是长身体、长知识的时候，加强这个时期学生的体育运动，不仅对促进他们身体发育、增进健康具有重要意义，而且有助于他们德育和智育的发展。”当时芳草地小学独具特色的体育教育，成为全市乃至全国的一个亮点。学校除了组织学生参加全国性的表演比赛外，还组织一年一度的全校运动会。

（一）了解学生，量身定做

如何让刚跨进校门的一年级新生对体育课感兴趣并喜欢呢？年过八旬的关槐秀老师兴致勃勃地给我们讲述了她当年的体育教学理念。

对于刚入学的孩子来说，他们还不能认识到学习是他们的义务。他们喜欢学校往往是因为学校里好玩，被学校的外在现象所吸引。因此，就要让他们感受到老师对他们的欢迎和亲切关怀。特别是上第一堂课时老师就能熟悉地叫出一些学生的名字，并且开始了解孩子们的兴趣和爱好，组织他们参加有趣的游戏，他们就会很快地熟悉学校生活，愿意接近老师，对体育课发生兴趣。与此同时，还要了解学生其他各个方面的情况。比如，要了解学生的身体情况、配合校医和班主任等，全面地检查学生的身体，对新担任课的各班学生的年龄、性别、生长发育（身高、体重、胸围）和疾病等情况进行分析研究。此外，必要时还要通过家访和学生个别谈话等方式，了解学生的家庭情况和学前教育情况。第三，在生活和游戏中尽量地接近他们，同他们一起做游戏、唱歌、跳舞，参与其中，观察他们的行为表现，了解他们的兴趣和爱好，以及他们走、跑、跳跃和投掷的基本动作是否正确等。在进行这项调查工作时，不仅要接近活泼、有自律的学生，而且更要关心和接近那些“顽皮”“没有自律”或过于呆板的学生，最好能够很快地记住他们的姓名和他们自身的一些特征。

（摘自 2016.02.18，田野笔记）

为了尽快地全面掌握学生的情况，关老师总是携带着一本笔记本，专门用来把从学生那里了解到的情况记录下来。另外，关老师还有意识地从学生中选拔小干部，协助老师了解学生，这样就能比较快地掌握他们的情况，以便在教学中能够做到量身定做，因人施教。关老师用心地选择适合每个学生的活动，让每个学生都能快乐地参与其中。对有先天性疾病的学生更为关心、照顾。关老师说：

在全面了解学生情况之后，开始研究小学低年级体育教材，其教材要注重趣味性，结合运动性游戏参与其中，锻炼学生行走、奔跑、跳跃、投掷和攀爬等多种形体动作的协调。这些科目共同的特点，都带有一定的情节和竞争性。如“找朋友”“小燕子”等，孩子们很喜欢，都愿意参加。更重要的是要通过上体育课让学生明白什么样的动作是正确的，什么样的动作是不正确的，帮助他们及时矫正不良习惯和动作（参

照片 2-8：关槐秀老师正在教学生基本动作（1963 年）关槐秀提供

见照片 2-8）。教师要着重培养学生自然和正确的行走、奔跑、跳跃和投掷姿势，纠正他们跑时摇晃身子、歪着头、挺着肚子等各种不正确的姿势，促进他们身体的正常发育。

（摘自 2016.02.18，田野笔记）

（二）一堂体育课的学问

1963 年 5 月，《北京晚报》记者何礼荪来到芳草地小学，观摩了青年教师关槐秀上的一节体育课。那些活泼可爱的孩子上体育课，给他留下了深刻印象。课后关老师向记者介绍了上课的整个过程。

1. 上课铃响后

四(2)班学生由班队长整好队，老师走到队伍前说："同学们好！"同学们就像接受检阅的士兵，整齐而响亮地回答："老师好！"一堂生动活泼的体育课开始了。

2. 使学生不感到枯燥

和一般体育课一样，一开始也是变换队形，齐步走，立正，稍息，向左、向右、向后转，跑步，等等。老师没有让学生一直重复这样的动作，而是不断地变换，还要扼要地做些提示，如"把胸挺起来""向前排看齐""前脚掌先着地"。（这些动作一般都较简单，为了不让学生感到枯燥，就要变换得勤些，要求严格些）这些都算是"序"，然后每人发一根绳子，做绳操。

3. 为什么要做绳操和跳绳

老师在前面领操，做得很认真，同时两眼又扫视队里学生的动作。通过"××× 注意看老师"，提示学生，做操后，开始跳绳。

这节课的主要内容是支撑跳跃，多活动下肢有好处。做绳操和跳绳，一方面使身体得到全面活动，另一方面为主课做准备。做完操，开始做抛实心球游戏。这又是一次准备活动。

4. 变花样不只为了提高技术

终于，上主课了。学生们被分成 4 组，开始做跳箱支撑跳跃。只见教师很简要地讲了一下做法，并在跳箱上做了示范动作，然后叫学生挨个照着做。做完一遍，教师接着要求学生们再跳时绕过前面的小旗再跑回来。做完后，教师再进行课堂提问。有3个学生举了手，并被允许在大家面前跳1次，教师检查学生是否掌握了要领。全体学生又一次得到跳的机会。

跳完跳箱后绕小旗跑，这有两个目的：一是变变花样，二是这堂课跑的内容太少，借这个机会可以跑一下。总之，一堂课最好能让学生在掌握技能的同时又得到全面的锻炼。

5. 投“手榴弹”的讲究

投掷“手榴弹”也是当时体育课的一个项目。先是原地投掷，然后是带助跑的投掷。投掷时分两拨，完毕后听教师命令一起去拣回来，然后再投。投的时候根据学生的情况，要求学生尽力投过前面不等距离的小旗。

投“手榴弹”的动作以前就学过了，这次的目的是改进挥臂动作，因此要求他们姿势正确。要求学生投过小旗，是为了使他们能看到自己的成绩，提高积极性。至于拣“手榴弹”后原地站好，听教师口令再回来，是为了保持较好的秩序，也保证了安全。

6. 最后的游戏

看起来，这堂课快结束了。正在这时，孩子们又活跃起来了。原来教师在这个节骨眼儿上又安排了一个游戏——克服障碍。每人用一定的方法爬过跳箱（参见照片2-9），再绕小旗跑回来。三个组展开了比赛。孩子们兴高采烈地、很认真地做了这个游戏。

照片2-9：学生跳箱（1963年）关槐秀提供

要注意，安排这个游戏，不仅仅是为了保持学生的积极性，还可以帮助学生复习和掌握刚才学过的支撑跳跃技术。

结合这堂课，关老师还对我讲了许多。比如她谈到：教师要注意仪表，要有精神，语言要简明扼要，要尊重学生，了解每一个学生的性格、体质和纪律等情况。

听完这些，我心里立即出现了一个想法：教好一堂体育课着实不容易，这里面大有学问呢！①

（三）芳草地运动会的特点

20 世纪 60 年代，芳草地小学举办运动会有以下特点：一是时间短，只有两个小时；二是参加人数多，全体学生个个都是运动员；三是项目简单，总共只有 3 个项目，都是平时体育课上学的内容。

筹备这样的运动会不用花很多时间和人力，而且每个学生都关心它，都带着很大的兴趣和热情来参与。还可以活跃孩子们的课间生活，培养孩子们积极、热情、活泼的性格，培养孩子们的集体主义精神。

关老师讲述了当年芳草地小学利用早晨的两个小时时间，举办了一场全校学生都参加的运动会。整个过程如下：

内容：走步、队形、做操和游戏等。这对增强孩子们参加体育活动的积极性和学会正确地走队、做操很有好处。

1963 年 6 月一天的大清早，芳草地小学的校园格外热闹，学校利用上课前的两个小时（七点半到九点半）开了一次时间短、内容丰富的全校运动会。全校 850 多名学生都参加了比赛。

孩子们按年级分班站好。首先进行队列比赛，各个班由班体育委员带领，排成四列纵队，在体育老师的口令下走过主席台。低年级的学生虽然只有七八岁，步伐和姿势还不是那么标准，但是这些孩子都能按照体育老师教的动作走，步伐跟着老师的口令，小胳膊使劲地摆，没有一个人说话，他们还精神抖擞地喊着：“一、二、三、四！”（参见照片 2-10）

照片 2-10：芳草地小学运动会入场式（1963 年）
关槐秀提供

当前面队伍有些拥挤时，后面的孩子便会自动原地踏步，等队伍疏散开，再继续前进。前来参观的人都啧啧称赞。

站在场边，戴着白帽、手拿纸笔记录的是从高年级学生中挑选出来的小裁判。他们聚精会神地盯着从眼前通过的队伍，如果发现队伍走得

① 何礼荪：《一堂体育课的学问》，《北京晚报》，1963 年 5 月 11 日。

不齐或是有学生走错了步伐，小裁判就会很严肃地在纸上写下应该扣掉的分数。

队列比赛完毕，队伍聚集在操场中央，变换队形，从两行变成四行，从四行再变成两行。这也是要记分的，哪一个班队变错了，裁判员就马上在本子上记下来。

队列、队形和走步比赛很快就进行完毕，接下来的比赛项目是做操，低年级学生做简单的拍手操，高年级学生做儿童广播体操。

做完体操，又开始了班与班之间的游戏比赛。这是一个接力赛跑的游戏，全班学生都要参加，但是一至六年级的游戏又各不相同。一年级是简单的换物赛跑，在距跑道起点十几米处放一个铁圈，圈里放一根接力棒，比赛开始后，第一个学生跑出去把手里的棒和圈里的棒交换一下，再跑回来交给第二个学生，第二个学生再跑过去把原先的棒换回来。二年级的比赛项目是绕球赛跑……五年级的学生要做绕球、过箱、跨矮栏、再绕球的障碍赛跑游戏……同学们非常喜欢这些游戏，都跑得特别带劲，还未轮到比赛的班就在场边鼓掌加油，气氛非常热烈。每个班的班主任都在队伍里帮助孩子们有条不紊地进行比赛。

比赛一项一项紧凑地进行着。比赛结束后，孩子们兴高采烈地谈论着比赛，有的还在交流经验。休息片刻后，各班班主任把队整好，将学生带回教室，准备接着上课。

当时的芳草地小学每个月都要开一次这样的运动会，以提高学生参加体育活动的积极性。

（四）校长观摩体育课

时任芳草地小学体育教师的张冀、关槐秀、古金亮等都是体育教学中的佼佼者。芳草地小学体育教学的名声也越来越大，更有其他学校的校长、老师来到芳草地小学观摩关槐秀老师的体育课（参见照片 2-11）。一次，吉祥胡同小学和芳草地小学联系，要来观摩两堂体育课。消息传出后，竟有二十几个学校的体育教师闻讯而至，几个学校的校长和教导主任也不请自来了。

为了共同研究提高体育课的质量，在体育教师之间举行观摩教学是件很平常的事。但这次却有好几位学校领导出马，倒是件新鲜事。

这次观摩活动整整进行了半天。关老师首先向大家介绍了这堂体育课的内容安排，为什么要安排这些内容，以及怎样根据小学生的生理、心理特点安排教学内容，使体育课上得生动活泼，使孩子们的身体得到锻炼，思想上也受到教育。然后，大家在操场上观摩了两堂有趣的体育课，并且观看了课间活动。校长们都看得很认真（参见照片 2-11），有的还在笔记本上做了一些记录。

照片 2-11：校长、班主任观课（1963 年）冯芳提供

为什么校长们对体育课这么感兴趣呢？观摩课后，北池子小学校长吴佩琛的观后感，基本上回答了这个问题。她说：“看了关老师上的体育课，我变聪明了。我们现在很重视体育工作，想把体育工作抓好，在学校里进行了多次研究，但总是举棋不定，不知道应该如何去做。看了这两堂体育课和课间操活动，我受到了启发。”

正是为了更好地加强体育教学，取得在体育教学上的发言权，这几位校长才主动到体育教学做得比较好的芳草地小学来“取经”。

关老师回忆说：“在当时，大多数校长对学生的学业、升学率很关心，对体育却很不重视，对孩子的健康也关心得不够。”

这次观摩课后，北豆芽小学的林副校长感慨地说：“关老师的话不多，却把思想教育很自然地结合到活动中了，课上得生动活泼，很符合低年级儿童的特点，把孩子的积极性都调动起来了。整堂课，孩子都在活动，但运动量又非常合适，教学的要求也具体明确。孩子在上课时，是笑眯眯的，很感兴趣。这样的体育课能够达到促进身心健康的目的。”①

这使我（笔者）想起我国著名的教育家蔡元培先生早在 1917 年提出的“完全人格，首在体育”的教育思想。享受体育运动，重在参与，让孩子们真正地乐在其中。

芳草地小学正是以“德智体全面发展，培养社会主义新人”为办学目标的。加之优秀的体育教师与体育教学的思想，使得芳草地小学的体育教育办得十分出色，享有盛誉，成为其他学校学习的榜样。

① 关槐秀：《为了抓好体育工作校长主动观摩体育课》，《北京晚报》，1966 年 4 月 4 日。

六、“文革”记忆——“文革”初期的芳草地小学

1966年，文化大革命开始。那是一个人们完全不理解的时代，是一个人们充满好奇的时代，也是一个令人们想逃避和忘却的时代，还是一个让人们有些怀念的时代。无论人们对那个时代怀有怎样的情感，它都曾经真实地发生过、存在过，历史无法抹去。

1966年，对于在芳草地小学上学的这些十二三岁的住校生来说，他们在最懵懂的岁月，与那段历史相遇，这成为他们人生中难以忘却的记忆。在此之前，他们曾在芳草地小学度过美好的童年时光，过着无忧无虑的生活。这些孩子的父母大多从事外交工作，不能陪伴在他们身边，有的学生甚至一两年也见不到自己的父母，所以他们的学习和生活都是由学校负责的。为了让他们养成良好的学习和生活习惯，平日里校长和老师对他们的要求相对于走校生更为严格。这就促使他们在“文革”初期，打开了装有人性中魔鬼的“潘多拉盒子”。

对于“文革”初期的那段历史，在我们访谈过的老师中，大多数都持沉默的态度，这成为他们的一个禁忌。倒是1966年即将毕业的住校生和走校生讲述了一些他们在“文革”初期看到的、经历的、参与过的事情和故事。1966年5月之前，他们过着幸福和快乐的生活，学校校长和老师对他们的关爱和温暖令他们难忘。但是，1966年5月之后，也就是“文革”初期至1967年春，在大环境的驱使下，一些同学做了与他们年龄不符的，违背人性、违背本意的事情，侵犯了校长和老师的人权，使他们的身心受到伤害。而这些昔日里的学生至今追悔莫及，难以释怀。

（一）狂热的崇拜与单纯的捍卫

这些当年留在学校闹革命的小将们，如今已步入花甲之年，两鬓斑白。当他们讲述那个年代的故事时，仿佛又回到了那个狂热的孩提时代，没有经历过的人是无法想象的。

1. 狂热的崇拜

六(2)班的一些女生讲述了她们在“文革”初期，对毛主席崇拜的狂热度。

“文革”初期，留在学校闹革命的我们对毛主席的崇拜近似狂热，我们六七个十二岁的女生心血来潮，决定到毛主席的工作地点中南海去见毛主席。从芳草地小学到中南海南门的新华门少说也有十几里路，

我们真的上路了，我们一路疾走，不知疲倦。

到了新华门，门前有两个大石狮子，我们躲在东侧的石狮子后面谁也不敢打头儿走进去。这时，从新华门迅速走出一名我们当时叫解放军的人，他靠近我们温和地说："你们来这里做什么？"我们赶紧七嘴八舌地说："我们要见毛主席！我们要见毛主席！"解放军说："毛主席现在不在里面办公。""那去了哪里？"我们问。"毛主席工作非常繁忙，我们也不知道他在哪里。"我们说："那我们就在这里等！新疆库尔班大叔就是等毛主席，后来见到了毛主席的。"我们振振有词。最终，我们也没有见到毛主席。

那时候，就连柬埔寨皇室亲王的女儿黄莎纳丽，都在写"毛主席万岁！"

（摘自 2016.04.12，田野笔记）

2. 单纯的捍卫

六(3)班的一位女生给我们讲述了她对"文革"初期闹革命的看法。

其实对于文化大革命，我觉得这些人当初单纯的就是革命，是捍卫毛主席的革命路线，那时候我们从小受到的教育比现在单纯得多，革命就是以英雄为榜样，根本不管自己，那时候虽然我们不是深受其害，但是站在我们那个角度来看，真是捍卫毛主席的革命路线。

尤其我们那时候年龄很小，心里很澎湃，就觉得我真的为革命怎么样怎么样。那时候受的教育挺多的，老觉得自己是属于国家的，不属于哪个家庭，只要国家需要就一定奋不顾身，文化大革命一开始大家以革命为目的，后来越走越偏。

（摘自 2016.03.27，田野笔记）

3. 我们不是修正主义的苗子

六(2)班的两位女生分别给我们讲述了她们在"文革"初期闹革命的故事。

"文革"初期那会儿，我们还不懂什么是文化大革命，学校的一位老师说我们是走资派的孩子、修正主义的苗子，我们都不承认。那时候，本来男生和女生是不说话的，可是，那天我们一起排着队，说："走！到国管局（国务院事务管理局）去！"不知道是谁出的主意，我们一路赶到府右街国管局的接待站。有一位接待员接待了我们，问我们是哪个学校的，我们照直说了学校的名字，又气冲冲地对接待员说，有人说我们是走资派的孩子、修正主义的苗子，我们怎么就是修正主义的苗子啦？”接待员叫我们等他一下，他接通了学校的电话，又向我们转达了芳草地小学校长的原话：“让毛主席的好孩子赶紧回到学校去！”我们回到了学校继续造反闹校长的革命，也就是胡扯、瞎胡闹，还有，继续读图书室的书。

（摘自 2016.03.27，2016.04.12，田野笔记）

（二）记忆至今

芳草地小学住校班的学生除外交部子弟外，还有各部委的孩子。如：中央部委、国管局的子弟；北京市系统水利局的、环保局等的子弟；还有部分军队的子弟。另外，朝阳区教育局、区政府的干部的孩子都在该校上学。他们脱离了家庭，最主要的是缺少父母的教育和亲情。“文革”初期他们也只是一群十二三岁的孩子，但在大的社会文化背景的驱使下，“潘多拉盒子”被打开了，灾难发生了。

1. 抄写大字报

那是一段不堪回首的岁月。即将小学毕业的住校班的一些学生，恰好与那场运动不期而遇。1966 年 5 月 16 日，中央政治局扩大会议发布通知指出：“混进党里、政府里、军队里的和各种文化界的资产阶级代表，是一批反革命的修正主义分子，一旦时机成熟，他们就要夺取政权，由无产阶级专政变为资产阶级专政……”为了防止资本主义复辟，把所谓“走资派篡夺了的权力”夺回来，文化大革命拉开帷幕。紧接着 5 月 25 日，北京大学的教师及学生七人，贴出一张大字报，对北京大学党委和北京市委进行了攻击。经中央批准，大字报被公开发表，广泛传播，号召人们起来造反。

芳草地小学也紧跟形势，停课闹革命，开始写大字报、贴大字报、抄写大字报。学校总务室发纸，一开始是老师们写、贴。后来，学校鼓励学生抄写大字报。2016 年 3 月 27 日，我们对当年六年级的一些学生进行了访谈，学生们回忆说：

1966 年 5 月开始有苗头，6 月初，学校鼓励我们写大字报。那时候老师还管学生呢。在课堂上，还没放假时，老师还当班主任的时候，课堂上就让学生写大字报。

笔者：都写的什么内容？

学生：大字报的主要内容就是写：“杨德纶你要把我们带到哪条

路上去？”当时社会上就这样，学校校长就是资产阶级，要把我们带到修正主义道路上去。所以就要批判啊，也不懂啊，你要带我们到什么地方去？就把写好的大字报贴到墙上，批判杨德纶校长搞修正主义路线。

我记得当时杨校长很有风度，她一边看还一边笑，觉得我们还挺有觉悟的。但她心里是怎么想的我不知道。后来形势越来越乱，社会上“飞机批斗”也出现了。

笔者：你们十二三岁的孩子怎么知道写这些内容呢？

学生：十二岁的孩子，怎么会写大字报呢？要知道文化大革命有个现象，抄大字报是一个很流行的现象。在一个城市的会串联……比如人大的学生去北大，看他们学校够不够水平。什么事儿，怎么用，还有定式，文化大革命的语言、文笔、内容和格式，都是抄的，我们学十二岁的小学生怎么会写呢？

学校老师们写的大字报都贴在教学楼前面的墙上和窗户底下……只要能贴的地方全是，还有食堂，拉着绳，我们住校生全都站着吃饭。上面写着一些老师和校长的事儿，孩子们是怎么知道的？实际上是别的老师的一些态度的表述，比方踢了2个学生的脚，比方对老师怎么样，把没吃完的窝头扔了，这些都变成大字报了，学生们认识字啊，学生一看就知道了，就抄大字报，抄完又贴。十几岁的孩子很容易被诱导，他们有激情，就像吃完麻辣烫出汗发泄一样。

（摘自 2016.03.27，田野笔记）

2. 自由与疯狂

本来在学校里，有很多人管你，有校长、班主任、老师，一下子全没有了。1966 年 6 月 1 日，人民日报社论《横扫一切牛鬼蛇神》提出：破除几千年来一切剥削阶级所造成的毒害人民的旧思想、旧文化、旧风俗、旧习惯。“破四旧”行动很快被红卫兵们付诸实践。无数文化典籍被付之一炬。

芳草地小学的一些住校生们，也学着哥哥姐姐们，把学校图书室的门锁砸烂，图书室彻底“开放“了，他们可以自由地进出。他们把自认为不好的书给烧了，有的书打开窗户给扔了。杨桂兰老师回忆说：“我就特别心疼图书室，图书室的一些书给烧了，破四旧嘛，管不住。”（摘自 2016.03.27，田野笔记）值得庆幸的是，不是所有的住校生都参与了这场“破四旧”活动。一位住校班的女生回忆说：

1966年法规无序。芳草地小学的图书室的门锁被砸烂了，图书室彻底“开放”了。我们住在学校的同学的心也开放了，像蜜蜂飞舞似的在学校图书室自由进出。我们贪得无厌的双手托着从大腿顶到下巴的图书，小颠儿的回到宿舍，坐着、站着、卧着，辗转反侧地读起书来。小学毕业了，“文革”了，不上课了，学校没有校长老师了，没人管着了，自己是红卫兵了。其实十三岁的红卫兵啥也没做，每天就是团在宿舍里吃饭看书，看书吃饭。课外书真的很吸引人呢。

书中自有千钟粟，书中自有黄金屋，书中自有颜如玉。书，迷住了动乱时期芳草地小学十三岁的十几个少年，他们似乎躲避了动乱，一头扎进自己住了六年的宿舍里，扎进了这么多的世界和中国的名著里，一扎就出不来了。当时读书的情景可以用昏天黑地来比喻。遇到放不下的书，会整宿读。尤其是读到爱情的片段，荷尔蒙会提高增长的速度，读到自己涨红了脸，羞红了脸……

芳草地图书室的书都是好书，国内国外的都有。读来读去我喜欢读国外的，虽然书中人物的姓名长了些，那我就一带而过，用的是视觉照相的方式，知道是谁即可，姓名是说不出来的。不知道为什么，那时读书速度极快，囫囵吞枣，像是饿鬼“吃”书。读到精彩之处，饭都不吃，只“吃”书。到现在我也没有印象读了些什么书，书名也不曾记得，读了就是读了，读了还想换下一本。有时，我会同时开三本书读，轮换着往下读。当时“吃”书撑着没有我不知道，就知道眼睛累的慌，小小年纪，在芳草地小学的宿舍里混得颠三倒四。

（摘自2016.04.12，田野笔记）

3. 暴力与恐惧

叛逆的住校生们学着自己的哥哥姐姐，自封为“毛泽东思想红卫兵战斗队”。他们不参与学校老师们组织的战斗队。“红卫兵战斗队”的目的是斗垮那些走资本主义道路的当权派，他们把矛头指向了杨德纶校长和体育老师关槐秀，还有一些出身不好的老师。他们认为杨校长执行的是修正主义路线，关老师跟被打倒的刘少奇合过影。

高素琴老师回忆说：

小学生那会儿懂什么呀，一开始就是起哄。就拿着那大宽皮带，他们都叫“板儿带”，拿那个大板儿带，穿一身儿黄绿军装（褪色的旧军装）。站在学校门口，虎视眈眈的。有人进去就问：“你是什么出身？”这老师呢，有的说是工人出身，有的说是农民出身，还有的就说是小业主。都实话实说啊，都不敢说瞎话啊。有的说是地主，那地主出身的就组成一个劳改队。

杨校长被安排扫厕所，一天见到杨校长，她跟我说：“他们打我。”

关槐秀老师也被安排扫厕所，还被剃了“阴阳头”。

（摘自 2016.01.25，田野笔记）

时任六年级班主任的杨桂兰老师回忆说：

一天，在教室里，他们（红卫兵）坐一排桌，我们老师坐一排桌，面对面，他们让我们各自报出身，一个一个挨着问，一个一个地报，他们都报革干，即革命干部出身，这是最吃香的了。但是，我们这些当老师的，工人出身很少，有个别是富农。我是最穷的一个，是工人。按农民划分，我都是佃农了，是最穷的。我说我是工人阶级出身，其中一个人说：“工人阶级还有好工人和坏工人。”我当时也壮着胆子，小声嘟囔说：“革命干部也有好革命干部和坏的呢。”

当时他们还设置了一间小刑讯室，在墙上挂着刑具，有长体操棒、垒球棒、跳绳的木头把、皮带等，就跟小孩儿玩具似的，吓唬你。进去问你什么，你就得回答，说得好了就没事了，说不好就……他们有 4 个人在小刑讯室，魏同学是小头头，让老师一个一个地进去，小孩儿就跟玩儿似地问呗，但不敢不去。现在觉得特可笑。出来一个进去一个，他们把门关着，四对一，都得进去。在等的时候，我心里害怕，不知道会发生什么，心里琢磨着，我一个人应付不了他们四个人。轮到我这里，我壮着胆子，我觉得我出身优越，我说：“我可以进去，咱们一对一。”最后他们同意了，我这不是出身好站得住脚吗。其实我在刑讯室他们也没怎么着我。

我是回民，有一次他们在大庭广众，在许多人面前，把他们编的顺口溜“猪尾巴尖蘸白糖，送给回民尝一尝”说给大家听。这回想起来也没什么，小孩子嘛，有的学生我都没教过。

（摘自 2016.04.10，田野笔记）

“文革”挨打的主要是杨德纶校长，当时的口号是“打倒‘封资修’”，即封建主义、资产阶级、修正主义。他们认为，芳草地小学是修正主义的学校，杨校长就是修正主义的当权派，执行的是修正主义路线。他们在学生食堂批斗杨校长、书记时子勤和关槐秀老师。关槐秀老师在体育教育方面特别有名，跟刘少奇合过影。刘少奇被打倒了，关老师就成为批斗对象。

关槐秀老师也被安排了扫厕所的工作。他们给关老师剃了阴阳头，往她白衬衫上泼墨水什么的……。

其实，当时我们一些老师挺团结的，看到他们打老师，也会制止他们。但是即使我们尽力了，也保护不了杨校长。

（摘自 2016.08.16，田野笔记）

宁月珠老师回忆说：

杨校长被打过好几次，一次我在厕所碰到她被打。关槐秀老师被斗得也挺厉害的。

还有一次我正好碰到他们解皮带打老师，我上去制止：“别打了，她是你的老师。”他们说：走资派，不打就不革命。还说了什么我记不得了，他们的意思是你管得着吗？从那天起，我就再也没有回到芳草地小学上班。我怕他们给我扣个帽子，打我。正好我的人事关系不在芳草地小学。

（摘自 2016.04.15，田野笔记）

杨德纶之女冯芳讲述了母亲在“文革”初期受到非人的屈辱和人身伤害，晚年双目失明。

小时候每次洗澡，我为妈妈搓背时都能看到她背上留下的深深的伤痕，因不懂事，会问妈妈是怎么弄的。等我长大之后，才知道是“文革”期间在芳草地小学被一些人打的。我听一些曾经在芳草地小学工作过的老师和大人们讲，我的母亲被他们打过多次。有一次她的学生用皮带抽她，让母亲跪在男厕所的尿池里，他们把尿池口堵上，尿池里有他们的尿，再加上水，让母亲跪在里面，跪的时间很长，她站不起来。还让她趴在尿池里，他们上去踩在她背上，然后用皮带套在母亲的脖子上，后面人踹着母亲，拖着她走。

（摘自 2016.07.11，田野笔记）

他们让母亲扫厕所，在厕所里打她，母亲当时被打得浑身是血，衣服和肉都连到了一起，打得快不行了，被送进医院。当时她被学生打成外伤性青光眼，两眼红肿，右眼致残，早已失明，只剩下左眼一直保守治疗。随着时间的推移，母亲的眼睛变化很大，白内障加重，晚年双目失明，生活不能自理。

有一次他们到我家打母亲，抄家、砸东西，砸完东西后，又把母亲强行押走，说是要把母亲弄到北京八中还是四中批斗。邻居老大妈看到，赶紧通知我父亲，父亲在区委工作，正好区委内也有红卫兵，马上骑自行车，追上他们，给截住了。他们说："我们要批判她。"区委的红卫兵说："她有什么错，让我们大人红卫兵来管，你们小孩儿红卫兵就抓别人去吧。"就这么着把我妈的命给抢回来了。要不然就真死在那学校了，就等于这个人不存在了，尸骨都找不到。

（摘自 2016.01.19，田野笔记）

一位不愿意透露姓名的老师回忆说：

那些住校生可残忍了，把杨德纶校长打得快不行了。杨校长受迫害最深。他们把她打得肉和衣服都连在一起了，衣服都没法脱，我帮她把衣服用剪子剪开，用毛巾给她擦洗。不能揭掉衣服，一揭鲜血直流，又是夏天……。

他们还设置了刑讯室，让老师们一个一个地进，刑讯室的桌子上放着各种刑具，有皮带、木棍、绳子什么的，杨校长和时子勤书记在刑讯室被打过。叫到谁，谁也不敢不去，都害怕。

（摘自 2016.08.18，田野笔记）

其他老师都不愿意提及"文革"初期在芳草地小学发生的那些事情。当我（笔者）问起此事时，一些老师回答说："我们当时也很害怕，不敢过问。"

不过，还是有一些善良的孩子，她们看到男生拿着皮带抽打老师就上去制止，她们认为打人是不对的。于是，他们的"毛泽东红卫兵战斗队"内部也有了分歧，又成立了"井冈山红卫兵战斗队"，是要保护老师的红卫兵。有一位制止打老师的同学，晚上家里的玻璃就被砸了，其中也有遭到人身伤害的。

关槐秀老师如今已年过八旬，她不愿意再提及"文革"初期芳草地小学的往事，她说他们那个时候还是小屁孩，不懂事。

（三）追悔至今

1966 年至 2016 年整整半个世纪，他们少年时代到底经历了怎样一段我们难以想象的岁月？他们做了那些使他们至今难以释怀，与他们年龄不符的恶事。在50年的漫长岁月里，他们是如何追悔的？

1. 向老师公开道歉

2006年10月21日，芳草地小学举行50周年庆典活动。1966年即将毕业的，也就是66届的三个班的一些学生和五位时任老师（章丽贞老师、关槐秀老师、杨桂兰老师、苗淑贞老师、刘勇立老师）参加了这次庆典活动，还在教室里开了一个座谈会。王同学站在椅子上给五位老师深深地鞠了一个大躬，90度的大躬。王同学道歉说："我们那时不懂事，实在是对不起老师了，让你们……"杨桂兰老师回忆说。

关于道歉一事，王同学说：

我早就有这个想法，在二十几岁，懂事后，有了自己的世界观，就有了向老师道歉的想法。这个机会，我等了30多年了。不是每个人都有勇气去道歉的。这次去道歉，我是有准备的，准备好道歉的语句，设计好道歉行为的举动。但是，杨校长没有去，我感到杨校长始终没有原谅我们。

（摘自2016.03.27，2016.06.24，田野笔记）

记得2006年前后，在一个社区的活动中，我与从事小学教育工作的欧校长是一个党活动小组的成员。闲聊中，我知道欧校长是朝阳区某小学校长，于是跟他说，我是芳草地小学毕业的，他跟我说，杨德纶曾是芳草地小学校长，现在他承担着每个月给杨校长送退休工资的任务。我知道欧校长能见到杨校长后，就主动跟欧校长说我想去看望杨校长的愿望（其实，潜在的内心深处是想去忏悔，请求杨校长原谅），欧校长答应了我。过了一些日子，我见到了欧校长，欧校长说："第一，你要去探望杨校长的话，我带到了；第二，她现在身体不好，不便接待。"不过欧校长在联系的过程中，明确地告诉过我杨校长的住址，但是，我没有去。我想尊重本人意愿，没有贸然去打扰她。

多年后，我通过别的渠道获得消息，杨校长当时的确没有力气再接待我，不想触及她的痛苦经历。我也理解了。

（摘自2016.06.24，2016.08.19，田野笔记）

2. 撕心裂肺

自从章丽贞老师委托她的学生任同学帮助我引荐他的同年级同学后，这些同学主动邀请我（笔者）加入他们冠名为"芳草地"的微信群，同学之间的任何交流都不回避我。同学们有聚会活动，也会邀请我参加。2016 年 5 月 29 日，66 届的部分住校生和走校生与他们 50 年未见的语文老师宁月珠团聚，气氛十分热烈。全体同学站起来恭恭敬敬地给宁老师鞠了躬，感激宁老师对自己的用心培育。聚会快要结束时，大家聊着聊着又聊到当年批斗杨德纶校长的话题上来了。

杨同学也是酒过几巡，坐到了我们旁边，双眼迷离地回忆说：“我们太对不起杨校长了，太对不起杨校长了，一想起这件事，我就撕心裂肺。我们让杨校长扫男厕所，进去方便，还说杨校长耍流氓，又打她。”说到这里，杨同学一度哽咽得说不下去，低着头眼泪啪嗒啪嗒地滴落在餐桌布上。我身旁有一位女同学挨着杨同学坐，就拍了拍他的肩膀。他微微抬起头，声音沙哑地对大家说：“这不是认错的事，这不是认错的事啊！认错没有用的，认错有什么用啊！”一位女生说：“杨校长一直不能原谅学生们，她至死不见这些小学生。”杨同学接着说：“不原谅就对了，不能原谅，还是不原谅的好……”杨同学灵魂深处的痛苦震颤，我感受到了。

照片 2-12：二年级（1）班全体同学合影，后排左一体育老师关槐秀、中间大队辅导员苗淑贞、右一班主任钱季英（1962 年）李步提供

3. 思考——困扰至今

时至今日，如上表述的那一幕幕场景和画面仍历历在目，我凝视着李同学和王同学提供给我的两张集体照（参见照片 2-12、2-13）上的这些孩子的眼神，心想：他们怎么会做出上述行为呢？我久久不能平静，一直在思考。我无法诠释一个十二三岁的少年为什么做出与他们年龄不符的行为，违背人性。也许在王同学、杨同学等心中，不知回放过多少次，思考过多少次，他们对人性的善恶，也有了更多的思考。

照片 2-13：二年级（2）班全体同学合影，后排左一体育老师关槐秀、右一班主任段玉枝（1962 年）王宏提供

一个个体，自出生从生物人到具有人性的个人，是需要濡化的。濡化是一个人类学上的概念。人类学家在研究人类文化时，认识到文化是习得性的，而非遗传性的。一个人在出生时，仅仅是一个生物性的个体而已。大部分行为都是以本能性的行为去表示其欲求与满足。在长期的孕育期间，生物的个体缓慢地接受周围的文化环境，逐渐地形成某一社会文化环境所接受的文化行为模式。这种非正规性的吸取文化的过程，从人类学家的观点而言，就是一种文化的濡化过程。

十二三岁的少年，还在文化的濡化过程中，心智尚未成熟，完整的人格尚未健全。从人的思维行为和生理成长来看，应该是没有建立起自己的道德观和行为判断能力。他们受时代的影响，再加上舆论驾驭，在狂热的崇拜下，盲从地释放人性中邪恶的一面。

通过连续的对话，我们弄清了这种邪恶源于以下几个方面：

第一，当时社会秩序已经完全无法正常运转。当道德与正义约束不了这种“邪恶”的时候，人们对自己的行为没有羞耻感。正如王同学所说：“当时自己的行为是没有责任感、没有危险感、没有羞耻感的。以后长大了，‘负责任’的道德理念，一直困扰至今。这是一段亲历的历史，这是事实！”从人性的、生理的角度去诠释那些孩子的狂妄行为，他们的行为离不开当时的社会大背景。

第二，从众心理。从众是指个人受到外界人群行为的影响，而在自己的知觉、判断、认知上表现出符合公众舆论或多数人的行为方式。从众心理和儒家文化的从众模仿屈从及当时芳草地小学特有的“住校教育”个性的张扬，综合了那个时代的畸形心态和行为。

第三，从新中国成立后的出版读物中习得的知识。比如，“刑讯”概念及其具体的方法，在小说《红岩》里有对刑讯室的描写；《第三帝国》里对集中营里的纳粹行为的描写很具体，很形象，很有参照性。王同学说：“我们那时候，这些书籍都看过。我们处于对暴力行为描写的好奇年龄、效仿在所其然。”

我对“文革”的记忆是模糊的，把人性中凶残、邪恶的一面挖掘出来的时代虽然已过去，但我们付出的代价是一辈子永远不能原谅自己迫害了别人，受害方至死也无法原谅这些懵懂少年，这样的结局是何等悲惨啊！这场浩劫之前，他们是尽心的校园领导者和红旗一角的红领巾好孩子（参见照片 2-14），共同和谐地在校园里工作、学习和生活。如今

照片 2-14：红领巾班［四年级（2）班］（1964 年）王宏提供

那一切都已经成为历史，这对国家政治来说，也许算不了什么，但对于普通善良人的灵魂来说，这种可怕的折磨要终其一生不得解脱。

但是，我们也不能把这种残酷全部归罪于那个时代，因为人性中的魔鬼就关在我们自己的“潘多拉盒子”里，这个盒子是不能打开的，打开了就是灾难。

如今，对于步入花甲之年的学生来说，他们的道歉和坦诚，不仅仅是一种个人灵魂的净化，他们更希望将自己的反思带给这个社会。

由于“文革”动荡，66 届毕业的同学，当年没有按时颁发毕业证，1967 年补发了毕业证书（参见图 2-4）。1968 年复课，他们分别进入北京市的各所中学上初中。

毕业证书

最高指示

知识分子如果不和工农民众相结合，则将一事无成。革命的或不革命的或反革命的知识分子的最后的分界，看其是否愿意并且实行和工农民众相结合。

学生　　于 1966 年 7 月在本校 六 年级学习期满准予毕业

学校

年　月　20 日

图 2-4：王玉岭同学毕业证书，1967 年 7 月补发，王玉岭提供

为彻底砸烂“修正主义教育路线”，1970 年 4 月，芳草地小学停办。原芳草地小学的师生被转移、合并、分解到周边学校，校址变成了朝阳区人防指挥部和区委所在地。

七、缅怀第二任校长杨德纶

杨德纶校长在任期间，深受老师和同学们的爱戴。在我们访谈的多位老师中，孔凡珍、黄树华、高素琴、孙德珍等老师都提到杨德纶校长对她们的影响甚远。不仅从严治学，还关心她们生活的各个方面。

穆卫平同学在他撰写的《芳草地》[①]中，表达了他对杨校长的爱戴。他讲述了在芳草地小学幸福的快乐生活与幸运的成长经历，怀念杨校长无微不至的关怀与耐心细致的教诲，牢记她老人家对全校师生的深厚感情，缅怀她为芳草地小学建立的突出功绩，纪念她为党的教育事业做出的突出贡献。

当他的女儿问他："在芳草地小学你最喜欢谁呀？"他回答："当然是杨德纶杨校长啦！""她长什么样儿啊？"他告诉女儿，杨校长是一位中年女性，个子不高，经常穿一身笔挺的浅蓝色西装、黑色皮鞋，梳齐耳短发，给人一种干净整齐精明干练的印象。

他的女儿又问："她对你好吗？""当然好啦，杨校长对我可好了！"平日里，她经常板着一副严肃的面孔，同学们几乎没有见过她的笑容。但是，她却有一副菩萨般的心肠，对待我们这些小学生就像对待她自己的孩子一样。

照片 2-15：1961 年三年级（1）班全体同学在新教学楼前合影，左一为关槐秀老师，右一为与张冀老师，穆卫平提供

直到今天，穆卫平还经常在睡梦中回到芳草地小学，回想起当年杨校长眯着眼睛讲话的样子。她讲起话来语调平稳，慢条斯理，讲道理的时候经常打手势，以此增加气势。她的话听起来让人心悦诚服，好像每一句话都讲到了我们这些学生（参见图 2-15）的心坎上。

接着他的女儿又问："你还喜欢谁呀？"他说："喜欢启蒙老师张淑华，梳长辫子的音乐老师高素琴，一丝不苟的班主任孙德珍，严格要求的大队辅导员苗淑贞，充满活力的体育老师关槐秀，擅长绘画的美术老师刘勇立，年轻貌美的音乐老师马家俊。还有其他很多老师，他们的故事三天三夜也说不完。在人生的成长阶段，能够遇到这样一位好校长、这么多好老师，我感觉非常荣幸！"

"还有呢？"女儿仰头继续问道。我说："我喜欢我们班的每一位同学。除了学习成绩呱呱叫以外，他们个个都是头脑灵活，生龙活虎，在文艺、体育、德育等各个方面都显示出了超人的智慧与卓越的才能。

① 穆卫平：《芳草地》，未正式出版，第 2-4 页。

从一年级到六年级，我们班在全校的各项体育比赛中一直保持着领先的地位；在历年的全校新年联欢会上，我们班都担任压轴的重要角色。譬如，我们班表演的男女声二重唱《逛新城》、儿童话剧《果园姐妹》、儿童歌剧《歌唱二小放牛郎》、表演唱《歌唱光荣的八大员》不仅受到热烈追捧，还能够在校园里掀起一股新的表演热潮。

我们班的田小林、王培建、汤继民是学校乒乓球男队的三大主力队员，他们曾经代表芳草地小学征战整个朝阳区，始终保持着不败的纪录。李阳、李小河多次打破全校、全区（朝阳区）的田径比赛纪录。在新闻纪录片《天天向上》中，还有李铁军参加游泳比赛的一些特写镜头。

当然，在那部电影里也有我和小画家李小幻的一些镜头。杨校长曾经多次把我们俩的图画作为礼物送给外国友人和外国留学生。

能够与这样一群绝顶聪明、才华横溢的同学们一起学习，一起生活，一起成长，大家彼此之间互相关心，互相爱护，互相支持，互相帮助；天长日久在同学之间逐渐建立起无比深厚的感情，大家相亲相爱如同兄弟姐妹。在人生之中，能够有这样一段难忘的学习生活经历，我感到非常幸运！

女儿说，长大了她也要上芳草地小学。我迟疑了一下说："恐怕不行啦。许多年以前，芳草地小学已经改名为北京市芳草地国际小学，专门招收外国孩子了。"女儿听了，眨了一下大眼睛没有说话。过了半天，她才说："老爸你能够上芳草地小学，真的很幸运！很幸福！"

我没有回答，但心里也是这样想的。

穆卫平的这些美好回忆，把我们共同带到了那个年代。

1956—1970 年任职教师

校　　长：张保真、杨德纶

联合书记：王存赫、时子勤

副 校 长：商宗英、刘炳鑫、高翠吾、马季珍

书　　记：田恕

教导主任：杨德纶、章丽贞、孔凡珍

语算老师：孔凡珍、张淑华、戴卉英、钱季英、周致琴、章丽贞、
黄树华、杜双果、郭恩秀、黄舜村、高润兰、刘炳鑫、

郭云禄、韩永利、孙德珍、阎淑珍、富炳茹、刘凤琴、曹淑兰、李凤兰、王崇孝、杨桂兰、段玉枝、高瑞兰、徐兰馥、薛志英、朱丽文、金公慰、杨玉峰、何保荣、焦长华、贺锦芬、宁月珠、田金洲、张汝琴、李秀云、富炳茹、李秀云、马德纯、王凤森、付丽珍、何桂琴、康永来、李玉春、曹淑英、王雪梅、李淑贤、李克姗、保玉香、陈宝英、鲁丁香、宋彩英、王少鲁、左凤岭、朱维范（代课）等

体育老师：孟志强、张冀、关槐秀、古金亮、罗嘉驹

音乐老师：高素琴（兼任地理老师）、马家俊

美术老师：刘勇立

自然老师：王秀君

大队辅导员：孟志强、孔凡珍、高素琴、郭云禄、苗淑贞

生活老师：张雅芝（兼音乐课）、马志敏、刘秀荣、梁继生、谢慧珊、李淑贤、李惠英、李湘荣、李桂玲、李锦年、徐兰馥（后任）

校　　医：徐玉珠、董蕴华、朱大夫、施菊英

总务管理：张振刚、陈广才、常秀锋、王建之

办公事务：李克姗（刻字员）

工　　友：关大爷（传达室）、董振志（传达室、教职食堂厨师）、刘维汉（锅炉工，工人建校时）、白老头（棍棒教育）、李师傅

炊 事 员：常进宝、赵连升、张宏久、刘锡章、安桂琴

学生宿舍楼阿姨：王秀和（长期值夜班）

第三章 重建芳草地小学

1971 年 10 月 25 日（北京时间 26 日上午），在联合国第二十六届大会上，中华人民共和国在联合国的合法权利得到恢复，与我国建交的国家迅速增多。为解决各国来华外交官子女入学问题，1972 年，时任驻北京外国使馆的联合组织“外交使团”团长的埃塞俄比亚驻华大使，向周总理提出了一项意见：他们外交使馆人员的子女在北京没有合适可上的学校，希望中国政府在北京建立一所招收外国外交人员子女的学校。当时，国务院外事办按照周总理指示，责成北京市教育局、北京市外事组和北京市外交人员服务局办好此事，并决定恢复重建芳草地小学。

时任北京市委副书记、市革委会副主任的丁国钰同志亲自主持了这项工作。在北京市委外事组（负责人邢仁先）和文教组（负责人谭元堃）的直接领导下，1972 年 10 月，重建芳草地小学筹备小组成立。根据章丽贞老师回忆：

> 1972 年 10 月 11 日上午 8:30，在朝阳区教育局的小会议室里，时任区委教育部部长刘铭接见了韩荣芸、陈芷琪、刘秀英和我（章丽贞）。她说遵照周总理的指示，重建芳草地小学，这将是我国唯一接收外国小学生的学校……，并对我们表示了信任和鼓励。最后，宣布筹备小组由我们四人组成，韩荣芸任组长。

（摘自 2016.01.07，田野笔记）

经过筹备小组各位老师的共同努力，芳草地小学在 1970 年 4 月停办的原校址重建（参见图片 3-1，校内北楼：1956—1966 年曾是学生宿舍，“文革”开始不久开始接待红卫兵，1970—1995 年曾是成人教育局及人防指挥部），于 1973 年 2 月正式开学，迎来了芳草地小学重建后的首批中国班的近 400 名学生。同年 3 月 12 日，芳草地小学又迎来了外国班的首批 65 位学生。

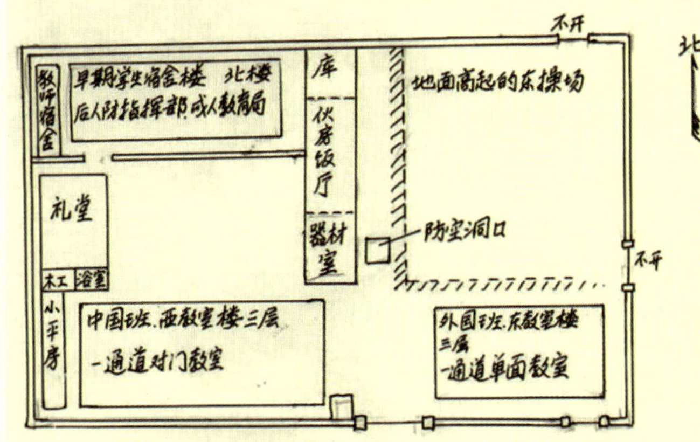

图 3-1：1972—1995 年芳草地小学平面图，2016 年 10 月，荣景甡老师手绘

重建的芳草地小学，设中国学生部（简称中国班）和外国学生部（简称外国班，后于 1997 年改称国际部），学校实行中学编制，师资由北京市在全市和朝阳区选拔配备。

1973 年 2 月，芳草地小学中国学生部开学，使用最初建成的西教学楼。

1973 年 3 月 12 日，芳草地小学外国学生部开学，使用东教学楼。

一、不负重托的第三任校长任先

任先同志（女，1927.04—2008.03），于 1972 年 12 月至 1977 年

3 月任芳草地小学第三任校长（时称革委会主任）（参见照片 3-1）。

照片 3-1：任先校长（1973 年）藏于通州教育局档案

重建的芳草地小学，作为一所基础教育建制的学校，大规模接收外籍学生，这在中国教育史上，可以说是第一次，是一个创举。虽然在 20 世纪 60 年代初，芳草地小学有过接收留学生的经验，但毕竟是少数留学生。如何把重建的芳草地小学办好，是摆在第三任校长面前的一个重要课题。任先校长是一位军转干部，此前没有从事过教育工作，她无可借鉴，无可选择，必须不辱使命，不负重托。任先校长怀着对党和教育工作的忠诚，带领教职员工开启了如何把重建的芳草地小学办好的探索之路。她的“一切为了工作”的忘我精神感染了许多老师。重建后调入芳草地小学的老师们至今难以忘却第三任校长对党和教育工作的忠诚与忘我精神。

1972 年年底，主管文教、外事工作的丁国钰同志召开了由市、区及芳草地小学负责同志共同参加的会议。会上任先校长提出，校舍条件还可以，但有不少困难，缺少基本设备、教材以及师资等，请求上级帮助解决。

其困难主要是针对外国班，一所小学同时要开英语和法语两门外语，学校师资不够，同时还缺乏懂外事工作的干部。

（一）“一无所有，满目苍凉”

芳草地小学自 1970 年 4 月停办后，学校原来的基本设备也都所剩无几，筹备组的章丽贞老师，也是重建后第一批报到的教职员工，她讲述了当年筹建的艰难景象。

> 1972 年 10 月 11 日筹备会结束后，我们带着这项崇高而光荣的任务，急忙向芳草地小学赶去。几经周折，我们好不容易在“人防办”那里找到了钥匙。我们进门时，踹起了足有半寸厚的尘土，立刻，升起了一片烟雾，其中还飞舞着各种颜色的碎纸片儿，这“美景”，还没来得及欣赏，我们几个就不约而同地打起了喷嚏！瞅瞅！我们所向往的学校，竟是用如此独特而浪漫的方式，接待了第一批报到的职工。
>
> 这下子，可让我弄懂了什么是“一无所有”，什么叫“满目苍凉”！

“一无所有”不要紧！“满目苍凉”没关系！我们有的是满腔热情和使不完的干劲儿！我们要把这里办成世界级学校！要让芳草地小学名扬四海！

我们几个同事，每天都是两脚生风地到处跑，跑设备、跑人事、跑教材……不停地跑。唯一的交通兼运输工具是身材不高，也不健壮的陈芷琪驾驶的一辆三轮车。我这又高又粗的大胖子，真不忍心坐她的车，更怕压散了那辆虽很破旧，但极珍贵的平板车。我们每人都是孩子的妈妈，都有家务负担，也都自愿地加班加点，节假日不休息，就连1973年的春节，也只是在大年初一休息了一天，还轮流值了班。累得我总是腰酸腿软，真想找茬儿歇两天，又怕人家瞧不起。得！算我倒霉！谁让我遇见了“工作狂”呢！顺便说一句，那年头儿，我们除了每月几十元的工资外，从没有过一分钱的额外收入。

筹备组的老师们在北京市委和朝阳区区委的大力支持下，经过近三个月的努力，从外事干部、优秀师资队伍的建设，到基础设施、教材等的配置都逐渐得到了解决。

1973年1月，任先校长主持召开了重建芳草地小学的第一次全体职工大会。当我看见几十位新到任的同志把那明亮、整洁、设备全新的大教室坐得满满当当时，我的心里呀，就甭提有多高兴啦！

弹指一挥，三十年已过去，如今，回忆起这段往事时，依然令我感到十分地甜蜜。

（摘自2016.01.07，田野笔记）

石志达老师说：

重建后的芳草地小学，可以说是从无到有，从弱到强，一点点发展起来的，很有难度。无论是对学校来讲还是对这些在这里工作过的老师们来讲，都应该说是他们的付出没有白费。

（摘自2016.03.08，田野笔记）

（二）师资队伍的建设与学校组织

调任人事工作主要是由刘秀英老师负责。刘老师回忆说：“鉴于芳草地小学担负的特殊任务，需要英语和法语教师。这些教师需要从各区的中学选调，经上级决定从中学调入的教师以及外事干部按中学待遇，将重建后的芳草地小学定位为一所中学建制的兼收中外学生的完全小学。此后，芳草地小学老师的工资待遇分为小学和中学两种。”

（摘自2015.12.17，田野笔记）

1. 师资队伍

在北京市和朝阳区领导的直接关怀下，1972 年 10 月，韩荣芸、陈芷琪、刘秀英、章丽贞四位老师第一批报到，其后，一批优秀的教师和外事干部被以调令的形式，陆续选调到芳草地小学。

语数教师：章丽贞、王美华、王淑卿、王道香、孙德珍、孟富君、王凤森、单桂兰、龙炳森、杨军、戴明淑、高淑英、卢桂芳、张春琴、石志达、李国良、苗淑贞等

英语教师：宋庆林、马淑扬、王丝敏、徐祖德、石玉川

法语教师：张学斌、徐世泉、徐庆安、杨佩纯、江敬娴、陈世华、姚锡云、汤汾华、沈雁

美术教师：荣景甡、任桂香、陈宝英（兼美术）

音乐教师：夏志岐

体育教师：李家维、龙翠凤

大队辅导员：苗淑贞

后勤工作：张振刚

外事干部：李政修、莫东莲、李西美

人事干部：刘秀英、陈宝英

工　　友：隋德福、安桂琴

2. 学校组织结构

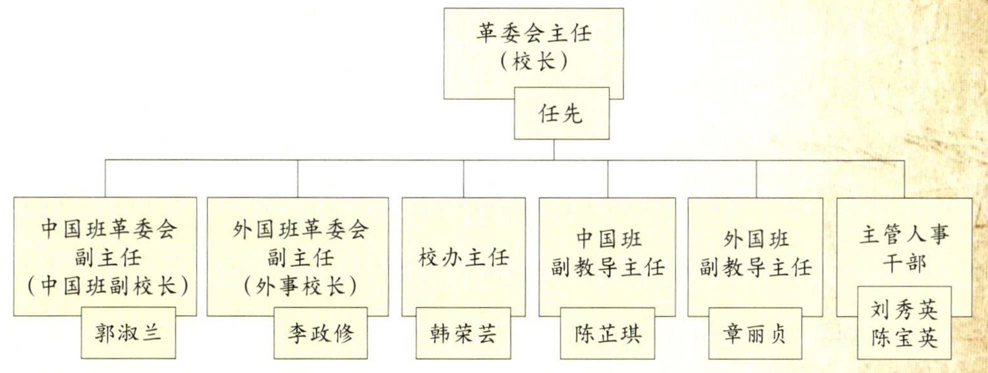

图 3-2：重建后的学校组织结构（1973 年）

1973 年 1 月，任先校长主持召开了第一次全体教职工大会。各路精英从四面八方聚到一起，所有教职员工有一个共同心愿——办好这所中国对外开放的窗口学校，为祖国争光！

（三）办学原则——“以我为主，适当照顾”

重建芳草地小学之初，上级领导就对学校明确提出了办学原则：“以我为主，适当照顾”。因学校的特殊性，分为中国班和外国班。中国班于1973年2月正式开学，外国班于1973年3月12日开学。中国班的教学很快就进入正常状态。但是，外国班在教学过程中出现了许多意想不到的困难。在开学之前大家一起讨论过，对外国学生实行单独编班，会给上课带来相当大的难度。这是一个很现实的问题，外国班学生听不懂中文，不会说中国话，怎么给外国学生上课？而给外国学生上课的老师，除了外语教师，也大多不懂外语。

这样的课怎么上？语文、算术，还有音、体、美等课程，如何在语言不通的情况下进行交流？这是再有经验的老师也从未遇到过的问题。学校在筹建期间一边进行硬件的配置，一边进行师资培训。

据时任教导主任的章丽贞老师回忆：

> 经过讨论，大家认为重点应该抓教学工作，教学是学校的中心工作。我们要通过“教学”向全世界展示我中华民族无比丰厚的文化底蕴，展示我首都北京无比高超的教学水平。1973年1月，学校组织老师们学习“教学原则”“教学组织形式”“教学方法”，还发动老师出主意，寻找对策。

（摘自2016.01.07，田野笔记）

在教学方法上，用什么样的方法给外国学生上课的问题，经过大家的讨论和实验，制订了两套方案：“一是任课老师学会简单外语，用‘英语＋汉语’讲课；二是任课老师带另一位英语或法语教师随堂翻译上课。”（摘自2016.03.08，田野笔记）

对于这一棘手的问题，北京市外事组、北京市教育局、北京市外交人员服务局的领导都十分重视。市领导谭元堃，朝阳区教育局局长孙蓁几乎每天来学校，听老师们谈教科设想，看老师们备课，听老师们试讲。美术老师荣景姓[①]回忆说：

> 我们的课上得又好玩、又热闹，说外语忘词，翻译不出专业术语是常有的事。

（摘自2016.03.08，田野笔记）

① 1935年生于北京，满族，中国共产党党员。1953年至1972年10月，在门头沟斋堂师范任教；1972年10月至2003年任教于芳草地小学。1987年被市委市政府授予“北京市先进儿童少年工作者”称号；1991年被评为特级教师。从事美术、手工、科技教学工作四十余年，编著图书、画册五十余本，1983年至2005年在央视少儿部主持动手动脑儿童节目三百余集。2011年被教育部评为“全国教育系统关心下一代先进工作者”。

章丽贞老师回忆：

老师们在深入钻研教材的基础上，集体备课。二月，特邀请市领导谭元堃和区局长孙蓁到学校听“试讲”，其内容是“北京”和“天安门”。试讲结束后，两位领导参加了评议。这让当时的我们很受鼓舞。随后学校又一次掀起了备课高潮。

（摘自 2016.01.07，田野笔记）

上述第一套方案，要求任课老师要先学会简单的外语，用“汉语+英语”讲课。先让老师们抓紧有限时间，学会一些英语课堂用语，以备讲课时需要。活动开始后，讲课的老师感觉教学难度较大，提出了困难。老师学外语也因开学有大量工作要做，时间难以保证而难以实现，此项活动持续了约一个月的时间，便自行终止。

第二套方案是配备英语或法语教师，随堂进行翻译。例如，上语文、数学课时，除了语文、数学老师外，还有外语老师同堂翻译。但是，由于外语师资难以满足，备课的难度和强度也难以承受等原因，这套教学方案，在经过不到一个月的实践后也流产了。

荣景甡老师回忆说：

老师们到班里见到学生就有点傻眼了，一个班十几个学生就有五六个国籍，口中说着英语、法语、西班牙语、斯瓦西里语、日语等多种语言。如果用英语、法语上课，对于大部分同学来说都是外语，根本听不懂。原来准备的老师说英语、带翻译上课等方案一概行不通。

（摘自 2016.03.08，田野笔记）

章丽贞老师认为：

上述两套方案，都是在不了解教学对象的情况下，脱离实际的备课，盲目的备课，浪费了时间，没有实际意义。这应该算是建校后走过的一段弯路。

（摘自 2016.03.11，田野笔记）

很快，在经历了以上摸索之后，上级领导指出：芳草地小学外国班的教学原则，要以汉语为教学语言，同用中国教材，同操中国语言，“以我为主，适当照顾”。

（四）班级设置与教学计划

1. 班级设置

重建后的芳草地小学分为中国班和外国班，共设置五个年级，二十个班。每个年级分四个班，中国班两个、外国班两个。中国班每个班的人数大约为 40 人，全校共有 400 人左右；外国班两个班，一个英语班、一个法语班，每个班级人数不等，编班是根据算术的考试成绩和语种来进行的。班额数多则 20 人左右，少则为 1 人。外国学生中有来自非洲的 47 人、亚洲的 10 人、欧洲的 6 人、美洲的 2 人，共 65 人。

2. 教学计划

重建后的芳草地小学，中国班的教学计划是根据 1973 年北京市全日制小学教学计划（参见表 3-1）实施的。

表 3-1：1973 年北京市全日制小学教学计划[①]

周节数 年级 / 科目	一	二	三	四	五	总时数
政治				2	2	
语文	12	12	12	11	11	
算术	7	7	7	7	7	
常识				2	2	
音乐	1	1	1	1	1	
美术	1	1	1	1	1	
体育	2	2	2	2	2	
总计	23	23	23	26	26	

外国班的教学计划是根据外国学生的实际情况，由各任课老师编写教材和教案，边授课，边改进，不断完善。

二、友谊的种子从这里播撒

自 1972 年 10 月 11 日起，重建芳草地小学的筹备小组成立，至 1973 年 3 月 12 日外国班开学，在短短 6 个月的时间里，学校组建领导班子，从北京全市各区县调集各科的优秀教师，做好了开学的各项

① 表 3-1 资料藏于北京市朝阳区档案馆。

准备工作。诸多筹备工作可谓内容繁多，但这一切都在有条不紊地进行着。

照片 3-2：1973 年 3 月 12 日 章丽贞主任（左一）在校门口欢迎新生入学，藏于芳草地国际学校

1973年3月12日，一切准备就绪，芳草地小学的外国班正式开学，迎来了重建后的第一批小留学生共65人。这一天，学校像过节一样，张灯结彩，喜气洋洋。老师和中国学生组成了欢迎的队伍，中国学生组成的鼓乐队奏响迎宾鼓曲，时任外国班教导主任的章丽贞老师（参见照片 3-2）在校门口迎接首批 65 名小留学生以及他们的家长。

开学典礼在学校礼堂举行，中外学生一起参加了这隆重而热烈的开学典礼。

照片 3-3：1973 年 3 月 12 日，任先校长（台上左一）在迎新大会上讲话，藏于芳草地国际学校

开学典礼由主管外事的李政修副校长主持，任先校长致欢迎词（参见照片 3-3）。任校长明确表示，学校的教育方针是：培养做一个诚实、正直、健康，能为人类进步事业做出贡献的人。英语教师宋庆林和法语教师张学斌担任翻译。

随后，中国学生表演了大头娃娃舞等有中国特色的歌舞节目。

据老师们回忆，芳草地小学外国班学生开学的消息，在当时得到了中外多家媒体的关注，包括中央电视台、德国《明镜》报、日本《朝日新闻》等做了报道。此外，在外国班开学前，学校还收到了日本东京国际学园园长田口孝雄于 1973 年 2 月 27 日写给学校李政修副校长的贺信①。贺信中表达了愿与芳草地小学建立友好交流关系，希望交换学校的资料和学生的写作、美术作品等意愿。学校收到东京国际学园园长田口孝雄的信之后，立即请示北京市外办。市外办负责人张昌于 1973 年 4 月 24 日回信答复学校：暂不理他。

照片 3-4：1973 年 3 月 12 日，在学校大礼堂举行的迎新大会上，中外儿童及其家长，藏于芳草地国际学校

由此可见当时的对外政策，以及学校当时对外宣传应持的态度。

开学典礼隆重、喜庆、热烈，获得圆满成功（参见照片 3-4）。也使老师们见了世面，增强了自信心，在受到鼓舞的同时，以更饱满的热情投入到这一事业中。

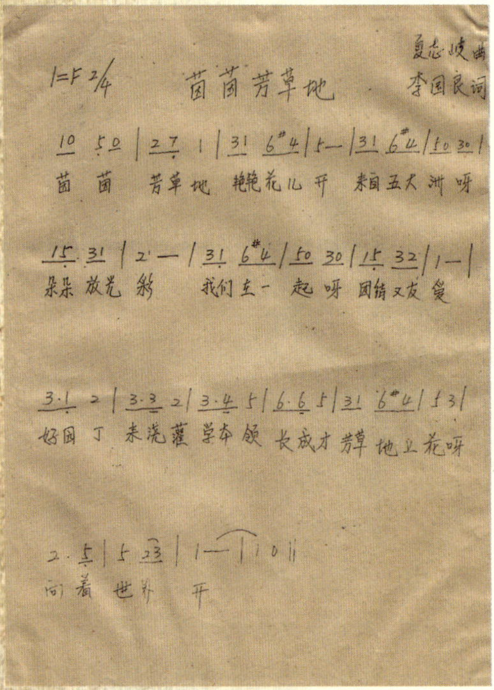

图 3-3：校歌《茵茵芳草地》（1973 年）藏于芳草地国际学校

1973 年 3 月 12 日，这个难忘的日子代表着重建后的芳草地小学向世界敞开了教育之门，拉开了大规模接收外国留学生来校学习的序幕，也由此开始了一段不寻常的历史。据 1993 年 5 月 28 日《人民日报》的报道，重建后的北京芳草地小学自 1973 年至 1993 年的 20 多年间，共接收过来自世界 91 个国家和地区的 1120 名学生。他们在这里学习，又从这里走向世界。芳草地小学在传播文化科学知识的同时，也把友谊的种子播撒到全世界。正如音乐老师夏志岐作曲、李国良老师填词（参见图 3-3）的一首歌里唱的那样：“茵茵芳草地，艳艳花儿开，

① 藏于芳草地国际学校档案。资料编号：7308000。

来自五大洲呀，朵朵放光彩，我们在一起呀，团结又友爱，好园丁来浇灌，学本领，长成才，芳草地上花呀，向着世界开。”

1973 年外国班学生区域来源统计显示（参见附录 4 表 1），当年芳草地小学就接收了来自 28 个国家的 112 名外国学生。其国家有：赞比亚、瑞典、尼泊尔、加拿大、缅甸、罗马尼亚、坦桑尼亚、苏丹、阿拉伯也门、巴基斯坦、智利、也门民主共和国、阿富汗、索马里、科威特、巴勒斯坦、埃及、圭亚那、几内亚、阿尔及利亚、卢旺达、塞内加尔、日本、法国、扎伊尔、西德、南斯拉夫、西班牙等。

截止到 2016 年 9 月，该校是北京市规模较大的国立公办涉外学校，被誉为“小小联合国”和“世界小窗口”。60 年来，从这里走出去的数千名各国留学生已经把芳草地这个美丽的名字传到了世界各地。芳草地小学为祖国外交事业的发展做出了特殊贡献。

三、涉外纪律

芳草地小学从 20 世纪 60 年代初就有外事任务，学校对此高度重视，始终保持严肃认真的态度，坚持按外事政策、纪律办事。据师生共同回忆，早期的外事纪律只是口头教育，没有文字资料。重建后的芳草地小学在实践中摸索，数年后制订出《涉外的八项要求》。

（一）没有文字记载的外事纪律

1961 年的春天，芳草地小学迎来了第一批柬埔寨的小留学生，上级领导和学校要求老师们要做到：“一视同仁，平等待人”；保持师生关系，不要对他们（留学生）有太多的照顾；国际关系一律不许谈；学校以外的事，一律不准询问，只能谈与学校有关的事和学习上的事；不准询问留学生国家和家庭的事；有问题要及时向领导汇报。学校和老师要求学生们做到“平等对待”外国学生：他们是国际友人，你们要表现中国、大国对他们应尽的义务，不要和他们发生正面冲突，尽量尊重，尽量忍让；要有自己的活动范围，不要过多地掺杂到外国学生的生活中；即使受到邀请，也不许进入使馆区，不许去他们家里玩；不允许接受赠送的礼物等。

20 世纪 60 年代，这些口头教育的外事纪律，时时提醒着师生，师生合作共同努力，始终保持零事故。1960 年入学、66 届毕业的学生任友林同学，回忆了章丽贞老师给他安排的任务：

我记得柬埔寨小王子克玛努拉克是1961年的春天，正式来到芳草地小学上学的。在他来之前，学校做了一些准备。一天，章老师把我叫到办公室，说我们有重要的国际性的接待任务，准备要接待柬埔寨的王子，你们呢，有义务去陪他，当时就把我派出去了。小王子是和他的哥哥一起来的，哥哥叫纳拉迪波，学习非常好，中文学得好，讲得也好，他在芳草地小学上了没多长时间，很快就转到南灯市口中学学习了，因为他比我们大几岁。弟弟克玛努拉克有点像纨绔子弟，playboy，调皮，从1961年到1964年，基本上我们就是上学的时候陪伴他。刚开始的时候，是有专车来，有陪同人员、司机，后来西哈努克直接给总理写信，要求让小王子过严格的、朴素的、接近老百姓的生活，就不给他配车了。但是，得有一个人陪着他上学下学，当时他就住在使馆区，离学校很近，我家当时住在豫王坟，走过去走过来，上学不用陪，下学基本是我们陪着，给他送回去。

那时候我们要随时向章老师、向学校做汇报，我和我的同学都有陪他的经历，有时候他邀请我们直接进使馆区，到他家玩去，我们因为外事纪律都婉言谢绝了。我们请示了章老师，章老师说别进去了，送到门口就完了。挺有意思的。

……克玛努拉克挺淘的，他就像水泊梁山的好汉似的，很讲义气。我们当时就是一起玩……放学回去经常是我陪他，走在路上，东大桥西侧以前是一排小河沟，所以我们放学可以玩一玩，走走小树林呀，玩玩捉迷藏呀，对大自然的体验从那时候即开始了，在这个地方，有草地有河流，有蜻蜓等昆虫。有小爬江虎，我们俩就是逮这些个，就是小蜥蜴，我们就是谁先发现谁就追，目标是抓住它，但实际上，小孩抓不住，就干脆打死，基本抓不住，毕竟它爬的很快，但是有时候我追他堵，还能抓住。这里柳树很多，沿着小河，这条小河是一直通到东大桥的，我俩经常藏猫猫，有的时候还用柳树的柳叶吹点小曲子，几年的时间还是结下了小友谊，那会他也邀请过我们去他家，但是我们因为有纪律，就婉言谢绝了。临走的时候小王子送了我一张相片（参见照片2-3）。”

（摘自2016.03.15，田野笔记）

虽说柬埔寨的小王子在校期间，始终保持零事故，但是，一些注意事项没能嘱咐到每个学生的地方，还是会有意想不到的事情发生。章丽贞老师感慨地说：“涉外工作可真难啊！”她为我们讲述了发生在1962

年春天的一个故事。

柬埔寨小王子克玛努拉克来到我们班后不久，每天放学都会有班里的几个学生轮换送小王子回使馆。1962 年春天的一天，放学后，忽听传达室的关师傅高喊："派出所有急事找二(3)班的章老师！"什么？我向来奉公守法，纯属良民，准是找错人了。可又一想，是不是学生出事了？我急忙到传达室抓起了电话。

"你是二(3)班的班主任吗？"

"是。"

"王棋是你班学生吗？"

"是。"

"他差点儿闯了大祸，你赶紧到派出所领人！"

听到"差点儿"两个字，我踏实了许多，但还是上气不接下气地跑到了派出所。

原来，柬埔寨小王子克玛努拉克想要把王棋带进使馆去玩儿，故意抢走了他的书包。王棋要追上王子夺回书包，跑到使馆门前被武警拦截，送交派出所。警察说："这孩子再往前迈一步就是侵犯了别国领土！"我的天！好悬啊！

王棋缩在墙角，吓得不敢抬头。我拽着王棋走出了派出所，对他说："今儿我跟你没完，找你爸去！"

到了王棋家，我怒气冲冲地说出了王棋的"罪行"。王棋爸爸听后，冷笑一声，阴阳怪气地向我发难："请问老师，你对学生说过不许进使馆吗？再说啦，是王子先抢了我孩子的书包。你说，这事应该怪谁？……"我立刻反唇相讥："学生放学出了校门，一切行为应由家长负责……"我们你一言我一语地争吵起来……

我感觉自己受到了不能容忍的天大的委屈和侮辱，一回到学校，就闯进了商宗英校长的办公室，忍不住失声痛哭。

"怎么啦？怎么啦？这是怎么啦？"商校长焦急地问。

于是，我添油加醋、夸大其词、边哭边说……还没等我说完，商校长拍案而起，气急败坏地说："咱可不能受这窝囊气！走！我带你找那个家长讲理去！"领导这句话里包含着信任、理解、支持、同情和疼爱。一下子，我怒气全消，情绪转好，对商校长说："今儿晚了，明儿再去吧！"……

当晚，我彻夜难眠，冷静反思：错全在我，自认为工作细致入微，可怎么忘了嘱咐学生们在放学后要远离王子、远离使馆呢！涉外工作可真难啊！

（摘自 2016.06.30，田野笔记）

（二）涉外的八项要求

重建后的芳草地小学，依然严格遵守着外事纪律。外事纪律同样是口头教育，没有文字资料。工作中，领导常常提醒老师们“内外有别”“外事无小事”“注意保密”“不谈论政治”“多讲团结、和平和友谊”。学校主管外事工作的副校长李政修，来芳草地小学之前，在北京市外事组工作。他凭借丰富的外事工作经验，为芳草地宣讲外事纪律。后来，学校在北京市革命委员会外事办的指导下，制定了《涉外的八项要求》①：

第一，热爱祖国，忠于党的路线，在一切对外活动中要严格按照党的政策办事。注意内外有别，树立保密观念。

第二，如实反映情况，严格执行请示报告制度。

第三，接待外宾要有礼貌，主动招待，热情友好。谦虚谨慎，不卑不亢，落落大方，不得进行私人交往。话不要说满，不必有问必答。

第四，师生发生矛盾时要向教导处汇报，不要简单生硬处理问题，更不要讲话带脏字或体罚。

第五，不私自接受外宾或学生礼物，也不主动赠送他们礼物。如果他们送礼物要婉言谢绝，推辞不了要交学校并汇报说明，具体研究妥善处理。

第六，对外国学生要友好相处，尊重对方的风俗习惯，不分肤色，要一视同仁。

第七，不动用或借用外国学生的东西（书报杂志、玩具、录音带、汽车等），不要让外国学生代买东西。

第八，外宾及学生交来外汇兑换卷，不要私自留下或自行换取，要一律交财务人员以便集中上缴。

外事纪律对于芳草地小学的老师来说一直是第一位的。老师们都说：“外事无小事”“处处有外事”，严格地遵守涉外纪律。

美术老师荣景甡回忆说：

> 芳草地小学是一所涉外学校，外籍学生有七八十人，分在各个年级各个班里。他们的父母有使馆官员、驻华外国专家、外国商务人员和外国驻华记者等。工作中，领导常和我们讲“内外有别”“外事无

① 这是一份手抄本的《涉外的八项要求》，没有显示具体时间。不过在信纸左边的装订线上，能看到竖写的“出品七九·十二”的字样。这份手稿现藏于芳草地国际学校档案，资料编号：7801000。同档案中还保存着强调外事纪律的重要文件：1978年3月6日，北京市革命委员会外事办公室翻印的《中共北京市委员会、中共北京卫戍区委员会重要通知》（1971年6月12日）。

小事”“注意保密”“不谈论政治”“多讲团结、和平和友谊”等。那时候老师们的家庭住址和电话号码也都在保密范围之内。这是从1973年留下的传统，我们不许告诉学生，学生也不许上我们家去，所以学生毕业后，信件都是寄到学校，他们想来看我们，也只能到学校找。改革开放后可能好多了，但是，我们还是这样。

（摘自2016.03.08，田野笔记）

（三）涉外故事

1. 处处有外事

荣景甡老师还讲了发生在20世纪70年代中期的一个涉外故事。

五年级女学生安杰拉是罗马尼亚籍的学生，身高有一米六八，长得非常漂亮，像个外国电影明星。她很喜欢绘画，是美术组任桂香老师的得意门生。每天放学后，她和任老师都要从日坛东街走回各自的家。一天，她俩一起走出了校门，从北向南，边走边聊，有说有笑。这时，马路东侧有一位男同志向任老师招手说：“那位女同志，请你过来一下。”任老师不知发什么了什么事，便疑惑地来到马路对面。这位陌生的男同志问她为什么和外国人这么熟，还问她们正在说些什么。任老师顿时恍然大悟，于是耐心地告诉他，女孩是自己的学生，她们是纯粹的师生关系……话还没说完，安杰拉已经跑过来。她举起拳头，向那位男同志大声叫喊：“我抗议！你为什么不信任我的老师，你很没礼貌！”这一来，弄得那位便衣很尴尬，连忙说了声“误会！误会！”，转头走了。安杰拉一边喘着粗气，一边不依不饶地说：“他以为您是‘里通外国’呢。这是对老师的侮辱。我不答应！”外国孩子真是什么都懂！

（摘自2016.03.08，田野笔记）

六年级女生台台木是尼泊尔籍的学生，特爱画画儿，是我的好学生，常给我看她们国家的照片。我看那些佛寺建筑有点像藏族风格，于是，也教她画那些风景和有国王服饰的肖像。她的绘画进步很快。有一次，她愁眉苦脸地来到我的图画工作室。我问她遇到了什么事？她说不想上学了。我问她想去做什么？她说想去做尼姑。我见她说得很认真，不是开玩笑，凭经验猜出了几分。于是，我问她：“是不是爱上一个男孩？”她点点头。我心里有谱了，就从12岁女孩应该以什么为主业说起，说到小时候想这种事还太早，出家当尼姑了结了心烦，却会耽误了以后的缘分，值吗？以后的时间还长着呢，现在好好学本领是最重要的，世事不可强求……

她对老师像长辈一样敞开心扉，我就像父亲对待女儿一样让学生了解人生。第二天，覆盖在她脸上的愁云不见了，台台木又成了一个活泼、可爱、喜爱画画儿的女孩。后来，台台木在将要回国前，来到我的图画工作室。她执意送给我两件纪念品，是他们国家特有的漆描金的烟罐和烟碟。我们的外事纪律是一切礼品要上交，在学校登记审定后再酌情返还收受人。我不会吸烟，但至今还珍藏着这两件小东西。我想，黑色象征着沉稳，金色象征着光明，对一个老师来说，永葆沉稳和适时闪亮才能有所作为。

（摘自 2016.03.08，田野笔记）

李家维老师讲述了 20 世纪 70 年代初的“处处有外事”的故事：

当时不像现在，有一批外国孩子，那真是太稀奇了。我记得一次在日坛公园，一学生叫法语老师徐世泉跟他聊会天，学生和老师很正常地聊了一会儿，就有人过来盘问，最后学生能够走了，问：“你跟那个外国孩子是什么关系呀？”他说：“那是我的学生。”拿什么证明？那会儿没有工作证，他摸了半天把学校的饭票拿出来了。

（摘自 2016.03.15，田野笔记）

2. 遵守“这是学校，我是老师，你是学生”的原则

时任外国班班主任的石志达讲述了这样一个故事：

应该是 1977 年吧，班里来了个叫彼德的孩子，他是第一个来芳草地小学就读的美国学生。他来到后不久，市里相关部门的人就来学校了解情况，先后找了时任外事校长的李政修，还有我，因为我是彼德的班主任……。

彼德是学校接收的第一个美国学生，在那个年代，学校对此相当重视。我记得为这个孩子，头头们一起开会、讨论、研究了好多次。最后，学校给定出来了一个调子，就是说：“这是学校，我是老师，你是学生”，就是这么一个关系，进了这个校门那你就是学生，我是老师，这是学校，所有的都按照学校定的调调办。

另外还有一个情况，在芳草地小学上学的，还有一群朝鲜的孩子，跟彼德同班。朝鲜的孩子跟美国的孩子在同一个班里，这是一个麻烦。

彼德跟朝鲜的孩子打架，朝鲜的孩子多，一起打他。当时那个教室，前边七八个学生，后面是一个大的乒乓球台子，那时候提出“乒乓外交”，下课以后孩子们就在后边打乒乓球。有一个朝鲜孩子阶级感情重，他就不让彼德打。像这样的事情怎么处理？我当时才二十几岁，也害怕。当时我就跟章丽贞、李政修汇报这些事，那时定的调调就是“我是老师，你是学生，这是学校”，按照这个规定，我觉得我的底气就足了。你打架可以，你男孩可以打架，但是几个人打一个人那不行，你单个打再说，只要你是打群架，那你就没理，这是一个原则。再一个原则，你要是单个打架再说理，谁有理谁没理。打乒乓球也是一样，这里是学校，你不能不让他打，他打不过你是另一回事。

（摘自 2016.03.08，田野笔记）

3. 课堂中的外交

荣景甡老师给我们讲述了一个发生在 20 世纪 70 年代中期课堂中的“外交故事”：

有一次，我在给学生讲绘画的前后遮挡关系画法时，遇到了一件很有意思的事。这个班有一个日本小女孩叫加寿子（Kazuko），日语读音是“卡兹库”。她个子很小，很腼腆，绘画细心又认真，是个典型的好学生。那次，我为了讲清画面上后边被遮挡物体要左右连贯一致，在备课时想到了一个实例。抗日战争题材电影《南海潮》中，有渔民用投枪扎穿了快艇上的日本兵的镜头。讲课时，我特意画的是古代士兵，在黑板上画了两条渔船，船上各站一个人。我说：“这个敌人想抢这条船，这条船上的人用投枪打中了敌人；要画出这只标枪扎入了敌人的身体，如果进入的枪杆和扎出的枪头不在一条直线上，就会出现错误。”大家看了看，哈哈大笑。我说：“表现被遮挡物的物体，如果前后对不上，就会闹笑话。”

这时，有一个在电视上看过《南海潮》电影的外国小朋友说：“老师，我知道，那是打日本的电影。日本打中国，很不好！”他这么一说，全班同学的眼光都转向加寿子。只见加寿子深深地低着头，一句话也不敢说。有些调皮的男同学向她吐舌头，还不停地发出嘘声。加寿子终于急了，站起来大声说：“那是老日本！”见此情景，我赶紧让大家安静下来，认真而严肃地对大家说：“那是很多年以前的事了，不要提了。卡兹库说得对，老日本做错了事，小日本学生和日本人民是我们的朋友。请大家为卡兹库的勇气鼓鼓掌吧！”

在掌声和欢笑声中，我体会到了“一笑泯恩仇”的内涵。

（摘自 2016.03.08，田野笔记）

4.“以《人民日报》为准”

1992 年 8 月 24 日，中国与韩国正式建立外交关系。中国国务委员兼外交部长钱其琛同韩国外务部长官李相玉在北京签署建交联合公报。韩国全称大韩民国，在我们日常生活中称韩国为南朝鲜是没有问题的，但是涉及外交，就会有问题。芳草地小学于 1976 年开始接收朝鲜外交官的孩子；1990 年，在与韩国建交之前就接收了 4 位来自韩国的学生。荣景甡老师回忆说，韩国学生对我们有的老师称韩国为南朝鲜不满，提出过抗议。

我们外国班教室里的学生虽然不超过 20 人，但却像一个小联合国，在国际上出现的一些问题也会反映到教室里，三年级以上就更加明显。面对这些复杂的问题，上级的要求和老师们的口头禅就是“以《人民日报》为准”，不要夹杂自己的看法，以免引起不必要的纠纷。

比如，我们学校有不少韩国和朝鲜的学生，他们有的就在一个班里上课。自从朝鲜战争停战谈判之后，以三八线为界，朝鲜半岛被分为南北两方，国际上通常称为韩国和朝鲜。一次一位老师不注意，在班上走嘴说出“南朝鲜”，结果韩国的学生就大声喊：“没有南朝鲜！只有韩国！”之后，领导就给我们老师开会，讲到了这个事例，说：“如果我们头脑中政策性不强，平时说话不注意，走嘴说出‘南朝鲜’这个词，韩国学生就会很敏感，造成不愉快。所以，老师在与外籍学生交流时，说话要小心，平时更要注意关心时事，加强政策学习，要以《人民日报》为准。”

（摘自 2016.03.08，田野笔记）

据老师们回忆，学校从无涉外违规违纪的事情发生，始终保持严谨认真的作风，坚持按外事政策、纪律办事。学校重视对外事纪律的教育，强调重建后制定的《涉外的八项要求》，不仅反复宣讲，还在所有的办公室张挂出来，强调遵守。老师们这几十年就连报纸（主要是《参考消息》）都拿到没有外国学生的地方去看。

四、外国班学生的管理与教学困难

开学典礼很隆重，中国班学生表现出色，老师接待得热情周到，外国班学生也都规规矩矩。这个“开门红”，使全校上下皆大欢喜。

想不到的是外国班学生虽然最多不超过 20 人，但是课堂纪律却难以维持，乱到了无法正常上课的程度。另外，由于语言障碍，交流困难，授课时，无论是主科还是副科都需要借助翻译，这给教学带来许多困难。学校领导和老师们一起想办法解决。

（一）“小红花”解决管理困难

开学刚过一个星期，外国班学生的新鲜感很快消失，课堂渐渐地“乱”起来，一天比一天严重。任课老师发现少数学生开始有小动作，随便说话、玩东西，继而是敲打桌椅，下座位，最后发展到走出教室，在楼道里边跑边跳边叫，甚至打架、骂人，等等。

“乱”就像是传染病，在外国班传播开来。除了几位有经验的老师还能压住阵脚外，多数班都乱得不能上课。校领导听课，他们视而不见，照样钻桌子。教导处找他们谈话，他们充耳不闻，撒腿就跑……面对这些无法无天的外国学生，大家是眼睁睁地看着“乱”象迅速地蔓延和发展。

时任教导处主任、老一级教师章丽贞看在眼里，痛在心里。她埋怨自己的“无能”，感到难言的压力和自责，饭吃不下，觉睡不着，心里像猫抓似的……

很快，学校领导召开了治“乱”的专题研讨会。会上首先分析了乱的原因：(1) 语言不通；(2) 个别学生年龄太小，如一年级的萨昂、阿卜德等，连裤子都不会系，看上去，只有四岁的样子；(3) 个别生多（淘气得很），如二年级的乌马就很典型，忽而大喊大叫，忽而又跑又跳，好像神经发育有问题似的；(4) 部分使馆高官的子女轻视老师，无视校规；(5) 朝美矛盾造成学生之间的隔阂，朝鲜学生看见美国学生就攥拳头，朝鲜学生庆一首当其冲；(6) 种族歧视，还有各种肤色的学生互不服气的问题等。

以上说的都是客观原因，主观上也有“怕”的思想。对这些外国小客人，一味迁就，由不敢管，发展到放松、放弃应有的管理和教育。这样做的结果，把原本单纯的教育问题，搞得越发复杂了。给教学带来了不应有的障碍和困难，造成了“乱”的局面和不好的影响。

大家积极献计献策，一致认为：外国学生也是学生，既然是学生，就要接受教育和管理。作为学生，不管家庭背景如何，都是一样的学生，都应该教育他们遵守纪律，好好学习。学校决定，在学生中树立“是”与“非”、“好”与“坏”的概念，开展“小红花”活动。

时任教导主任的章丽贞老师回忆说：“我要借此机会，治治这些‘乱孩子’！让他们知道，中国老师不是软弱可欺的！”在全体外国学生的集会上，章丽贞主任声色俱厉地反复强调了三个字——守纪律（由英语、法语老师做翻译），同时打着手势表示，“好的”要表扬，在全体会上戴红花，“不好的”要批评，甚至要在全体会上批评。

这一招收到了立竿见影的效果，还得到了朝阳区教育局局长刘铭的肯定。但是，治“乱”的功臣章丽贞主任却高兴不起来，总觉得有几分遗憾、几分苦涩。因为虽然成绩是显著的，但代价也很沉重。一个澳大利亚的女孩儿就说：“我不喜欢这样的会，我讨厌章老师。”假如学生这样看待和宣传“中国学校”“中国老师”，那是多么糟糕的事啊！这种工作方法，究竟是经验还是教训？

后来，“小红花”活动向着健康的方向发展，真正做到了以表扬为主，还适当地发一些小纪念品进行鼓励，成为很受学生和家长欢迎的活动，并以每周一次的大班会的形式，作为传统保留下来。

后来，当这一届孩子长大了，毕业了，离开学校好多年后，再回到母校的时候，都一定会点着名要看看章丽贞主任。实践证明，章丽贞主任的这一做法，在孩子们心中留下了多么深刻的印象。或许，在当时的背景下，会让学生们接受起来不那么舒服，本身做法也有些生硬的色彩，但这一课，对芳草地沿着健康的教育轨道前行，起到了第一次吃螃蟹的作用。

（二）解决教学困难的语言障碍——话＋画

美术老师荣景甡也同其他老师一样，遇到了带着翻译上课的困境。一个班十几个学生，来自五六个国家，操着不同的语言，使用英语和法语的同学较少。英语和法语对大部分同学来说都是外语，并且每次上课只能带一位翻译老师（英语或法语），一同在讲台上授课，大部分同学还是听不懂，这种办法行不通。于是，荣老师就慢慢地琢磨，琢磨出一种“话+画”的教学语言方式。在我们的访谈中，荣老师为我们津津有味地讲述了他“发明”的这种“话+画”的教学语言方式。

“话+画”的教学语言方式，就是口说简单汉语加上在黑板上画简笔画，边说边改变画面。这样学生们对比较复杂的事物就很容易明白了。

比如我教学生画羊，给学生讲一个小英雄抓大灰狼救羊群的故事。我说“有一个小学生”时，就随手在黑板上画一个小孩。我说：“我到草地（画草）去放羊（画羊），是一大群羊（画好多不封口的圆圈），在山里（画山）有一只非常坏的大灰狼（在山缝间画一个狼头），到了夜晚（画月亮），小孩睡觉了（把小孩的眼睛改成闭眼），大灰狼从山里出来了（我自己装成可怕的形状从远处走来），咚！咚！咚！……”之后，又讲道：“小孩挖了个大坑，夜里自己抱一只小羊藏在坑里，坑上盖着挖了小孔的木板，自己手拿尖刀让小羊在坑里叫；大灰狼走来，听见小羊叫，就伸爪子想抓小羊，被小孩用刀刺穿前腿，带着板子跑不动被村民捉住了。”故事讲完了，学生们随着情节的变化，自己的感情也变得十分激动，“噢！啊！”地叫着进入了角色。

讲完故事，学生们画小羊、小孩，有的学生还画了大灰狼……

还有，讲《天方夜谭》的故事，我能完全讲出来，我一边画一边擦黑板，一边画他干什么，他干什么，黑板上的画老在变，他们也都听懂了。

“话+画”的教学方式，使言语不通的中外师生实现了沟通，很复杂的事情也能讲清楚了。随后，很多老师都使用了这种办法，但他们不一定都会画，比如英语老师找我们画插图自己编教材，把我们画的插图刻成板刻，油印成教材。我们美术组老师帮各科老师画了不知多少大大小小的挂图，还为音乐老师创造了把唱读音、画面结合在一起的三位一体的挂图（参见图 3-4）。如：“1”唱 dao，画一把刀；“2”

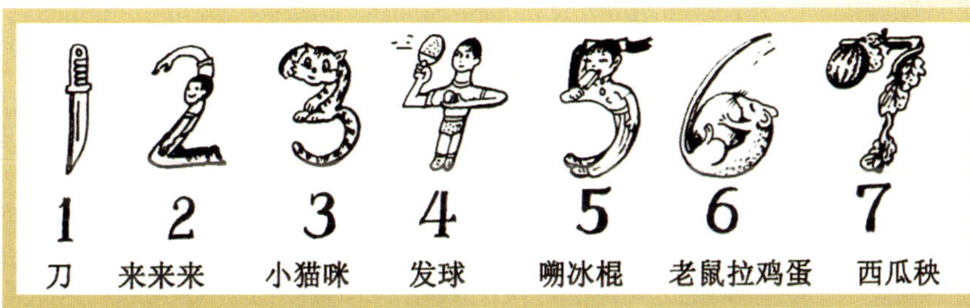

图 3-4：美术老师荣景甡手绘（1973 年）荣景甡提供

唱lai，画一个小孩跪着招手，叫小朋友们“来！来！来！”的“2”字形；“3”唱 mi，画一只小猫咪弯着尾巴，像个“3”字形；“4”唱 fa，就是发球……；“7”画一个西瓜架。我都帮助音乐老师夏志岐画出来了，夏老师就拿这个去教学生。同学们也知道这个刀是什么，中国的刀就这样，可能这个东西就念刀，1 也唱刀，2 也唱来。这是最典型的“画 + 话”，这幅图用了若干年，所以我说第一个语言关要过了是挺难的。

荣老师表示说：

创意来自需求，这是一条不破的真理。什么是创新？创新就是一个“改”字，“改、改、改、改、改、改、改”，就是社会进步、经济发展的源泉。前面的七个“改”字，是郭沫若先生在一次全国科技大会上解释“创新”的名言。我们无论是谁，都可以以此为鉴。

（摘自 2016.03.08，田野笔记）

（三）解决教学困难的语言障碍——多做示范

体育老师李家维[①]是国家级游泳裁判，水平还是相当高的。但是，1973 年 3 月开学后，第一次上体育课就把李老师难为坏了，真不知道如何才能把这节体育课上好。李老师回忆说：

按照当时学校的要求，我们体育组同其他组一样，安排两位翻译——一位英语老师和一位法语老师，而且大家都刚来，也不知道怎么上课。五年级一个班就一个学生，尤里同学是从罗马尼亚来的，当时给她上课时，我一个体育老师，带一名翻译。我的教案得提前一周给这位翻译，他不能做同声翻译，就是我说他翻译不了，因为有好多体育专业的名词，他得回去查。等到上课，就一个孩子，两个老师，上课时我说一句，他翻一句，而且那个孩子也是似懂非懂的。这样上了一段时间，我感觉很累，教案得提前一周都给他，他也得准备，当然，翻译得对不对我也不知道，也许孩子能理解一些。后来我有了几个想法，在课余实验之后，觉得可行，在第一个月的总结会上，就提出来了：“我们体育组不要翻译了。”领导说：“不要翻译你怎么上课啊？”我说：“大家记得吗？过去街上有耍猴的，学生是人，他们比猴子聪明。”我说我不用翻译了，实际我特别累，他们负担也很重，我说我上课多做示范，学生也要学中文的，上课我讲，

① 李家维，中学高级体育教师。1957 年，年轻的体操运动员李家维来到东城区府学胡同小学从事体育教学工作。1962 年任北京市水冰协会委员。1973 年 2 月，调入芳草地小学，带领体育组的老师把学校建成课间操优秀校，达标模范校。1998 年退休，返聘任教至 2000 年。曾任朝阳区体育教研员，国家级游泳裁判，为重大比赛执法。曾荣获北京市达标先进个人和全国优秀裁判员奖。

他们跟着我做，这样又直观又有效。我说："动物都能听懂，何况是人呢？"大家都笑了。从那以后，翻译撤了。我就觉得你讲什么"左、右"啦等，就直接说"turn left\right"，反正我说的土话，发音不准，但是孩子们可以听懂。比如说哪节课孩子比较多，我就说no speaking这种简单的。但是比如我到外语组，我去说英语，人家都问我李老师你说什么再说一次，说慢点，我说我说相声呢，怕你们听懂了。所以情况就是这样，后来各组逐步把翻译取消了。取消翻译的建议是我第一个提出来的，这些翻译都回外语组了。我提出的这个建议，虽说话糙，但理不糙。

（摘自 2016.03.15，田野笔记）

（四）汉语教学——从起步到渐渐成熟

学校遵照"以我为主，适当照顾"的原则，以汉语作为教学语言。

汉语是世界上使用人数最多的语言。汉语教学是外国班最重要的教学内容之一。

在取消带翻译上课后，各科老师均以汉语作为教学语言，直面外国学生。中外学生同用中国教材，同操中国语言。

初到异国的小朋友，最感畏怯和陌生的，莫过于语言不通造成的隔阂。为使外国学生尽快适应环境，进入学习状态，老师们积极尝试和探索给外国学生上课的方法，创造和积累了宝贵的汉语教学经验。如用编写歌谣、顺口溜的形式，帮学生尽快学会一些课堂常用语、文明礼貌用语、课间活动用语、日常生活用语等，帮助他们很快融入到同学当中，适应学校的学习和生活。多数学生入学半年后基本上会用汉语进行简单的对话，并能听懂老师的授课，学习成绩逐步提高。

开设汉补班——对外国学生开设汉语补习课的简称。

外国班教学还有一个很大的特点，就是流动性大。新生入学随来随收，入学时多数语言不通，无法进行学习，给教学带来极大的困难。为使这些学生的汉语水平尽快提高，学校开设了汉语补习课，由有着丰富教学经验的老师为外国学生单独进行汉语补习。

这同样是一个艰难的教学过程。老师们面对语言不通的外国孩子，要想很多方法。如讲"飘"字，苗淑珍老师用纸屑做"雪花下落"的演示，学生立刻心领神会了。这是老师匠心苦运才得到的满意的教学效果。

经过一段时间的"补习"，这些孩子的汉语水平提高了，便可以融入课堂，享受和大家一起学习的愉悦了。

汉语补习课作为汉语入门的重要学习内容，贯穿在从外国班成立至今的全过程中，其作用是显而易见的。但同时，至今还没有一套完整的教材教法，亟待下功夫解决。

在教材的使用和课程的开设上，严格遵守“政治不强加于人”的原则。外国班最初在汉语课上使用的是中国学生的教材。遵照“政治不强加于人”的原则，在使用时删去了政治性较强的文章，取而代之的是外国学生喜闻乐见的文章。

给外国班编写一套自己的汉语教材，是任课教师的强烈呼声。事实上，在不断对教材进行增删的过程中，老师们也积累了一些优秀篇章，对编写怎样的教材，渐渐也有了比较明确的看法和观点。

五、外国班结业仪式

1976 年 1 月 24 日上午，芳草地小学为 10 名外国班五年级的学生举办了结业仪式，在结业仪式上革委会主任（校长）任先同志为他们颁发了毕业证书。毕业证书仍用的是奖状，还是由马兆駺同志用毛笔书写（毕业证书展稿参见图 3-5）[①]。这批毕业生中：缅甸学生 2 人；坦桑尼亚学生 1 人；塞内加尔 1 人；扎伊尔学生 2 人；日本学生 2 人；加蓬学生 1 人；英国学生 1 人。仪式结束后，他们与学校领导和老师合影留念［（任先校长、李政修副校长、王凤森、王思敏、牛广玲、江敬闲、王平、徐世泉、徐祖德、周少来、荣景甡（美术）、夏志岐（音乐）、李家维（体育）］（参见照片 3-5）。

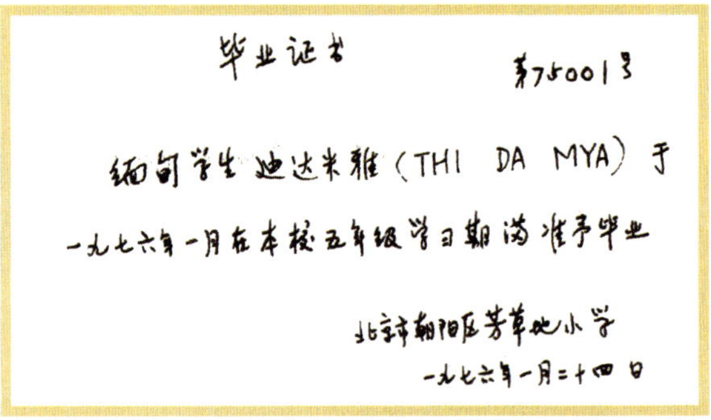

毕业证书　第75001号
缅甸学生迪达米雅（THI DA MYA）于
一九七六年一月在本校五年级学习期满准予毕业
北京市朝阳区芳草地小学
一九七六年一月二十四日

图 3-5：毕业证书展稿（1976 年）

毕业证书

第 75001 号

缅甸学生迪达米雅（THI DA MYA）于一九七六年在本校五年级学习期满准予毕业

① 参见《关于 1975 年第二学期（外国班）毕业生有关问题》，藏于芳草地国际学校档案，资料编号：7601000。

北京市朝阳区芳草地小学

一九七六年一月二十四日

照片 3-5：前数第二排左一王思敏、左二李政修、左三牛广玲、左四任先、左五江敬闲、右二王平、右一徐世泉；后排左一徐祖德、左二周少来、左三李家维、左四、夏志岐、右二王凤森、右一荣景姓与外国学生，1976 年毕业照，李家维提供

第 75002 号

坦桑尼亚学生埃迪（EDDIE SAID）于一九七六年在本校五年级学习期满准予毕业

第 75003 号

缅甸学生茵茵丁（YIN YIN TIN）于一九七六年在本校五年级学习期满准予毕业

第 75004 号

塞内加尔学生蕾蒂西亚（LOETITIA TRAORE）于一九七六年在本校五年级学习期满准予毕业

第 75005 号

扎伊尔学生纪朋国（NGOI DJIBONGO）于一九七六年在本校五年级学习期满准予毕业

第 75006 号

日本学生秋山光之于一九七六年在本校五年级学习期满准予毕业

第 75007 号

加蓬学生勃朗希（MABETIKI BOUNGANG BLANCHE）于一九七六年在本校五年级学习期满准予毕业

第 75008 号

扎伊尔学生英甘果（ZIBANGWANA MOKANKO）于一九七六年在本校五年级学习期满准予毕业

第 75009 号

日本学生福原薰于一九七六年在本校五年级学习期满准予毕业

第 75010 号

英国学生韩马德（MATTHEW FRASER HUNT）于一九七六年在本校五年级学习期满准予毕业

六、中国班学生的教学困难

自芳草地小学1973年重建后，中国班老师们的教学为学校发展到今天这个规模做出的贡献是有目共睹的。当时，中国班的生源一是片区的孩子，二是从芳草地附近其他学校转送来的。各学校并没有把优等生送来，他们从不同年级的班级里分出几个学生转送给芳草地小学，学生的成绩都不算太好。根据老师们的回忆，有的孩子考试只得16分。针对这种情况，中国班主管教学的郭淑兰主任和老师们一起讨论，想办法解决教学困难，全力以赴教好自己班的学生。那时候比较简单，没有现在这么多现代化的教学手段，就是一支粉笔，一根教鞭，最多提一块小黑板，事先写点什么的，提着就上课去了。

老师们经过摸索、探讨，认为还是应该从基础抓起，并采用搭班教学的方式，收到了好的效果。搭班教学就是语文、数学老师相互配合，搭班教学。芳草地小学从20世纪60年代起就实行了分科教学制。高年级语文和数学老师配合，语文老师教一个班语文，当班主任，数学老师教两个班的数学，这样两位老师就同教一个班。这种搭班教学方式一直传承下来，至今芳草地小学仍然采用这种方式。

（一）解决数学教学的困难

数学老师杨军[①]，1973年调入芳草地小学，一直担任高年级数学老师。在教学实践中，杨军老师发现数学不好的学生，语文基础也不好，应用题不能理解，不会口头表达，所以应该先教会他们口头表达的能力。她还认为，学习数学要培养学生的兴趣，这样学生们才能喜欢，才愿意学数学。另外，就是要培养学生的逻辑思维能力，并要结合实践活动，让学生们去理解。杨军老师为我们讲述了她解决数学教学困难的几个事例。

1. 教会学生口头表达能力

1973年春季开学，我接手四年级班，接班后我感觉学生基础很差，后来听说有16分的学生，给改成96分送到芳草地。你想就这样的学生，说实在的，要想教好这些学生，对于重建的芳草地小学压力也确实挺大的，教学很困难。通过教学接触你就知道，他们的基础确实很差。针对当时这种情况，我们老师就是想方设法用最简单的话来说，

① 杨军，1962年毕业于朝阳师范，在呼家楼中心小学任教，1973年调入芳草地小学，一直担任高年级教学工作，多次获得区数学学科竞赛一、二等奖。1998年被评为小学高级教师，1973年被评为中学高级教师。

让他们听懂、理解。我们老师没有别的想法，就是想要把学生教会。如果我教给他一个新知识、方法他不会，我们老师应该没完没了地教，一直到教会，这就是老师的责任。

在教学的过程中我发现，数学差的学生，语文也差。语文差，理解能力就差，表达能力也就特别差，所以我就从最基本的口头表达能力抓起。主要还是在应用题这方面，教他们理解、分析。就是说我拿到一道应用题，首先得知道哪个是直角线，所求的问题是什么。我要先从问题入手，举个例子吧，比如说一条路，已知全长多少，知道了甲的速度，知道了乙的速度，我现在要求他们几小时相遇。那我拿到这道题以后，现在我要想求他们的相遇时间，我就必须得知道全路程是多少千米，得知道甲和乙的速度。因为这个题是他们相向而行。现在题目里已经给了我全程是多少千米，知道甲的速度和乙的速度。那我就用全路程除以他们的速度和，就能得到相遇时间。这就是一套分析问题的方法。我是从问题入手去分析的。

再比如分数应用题。我拿到这道题，我得知道谁是单位 1。甲修了全长的五分之一，通过这句话我就知道全长是单位 1。甲修的占全长的五分之一，那我就看看全长给没给。全长如果给了，我就知道这道题得用乘法做，单位 1 没有给，我就要求出来单位 1 是多少，就要用除法做。这就是一套分析应用题的方法。

像这样的应用题，孩子不会我就给做示范，这道题应该怎样说是一个完整的，那孩子就要向我学，后来逐渐地这些孩子们就能够站起来一套一套地说出来，反正我觉得这跟老师们底下的培养是分不开的。

（摘自 2016.03.08，田野笔记）

2. 培养学生的学习兴趣

杨军老师在教学工作中，特别重视培养学生的学习兴趣，调动起学生的学习积极性，使他们能主动地学好知识。

我一接班首先得让学生对数学感兴趣，要给他们讲咱们数学有哪些大家非常感兴趣的。比如我们一个一分钱的硬币，它到底需要多少铝？首先你得知道圆的面积。我通过列举很多的实例，让学生对学数学感兴趣。

另外，当我教“数的整除”这部分，概念特别多。当学生学到了什么是质数，什么是合数的时候。当我讲质数这节课时，首先要讲什么是质数，学生知道后，让他们通过实践，给他 1 ～ 100 的数，让他们画掉不是质数的这些数，最后就得到了 2、3、5、7、11、13、17、19 这些数。我就跟他们说，这些数是需要大家记住的，甚至是需要背下来的，什么时候需要，拿起来就可以用。我说："好，大家把书合起来，看我给你们大家默写一遍。"我就在黑板上默写了 2、3、5、7、11、13、17、19 一直到 97。默完了以后，学生就说："哇，老师真棒！能把 100 以内的质数都默写下来了！"我说："好，那大家打开你刚才得到的质数表。"他们检查画掉的那些不是质数的数。"老师真棒！把 100 以内的数都背下来了。"这样也是激发学生兴趣的一种方式。老师都默写下来了，他们当时还不知道这是顺口溜。后来我就问他们："谁能告诉我，你们有没有背这 100 以内质数的好方法？"学生就说："那就按照顺序背呗！"我说："好，要按着顺序背，那肯定背着背着就混了。91 就不是质数。"好多孩子在这种情况下出现问题。我说："既然大家没有方法，那我来教你们一种方法吧。我背着黑板，你们检查我背这个质数表背得对不对"。我就背 2、3、5、7、11、13、17、19、23、29、31、37、41、43、47、53、59（四三、四七、五三、五九）、61、67、71、73、79、83、89（七三、七九、八三、八九）、97。学生当时就鼓掌，说老师太棒了。他们对顺口溜很感兴趣。当时我就把需要停顿下来的，2、3、5、7、11，还有 23、29 背成 23、29、31，37、41，43、47、53、59、61。我就领着他们背了一遍，学生就在课堂上你背我背互相检查。一节课差不多百分之九十都能背下来了。所以这节课学生收获特别大，兴致也特别高。

后来，我们这个顺口溜还在全校进行了推广和实践，老师们的反映也是比较好的。因为学生"100 以内质数"知识掌握得好，所以，接下来进行的学习分解质因数、求最大公约数和最小公倍数及判断题等环节也都比较顺利。

（摘自 2016.07.31，田野笔记）

3. 培养学生的逻辑思维与实践活动相结合

杨军老师还注重培养学生的逻辑思维，并与实践活动相结合。她为我们讲述了如何教学生求杆高影长；如何求圆锥、圆柱的体积。

虽然过去也没有什么电教手段，就是一根粉笔一根教鞭咱们就上课了，但是我个人认为，数学是要培养学生的逻辑思维的；还有一个就是实践活动非常重要。比方说我年年教杆高影长，到底呈什么比例，你不能就告诉学生它成正比例。为什么成正比例？所以在这个教学上我经常带着学生真的拿着竹竿，拿着皮尺，在太阳底下做实验。现在是什么时间？是上午9点，那好，我们来看，两根竹竿，一长一短，看吧，在阳光底下，把这个竹竿立起来，谁的影子长，谁的影子短，通过这个实践，让学生知道，在同一时间、同一地点，杆高和影长成正比。如果同一时间，一个在北京，一个在南京，你要去做那个杆高影长的实验就不成立了。通过这个实验，让学生明白了杆高影长的道理，永远成正比例，这样一来学生就没有出错的。

再有一个像圆柱、圆锥，为什么圆锥的体积是圆柱体积的三分之一呢？那我们也是通过塑料的这么一个杯子，这边有一个圆锥的杯子，他们是等比等高的。然后预备红墨水，让学生去做实验。将圆锥体容器盛满红颜色的水，再将这水倒入圆柱体容器里边，一次，再倒一次，倒了三次，圆柱体容器才盛满。让学生看到这个结果，他们真正明白了圆锥体体积是圆柱体体积的三分之一的道理。

那求圆柱体的体积也就会做了，那肯定得除以3，也就是乘三分之一。所以我觉得像齿轮的齿数和转数等，都是通过学生的实践，最后得出结论，学生的印象特别深刻。再有就是数学不能只要靠学生会做题就行了，得把道理说出来，让人家能听明白。

（摘自 2016.03.08，田野笔记）

（二）解决语文教学的困难

语文老师杨凤茹[①]，1979年调入芳草地小学，担任高年级的语文教学工作，一直和数学老师杨军搭班教高年级学生，接四年级学生教到六年级，将学生送走毕业。高年级的语文课程进入学习课文、学习写作的阶段，这一过程非常重要。低年级学生在写作方面，写一段就行了，但是，到了高年级，学生就要学习写整篇的作文了，而且作文在升学考试中，分数占的比例还比较大。进入高年级的学生，最发愁的就是写整篇的作文。学生不是不会写，就是不知道写什么。

杨凤茹老师认为，传统的作文教学大多是命题或半命题作文，内容

① 语文老师杨凤茹，毕业于北京市第二师范学校，1966年参加教育工作。1979年调入芳草地小学校至退休。1987年被评为小学高级教师。多年来，一直从事小学语文教学和班主任工作。1977年被评为北京市优秀教师，1998年荣获“紫禁杯”优秀班主任称号。

老化、枯燥、脱离生活。另一方面，一些教师的思维定式，使得学生的作文千人一面，毫无新意。在长时间的传统教学中，学生一直处于被动接受状态，以至于“谈写色变”。

写作教学应贴近生活实际，减少对学生的束缚，鼓励自由表达和有创意的表达。要做到这一点，就要引导学生写作前对生活进行体验，在体验中培养学生观察、思考和表达的能力。

杨凤茹老师回忆说：“我们那时候比较简单，没有现在这么多现代化的教学手段，就是一根粉笔，最多提一块小黑板，事先写点词什么的，提着就上课去了。而且那个时候，还是统考，它不是小学毕业升学，虽然是一次性考试，但它不是由学校出题的，最开始是北京市出题统一考。后来就变成朝阳区出题，而且是统一阅卷，统一合分，最后学生是凭分录取上中学的。

针对当时这种情况，我们老师就是想方设法把学生的分数提上去，这样考重点中学的学生会比较多。这是我们老师的责任啊。那时候没有别的想法，我就要把我的学生教会，如果我教给他一个新的知识、方法他不会，老师应该没完没了，直到教会为止。（摘自 2016.03.08，田野笔记）杨凤茹老师讲述了她解决语文教学困难的两个事例。

1. 观察与体验——下雪

记得我接四年级之后，学生写的第一篇作文，有一位张同学写的作文，我读完这篇作文，又给好几位老师读，谁也不懂他写的是什么。后来我就想，怎么办呢？因为这个班语文就是自己教，也比较灵活，我就觉得除了学课文以外，你可以学语言，你可以学方法。但是在高年级写作文的时候，除了学习那个语言，学习写作方法以外，要加上个人的体会，你文章才会写得更生动一些。但是例文里边的体会是作者的体会，小孩小，有时候他体会不到。另外，因为他也没有感受，所以他也写不出来感受，我就想方设法给他们创设这种环境。

有一天，我正上语文课，外边下大雪了。下午两节课都是我的课，我就觉得应该利用这个机会，让学生写雪景，……我就把语文课停了。我们那时候在西楼的二楼，我就让学生们趴窗户看外边下雪。

我先让学生看雪下来的情景，看看雪是怎样从天空落到地面的。学生们就趴在窗户旁看，这个时候学生可高兴了。因为已经下一阵了，接着看，看后边北楼那个楼顶、看树、看操场什么样的，说出来，于是学生们就七嘴八舌地说，这个时候不怕乱。又过了一会儿，我说走，咱们穿上外衣出去，但是今天不许戴帽子，不许戴手套，你穿上棉衣可以，下楼吧。学生们都下了楼，来到了操场。我说你愿意站哪儿就站哪儿，但是不能太分散，我说话你要能听得见，这时学生们在操场上，各自找到自己要站的位置。我接着又说，现在你们把脸都抬起来，闭上眼睛，让雪花往你脸上掉，把手也伸出来，让雪花往你手上掉。学生这时候都特别听话。我就问他们什么感觉？他们告诉我说凉凉的，刚落的时候是凉的，然后化成水了，再从脸上流下来了。我说这是你的感觉对吗？他们回答我说对。

然后你们睁开眼睛看着操场上的雪，一人攥一个雪球，好多学生就喜欢攥那个大雪球，攥啊攥，结果那个雪球是越攥越硬，越攥越小，手湿了，就是让他们体验这么一个过程。整个这个观察体会回来以后，回到教室里，把衣服脱了，开始回忆我们都看什么了。然后怎么写，咱们先写什么，你想先写什么就先写什么，不一定先写你看到的，你觉得你对什么感受最深，你要写下来。小孩写得很快，有的同学把攥雪球的过程写得特别具体，从他的手热乎乎的，然后攥一个大雪球又变硬了，然后手都湿了，然后手特别凉，最后手都红了，这个写得非常细。我说你认真观察了，你就有体会了，写起来难吗？孩子们说不难。

就是通过这么一个事例，我就觉得做老师吧，要教他怎样观察，让他知道写一件事的时候有顺序，这可以从例文里面学到。但是这个体会它从例文里面是找不到的。

（摘自 2016.03.08，田野笔记）

2. 观察与体验——沏茶

后来我又想了一个办法，那天早上起来上课，上课铃声响了，我拿着一个非常大的透明的玻璃瓶子，就是大的罐头瓶子，拿着茶叶盒，提着暖壶就进教室了。走到讲台前，我放下手里的东西，抬头看了看，只见同学们都睁着大眼睛看着我，感觉特奇怪。他们奇怪，语文课老师怎么提着这些东西就来了？我也不吱声，就在讲桌那儿忙着，忙完后我故意装作抱歉的样子说："对不起，你们等会儿，我先沏杯茶。"学生就更奇怪了。然后我故意把动作做得很夸张——我拿起茶叶盒，倒出茶叶放进瓶子里，学生都看得见，因为是透明的，然后拿着暖壶沏了一大杯茶，茶叶的变化过程我自己以前也没仔细观察过。茶叶倒进水之后，只见在瓶中翻滚的茶叶渐渐变大，动作变慢，两分钟左右竟然直挺挺地立在杯子上方。因是毛尖，那个尖都在上边立着，然后我就盖上瓶子盖，举着这个瓶子开始在教室里转，学生你不用告诉他，他都在看。我一边走着，我自己也在观察，接着，茶叶就一叶一叶纷纷下落，落在瓶底，瓶中水渐渐变黄了，等了大约有六七分钟。最后，我打开杯盖，穿行于其间，那冒着热气的茶水散发出淡淡的清香，往每个同学鼻子底下伸，闻闻，学生说好香。我说你闻过这么香的茶叶吗？没有。

整个观察过程差不多10分钟，这杯茶就沏完了。然后我问学生，有谁沏过茶？大部分学生都沏过茶。有谁这么仔细地观察过沏茶的过程？都回答说没有。我说好，今天都看见了吗？学生说看见了。那好，把你看到的、听到的、闻到的、想到的，都自己写出来，下课交文。于是孩子们迅速拿起笔，我看着他们没有像往日一样皱眉，没有像往日一样冥思苦想，笔下发出嚓嚓的声音。下课时，多数同学完成了任务，有的短文还写得十分精彩。一节课40分钟，我前面还用了10分钟，半个小时，其中有一个学生平时特别发愁写作文，但是到了下课，他写完我看了看，整个过程写得很清楚。

（摘自2016.03.08，田野笔记）

从上述的数学和语文教学故事中，我们可以读出，两位老师都是从调动学生的主动性，培养学生的兴趣、观察能力和生活体验以及逻辑思维入手，使学生一直处于主动学习的状态。让学生个个充满表达欲望，真正做到了让学生易于表达、乐于表达，说真话、实话、心里话。写作源于生活，描写生活。学生只有在观察生活、体验生活、思考生活的基础上，才能表现生活。作为教师，引导学生观察，让学生学会观察，可以说是提高学生表达能力、写作能力的重要环节。

中国班的老师们为芳草地小学挣得了荣誉，他们培养出一批又一批优秀学生，得到了社会各个方面的认可。

七、难忘的记忆

（一）难忘的记忆——重建后的第一次春游

1973年4月的一天，芳草地小学组织中外学生春游。这是学校重建后的第一次春游活动，地点选定在颐和园。

当时，尚未改革开放。考虑到几十个外国孩子集中出现在一个公园里，会吸引众多好奇的目光，还有可能被围观，安全保卫工作变得十分突出和重要。从北京市、朝阳区到学校领导都非常重视。

时任主管外事工作的李政修副校长和专职负责保卫工作的董锡广老师专门召开了全体教职员工大会，对春游活动做了详细周到的部署。把外国孩子分散安排到对应的中国班里，老师也被具体地安排到各班，再次强调了责任的重要和外事纪律，还安排了联络员，随时向学校领导反映情况。

照片 3-6：第一次春游，左一石志达老师、右一荣景甡老师与外国班学生在颐和园的合影（1973 年）石志达提供

春游当天，朝阳区公安分局、朝阳区教育局保卫科都派出了工作人员，朝阳区教育局局长孙蓁亲自挂帅。春游活动显得异乎寻常地隆重。

当中外学生出现在颐和园的时候，果然如所预料的那样，引起了游人的热情关注。荣景甡老师为我们讲述了外国班在这次春游中发生的一个小故事。

为了避开拥挤，我与班主任石志达带着 13 名外国孩子（参见照片 3-6），还有其他老师及中外学生(参见照片 3-7），从颐和园北门上了后山，班里有一个黑孩子，是个女孩。我们往里走着，对面来了几个春游的其他学校的中国女孩，她们走到那个黑人孩子旁边就说了一句："她咋这么黑呀！"谁知，她懂。她转过头来，就冲着那几个女生说："你妈 ×"，吓得那几个女生撒腿就跑。不过还好，这就是这么一个插曲。"

（摘自 2016.07.13，田野笔记）

照片 3-7：第一次春游，外国班学生在颐和园的合影（1973 年）藏于芳草地国际学校

从上述这个小故事中，我们可以看到，这些小留学生来华，还不到两个月的时间，就这么快习得了中国的文化，可见他们是多么快地适应了这里的生活啊！再从另一方面来看，当时尚未开放，国人对于外国人的好奇心如此之大，尤其是对肤色差异很敏感。而芳草地小学的师生，对多元文化感同身受，同学们互动中不会“说黑道白”的。

李国良老师说：

现在你看这外国班搞个活动坐个车就走了，以前可不是这样。

现在不足为奇，来点外国孩子很正常。当时外国孩子在外边走，去颐和园，他们走到那里，大家就跟到那里，在那里围观，那时候还很新鲜。

（摘自 2016.03.15，田野笔记）

这一天，老师们紧张着、忙碌着、风光着，直到春游结束，安全回到学校，大家才把悬着的心放下来。

外事无小事。第一次春游活动，由于全校上下强烈的责任心和认真负责的态度取得了圆满的成功。老师们在经历了一次生动的教育和锻炼的同时，也积累了搞外事活动的经验。

（二）难忘的记忆——重建后的第一届春季运动会

重建后的芳草地小学，于 1973 年 4 月 30 日上午举办了第一届春季运动会，同年 12 月 31 日上午举办了第一届冬季长跑比赛活动，这两项活动，已经成为芳草地小学的传动体育活动。

照片 3-8：重建后的第一届运动会入场式（1973 年）藏于芳草地国际学校

第一届春季运动会，恰逢五一劳动节的前夕，从运动会的准备到召开，校园始终沉浸在节日的喜庆气氛里，运动会同时也成了迎接和庆祝五一劳动节的一项活动。从此，每年春季运动会都定在 4 月 30 日举行，形成了传统。延续至今，已有四十三年了。

第一届春季运动会，由李家

维老师主持，自1973年至1998年，芳草地小学的运动会都是由李老师主持。运动会不仅竞技的比赛项目设置得齐全正规，而且开幕式（参见照片3-8）和闭幕式也非常隆重。运动会前的操场上，中外同学锻炼的身影，彩排的操练和口号声，使春天的芳草地校园洋溢着勃勃生机，春意盎然。这也成了此后芳草地小学春季运动会的模式，成为芳草地校园的一道靓丽风景。

运动会召开的当天，校园里鲜花盛开，彩旗招展，广播里播送着《运动员进行曲》的旋律，各个年级参加入场式的同学身着各自的服装，早早地列好了队。

中外记者、外国学生家长挎着、举着各式的相机，已经开始了拍摄。

照片3-9：接力赛场景（1973年）藏于芳草地国际学校

第一届运动会设置的竞技项目有短跑、长跑、跳高、跳远、投远（球）等；集体项目有接力赛等（参见照片3-9）。年级不同，项目安排上的要求也不同。最后的项目是老师拔河。

芳草地小学的各项活动，必须要面对一个现实，那就是全方位开放。要时刻面对媒体和社会的关注，面对外国学生家长的观摩和评论。

由于准备得细致充分，运动会从庄重的入场式（参见照片3-10），到各个比赛项目，进行得激烈而有序；闭幕式井然收场，整个程序严谨、完美，获得广泛赞誉。芳草地小学的运动会从此有了“小奥运会”的美誉。

照片3-10：重建后的第一届运动会运动员入场仪式（1973年）藏于芳草地国际学校

芳草地小学重建后的首届春季运动会，不仅对学校的体育教学工作是一种展示，同时，在一定意义上，更是对学校开学以来综合教学能力的反映。师生们昂扬的精神风貌、井然的校园秩序，令外国学生家长满意、放心，为学校赢得了声誉。

（三）难忘的记忆——冬季长跑活动

冬季长跑活动是北京市统一要求中小学组织开展的体育活动。重建后的芳草地小学将第一届冬季长跑活动定于 1973 年 12 月 31 日（星期六）上午课间操之后举行。李家维老师讲述了当时芳草地小学冬季长跑比赛的路线：从学校出发（参见照片 3-11），出了学校大门向左，沿着东光路大街向北，到陈经纶中学南门的那条小街，由东口进去，西口出来，再左转向南进入芳草地西街，也就是沿着朝鲜大使馆的东南角，左转进入日坛北路，回到学校。冬季长跑比赛的活动，作为学校传统的体育活动项目被保留下来。每次在长跑比赛的过程中，都会有市民沿途观看，给小小运动员加油（参见照片 3-12）。

照片 3-11：长跑运动会场景之一（20 世纪 70 年代）藏于芳草地国际学校

照片 3-12：冬季长跑比赛场景之二（20 世纪 70 年代）藏于芳草地国际学校

芳草地的脚步，就这样谨慎地、稳重地前行。每一步都力保成功、出色，每一步都为芳草地留下值得回味和欣赏的辉煌印记。

八、青馨芳草地，赤诚园丁心

每一个孩子都会长大，每一位老师都会变老。但是，芳草地传达给全世界各国孩子们的爱与友谊却像芳草一样永远常青……。在芳草地上播撒的友谊种子已发芽，开花，香飘四海。

（一）师生情——真情教诲

师生情是一种特殊的情感，她是无私的，纯粹的。她可诠释我们的人生观与价值观。美术老师荣景甡诠释了他的师生情。

我对中外学生有个不成文的观点，那就是“孩子就是孩子”。这话听起来好像是废话，其实不然。有的老师把外国学生看作外宾，不敢管、顺着哄，甚至学生急了咬老师的胳臂，老师还说：“我们中国人民不怕咬！”我是老师，要教孩子，要爱孩子，也要管孩子，而且要说到做到，一管到位。有一次，一个非洲小孩儿上课捣乱，下课时我要留下他批评教育，讲讲道理。没想到他拔腿就跑，我立刻撒腿就追，一直追出楼道，在东楼南侧才抓到他。我连拉带抱地把他带回教室。因为怕他再跑，我就拉着他坐下，非常严厉地批评了他：“你也上课，别人也上课，你闹得别人都没法上课了，你知道吗？”同学们都在旁边看着，他很快就服软了。我也见好就收，告诉他：“只有以后上课改好了，我才会帮你画好画给爸爸妈妈看”。我认为，外国学生也是孩子，老师一瞪眼就是他“爸爸”，得让他知道什么是对与错。

（摘自 2016.08.09，田野笔记）

（二）师生情——琴弦系友情

荣景甡老师不仅画画得好，而且琴弹得也非常好，是一位多才多艺的老师。学生们都非常喜欢他。一位叫伊萨的几内亚学生 1977 年毕业离开芳草地小学，2009 年来到中国，特意去看望了他的恩师荣老师。荣老师为我们讲述了他们之间的友情故事。

1973 年 3 月 12 日，几内亚的伊斯马拉三兄弟来到了芳草地小学就读，大哥腿有点残疾，学习很认真，二弟苏莱曼很调皮，是个小胖子。有一天中午，谢老师端着一碗刚从食堂打来的炖肉在楼道里走。这时，苏莱曼从后面追上来，伸手就从谢老师的碗里抓了一块放进嘴里，边吃边喊：“好吃！好吃！”叫个不停地跑了。我当时正好路过，谢老师无可奈何地对我说：“您看他那手多黑呀！这碗肉还怎么吃啊？”大家一笑就过去了。三弟伊萨和二哥差不多，也够闹的！值得一提的是他们都非常喜欢音乐，会打非洲鼓，在学校的文艺演出中都是精彩节目的主角。伊萨爱唱歌，还买了一把吉他边弹边唱。一天他来找我教他弹吉他。我答应了，没想到第一次教琴就遇到了个大问题——他是左撇子。大多弹吉他的人都是左手按弦右手弹，而他却要右手按弦左手弹。照这样，他带来的那把吉他根本没法用。后来，我想了个办法，把他的琴弦全部拆下来，反装成 E 弦在最上面，重新定准六根弦后总算能用了。很快，我教会他A小调主合声、属合声和下合声的按法，还有左手打点扫弦的方法。他能边弹边唱《山鹰》和《巴比伦河》了，我们都很高兴。

照片3-13：几内亚学生伊萨回母校看望荣景甡老师（2009年）荣景甡提供

调皮的学生是我的好学生，因为他们佩服我的才艺，能和我学到一些技巧，所以跟我很亲近。2009年，伊萨来学校看我时（参见照片3-13），已经近四十岁了。伊萨时任几内亚驻华大使馆的商务参赞，还娶了一个中国女孩。谈起芳草地小学五年的生活，他说就像发生在眼前一样。他告诉我，大哥伊斯马拉也在使馆工作，苏莱则在几内亚当了商船船长，更胖了。我说："像个海盗船长。"他说："对，大肚子海盗！"

（摘自2016.03.08，田野笔记）

（三）师生情——小铁锤系真情

王道香①老师1973年来到芳草地小学，一直担任外国班低年级的语文老师，她针对外国学生的特点，因材施教，教育教学成绩显著，深受外国班学生的爱戴，经常受到外国家长的赞扬。王道香老师为我们讲述了"一把小铁锤"的真情故事。

大约有近四十年了吧！每当我看到或者想起这把小锤子，真是思绪万千，一段师生之间的往事不由得涌上心头。

那是1977年的暑假，刚开学不久，一个高个子的外国人，领着他的孩子，从京西宾馆来到芳草地小学，想让他的孩子在这里受到良好的教育，学好中国话。学校把这个孩子安排到了一(1)班。当时，我是这个班的班主任，领导告诉我，他的名字叫爱华，法国人，他的父亲是中国请来的专家，很喜欢中国，所以给孩子起了个中文名字——爱华。

① 语数学科小学高级教师王道香，1938年出生，北京人，女，汉族。中国共产党党员。1973年至1993年一直从事芳草地小学外国班低年级语文教学工作。1959年被评为北京市普教战线劳动模范和三八红旗手。1974年、1975年两次出席周恩来总理主持的国庆招待会。《中国日报（海外版）》多次刊载介绍她教书爱生的文章。1992年3月，《中国教育报》又以《爱撒五洲》为题，介绍了王道香老师的事迹。

爱华个子不高，西方人的头发，白净净、圆乎乎的脸上嵌着一双蓝眼睛，可爱极了。得知我是他的老师，爱华向我深深地鞠了一躬。

爱华很聪明，学习也认真，课堂上刚能听懂会说一点儿汉语，就积极举手，抢着回答老师提出的问题。由于学习努力，敢于大胆发言，没过多久，爱华就能和同学（参见照片 3-14）、老师简单对话，很快地融入到集体中。大家都很喜欢他。

照片 3-14：外国班班主任王道香教的孩子们（1978 年）藏于芳草地国际学校

你别看爱华个子小，却透着一股子机灵劲儿。他善于观察，思考问题，关心集体，乐于帮助同学。他看到学校里有严格的卫生检查制度，为了保住班上的“卫生红旗”，经常主动地捡起教室地上的小纸屑、铅笔屑等，悄悄地把它扔到纸篓里。有时，看到个别同学没带齐学习用具，他就主动地把自己的铅笔、尺子、橡皮等借给同学使用。

下课了，爱华有时会走到教室后面的“学习园地”前，站在那儿，仔细观看优秀生的作业，数一数谁的红花最多……渐渐地，他明白了“学习园地”是个光荣榜，是同学们相互竞争、共同进步的园地。

“学习园地”的内容，一般每周更换一次，同学们的积极性可高啦！在周一的班会上，一是讲评优秀作业，二是讲评好人好事，三是讲评进步生。班会结束后，我总会一只手拿着优秀作业，另一只手拿着一个小纸盒，里面放着几十朵已做好的小红花，还有一盒图钉及一把小锁。孩子们亲眼看着老师把优秀作业及一朵朵小红花逐个用小铁锁和图钉钉在“学习园地”上。有时钉不好，图钉连同作业或小红花一块儿掉落到地上，惹得同学们哈哈大笑。每当这时，小爱华总是跑过来帮忙，并连声对我说：“没关系！没关系！”这可真是个通情达理的孩子呀！

可能是二年级第二学期吧，爱华要随家人回国了。临行前，他随爸爸妈妈来学校向老师告别，并送给我一件礼物。他的爸爸说：“礼物是爱华选的，是一把小铁锤，这是孩子的一点儿心意，请老师收下吧！”我接过礼物，忙向家长握手致谢，然后，紧紧搂住爱华，眼含泪水，连声说：“谢谢！谢谢！”懂事的爱华连忙说：“没关系！没关系！以后，用它钉红花就方便了。”我连连点头，说：“是的，太好了！谢谢你！”多么善良的孩子啊！多么体贴关心人啊！我和爱华依依不舍，叮嘱他回国后要更好地学习，健康成长，欢迎他们再来中国。

从此，这把小锤子就在外国班老师中传用着。我退休后，就把它留在了学校。

（摘自 2016.08.09，田野笔记）

芳草地小学的学生一茬又一茬，如春华秋实般，但那份跨越国界的师生情谊却永远留在了老师和学生的心中。它也成为老师们工作中一页特殊的记忆。

第四章 育人本为真　教书贵于诚

十年浩劫结束，党中央对教育工作做出了一系列新的重要决策，教育事业得到了恢复和发展。1978 年 8 月 26 日，教育部发出通知，决定从 9 月 1 日起在全国中小学执行《小学生守则》和《中学生守则》。1983 年 9 月 9 日，邓小平为景山学校题词："教育要面向现代化，面向世界，面向未来"。1985 年 5 月 27 日，中共中央发表的《关于教育体制改革的决定》中指出："在整个教育体制改革的过程中，必须牢牢记住改革的根本目的是提高民族素质，多出人才，出好人才。"1993 年 2 月 13 日，中共中央、国务院印发《中国教育改革和发展纲要》，再次强调"教育改革和发展的根本目的是提高民族素质，多出人才，出好人才。"还指出："发展教育事业，提高全民族素质，把沉重的人口负担转化为人才资源优势，这是我国实现社会主义现代化的一条必由之路。""基础教育是提高民族素质的奠基工程，必须大力加强。"芳草地小学以此重要决策为引领，开启了全面育人的教育改革之路。

一、孜孜追求全面育人的第四任校长杨国鑑

照片 4-1：第四任校长杨国鑑

杨国鑑同志（男，1935.03—），于 1977 年 1 月至 1995 年 3 月任芳草地小学第四任校长（参见照片 4-1）。杨国鑑，1955 年参加小学教育工作，中学高级教师，任小学校长 34 年。他在芳草地小学担任校长的 18 年间，孜孜追求全面育人，探索教育改革，不断提高教育质量，一直到 60 岁退休。他常说：“在芳草的 18 年，是我人生的黄金时段，是最充实的 18 年。”1976 年，十年浩劫结束，1978 年底，改革开放，20 世纪 80 年代是十一届三中全会提出改革开放最激情、最活跃的年代。他带领着芳草地小学的干部、老师贯彻党的教育方针，按照北京市教育局提出的“坚持全面育人，减轻过重负担，提高教育质量”的要求，勇于探索，不断研究，反复实践，提出措施，孜孜不倦地为教改工作着。在对外工作中坚持实事求是，仍旧认真贯彻“以我为主，适当照顾”的原则。对教育事业的执着奉献以及忘我的工作精神，令老师们至今难忘。

（一）学校的培养目标

培养学生“德、智、体、美、劳全面发展，为人类进步事业做出贡献”是芳草地小学的育人目标。

学校在抓好思想品德教育的同时，注重智育、体育、美育等方面的全面发展。以思想品德教育为龙头，通过思想品德课、班会课、少先队活动三位一体的教育实践，系统地对学生进行共产主义思想教育。学校还组织学生参加国庆升国旗仪式，祭扫革命烈士墓，参观中国人民抗日战争纪念馆，举办“六一”篝火晚会等活动，进行爱国主义教育。

（二）校园文化建设

1. 校训

校训是一所学校的灵魂，它可体现一所学校的办学传统，代表着校园文化和教育理念，是人文精神的高度凝练，是学校历史和文化的积淀。

校训是广大师生共同遵守的基本行为准则与道德规范，它既是学校办学理念、治校精神的反映，也是校园文化建设的重要内容。校训可体现出一所学校的校风和学风，体现出学校文化精神的核心内容。

20 世纪 80 年代初，芳草地小学首次制定了校训：勤奋、文明、健美、团结、进步。

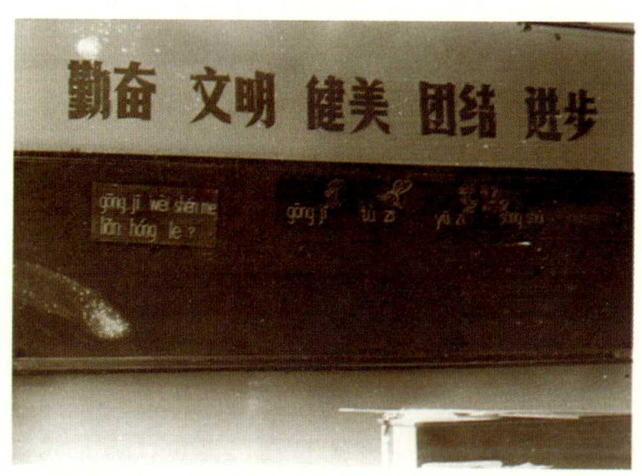

照片 4-2：教室正前方墙上张挂校训（20 世纪 80 年代）藏于芳草地国际学校

照片 4-3：有机玻璃条幅校训（20 世纪 80 年代）藏于芳草地国际学校

老师们回忆：校训除在教室正前方墙上张挂（参见照片 4-2），还用有机玻璃做成条幅（参见照片 4-3），立于东西两座教学楼间的迎校门处，背后，山石兀立，雪松挺拔，十个金色大字在鲜红底色的映衬下，赫然醒目。校训的条幅字是荣景甡老师写的，木工师傅隋德福用有机玻璃制成。

每周一升旗仪式上，全体师生都要例行呼校训程序。但对于校训如何体现魂魄的作用，如何宣传落实，似乎显得薄弱。

（摘自 2016.08.09，田野笔记）

2. 校徽

校徽（school badge）是学校徽章的简称，是一所学校的标志之一，其主要目的是分辨人员，留存纪念和通过图案、文字来介绍学校的性质和学科，同时在佩戴校徽时，也无形中给佩戴者增加了纪律的约束，规范学生的行为，提高学校的知名度。

芳草地小学的校徽于 1989 年 9 月设计完成，一直沿用至今。这枚校徽（参见图 4-1）的设计者是时任芳草地小学美术教师的特级教师荣景甡。荣老师为我们讲述了这枚校徽的文化内涵：

图 4-1：芳草地小学校徽，荣景甡提供

校徽中字母“F”“C”“D”和地球图案，不仅表示出学校的名称，也说明了这是一所开放的、国际化的学校，这里的学生来自世界各地。

校徽整体为绿色。绿，草木之色，象征着自然、生机、成长，以及友善、和平和希望，寓意着学校教育与自然环境协调发展，和谐共进，是可持续发展的生态教育。校徽整体轮廓为圆形，是地球的图案，寓意着“芳草地”要为国际教育做出贡献；“地球”的一侧，大写的“F”似新芽破土而出，象征着中外儿童在这里茁壮成长。

（摘自 2016.08.09，田野笔记）

3. 新校歌

校歌是校园文化的重要组成部分，它是一所学校对内的号召和激励，对外的形象展示和宣言，它反映的既有办学者、教育者的理想、要求和愿望，又有受教育者的感受、追求和成长心声。

1992 年，著名的词作家乔羽先生和著名的作曲家丰田先生为芳草地小学谱写了新校歌《芳草地——芳草地小学校歌》，2008 年 10 月更名为《芳草地国际学校校歌》（参见图 4-2），沿用至今。

歌词：春风陪伴着春雨，春雨携带着新绿。来到哪里？来到哪里？来到我们的芳草地。

来到哪里？来到哪里？来到我们的芳草地。留在你的心里，留在我的心里，你的心里，我的心里，你的心里，我的心里，永远都有一片芳草地。你的心里我的心里永远都有一片芳草地。

花儿悄悄地吐蕊，蜂儿殷勤地酿蜜，淡淡芳香，深深情意，一时都留在我们心里。淡淡芳香，深深情意，一时都留在我们心里。留在你的心里，留在我的心里。你的心里，我的心里，你的心里我的心里，永远都有一片芳草地。你的心里我的心里永远都有一片芳草地。

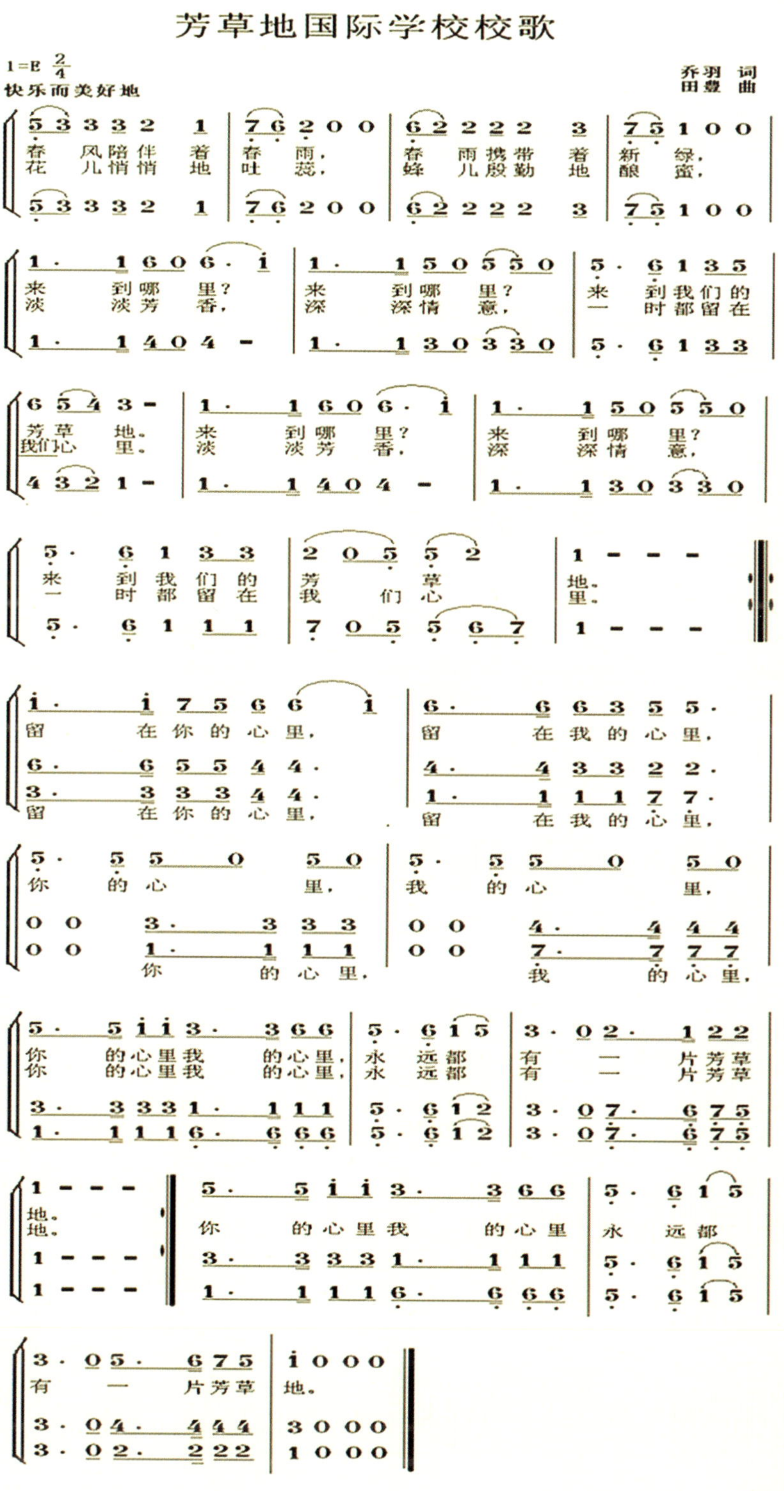

芳草地国际学校校歌

1=E $\frac{2}{4}$

快乐而美好地

乔羽 词
田丰 曲

春风陪伴着 春雨，春雨携带着 新绿，
花儿悄悄地 吐蕊，蜂儿殷勤地 酿蜜，

来到哪里？来到哪里？来到我们的
淡淡芳香，深深情意，一时都留在

芳草地。来到哪里？来到哪里？
我们心里。淡淡芳香，深深情意，

来到我们的芳草地。
一时都留在我们心里。

留在你的心里，留在我的心里，
留在你的心里，留在我的心里，

你的心里，我的心里，
你的心里，我的心里。

你的心里我的心里，永远都有一片芳草
你的心里我的心里，永远都有一片芳草

地。
地。

你的心里我的心里 永远都

有一片芳草地。

图 4-2：芳草地国际学校校歌（1992 年），藏于芳草地国际学校

（三）教学计划

1979 年，中国教育学会成立，教育部召开中小学学制改革讨论会，多数代表建议将现行的十年制恢复到十二年。1982 年北京市教育局制定了《北京市全日制六年制开设外语的小学教学计划试行草案》。重建后的芳草地小学学制为五年，根据北京市教育局的指示，于 1983 年改为六年学制（参见表 4-1）。

表 4-1：北京市全日制六年制开设外语的小学教学计划试行草案

周时数 科目 年级	语文			数学	品德	自然	外语	地理	历史	体育	音乐	图画	手工	劳动	每周总课时数	列入课表的活动			每周活动总量	并开科目
	讲读	作文	写字													校班队会	自习	课外活动		
一	10		1	6	1					2	2	1	1		24	1	4	2	31	7
二	11		1	6	1					2	2	1	1		25	1	4	2	32	7
三	9	2	1	6	1					2	2	1	1		25	2	4	2	33	7
四	8	2	1	6	1	2				2	2	1	1		26	2	4	2	34	8
五	6	2	1	6	1	2	3	2		2	2	1		1	28	2	2	2	34	10
六	6	2	1	6	1	2	3		2	2	2	1		1	28	2	2	2	34	10

资料来源：《小学规章制度选编》，北京市朝阳区教育局，1984 年 1 月，附表三。

（四）列为市重点小学

在学校教职员工的共同努力下，芳草地小学培养出一批又一批的优秀学生，得到了社会各界的认可。1978 年 12 月，芳草地小学被评定为北京市重点小学。北京市教育局局长李晨讲：重点学校要出成绩、出经验、出人才。

同期被认定为北京市重点小学的学校共有 7 所，分别是：北京市第一实验小学、北京市第二实验小学、东城区史家胡同小学、西城区育民小学、崇文区光明小学、海定区人大附小和朝阳区芳草地小学。

1981 年 3 月，芳草地小学被北京市政府批准为第一批办好的重点中小学（参见图 4-3）。

《北京日报》报道了北京市人民政府批准了我市第一批办好的重点中学和小学。这些学校是：

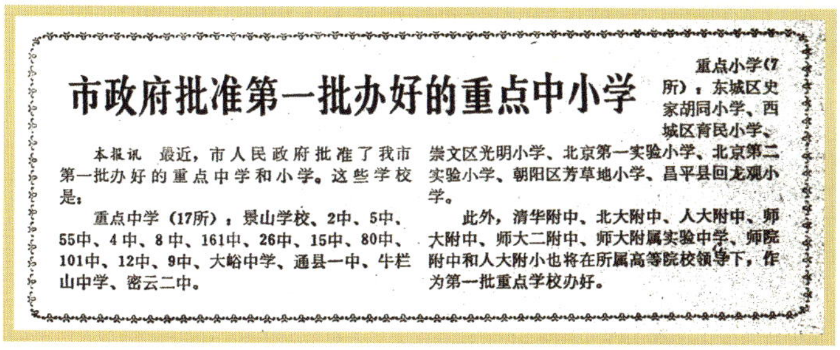

市政府批准第一批办好的重点中小学

本报讯　最近，市人民政府批准了我市第一批办好的重点中学和小学。这些学校是：

重点中学（17所）：景山学校、2中、5中、55中、4中、8中、161中、26中、15中、80中、101中、12中、9中、大峪中学、通县一中、牛栏山中学、密云二中。

重点小学（7所）：东城区史家胡同小学、西城区育民小学、崇文区光明小学、北京第一实验小学、北京第二实验小学、朝阳区芳草地小学、昌平县回龙观小学。

此外，清华附中、北大附中、人大附中、师大附中、师大二附中、师大附属实验中学、师院附中和人大附小也将在所属高等院校领导下，作为第一批重点学校办好。

图 4-3：1981 年 3 月 26 日《北京日报》市政府批准第一批办好的重点中小学，王泽提供

重点中学（17 所）：景山学校、2 中、5 中、55 中、4 中、8 中、161 中、26 中、15 中、80 中、101 中、12 中、9 中、大峪中学、通县一中、牛栏山中学、密云二中。

重点小学（7 所）：东城区史家胡同小学、西城区育民小学、崇文区光明小学、北京第一实验小学、北京第二实验小学、朝阳区芳草地小学、昌平县回龙观小学。

此外，清华附中、北大附中、人大附中、师大附中、师大二附中、师大附属实验中学、师院附中和人大附小也将在所属高等院校领导下，作为第一批重点学校办好。

芳草地小学在享受荣誉的同时，学校领导和每一位老师也承担着作为重点学校应该承担的责任。

（五）外国班的教学实情

1986 年 11 月，芳草地小学在举办“芳草地小学教学改革展览——庆祝建校三十周年”时，展出了针对外国班教学的情况（参见图 4-4）。其原文如下：

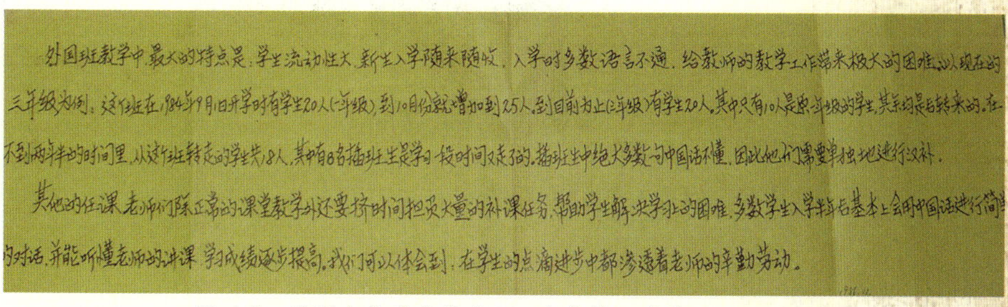

图 4-4：外国班教学实情（1986 年）藏于芳草地国际学校

外国班教学中，最大的特点是：学生流动性大，新生入学随来随收，入学时多数语言不通，给教师的教学工作带来极大的困难。以现在的三年级为例：这个班在 1984 年 9 月 1 日开学时有学生 20 人（一年级），到 10 月份就增加到 25 人。到目前为止（三年级）有学生 20 人。其中只有 10 人是原一年级的学生，其余均是后转来的。在不到两年半的时

间里，从这个班转走的学生共 18 人，其中有 8 名插班生是学习一段时间又走了的。插班生中绝大多数一句中国话不懂，因此他们需要单独地进行汉补。其他的任课老师们，除正常的课堂教学外，还要挤时间担负大量的补课任务，帮助学生解决学习上的困难，多数学生入学半年后基本上会用中国话进行简单的对话，并能听懂老师的讲课，学习成绩逐步提高。我们可以体会到：在学生的点滴进步中都渗透着老师的辛勤劳动。

二、全面育人，提高学生整体素质

20 世纪 80 年代初，学校在对学生进行进行高质量教学的同时，重视学生的全面发展，重在提高学生整体素质。为此，学校还因地制宜地建立了各种兴趣小组，让小学生的第二课堂活跃起来，坚持“一日生活十保证”。

（一）兴趣小组的建立

小学生的兴趣和爱好是多种多样、丰富多彩的，在他们当中孕育着未来的各种人才。学校不仅要让他们学好语文、算术等主课，还要因地制宜，从实际出发，把第二课堂活跃起来。芳草地小学成立了美术（参见照片 4-4）、手工制作、书法、合唱、器乐、田径、计算机应用、摄影、红十字会九个兴趣小组，还有魔术小组等。每周五和周六进行活动。

照片 4-4：美术老师荣景甡与孩子们做手工（1986 年）
荣景甡提供

兴趣小组的活动虽然安排在课后进行，但也是有严格要求的。有固定时间、固定地点、固定老师、固定活动内容。活动虽在课后进行，但必须要保证学生能去参加活动，不得被占用。

兴趣小组不仅对促进学生全面协调地发展起到作用，还在培养兴趣与专长方面，发挥了独到的作用，为开发智力，培育人才开发了第二渠道。通过兴趣小组的实践和锻炼，芳草地小学的学生，多次在朝阳区、北京市乃至全国的特长比赛中取得好成绩，为学校赢得了荣誉。

1. 手工制作

手工制作课受到了北京市教委的重视，1980 年，被重新列入小学课程中。芳草地小学手工制作课的教师，由荣景甡老师担任。荣老师认为，相比于实验课，手工课更能锻炼学生的想象力和动手能力。

1986 年 1 月 22 日，《中国日报（海外版）》刊登了郭庆业（音）撰写的《与益师之乐》一文（参见图 4-5），全文译文如下：

6—CHINA DAILY, Wednesday, January 22, 1986

Life/People

It's fun to learn with a good teacher

by Guo Qingye

Children watch transfixed as a sheet of paper turns into a jumping frog, or half an egg-shell into a basket of flowers. The magic is in "uncle" Rong Jingxing's hands.

Rong, 50, is the presenter of the children's TV programme "Between Heaven and Earth," a 100-show series that has become a top favourite. He has a remarkable gift for capturing the attention of the young.

Rong's parents were both teachers and he himself embarked on a career as a teacher of drawing, music, physical education and physics in a middle-school in 1953.

Making things out of simple materials was a habit he developed in early childhood. Handicraft has become his life-long hobby. He makes toys, musical instruments, knick-knacks and furniture.

Rong's greatest pleasure has always been to combine his love of handiwork with his love of teaching. But his talent was not used for many years, when handicraft was excluded from the curricula of many schools.

And during the "cultural revolution," Rong was labelled an "anti-revolutionary" and deprived of the right to teach.

Rong was allowed to teach again only in 1973 at Fangcaodi Primany School for the children of foreign embassy staff. He still works there.

"During the 'cultural revolution,' handicraft classes were replaced by time spent in labour," Rong said. "They are two different things. Handicraft trains students' dexterity and imagination, while labour teaches them only to repeat certain movements."

In 1980, the municipal education bureau found that some students, however good academically, were unskilful with their hands, hurting their scientific and technical study. Handicraft was reintroduced in primary schools.

Rong was asked to produce a textbook for the syllabus, which is still in use.

"The quality of children's products is not the important thing," rong said. "The main point is the imagination they show."

Rong's classes are great fun for his pupils. They don't have to sit stiffly and they have a chance to express themselves. "Most of my students are attentive in class, although they can seem too lively," Rong said.

He believes Chinese people have particularly clever hands, and he regrets that so many students are weak in practical things.

Rong has made a controversial stand by opposing the convention of judging students by exam marks.

"Some pupils are remarkably imaginative, but score relatively low marks," he said. "But we have to put up with the present system until a better way is worked out."

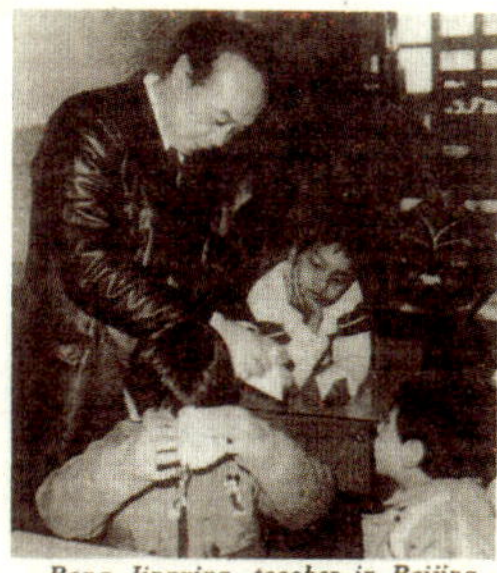

Rong Jingxing, teacher in Beijing Fangcaodi Primary School, teaches a class in handicraft. *photo by Liu Boyi*

In 1982, Rong was invited to moderate a quiz among Beijing middle-school students. The quiz was unusual in that it put little emphasis on memory. The contestants had to think out ways to solve problems on the spot, often with their hands. The quiz was warmly received nation-wide response when televised.

It was then that Central TV asked Rong to star in "Between Heaven and Earth." The programme immediately captured a large audience.

In each show, Rong teaches children how to make one thing: a figure of a minority nationality girl out of a used sock, a seal out of a potato or a pet bear out of a ball of knitting wool.

Originally only 50 shows were planned, but Central TV received more than 2,000 letters, most from children, asking that it be continued.

"Many of my former classmates are now high-ranking officials, or are earning much more money than I," Rong said, "but they envy me because I enjoy my work so much. They say I look younger."

Rong loves children and when he is with them he feels free of anxiety. "Perhaps it is the children that make me younger," he said.

After one TV show in which he showed how to make a hat out of a sheet of paper, he met many children in the street wearing them. He felt so happy that his weariness disappeared.

Rong is still urging improvement in education. He proposes that a teacher's arts college be established because Beijing schools are suffering from a shortage of qualified teachers in handicraft and arts.

图 4-5：1986 年 1 月 22 日《中国日报（海外版）》的报道《与益师之乐》藏于芳草地国际学校

孩子们看着一张纸转眼变成了一只跳蛙、半颗蛋壳变成一个花篮都惊呆了。这神奇的魔术都出自“大叔”荣景甡之手。

荣景甡，今年 50 岁。是最受欢迎的 100 期系列儿童节目“天地之间”的主持人。在吸引儿童的注意力方面，他有着独特的天赋。

荣景甡的父母都是老师。1953 年，他也成为一名兼任美术、音乐、体育和物理的中学教师。

将简单的材料制作成精美的东西是荣景甡在儿童早期发展起来的兴趣。手工制作已然变成他终身的爱好。他会制作玩具、乐器、小饰品和家具。

荣景甡最大的乐趣就是将他对手工制作的喜爱和他挚爱的教育教学结合起来。但是，在手工课被排除在课程体系之外的大背景下，他的这种天赋被埋没了。

“文革”期间，荣景甡被贴上了“反革命”的标签，被剥夺了教育的权利。

直到 1973 年，荣景甡才再次被允许在芳草地小学教授手工课，此次所教授的对象是外交官子女。至今（1986 年），他仍在芳草地小学任教。

“在‘文革’期间，手工课被实验课取而代之。”荣景甡说：“这两门课是完全不同的课程。手工课训练的是学生的灵巧度和想象力；而实验课仅仅是重复特定的动作。”

1980 年，市教育局指出：有很多学生，虽然学业成绩非常优秀，但是缺乏动手能力，这严重阻碍了他们对科学技术的学习。至此，手工课才再次在小学中被重新启用。

荣景甡曾受邀编撰一本学习字母的教材，这本教材沿用至今。

“一本儿童读物的书本质量并不是最重要的，最重要的是它所表现出的想象力。”荣景甡曾说。

对于他的学生来说，他的课堂总是充满乐趣。学生们不必呆坐在座位上，他们可以自由地表达自己。荣景甡说：“在我的课堂中，我的大多数学生都注意力非常集中，尽管他们看上去都很活泼好动。”

他相信中国人都有一双灵巧的手，他对许多学生实践能力差这一事实感到很遗憾。

他曾经提出了一个极具争议的观点，即反对传统的以学生的学习成绩来评价学生。

“有一些孩子极富想象力，却苦于成绩相对较低。”他说，“但是我们也只能沿用目前的体制，直到想出更好的解决办法。”

1982 年，荣景甡应邀设计了一个针对北京中学生的测试。这个测试不同于以往的是，它较少强调记忆力。测试者需要通过他们的双手找出解决问题的方法。测试一经公布，受到全国上下的广泛关注。

中央电视台曾邀请荣景甡开设“天地之间”节目。节目播出后立马吸引了大批观众。每次节目中，荣老师都会教孩子们学做一样东西：用旧袜子制作少数民族娃娃、用土豆制作海豹、用毛线制作玩具熊。这档节目原计划只有 50 期，但是中央电视台收到了超过 2000 封信件，要求节目继续进行。信件绝大多数来自儿童。

“我之前的许多同学现在已经是高级政要，或着赚的钱比我多。”荣老师说，“但是他们都很嫉妒我，因为我如此热爱我的工作。他们说我看起来更年轻。”

荣景甡非常爱孩子们，每当和孩子们在一起时都感觉毫无压力，一身轻松。“或许是孩子们让我看上去更年轻。”他说。

一次节目中，在他展示了如何把一张纸折成一顶帽子之后，他在大街上看到许多人戴着纸帽子。为此他感到非常高兴。

荣景姓仍在不断地追求进步。他计划建立一所针对教师的艺术学院，因为北京目前正面临专业手工和艺术教师严重短缺的局面。（姜方华翻译）

2. 小魔术

魔术是小朋友们喜爱的一项课外兴趣活动。荣老师为我们讲述了来自加拿大的小朋友跟他学魔术的故事：

记得外国班四年级有个学生叫达安，在营火晚会上表演了小魔术，受到了大家的欢迎。

在此顺便讲一下我和达安吧。达安是加拿大大使馆参赞考辟松先生的大儿子，他们兄弟俩都在芳草地小学读书。他们的母亲考辟松夫人是日本人，汉语说得不错。一次，她送孩子上学遇到我，和我说起达安很喜欢魔术，希望我教教他魔术。我答应了。她又问怎么收费。我说老师带学生演节目是学校活动，是不收费的。从那以后，达安常在课后到美术教室和我学些小魔术。这魔术行当有“手法”“彩法”“药法”“丝法”“搬运法”之分，其中，“手法”最难练，有的要练几年，比学乐器还难，“搬运法”需要大型道具。学习“彩法”最容易，用我已有的小道具，教会他使用顺序，练一练就能上台。不久，我教会了他“丝巾变色”“黑水变白”“木棍移位”“空箱出彩”等小魔术，在校内演出活动中带他登台或让他在教室独自表演。这孩子很有灵性，学得很快。一年暑假，达安随父母去了美国。开学后，他对我说在美国魔术商店买了一盘看不见的线。他拿出一个硬纸线板，上面绕着几米细线，把线从线板上拉出来给我看。真是太细了，在半米外绝对看不见它，约有二十分之一毫米细，有点弹性，透明又不反光。他说，这根线价值十五美元（当时约合人民币 120 元）。后来，我就用这根看不见的线，为他设计了两个“丝法”的小魔术，一个魔术是先在线的一端栓一根针，别在胸前衣服上，把另一端拴在一支油画笔的笔杆下端，放在桌子上；然后，左手拿起一个空瓶子，右手拿起油画笔，笔头朝上插入瓶中；接着右手假作发功状，向瓶子做动作，左手推动瓶子，油画笔就会在瓶子中跳舞，其实这些都是细线操纵的作用，但线是看不见的。第二个魔术是把线在一张在扑克牌的长边面上盘旋几圈，让牌面上形成几根看不见的线。左手托牌，在牌上放一根火柴，右手向火柴棍“发功”；左手将牌面压弯，几条线就会像弓弦一样把火柴托起，由于观众看不见弓弦，只看见火柴在漂浮，好像是有神奇的力量把火柴吸起来一样。

小魔术拉近了师生关系，也增进了教学相长，使老师开阔眼界，有所创新，有所收获。归根结底，每个芳草地的老师要做个有心人。只有把心思放在事业上，放在孩子身上，才能做个好老师。

（摘自 2016.08.09，田野笔记）

3. 第二课堂——集体舞

芳草地小学为了让小学生的第二课堂活跃起来，从 1982 年起，把每周六的课间操，改为跳集体舞。

每当星期六课间操的铃声一响，同学们就会兴高采烈地来到操场，自觉地围成圈，随着扩音器播放的悠扬乐曲，欢快地跳起集体舞。1984 年 12 月 12 日，《北京日报》（通讯员叶平）以《芳草地小学都会跳集体舞》为标题，进行了报道。

照片 4-5：周六课间的集体舞（1982 年）藏于芳草地国际学校

报道称：“现在该校一至六年级的学生，人人都会跳八九个集体舞（参见照片 4-5）。

芳草地小学普及集体舞活动已经坚持三年了，这一活动的普及，促进了学生的身心健康发展。课余时间，经常可以看到学生们边哼着曲调边跳着《小公鸡》《阿细跳月》《小松树》《小鸭子》《祖国祖国多美好》等集体舞。优美的舞蹈动作纠正了一些学生不正确的行坐姿势，提高了学生的音乐节奏感。五年级个别学生，以前课下总是乱闹，现在成了跳集体舞的积极分子。芳草地小学是中外学生合校，跳集体舞也增进了中外小朋友之间的友谊。”

4. 促进学生健康成长“十保证”

1982 年 9 月，杨国鑑校长对全体教师提出了“十保证”的要求，并以书面图文（参见图 4-6）的形式，发到每位老师手中。要求老师在狠抓提高课堂四十分钟教学效果和质量的同时，都要关心学生健康成长，切实做到“十保证”的专时专用。

“十保证”的具体内容如下：

①保证每周一举行升国旗仪式专时专用。

②保证课堂教学主渠道专时专用。

③保证晨检专时专用。

④保证课间操（早操）专时专用。

⑤保证眼保健操专时专用。

⑥保证课间十分钟专时专用。

⑦保证班队会（思想品德课）专时专用。

⑧保证十分钟广播讲话（中午 1：30—1：40）专时专用。

⑨保证课外活动和体育锻炼（课时及放学后安排）专时专用。

⑩保证劳动课和卫生扫除专时专用。

“十保证”贯穿学生一日生活中的方方面面，每时每刻。而且，学生也都了解，如当堂老师出现违规现象，学生会礼貌地提醒老师，以维护自己的权益。

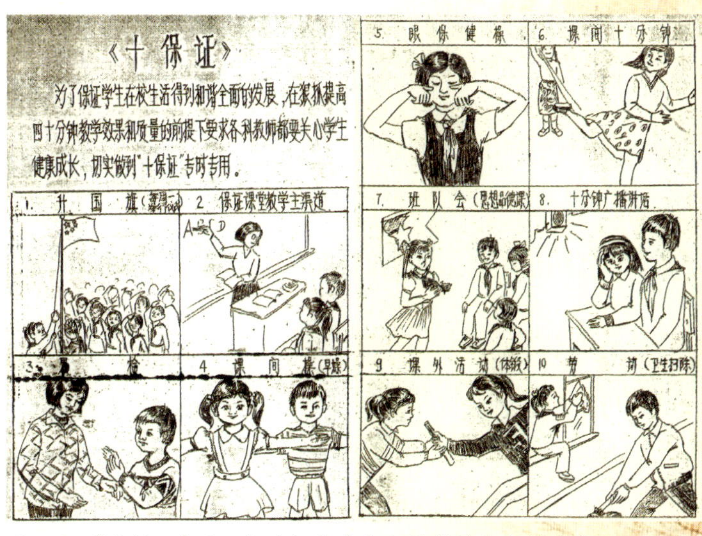

图 4-6：“十保证”图，由时任美术老师荣景甡和任桂香手绘（1982 年）藏于芳草地国际学校

“十保证”的深入人心，使“德智体美劳和个性特征诸方面全面协调地得到发展”的目标，由口号变成具体的行动，“十保证”作为每天都要遵循的行动准则，要求师生共同遵守，使学生在校生活的每一天，都能身心健康地成长。

三、提高教学质量，课程与教学改革

芳草地小学在杨国鑑校长的带领下，不断进行课程与教学改革，从培养四化人才的需要出发，立足三个面向，坚持“教学为主、学生是认知过程的主体”的理念，在课程和教学改革方面下功夫，做文章。

（一）体育课程改革——旱冰

进入 20 世纪 80 年代，轮滑出现在公园及运动场所，引起了学生们的浓厚兴趣。学校迅速做出反应，1981 年，体育课程改革，体育课开设轮滑教学。学校购置了旱冰鞋，将滑旱冰纳入每学期的体育课教学，每学期安排 3 周 6 次课。由体育老师李家维在体育课上教授学生轮滑的方法。这一广受学生欢迎的新兴体育项目，迅速在校园得到开展和普及，丰富充实了校园生活，调动了学生的锻炼热情。

李家维老师回忆说：

咱们芳草在北京市开展旱冰进课堂是最早的一个。当时，工体（工人体育体）、日坛公园都开旱冰场。旱冰场的情况很复杂，都是青年男女、小流氓在里面晃来晃去。为了争夺教育舞台，我就和施永存书记说了，咱们自己开轮滑课，书记也说好，我到学校说了，领导都很支持。学校买了 50 双轮滑鞋，每学期开三周，咱们是北京市中小学头一个开展轮滑课的。旱冰运动是不受季节影响，深受广大少年儿童喜爱的一项体育运动。经常参加这项运动，不但能增强下肢肌肉力量，而且可以提高少年儿童灵敏、平衡、协调能力。少年儿童学会滑旱冰比较容易，因为他们身体重心较低，又比较灵巧、勇敢（特别是男孩子），如果辅导得法，一般在很短的时间内就可以掌握简单的滑行技术。

（摘自 2016.03.15，田野笔记）

1981 年 4 月 19 日，《北京晚报》在第 2 版刊登了李家维撰写的《学滑旱冰》一文，介绍芳草地小学是最早开设旱冰课的学校之一。1982 年，李家维老师撰写的文章《怎样教孩子滑旱冰》刊登在《新体育》第 6 期上。李老师详细地介绍了旱冰运动的特点、技巧、动作要领，基本技术，图文并茂。旱冰运动不受季节影响，深受广大少年儿童喜爱。经常参加这项运动，不但能增强下肢肌肉力量，而且可以提高少年儿童的灵敏、平衡、协调能力。旱冰课程成为芳草地小学的传统教学内容，开设至今。张艺谋拍摄的申奥宣传片中表演滑旱冰的，就是芳草地小学的学生。

（二）教学改革

1986 年，改革开放进入第八个年头儿，芳草地小学迎来了建校三十周年。

当时，按照中央、国务院关于简化节日庆祝活动的精神，教育部要求“今后一般不要搞校庆”。据此，学校决定于11月22日—12月6日，在学校举办“北京芳草地小学教学改革展览”，以此来集中反映十一届三中全会以来学校开展的教育改革和取得的成果。

学校特请时任北京市市政府的领导和朝阳区区长宋维良题词。宋维良的题词是“教学结硕果，芳草育人才”。

芳草地小学自1983年起，先后在十个科目中，开展了十项教学改革[①]（参见表4-2）。

表4-2：芳草地小学十项教学改革

项次	科目	实验课题	主要内容	教师
1	语文（1—3年级）	发挥汉语拼音多功能作用，提前读写	充分发挥汉语拼音作用，提前读和写，重在培养识字、阅读、写话的能力	戴明淑等九位教师
2	语文（4年级组）	中高年级听说读写协调发展	调动学生积极性，发挥学生主体作用，培养学生思维能力、自学能力、朗读与写作能力	刘玉裘
3	数学（1—6年级）	数学系列化（探究法）	各年级自然衔接，顺利过渡，努力在数学最优化迈进一步	陈明哲、杨军等教师
4	常识（1—3年级）	低年级自然常识	通过观察、实验、制作和科普知识启蒙教育，培养学生学科学、爱科学	彭香
5	微型计算机	电子计算机教学活动	学习BASIC语言，学习打印语言，输出输入语句、转向语句、赋值语句，进行程序设计	孙季平
6	音乐（1—3年级、4-6年级）	声乐与打击乐器乐结合、五线谱	使学生不仅学习乐理、声乐，还要和打击乐、口琴、口风琴结合起来，学习使用五线谱识记曲调	夏志岐、徐秀珍
7	英语（2、3年级）	低中年级英语	使用方碧辉老师编英语教材，在自然语流中接触正确的语言、语调，听说领先	崔明华
8	手工（1—4年级）	智能学玩	通过手工制作开展智能学玩，培养思维能力、创造能力	荣景甡
9	历史、地理（5、6年级）	尝试教学法	以学生为主体，调动学生积极性，激发学生学习兴趣，预习、动脑、动手、作业当堂完成	李国良
10	学科考试	考试改革	各科取消期中考试，改为一学期两次测试，语文1—3年级，数学各年级重点实验	李佩珺、王钰德

① 2016年3月29日，杨国鑑校长提供手稿《北京芳草地小学教学改革展览——庆祝建校三十周年》简讯，1986年12月10日。

在十项教学改革中，第一项语文教改内容，为北京市教育局教研部主抓的实验。1984 年，芳草地小学一至三年级被定为北京市教育局教研部小学语文教学实践班。

在改革中，学校坚持从培养四化人才的需要出发，坚持三个面向，落实教学为主，学生是认识过程的主体，立足调动学生学习积极性，激发学生学习兴趣，发展学生智力，培养学生思维能力、自学能力、口头表达能力和写作能力，几年来初见成效。

此外，还有体育大课间活动实验、课外阅读实验、品德课与班会、少先队队会三位一体实验，等等。

自 1982 年秋季开学，学校每年都要组织学生参观周口店北京人遗址，这项历史课的教学活动坚持了二十一年，一直到 2003 年结束。

教学改革调动了学生学习的积极性，激发了学生的学习兴趣，发展了学生的智力，培养了学生的思维能力、自学能力、口头表达能力和写作能力。

1973 年恢复了英语教学，学校保证每天都有 1 ～ 2 节英语课。重视外语课的教学，已经形成传统。学生们也受益匪浅，在外语比赛中屡屡获奖。毕业后受到升入中学的好评。

1984 年，芳草地小学在全市率先开设了计算机课程，学校设置了电脑教室，培养了专职的电脑教师，每周开设正规的电脑课，使当时这一新兴学科迅速走进课堂。学生通过学习，不仅掌握了操作使用的方法，成绩好的还在全市比赛中多次获奖。

四、献给孩子们的盛宴

（一）献给孩子们的盛宴——孙敬修爷爷来访芳草地

故事爷爷孙敬修，通过他那通俗浅显、自然亲切、形象生动、爱憎分明的语言，以鲜明的民族化、大众化色彩，影响了一代又一代儿童。他那亲切、和蔼、感人的声音，伴着孩子们的成长，成为孩子们生活中不可缺少的、最可敬的良师益友。他用声音塑造的一个个栩栩如生的故事人物形象，永久留在孩子们的心间，使他们懂得了什么是真善美和假恶丑。在千千万万的孩子们心目中，孙敬修是永远不老的“故事爷爷”。

1979 年 11 月 21 日，芳草地小学请来了故事爷爷孙敬修给孩子们讲故事。老师们回忆了当年学校的广播传出孙爷爷要来学校的消息时的情景，他们至今难忘。

李国良老师讲述了那一幕：

那是1979年11月中旬的一天，学校广播里传出这样的声音："深受师生们喜爱的故事爷爷孙敬修要来我们芳草地小学啦！"话音未落，欢呼声似从天而降，从各个教室里传出来，让我这个当老师的，也抑制不住兴奋和激动，使劲儿拍红了巴掌。

为迎接孙敬修的到来，激动之中，我提笔写下了《献给敬爱的孙敬修爷爷》一首诗：

听说孙爷爷要来和我们见面，
大家的掌声响成了一片。
连平日不爱说笑的同学，
这会儿也笑得那么甜。
虽然孙爷爷是第一次来我们校园，
您却每一天都生活在我们中间。
收音机一传出您的声音，
我们就坐在了您的对面。
听着您亲切和蔼的声音，
我们想得出您多么慈祥、和善；
听着您耐心诚恳的教诲，
我们想得出您多么喜爱娃娃、少年。
您讲的故事生动有趣，
吸引着我们把作业早点儿写完；
要是正好赶上吃饭，
呀！连饭碗全都忘了端。
您有那么多好听的故事要讲，
而且永远也没有个完。
就像天上闪闪的星星，
一颗颗、一串串望不到边。
每一个故事都令我们难忘，
像甘泉滋润着成长的心田。
您教我们做人——光明磊落，
您教我们学习——永不自满。
爸爸妈妈听着您的故事长大，

革命的重担已挑上双肩；
我们听着您的故事长大，
要去建设更美好的明天。
明天，不论我们走上什么岗位，
都不会忘记爷爷的心愿。
您看，今天我们是少年先锋，
明天就是共和国的英雄和模范。

这首诗写好后，学校组织同学们开始了排练和广播。

1979 年 11 月 21 日下午，我们期待已久的孙敬修爷爷如约来到学校，在操场西边的礼堂里和师生们见了面。献词过后，孙老讲话。他一开口，就是大家无比熟悉的声音："同学们都很聪明，还会更聪明，怎么才能更聪明呢？你看那'聪'字，竖着两个耳朵，还有一张嘴，对了，最要紧的，是要用心。"

坐在我旁边的石志达老师连连点头："讲得好！不愧是故事爷爷，一开口就是不一样。"

（摘自 2016.03.15，田野笔记）

（二）献给孩子们的盛宴——难忘的篝火晚会

20 世纪 80 年代，每到六一国际儿童节，芳草地小学都要举行篝火晚会，为孩子们庆祝节日。还邀请社会各界的知名人士参加，给孩子们以社会关爱。如故事爷爷孙敬修于 1980 年、1981 年、1983 年三次前来芳草地小学参加六一篝火晚会，还有革命家、老红军何长工爷爷，艺术家王铁成、曹灿、李翔、江帆等都先后来过。1985 年的六一晚会，学校邀请了革命前辈吴运铎、作家张海迪与孩子们共同欢度，庆祝国际儿童节。1991 年的六一晚会，著名教育家、原北京市教育局局长韩作黎（参见照片 4-6），北京

照片 4-6：原北京市教育局局长韩作黎（讲话者）参加学校六一活动，向小朋友祝贺节日（右二为原北京市副市长王笑一）（1991 年）藏于芳草地国际学校

市副市长王笑一前来向小朋友祝贺节日。

这样的活动不仅孩子们喜欢，就连大人也高兴。大家手拉手围着篝火唱歌跳舞，表达自己喜悦愉快的心情。

荣景甡老师回忆了六一篝火晚会上的故事：

> 记得 1980 年 5 月 29 日，篝火晚会上，我负责放孔明灯，还要表演魔术节目。我们体、音、美组的老师，自然成为一支骨干队伍，用到哪科的老师，无不全力以赴、积极配合。芳草地小学的老师们协作精神特别强，尤其在全校性的大活动中更是不分彼此，在全校一盘棋的局面下，各当一枚棋子尽职尽责，能者多劳，充分发挥每个老师的潜能，没人计较个人得失。这种风气形成的根，在于芳草人的精、气、神。
>
> 除老师们参与外，中外学生小助手也共同参与。因每年“六一儿童节”篝火晚会等大型活动，学校都请中外学生家长参加，有时也请各级领导和社会名人前来观摩助兴，所以小助手共同参与的表演，就成了活动的高潮内容，很吸引观众。这次篝火晚会请来了红军何长工爷爷、孙敬修爷爷（参见照片 4-7）参加并讲话，唱红军歌曲等。

照片 4-7：孙敬修参加芳草地小学六一篝火晚会（1980 年）藏于芳草地国际学校

（摘自 2016.08.09，田野笔记）

时任芳草地小学党支部书记的施永存①，讲述了他记忆最深的两次六一篝火晚会的场景。

> 在芳草地的教育生涯中，我记得芳草地小学的六一活动，搞过两次篝火晚会。这样的活动不仅孩子们喜欢，连大人也高兴。这两次活动已经过去十几年了，但我至今难以忘怀，回忆起来还兴奋不已。
>
> 印象最深的是荣景甡制作放飞的“孔明灯”。天色渐渐黑下来，荣老师将灯中的蜡烛点燃，使灯罩中充满热气，然后松开手，一盏烛光摇曳的小灯笼，徐徐升向空中，像一颗星星，在夜空中游动，不一会儿，忽悠忽悠地向西北方向飞去。学生们一见灯笼飞起来，欢呼雀

① 施永存，中学高级教师。1979 年—1995 年 3 月，担任芳草地小学党支部书记。注重统领教师队伍，增强凝聚力，为学校发展做出突出贡献。

跃，整个操场沸腾起来了。是的，这盏灯，给孩子们的童年生活留下美好的回忆，激发了他们的好奇心，给孩子们留下了无数的遐想，对他们一生的成长产生了难以估量的影响啊！

照片 4-8：六一篝火晚会表演《阿细跳月》（1983 年）藏于芳草地国际学校

同学们最盼望、最高兴的时刻，是篝火点起来的时候。天色渐渐暗下来，夜幕将大地笼罩，点燃篝火的时刻已经到了。火种向柴堆上一放，火苗轰的一声蹿动起来了，将整个操场照得通红，人群一阵欢呼雀跃。熊熊的篝火跳动着，摇曳着，伴随着欢乐的鼓掌声和欢呼声。《阿细跳月》的音乐响起来（参见照片 4-8），同学们涌向操场，在篝火旁蹦啊，跳啊，尽情地享受这童年的快乐和幸福！年迈的老区长刘铭，还有其他一些老领导也兴高采烈地和孩子们一起尽情欢跳。晚会直到深夜才结束。

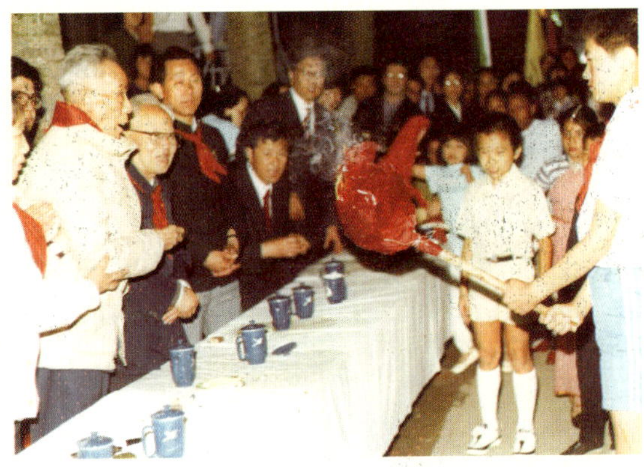

照片 4-9：革命前辈吴运铎为小朋友点燃六一篝火晚会的火炬（1985 年）藏于芳草地国际学校

记得第二次篝火晚会，还请来了革命前辈吴运铎（参见照片 4-9）、作家张海迪（参见照片 4-10）。他们的到来，使英模和具体的英雄事迹挂上钩，生动形象地展现在学生面前。这种精神食粮，使学生终身受益，对他们的人生成长会有多么深刻而重要的意义啊！

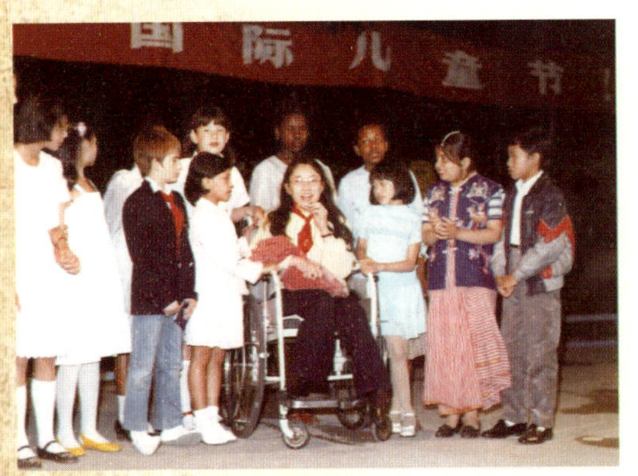

照片 4-10：作家张海迪来到学校和中外小朋友共庆六一国际儿童节（1985 年）藏于芳草地国际学校

那次晚会，我记得全国人大常委会副委员长许嘉璐来了，区委书记宋伟良也来了，还有许多其他知名人士也参加了。

我想，这一夜，孩子们一定是

带着微笑和幸福进入梦乡的！

十几年过去了，我盼望着篝火晚会，会再来！

每年庆祝六一国际儿童节的演出和篝火晚会，是最令孩子们兴奋的时刻，同学们唱啊，跳啊，火光把他们的小身影投射到广阔的天幕上去……这情景令人难忘。一位来自美国的女孩泰莉说："在美国只过圣诞节，谁也不过六一节。到了北京才知道还有我们自己的节日——六一国际儿童节，在学校和老师同学们一起联欢，表演拿手节目，非常快乐。"

（三）献给孩子们的盛宴——难忘的夏令营

夏令营能够培养个人独立生存能力，有助于锻炼磨砺孩子的自强意志和勇往直前、不怕困难、持之以恒的毅力，还具有开拓视野，抚摸大自然，使孩子们更加热爱大自然，提高他们的生活知识情趣的作用。

1. 芳草地小学的首次夏令营

1986 年暑假，芳草地小学首次举办暑期夏令营活动。这次夏令营于 7 月 25 日开营，至 8 月 2 日结束，由李佩珺主任负责。学校根据学生年龄情况，按照年级分为三期，7 月 25 日，第一期夏令营开营，参加者为一年级学生。具体活动安排：25 日上午因雨，在礼堂开趣味运动会，下午智力竞赛，晚上西瓜晚会。7 月 26 日上午去日坛公园。午饭后结营。

7 月 28 日，第二期夏令营开营。参加者为二、三年级学生。具体活动安排：上午趣味运动会，下午智力竞赛，晚上西瓜晚会。7 月 29 日，早晨 4 点 20 分起床，去天安门观看升国旗仪式（夜有雨），7 点到北海公园，9 点乘游船游水一周。中午返校。下午包饺子，结营。

7 月 31 日，第三期夏令营开营。参加者为四、五、六年级学生。具体活动安排：上午军训，下午打靶，晚上与解放军联欢。8 月 1 日晨 5 点，乘药厂车去天安门观看升旗仪式，7 点到玉渊潭公园划船，中午乘地铁、403 路返回。下午包饺子，晚上看录像。8 月 2 日上午，开趣味运动会。中午结营。

暑期，学校提供环境，教师放弃休息，为学生安排丰富多彩的活动，体现了全心全意服务学生的理念与热情，今天仍值得回味、称赞。

这次短暂的芳草夏令营活动留给学生的印象，无疑也是十分深刻的。正如 4 个月后，同学们在看了"北京芳草地小学教学改革展览"后谈感想时依然十分动情地说道："给我最突出的感觉是我们学校这几年的课外活动搞得比较好，活动内容新颖，特别是我校首次举办的夏令营活动，给同学们留下深刻的印象。”

2. 内蒙古夏令营

1987 年 7 月，芳草地小学部分中外学生参加了北京市对外友好协会在内蒙古草原举行的儿童友谊夏令营活动（参见照片 4-11）。1987 年，北京市对外友好协会组织了以芳草地小学学生（中外）为主，到内蒙古呼和浩特及草原开展了北京儿童友谊夏令营。北京市副市长、市友协会长王笑一和孩子们一起进行了活动。

照片 4-11：北京儿童友谊夏令营开营留念（1987 年）杨国鑑提供

芳草地小学的李国良、夏志岐、荣景甡三位老师还专门为此次内蒙古儿童友谊夏令营谱写了营歌（参见图 4-7）。

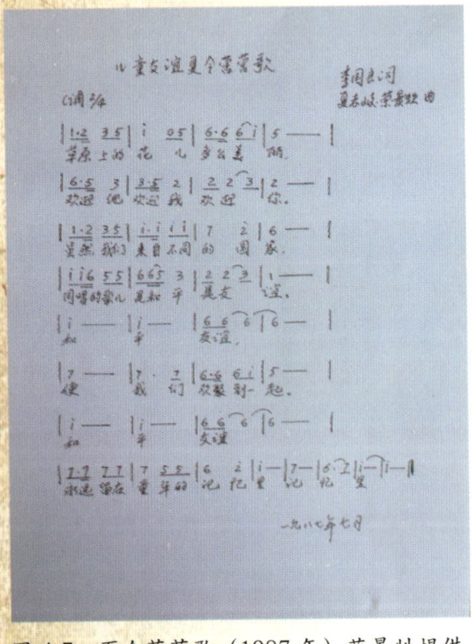

图 4-7：夏令营营歌（1987 年）荣景甡提供

儿童友谊夏令营营歌

李国良 词

夏志岐、荣景甡 曲

草原上的花儿多么美丽，
欢迎他，欢迎我，欢迎你。
虽然我们来自不同的国家，
同唱的歌儿是和平、友谊。
和平、友谊，
使我们欢聚到一起；
和平、友谊，
永远留在童年的记忆里，记忆里。

这次夏令营活动，就像营歌所唱的那样，永远留在了同学们的记忆里。

在芳草地小学就读的、来自莫桑

比克的学生玛琳卡撰写了《在夏令营里》一文并刊登在报纸上。玛琳卡写道：

照片 4-12：在草原上欢呼跳跃（1987 年）
藏于芳草地国际学校

去年夏天，我们到内蒙古过夏令营。那时的北京，天气正热，可是在蒙古包（参见照片 4-13）里过夜，还冷得要盖被子。我和卡密罗、王老师住在一起，我们分到了两个被子和四个褥子，我把被子让给了老师和同学，自己铺一个褥子，盖一个褥子，可是褥子很窄，盖了前面，露了后面，盖了后面，又露了前面，我就和卡密罗睡在一个被子里了。

照片 4-13：在蒙古包前做游戏（1987 年）
藏于芳草地国际学校

第二天，老师带着我们到草原上骑马，我从来没有骑过马，见大马很害怕，怕它踢我。我慢慢地骑到马上，一下子变得很高，又怕从马背上摔下来，吓得腿直哆嗦。牵马的叔叔看到了，对我说："别害怕，我在这里。"我就不害怕了，骑着马在草原上走了起来。

离开内蒙古的那一天，我们来自 11 个国家（参见照片 4-14）和来自中国 14 个民族的 80 多个小朋友在一起照了相，然后和内蒙古的叔叔阿姨告别，坐上了去火车站的汽车。

照片 4-14：与参加夏令营外国班的孩子合影（1987 年）
杨国鑑提供

好多小朋友都哭了。内蒙古太可爱了，那里的小朋友太热情好客了，我们都舍不得离开。

内蒙古，你好！有机会我一定再来。

五、芳草情系莘莘学子

从芳草地里走出的莘莘学子，忘不了芳草地的一代又一代园丁禅精竭虑、忘我无私的耕耘，回味芳草地留给他们的温馨。

（一）北京有最美的芳草，有我最好的老师

1987 年 6 月 8 日《人民日报（海外版）》刊登了张平力撰写的《芳草世界》（报告文学）一文（参见图片 4-8），其中讲述了来自几内亚的学生希拉和日本学生吉田求在芳草地小学学习和生活的故事。

十几年前，希拉拄着双拐走进了芳草地小学，后来，他在北京治愈了双腿。十几年后，希拉又回到北京工作了。他操着一口流利地道的普通话，会用中文，写一手好文章，他的外国朋友惊叹他有如此高的中文水平，希拉对他们说："因为我在芳草地小学上过学，因为我的启蒙老师在芳草地。"……

希拉重返北京的第一天，恰巧遇到了他在芳草地小学时的同学——日本的吉田求，吉田求也是刚到北京。两人的第一件事就是看望母校，找王凤森老师。

王凤森老师端详

图 4-8：《人民日报（海外版）》（1987 年 6 月 8 日）藏于芳草地国际学校

着自己的两个可爱的学生。希拉还是那么开朗豪爽，吉田求还是那么严肃自谦。希拉进芳草地小学那天，是王老师亲手扶他进教室的。从那以后，不管是风是雨，是暑是寒，王老师和同学们每天都站在校门口，迎接希拉来上学。从家门到校门，希拉从温暖走进温暖，那是他一生最可怀念的日子。下了课，同学们都回家了，王老师总是陪着他，帮他温习一天的功课。

“老师，你的头发是为我白的。我一生一世都感激你。”希拉紧紧握住王老师的手不放。吉田求在一边静静地听着。希拉滔滔不绝，他不愿去打断他。这次他到北京是为了进一步学习中文的。他上小学时，心底埋藏着一个痛苦的秘密，不愿对任何人说，却对王老师讲了：“我的祖父是在中国战死的。我们家对中国人民有罪。”王老师理解他的心。那一天，王老师在课堂上讲：“同学们，我们的一生怎么度过呢？我是这么看的，我们要做爱迪生，不做希特勒！爱迪生给人类创造光明，希特勒给人类带来了灾难。”同学们热烈鼓掌，吉田求当时把手都拍疼了。许多年过去了，老师的话吉田求还记得清清楚楚。现在，他对王老师说：“老师，你的话，是我一生的座右铭。”

深夜了，师生三人在北京街头漫步。繁星满天，照着三个不同国籍的人。“芳草地，多么美的名字！”希拉发着感慨，“天涯处处有芳草。北京有最美的芳草，有我最好的老师！”吉田求也仰望星空，想着童年的往事。那时，每逢六一儿童节，芳草地小学总要举行篝火晚会，同学们唱呵，跳呵，火光把他们的小身影投射到这广阔天幕中去了。

老师告诉他们：“在这个无限的空间里，人类占据着一个极其宝贵的位置。我们要珍惜生命，让一生过得更有意义些！”从那以后，在吉田求看来，这星空就变得像一个朋友了，可以对话，可以理解了。似乎每一个星星，都储藏了那段幸福时光里的一个故事，只要你看着它，它就会眨眼睛告诉你……

（二）母校芳草情深，恩师难忘

1984 年金秋 9 月，3000 名日本青年应时任中共中央总书记胡耀邦邀请，与中国青年友好联欢。来华的日本青年当中就有一位 1973 年在芳草地小学学习的，她当年是外国班二年级的学生，叫井上香织（参见照片 4-15）。这次她随日本青年代表团访华，还专程回母校看望老师和昔日同学，受到芳草地小学的热烈欢迎（参见照片 4-16）。

照片 4-15：1973 年 3 月就读二年级的井上香织（前左二）在芳草地小学上学时与同学的合影（1974 年）藏于芳草地国际学校

照片 4-16：1984 年 9 月井上香织（前左三）回母校看望老师和昔日同学时的合影（1984 年）藏于芳草地国际学校

走出母校的莘莘学子，用各种方式回忆着对母校的思念。很多同学用书信的形式，表达他们对母校和老师的思念。

佐佐木叶子也是 1973 年在芳草地小学就读的日本学生，1985 年的暑假，她回到母校看望了她的恩师王凤森老师，回国后，佐佐木叶子给老师来信，讲述了她的感受（参见图 4-9）。

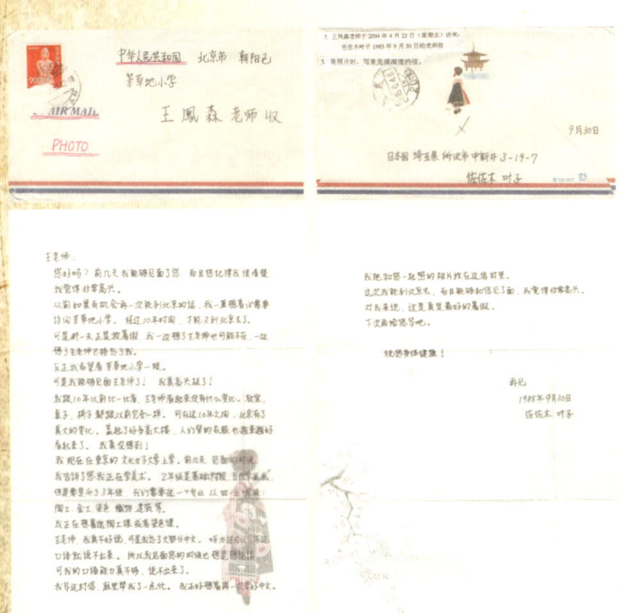

图 4-9：佐佐木叶子写给王凤森老师的信（1985 年 9 月 30 日）藏于芳草地国际学校

全文如下：

王老师：

您好吗？前几天，我能够见面了您，而且您记得我很清楚，我觉得非常高兴。

从前如果有机会再一次能到北京的话，我一直想着必须要访问芳草地小学。经过 10 年时间，才能又到北京去了。

可是那一天正是放暑假，我一边想了王老师也可能不在，一边想了王老师已经忘了我。

反正我希望看芳草地

小学一眼。

可是我能够见面王老师了！我真高兴极了！

我跟 10 年以前比一比看，王老师看起来没有什么变化。教室，桌子，椅子都跟以前完全一样。可在 10 年之间，北京有了真大的变化。盖起了好多高大楼，人们穿的衣服也越来越好看起来了。我真没想到！

我现在在东京的文化女子大学上学。前几天见面的时候，我告诉了您我正在学习美术。2 年级是基础阶段，当然学画画，但是要是升了 3 年级，我们需要选一个专业，从四、五个等级：陶工，金工，染色，织物，建筑等。

我正在想着选陶工课或者染色课。

王老师我真不好说，可是我忘了大部分中文。听力还可以，不过，口语就说不出来。所以我见面您的时候也想说话。可我的口语能力真不够，说不出来了。

我写这封信，麻里帮我了一点忙。我正好想着再一次学好中文。

我把和您一起照的相片放在这信封里。

这次我能到北京去，而且能够和您见了面，我觉得非常高兴。

对我来说，这真是最好的暑假。

下次再给您写吧。

祝您身体健康！

再见！

1985 年 9 月 30 日

佐佐木　叶子

（三）回味——在中国学到了什么？

瑞贝克（丽贝卡·麦克金南）是个美国女孩，1978 年来到芳草地小学学习，1981 年读完四年级回国。在校期间她参加过学校举办的“红五月”歌咏比赛，她所在的班级荣获第一名(参见照片 4-17)。她从小就喜欢绘画，喜欢荣景姓老师的美术课，也是美术课上的好学

照片 4-17：班主任石志达老师（后排右一）与“红五月”歌咏比赛获奖学生合影（瑞贝克，第二排左三），（1981 年）石志达提供

生。并在课外跟荣老师学过中国画工笔花卉。荣老师还记得给她刻过一枚上行中文瑞贝克，下行英文的人名图章。1987 年春天，她再次来到中国，回到芳草地小学看望母校的老师们。回国后不久，她撰写了一篇题为《我在中国学到了什么》的文章，刊登在 1987 年 6 月 2 日《中国日报（海外版）》上，同时还刊载了她此次重游时与她的美术老师荣景牲在校园中的合影（参见图 4-10）。

在中国学到了什么？

丽贝卡 • 麦克金南

从芳草地小学四年级毕业返回美国已经 6 年了。但是，当我再次穿行在熟悉的校园建筑中，仿佛自己从未离开过一样。

走过曾经来往过无数次的操场、走廊、楼梯，黑板上还留着用红白粉笔写着的班级检查成绩，中外学生专心学习的照片仍如我离去时那样。只有玩耍中的孩子看到陌生人后投来的好奇目光在提醒着我，如今，我只是一名游客。

Culture

What I learned in China

by Rebecca Mackinnon

It had been six years since I completed fourth grade at Beijing's Fangcaodi Primary School and returned to the United States, but walking through that familiar school building, I felt for a moment as though I had never left.

The playground, the hallways, the stairs I had run up and down so many times, the blackboard displaying classroom inspection scores in red and white chalk, and the pictures of studious foreign and Chinese students remained almost as I had left them. Only the faces of the children who looked up from play to glance curiously at a stranger reminded me that now I was only a visitor.

My former teachers, however, recognized me almost immediately. "My, have you grown!" cried my fourth-grade teacher. He led me around for a happy reunion with the art and music teachers, my former third-grade teacher, and several others I had known.

Everyone was curious to know what I was doing these days and what had brought me back to China. I explained that I had graduated a semester early from high school in Arizona and had returned for three months to brush up on my Chinese before returning to the United States and starting at Harvard University in the fall.

Congratulations came from all sides. It seems to me, however, that I ought to be thanking Fangcaodi for this recent success, as I think that they are partly responsible. The school not only gave me an early grasp of Chinese but also equipped me with discipline and ambition, assets which have proved invaluable in recent years.

Teaching Chinese to foreign children poses many problems, which Fangcaodi Primary School solves admirably. It lies near Ritan Park, close to the capital's big diplomatic compounds. Almost all the foreign children come to it with little or no Chinese and must begin at first-grade level.

The common solution of starting all such children, regardless of age, in the Chinese first grade, however, could cause a child to fall behind in other subjects, such as math, if the pupil remains in China for long. Fangcaodi's solution is to test each new foreign student's math ability and place him or her in a grade accordingly with other foreign students. These classes are smaller than the Chinese ones, and the teacher speaks more slowly, but the textbooks and teaching methods remain the same. Math, science, music, art, and gym are all taught in Chinese.

During the first six months, the new students attend a special catch-up class, where they begin with first-grade Chinese. Being children, they learn quickly and are usually able to jump back into their normal Chinese class after about six months. The children come from all over the world, but the common language for all of them is Chinese.

Observers may point out that this separation of foreign and Chinese students might keep foreign children from making Chinese friends or becoming truly acquainted with Chinese culture. This is true to some extent, although every year several students whose Chinese is very good are allowed to join the faster-paced Chinese classrooms. My younger brother Cyrus did this, and, had I not been missing some school every week to study the violin at the Central Music Conservatory, I would also have joined a Chinese classroom. In this way, foreign students do have the opportunity of studying with Chinese children once the obstacle of language has been removed.

In addition to learning Chinese, my brother and I also had to adjust to Chinese classroom discipline — much stricter than in the American schools we had come from. Students were expected to sit quietly and listen to the teacher without fidgeting or talking. If you wanted to answer a question, you had to raise your hand and then stand up to speak when called upon. Students who misbehaved were criticized in front of the rest of the class. Such classroom procedures brought order, which enabled the teacher to cover more ground in less time, unlike in many American schools, where much time is wasted trying to control unruly students. Because of this, the math in the third and fourth grade in Fangcaodi was roughly comparable to fifth and sixth grade math in our schools at home, if not slightly more advanced. By the middle of the fourth grade, my class had begun to study algebra, a subject which was begun in the seventh grade, at the very earliest, in our school system in Arizona.

Another reason for the faster pace of study was that we generally had a fair amount of homework, plus mid-term and final exams in math and Chinese, even in my brother's first- and second-grade classes. This was partly due to the fact that memorization and repetition, encouraged by impending tests, are inescapable when learning Chinese. Having to do homework and take tests from the start helped to develop homework and study habits quite early on — habits which American high school teachers often complain that their students lack.

Along with tests and homework came competition, which was encouraged by our teachers. Our scores were read aloud to the class, and charts were kept on the wall to see who received the greatest number of 100 per cents.

For those students who did not succeed as often as most of their classmates, such academic pressure could cause problems. I think that a couple of students with ample intelligence but possibly less will-power than others saw themselves lagging so far behind that they gave up trying, convinced that they must be stupid. It was these frustrated students who usually caused what discipline problems we had and were most subject to criticism by the teachers. This in turn only made them feel more neglected. Those who succeeded under this system, on the other hand, emerged ambitious and competitive, having gained the discipline necessary to tackle tough challenges.

Thus equipped, I returned to Arizona to begin junior high school. Although the culture shock I experienced made the first year or so socially rather difficult, I was more than prepared academically. I was used to studying for tests and spending a fair amount of time on homework, things which my classmates were only beginning to do, and even then only really in honours classes. Then, of course, there was the added advantage of having learned a foreign language at an early age, enabling me to learn other languages more easily.

In the light of my experience, it seems that while the Chinese method of teaching elementary school children is not perfect (whose is?), there is much which school systems such as those in the United States could learn from it. Recent American educational methods have put much stress on independence and creativity, but what can a student create without a solid grounding in basic skills or the discipline to carry a project through? It is the job of the elementary school to provide this solid foundation, and schools such as Fangcaodi seem to do this job effectively. Only after a solid groundwork is laid will students enter high school free to discuss intelligently and create independently.

Rebecca MacKinnon talks with her former art teacher, Rong Jingxin (middle), on a return visit to the Fangcaodi Primary School in Beijing. photo by Liu Boyi

图 4-10：麦克金南回访芳草地小学，与美术老师荣景牲（中间）的合影（1987 年 6 月 2 日）藏于芳草地国际学校

然而，教过我的老师几乎是瞬间就认出了我。教我四年级的老师惊呼："你长大了！"他带着我和我三年级的老师以及其他我认识的人重聚。所有人都好奇我近些年在做什么，我为什么回到中国。我解释说：我从亚利桑那州的高中提前毕业，趁着去哈佛大学上学前的三个月来中国提高一下中文。对我来说，取得如今的成就，我应该感谢

芳草地小学的栽培。这所学校不仅给了我中文的早期启蒙，还教会我自律、自信，它带给我的财富是无价的。

向外国人教授中文会遇到很多难题。在这一点上，芳草地小学解决得非常好。芳草地小学毗邻日坛公园，紧靠使馆区。基本上所有来到这里学习的外国孩子都只会一点儿或不懂中文，都得从头学起。

解决这一问题的统一方法就是不论年纪，都从中文初级开始。然而，这样又会造成学生的其他科目压力大。例如，过分偏重汉语学习，就会造成数学成绩落后。芳草地小学的解决方式是测验每一位新来学生的数学成绩，然后按照成绩将他们分到相应的不同外国班里。这些外国班的班型要比中国班小，老师讲课的速度也会慢一些，但是教学方法和内容是一样的。数学、科学、音乐、美术和体育均采用中文教学。

在刚来的前六个月里，新学生加入一个汉语特别强化班。强化班从中文初级开始学起。对儿童来说，他们记忆好，学习快。通常通过六个月的强化学习，都可以回到普通中国班一起学习。这样一来，虽然学生们来自世界各地，但是他们拥有共同的语言—汉语。

可能有人会说，将中国孩子和外国孩子分开，会阻碍外国孩子结交中国朋友或真正熟悉中国文化。某种程度上来说确实是这样的。但是，每一年，一些中文学得好的外国孩子，会被允许加入教学进度稍快的中国班，我的哥哥塞勒斯就加入了中国班。如果不是我每周到中国音乐学院学习小提琴，我也可以加入。通过这种方法，外国学生就有机会和中国学生共同学习，这样，语言的障碍就可以消除了。

另外，在学习中文的过程中，我和哥哥还必须适应中国的课堂纪律。中国的课堂纪律相对于美国严格。学生被要求安静地坐在座位上，不许乱动和说话。如果想要回答问题，需要举手示意，待老师批准后再站起来回答。谁要是行为不礼貌，会被老师在大家的面前批评。这样的课堂程序使课堂井然有序，这样可以在短时间内学到更多知识。不像美国的学校，课堂中的大部分时间被花费在维持秩序上。相比之下，我在中国三四年级的数学成绩相当于美国五六年级的水平。在四年级中期，我们就开始学习代数。在亚利桑那的学校体系中，七年级的时候才会开始学习代数。

学习进度较快的另一个原因就是我们通常都有一定的家庭作业，数学和语文还有期中、期末考试。甚至我哥哥一二年级的时候也是这样。或许是因为要应付考试，在学习中文时，记忆和重复是必不可少的。

其他科目也是一样，从一开始就要做作业和考试，它帮助我们更早地养成了好的作业习惯和学习习惯。而这些习惯正是美国教师抱怨学生缺少的。

考试和家庭作业带来竞争，我们的老师鼓励竞争。老师会在班级中大声宣布成绩，并把我们的成绩张贴在墙上，大家的成绩一目了然，都知道谁得了一百分，从中受到激励。

对于那些经常成绩不理想的学生，这样的学习压力可能会产生问题。试想一下，对于那些很聪明但缺乏意志力的学生来说，与其他人的差距太大，会使其放弃努力，承认自己愚蠢。这些学习困难的学生常会产生纪律问题并受到老师的批评。这样一来，只会让他们感受到更多的忽视。在这一体系下获得成功的孩子，另一方面来说，极具信心和竞争力，获得必要的知识去迎接艰难的挑战。

带着我学到的知识，我回到亚利桑那开始初中的学习。我所经历的文化冲击使我的初中第一年非常不同。尽管我曾经为了考试而学习，也曾花费大量的时间在完成作业上。相对于我的同学刚刚开始学习或之后要学习的东西，我的学习很顺利。当然，在幼年的时候学习外语的另一个好处就是使我学习其他语言时更容易。

就我的经历而言，中国教授小学生的方法是不完美的（谁的又是完美的呢？），但仍然有许多地方值得美国学习。近来，美国的教育方法将更多的注意力放在学生的独立和创造力上，但是，如果没有基本的知识和技能，又如何能够有所创造？为学生打好基础是学校义不容辞的工作。芳草地在这方面做得很好。只有打好基础，在进入高中时，学生才能机智地讨论和独立地创造。（姜方华翻译）

丽贝卡·麦克金南从芳草地小学毕业六年后再次回到中国。此时的她，已经提前高中毕业，考入哈佛大学。此次来到中国是想利用假期提高汉语水平。

正因在中国接受前期教育，丽贝卡·麦克金南四年级毕业回到美国之后直接进入初中，而且学习没有压力，顺利进行。丽贝卡·麦克金南感谢芳草地小学教给她的东西，正是这些帮助她在成功的路上披荆斩棘。同时，她还呼吁美国教育应该重视对学生基础知识的奠基。

第五章 甘为人梯 助人成才

办学芳草地
育人百花苑
芳草地小学四十年庆
一九九五年夏 柳斌

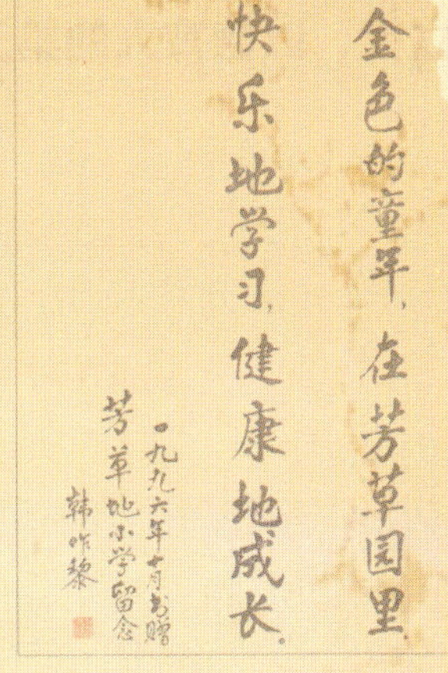

金色的童年，在芳草园里
快乐地学习，健康地成长。
一九九六年十月题赠
芳草地小学留念
韩作黎

国务院于1993年2月19日，颁发了《中国教育改革和发展纲要》（以下简称《纲要》），明确提出：“必须把教育摆在优先发展的战略地位，努力提高全民族的思想道德和科学文化水平，这是实现我国现代化的根本大计。”《纲要》总结了我国建国40多年来教育工作的经验教训，分析了教育工作所面临的危机和挑战，提出了“中小学要由‘应试教育’转向提高国民素质的轨道。面向全体学生，全面提高学生的思想道德、文化科学、劳动技能和身体心理素质，促进学生生动活泼地发展，办出各自的特色”。芳草地小学认真贯彻落实《纲要》要求，结合学校实际制定了《教师职业道德规范》《芳草地小学教师行为规范》《芳草地小学外事工作纪律》等，并以《芳草地小学1995年工作计划》《芳草地小学1996—1997年度工作计划》为依据，落实“更新教育观念，抓好教育教学工作，提高教育教学质量”，加强学校的德育工作建设。

一、以德立师，以德育人的第五任校长刘玉裘

刘玉裘同志（女，1944.01—）于 1995 年 3 月至 2001 年 10 月任芳草地小学第五任校长（参见照片 5-1）。刘校长 1963 年 7 月毕业于北京市第四女子中学，同年 9 月进入光华路小学任教；1974 年调入白家庄小学任教；1984 年调入芳草地小学任教；1989 年担任芳草地小学副校长。刘校长自参加工作以来，就一直在一线担任语文教学和班主任工作。1989 年 9 月被评为全国优秀教师，被授予优秀教师奖章（参见图片 5-1）；1991 年被评为北京市特级教师；2001 年被朝阳区政府、朝阳区教委授予“朝阳区优秀校长”称号。

照片 5-1：第五任校长刘玉裘

刘玉裘校长在小学语文教学领域辛勤耕耘了近 40 年。她教风严谨，基本功扎实，善于挖掘教学中“美”的因素和“情”的深度。其教学生动活泼、教态亲切、语言精练。她注意“教中学”“学中用”，使理论与实践在教学过程中得到完美结合。她说：“我和小学语文教学结下了不解之缘，我挚爱孩子们。一进课堂，我就忘我地投入，千方百计开启儿童的心扉，捕捉儿童的灵感。”她认为，语文教师不仅要向学生传播知识，进行语言基本技能训练，更重要的是在培养能力、发展智力上下功夫，使学生将来能够运用语言这个工具去认识世界、改造世界，成为对社会有用的人才。

图 5-1：刘玉裘同志优秀教师奖章（1989 年）刘玉裘提供

她曾任第四届全国小学语文教学研究会理事，北京市朝阳区政协委员，参与编写北京市九年义务教育小学语文教材 4 ～ 12 册及教学参考书。多年来，她为市区乃至全国各地做公开课近百次，录像课 20 多节，主持了“注音识字，提前读写”“北京小学语文能力与发展有机结合”等科

研课题和教改实验，为北京市九年义务教育小学语文教材的编写提供了理论和实践依据。20 世纪 70 年代初，她先后在《光明日报》《教育报》《小学语文教学》《北京教育》等中央和地方报刊发表文章 20 余篇。

她担任芳草地小学校长后，就把“甘为人梯、助人成才”作为座右铭，成功地将几十年的语文教学经验加以提炼和推广，被教师们称作“教坛营养快餐”。[①]

时任德育主任的胡嘉玉说：

> 刘玉裘校长一直强调教学是芳草地小学的生命线、生存线、发展线，以此引领芳草地小学的教学工作和教育改革。刘玉裘校长不但带领全校语文老师深入研究语文教学工作，还经常给老师们上示范课、公开课、研究课。当时，学校的礼堂不大，容纳不了多少人，为此，学校准备了很多马扎，来芳草地小学听课的老师都坐在马扎上听刘校长讲课。
>
> 我清楚地记得，那是 1996 年的秋天，她在芳草地小学的礼堂为参加全国语文教学工作研讨会的领导和老师们上了一节《威尼斯小艇》的示范课，当时，北京市、朝阳区的部分语文老师也有幸参加。按理说我们是近水楼台先得月，但是由于场地的原因，学校事先就打招呼，本校老师不要参加这次活动，我们只能扒着窗户听刘校长讲课。但本校的语文老师有幸参加了评课，一些专家和领导还有一线老师对这节课给予了高度评价。印象最深的是一位外地教研员说的对这节课的评价：“听刘老师上课就是一种享受，对教材的挖掘和学生的互动都是那么自然，那么和谐，学生的积极性超出我们的想象；芳草地的同仁们有这样一位好老师、好校长该多幸福！你们永远站在语文教学改革的前沿，引领着教改的方向！”
>
> 可以说芳草地的教学工作在北京市、朝阳区起到了引领的作用。
>
> （摘自 2016.05.18，田野笔记）

（一）学校的培养目标

坚持党的基本路线，全面贯彻“教育为社会主义现代化建设服务，必须与生产劳动相结合，培养德、智、体诸方面发展的建设者和接班人”的方针。依法办校，依法治校，努力提高办学水平和教育质量，把学校办出特色。

学校根据德育大纲要求，不间断地开展“心中有祖国，心中有集体，

① 北京市语文教学研究会编《北京市中小学语文教育 50 年》，北京：开明出版社，1999 年，第 512 页。

心中有他人”的专题教育。教育学生热爱芳草地小学，以实际行动为芳草地小学争光。加强文明礼貌教育和品德行为习惯的养成教育，使学生无论在校内还是在校外，讲究文明礼貌，遵守社会道德，形成芳草地小学良好的校风。进行爱国主义教育，开展了有标志性的学生活动，如“红领巾的红军行”等。

（二）教育教学指导与路径规划

刘玉袠校长把教学作为生命线，带领教职员工结合学校现状，更新教育观念，深化教育改革，强化教学管理，重视教研、科研，加强队伍建设，健全评价机制，面向 21 世纪，实现由“应试教育”向素质教育的转轨。她不但带领全校语文老师深入研究语文教学工作，还经常给老师们上示范课、研究课。

在教育教学上，实行“一校两制”。国际班的教育思想、教学方法及教学设备都能和国际教育接轨。为了帮助外国儿童找到学习汉语的捷径，学校在多年研究探索外国儿童心理、思维特点和教学实践的基础上，自编了两套行之有效的汉语教材。

（三）扩大学校规模

1970 年，芳草地小学原址北楼被成人教育局和人防指挥部占用，在朝阳区教委领导的关怀下，1995 年归还。为了满足社会需求，芳草地小学不断扩大规模，1996 年至 2001 年期间，学校在原来的基础上，合并进两所学校，1998 年 9 月设立了位于亚运村育惠里的芳草地小学二部，学校为一校两址。

1996 年 9 月，新建教学楼投入使用(参见图 5-2)。同年 9 月，合并了东光路小学，2001 年 9 月，合并了光华路第四小学。

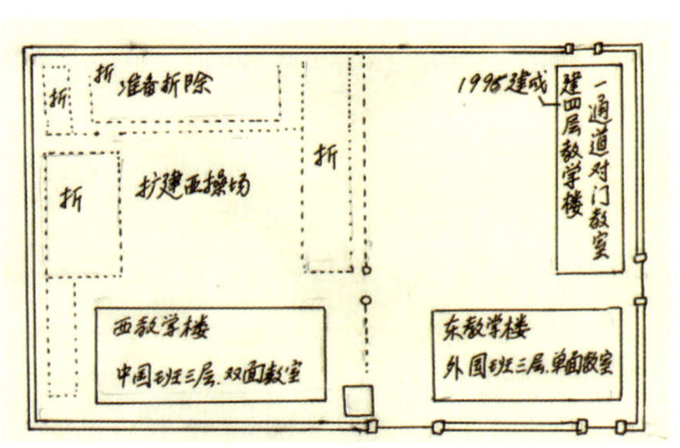

图 5-2：1996 年芳草地小学平面图，2016 年 10 月荣景姓老师手绘

新教学楼：中国班，一年级、二年级、三年级使用，由董树莉主任负责。西教学楼：中国班，四年级、五年级、

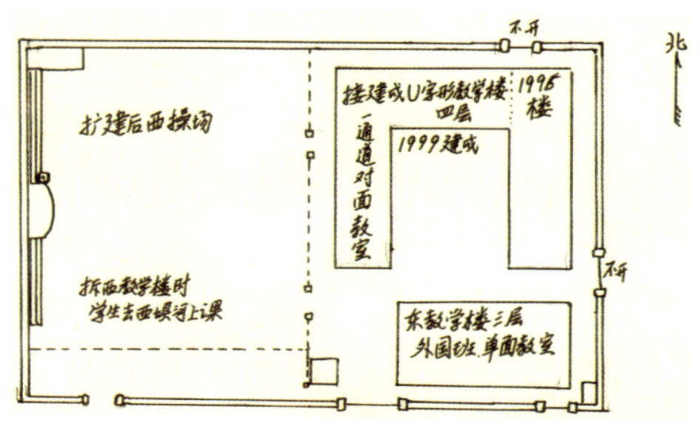

图片 5-3：1999 年芳草地小学平面图，2016 年 10 月荣景甡老师手绘

六年级使用，由高淑英主任负责。东教学楼：外国班使用，由常美德主任负责。

1998 年 9 月设立了位于亚运村育慧里的芳草地小学二部，学校为一校两址。

1999 年，在新建楼的左侧，建成 U 字形教学楼，拆除旧校舍，建成较为标准的操场（参见图片 5-3）。

校园占地面积 25062 平方米，使用面积 16860 平方米。① 硬件建设除了新教学楼的建设，还设有电脑室，购置了先进电脑设备，一条龙的电化教学，为提高教学质量创造了有利条件。

当时学校收入主要是财政和上级拨款，其次是学生的学杂费，捐资助学收入（外国学生的）。另外还有校企收入。学校支出主要是事业性支出。

截至 2001 年 10 月，学校总资产 4484 万元，比 1995 年增加了 4154 万元，增幅 1259%。（含合并增加、捐赠、新购置等）②

（四）师资队伍与班级规模的变化

据 1996 年资料显示：芳草地小学有教职工 95 人，其中大学本科及大专毕业者 43 名；在 74 名教师中有特级教师 3 名，中教高级教师 12 名，小学高级教师 40 名；青年教师 39 人。

自 1973 年起，二十几年来累计有 94 个国家的外籍学生及港、澳、台同胞子女共 1400 余人在芳草地小学就读过。时下有学生 1200 余名，30 个教学班，其中中国学生部 19 个班，外国学生部 11 个班。③

截至 2001 年 10 月，芳草地小学有在职教职员工 150 人，较此前的 89 人增加了 69%；其中高级教师 66 人，35 岁以下青年教师 74 人。有 54 个教学班。中外学生共 2200 人，比原来增加 1300 人（左右），

① 参见 2000 年撰写的芳草地小学介绍。资料编号：0001000。藏于芳草地国际学校。
② 参见“刘玉裘 2002 年 3 月述职报告”，2016 年 9 月 28 日，刘玉裘校长提供。
③ 参见《教研为本，科研为魂，努力提高教师素质——芳草地小学简介》，北京市朝阳区教育科学研究所、北京市朝阳区教育学会编《教育科研》，1996 年 3 月，无页码显示。2000 年撰写的芳草地小学介绍。资料编号：0001000，藏于芳草地国际学校。

增幅144%。[①]

刘玉裘校长介绍了当时学校的获奖情况。学校那年获得过教科研先进学校、区直属校督导第一名，125工程中有44人分别在教案、研究课、论文等方面获奖，13人获得青年论文奖，数学奥林匹克竞赛6名学生获三等奖，朝阳区第六届艺术节40人获奖，校级合唱队获区一等奖，班级合唱获得一等奖，管乐队获区比赛一等奖，2001年首届少儿艺术展获二等奖，北京市小学英语文艺汇演获一等奖。另外，学校的无线电，车模、摄影、计算机等也有许多人次获奖。体育比赛一直是直属校第一名。

（五）“以德立师，以德育人”

芳草地小学1998年首次设置了德育主任这一职位，由胡嘉玉老师担任。学校遵循“以德立师，以德育人”这一宗旨，明确树立“德为师之魂，德为师之本，德为师之源”的思想，把德育放在教书育人的重要位置，把素质教育渗透到教育教学的每个环节中。

（六）校园文化建设

1. 文化墙建设

1999年芳草地小学首次建成了文化墙的木雕（参见照片5-2）。德育主任胡嘉玉回忆了文化墙木雕的文化内涵：“做有知识、有理想、热爱和平的芳草人。上幅，寓意为孩子飞往宇宙，探索月球，要培养学生的探索精神，创造能力；下幅，飞翔的和平鸽寓意为人们祈求和平，与大自然共生。（摘自电话访谈，2016.10.22，田野笔记）

照片5-2：芳草地小学文化墙（1999年）荣景姓提

2. 修改校训

2000年，芳草地小学把20世纪80年代的校训“勤奋、文明、健美、团结、进步”修改为“勤奋、进取、求实、奉献”，以此勉励全体师生。

二、教育教学研究

芳草地小学根据学校的实际，多年来不断探索，一直把提高教师的

① 参见“刘玉裘2002年3月述职报告”，2016年9月28日，刘玉裘校长提供。

素质放在首位，逐渐形成了“教研为本，科研为魂，全面提高学生素质”的工作思路。

为此，他们首先在教研与科研的结合点课题研究上下功夫。学校要求主任以上的干部要带头设计课题，积极研究，提高管理人员的理论素质和科研水平。英语教学是该校的一大特色。从1995年开始，中外班一至六年级全面开设英语课，并聘请外籍教师进课堂，教学形式生动活泼有趣，得到了家长的赞赏。语文教学“注重拼音识字，提高读写能力，以读为基础，听、说、读、写有机结合”等科研课题和教改实验，取得了一定的成绩；数学教学的“应用题结构研究，发展学生逻辑思维能力”等课题，被列为北京市、朝阳区级科研课题；自然课教学注重培养学生学会自行获取自然知识的能力；德育教育“中华传统美德指导行为实践的可行性研究”等，都取得了一定的成果。这些课题的研究报告发表在各种报刊上。

（一）运用迁移规律，促进学生听说读写能力同步发展

刘玉袠校长自参加工作以来，一直从事语文教学研究工作，从未离开过一线教学。她运用心理学上的学习迁移概念，从20世纪90年代起就对芳草地小学中高年级进行了语文教学整体改革的实验。她说：“实验的目标是在‘三个方向’指引下，为未来所需的建设人才打下良好的基础，切实完成小学语文教学大纲的要求，革除传统语文教学的弊端，提高课堂教学质量，使学生学得主动些，灵活些，学得多一些，能力强一些，负担轻一些。”2016年9月28日，我们访谈了刘玉袠校长，她从四个方面为我们讲述了她“以读为基础，促进听说读写能力同步发展”的教学过程及案例分析。

根据实验方案的指导思想，我在教学中以学生的知识能力迁移规律为理论指导，有意识地使学生对知识的感知、理解、巩固、深化、运用结合进行，听说读写能力互相渗透，同步培养。学生在知识能力不断地渗透迁移过程中，逐步形成良好的知识结构。

心理学上所讲的学习迁移，是指学习和训练所获得的知识和技能对后来学习与训练的影响。形成学生的学习迁移条件之一是知识技能方法之间的共同点。听说读写是相对独立而又密切关系的四种语文能力，它们之间存在着共同的“联系点”，在教学中我充分地利用了这个“联系点”，从学生的实际出发，进行了以读为基础，促进听说读写能力

同步发展的尝试。

1. 读是听、说、写的基础

“读”以理解别人的意思为目的，是吸收。学生通过阅读，可以从文章中获得丰富的社会历史知识、自然科学知识和生活知识。感人的故事情节，生动而鲜明的人物形象，优美的自然环境描写，都能使学生受到熏陶感染，潜移默化地受到思想品德教育。通过阅读，学生又能学到字词句段篇的知识和作者观察与表达的方法。另外，文章是作者思维的成果，读文章时，只有边读边思考，经过一系列的形象思维和抽象思维，才能真正达到理解。因此，阅读有助于学生思维能力的提高。

2. 读和听相互促进

“听”和“读”都是吸收。“听”需要集中注意力，迅速而准确地接收信息。要学生能边听边思考，听后能概括出主要内容，这就要求学生有一定的知识和思维基础。没有这样的基础，即使认真听也不能完全理解，所接受的语言信息也往往会走样。学生阅读的内容越丰富，获得的基础知识越扎实，分析概括能力在阅读中越能得到提高，他们“听”的能力也就越强。所以说“读”能促进“听”。反之，“听”的训练又能培养学生注意力的高度集中和思维的敏捷性，这又能促进阅读能力的提高。

3. 读促进说

阅读可以促进说话能力的提高，学生通过阅读丰富了词汇，学习了多种句式和表达方法，有助于利用口头语言规范准确地表达自己的意思。

4. 读和写相互作用

阅读是写作的基础，认真阅读必然有利于写作。写作对于阅读也是有促进作用的。例如，我指导学生读了几篇参观记、游记后，告诉学生读写这类文章的规律，即文章要先交代以下情况：什么人，什么时间，到什么地方，干什么；然后按照参观的顺序分别抓住每个地方的特点进行具体的描述。按照这个思路阅读，就容易理解文章的段落层次和所写景物的特点。在此基础上，我带着学生学习作者的观察方法，观察“校园的可爱”“日坛公园的美丽”，要求学生以教材为范例进行写作练习，学生就不感到困难了。再读参观记、游记这类课文时，他们对文章的思想内容和写作技巧比前几篇就有了更深的理解，更多的体会。可见写作固然要以阅读为基础，但写作也能相应地促进阅读能力的提高，它们之间是可以相互迁移的。

听说读写读是有“联系点”的。“读”是基础，学生在阅读中获得的知识、技能、方法可以在听说写中巩固、深化、运用；反之，听说写又促进了阅读能力的提高。

下面以四年级第一学期第三单元教学为例，来说明我的做法。四年级开始，结合学生的实际，我重点进行“总分关系”组段的谋篇能力的训练，培养学生的理解、表达和逻辑思维能力。我把几篇具有“总分关系”段式的文章放在一个单元进行教学，使同类型的段式，在不同文章中反复出现，便于学生掌握规律知识，为迁移创造条件。《海滨小城》一课，小城的美丽是通过庭院树多、花园美丽、街道整洁三个自然段写出来的。这三段连句成段的方法是一样的，都是总分的段式。我重点指导学生阅读“庭院”一段，让学生体会到“庭院”的美丽是通过树多来写的。这段的第二句写的是树的种类多，第三句写榕树的香味浓，飘得满街满院都是，说明树木多，小城浸在浓郁的花香之中。第四句“凤凰树开了花，开得那么热闹，小城好像笼罩在一片片红云中”，说明凤凰树多而且美丽。学生理解了这段文章的内容后，就用同样的方法自己学习“花园”和“街道”两段。学生在实践中深化了对段的内容、形式的理解，也掌握了一定的阅读方法。有了这样的基础，再阅读《赵州桥》《五彩池》等文章中总分式段落时，他们很快就掌握了。在学《海底世界》一文时，学生能很快用过去学过的总分关系的段式知识来分析文章的结构了，这样由理解段到理解篇，做到了知识的迁移。通过阅读建立起来了认知结构，我又引导学生迁移到听说写方面去。

放学后，我带学生来到校园，问学生：“喧闹了一天的校园此时给我们总的感觉是什么？”学生讲是静寂的，我就引导学生逐一观察操场、教学楼、花坛、校门口的工地。要求学生用“总分关系”的段式把校园的静寂说具体，同学们跃跃欲试，经过短时间思考，纷纷举手，要求尝试。一个学生讲道：“夕阳斜下，校园里静悄悄的。操场上空无一人，四周的树一动不动。单杠、双杠和足球门静静地站着，旗杆像个卫士似的耸立在操场中央。教学楼的门关得严严实实，只有教师办公室的灯还亮着。学校门口的工地鸦雀无声，忙了一天的推土机正在休息。花坛里的朵朵鲜花在夕阳的柔光中，散发着阵阵浓郁的芳香。”从这段话可以看出学生通过阅读学到了作者的表达方法，条理清楚，语言也较规范，比较好地表达了自己的意思。这就是把“读”得到的知识迁移到“说”中了，达到了训练的目的。

这位学生发言后，按照我的要求，他们要用“读”得到的知识分析、判断、补充该同学说的这段话。学生听后很快分析出：这段话总分是“夕阳斜下，校园里静悄悄的。”分是从操场、办公楼、工地、花坛这四个方面来说的。有的学生讲：“操场这部分说的很具体，把单杠、双杠、旗杆都拟人化了。如果把单杠、双杠、‘静静站着’改成‘寂寞地站着’就更好了，因为它和同学们玩了一天，现在同学们都走了，它很寂寞。”十分明显，这是受到课文中“贝壳只好寂寞地躺在那里”的启发。有的学生讲：“‘只有老师办公室的灯还亮着，应该交代一下老师在干什么。”还有的学生讲：“把‘工地’一句和‘教学楼’一句换一下，将老师在辛勤工作和‘花坛’一句放在一起更有意义。”学生在阅读中得到的知识在这里得到了巩固应用。这是将“读”中获得的知识迁移到“听”里来了。

在说的基础上，我进一步要求学生把这段话写下来。由于有范文可依，有内容可写，在“说”的过程中经过大家的评议修改，每个学生在不同的程度上都提高了认识。因此，基本上能写出令人满意的习作。前面发言的学生经过大家的帮助，修改了自己的习作：“夕阳斜下，校园里静悄悄的。操场上空无一人，四周的树一动不动，单杠、双杠和足球门寂寞地站在那里，旗杆像个卫士似的耸立在操场中央。学校门口的工地鸦雀无声，忙了一天的搅拌机和吊车都在静静地休息，准备迎接第二天的工作。教学楼的门关得严严实实的，只有老师办公室的灯还亮着。辛勤的园丁为了培育祖国的花朵，正在不辞辛劳地工作着。花坛里的朵朵鲜花在夕阳的柔光中散发着阵阵浓郁的芳香，飘得满园都是。我们的学校更显得寂静了。”

随着阅读能力的不断提高，我又引导学生观察“校园的早晨”“校园的可爱”“教室的整洁”“公园一角的美丽”，用“总分关系”的结构形式训练学生说、听、写。观察的内容不断地丰富，范围不断地扩大，要求也不断地提高，学生说、听、写的能力也就不断地提高了。说、听、写形式的认知结构反过来又促进了阅读能力的提高。当学生再阅读“总分关系”的段式时，就比较轻松了。考试时，让学生分析总分关系的段式结构，全班正确率达到了百分之百。

又如：我把《我的战友邱少云》《江姐》《金色的鱼钩》《大仓老师》等写人的文章放在一个单元里进行教学。这几篇文章在写法上有共同的特点，都是通过人物的神态、动作、语言、心理活动反映出人物的思想品质的。通过阅读让学生掌握这种表现人物思想品质的方法，然后让一个学生运用这一方法观察同学，或想想自己“焦急”时的动作、神态、语言和心理活动，说一段话。同学们听，进行评议，然后写下来。还可以练习多种内容，如“高兴”“发愁”“害羞”等。经过这样的练习，学生就能写出较生动的文章，听、说能力也随之提高。反过来，再读这类文章时，学生通过对字词句的分析，很容易把握人物的思想品质。

最后，刘校长又讲述了她的三点体会：

1. 调动学生学习的积极性是运用迁移规律的前提

凡是经过学生头脑思索过的逐步积累和重新组合的知识结构，不仅有利于在记忆里储存，而且便于在实践中举一反三，触类旁通。为了充分利用迁移规律，引导学生将听说读写方面获得的知识和技能运用于学习新知识，掌握新技能，就必须培养学生学习的兴趣，激励学生向知识海洋探微索隐，使他们成为探索事物内在联系的认识主体。因此，必须改变那种老师讲学生听的死记硬背的方法，要让学生成为学习的主人。

2. 知识迁移的条件之一是新旧知识要有共同的因素

怎样从旧知识迁移到新知识，老师应该非常明确。老师在备课、讲课时，着眼点不应当只是孤立的一篇课文、一组课文，而要从整体出发，搞清全册教材单元之间的关系，这一单元在全册中的地位和作用，还要考虑本单元几篇课文之间的联系，要考虑听说读写的联系点和每篇课文教学上的侧重点。这就要求我们认真备课，努力吃透教材，精心设计教法，这样才能用最少的时间，花费最少的精力取得最好的效果，也就是提高课堂教学效益。

3. 知识迁移的另一条是学生要有一定的分析概括能力

学生的分析概括能力越强，就越容易掌握新旧知识的联系，运用旧知识学习新知识。因此教师在教学过程中一定要注意思维训练。不管教哪方面知识，培养哪方面能力，进行哪一种训练，都要注意提高学生的思维能力。

（摘自 2016.09.28，田野笔记）

（二）精当的设问是提高课堂教学质量的关键

董淑莉老师，1981 年毕业于北京朝阳师范学校，同年 9 月进入芳草地小学从事数学教学工作。她是中学高级教师，作为朝阳区百名优秀青年教师和北京市教书育人优秀青年教师，不论是在教学岗位上还是在教导主任的领导岗位上，一贯脚踏实地，扎扎实实地工作，她的论文多次发表并获奖。她做的数学评优课荣获北京市优秀奖。经刘玉裘校长介绍，2016 年 10 月 22 日，我（笔者）电话访谈了时任芳草地小学教学教导主任的董树莉，她讲述了 20 世纪 90 年代她是如何上数学课的：

要上好数学课，教师语言要简练准确，要生动活泼地表达教材的语言，这对学生顺利地掌握知识和发展智力是非常重要的。那我就教学中教师怎样通过良好的语言刺激、精当设问提高教学质量谈几点体会吧。

1. 设问应具有鲜明性和必要性

课堂提问是教师为完成课堂教学任务、达到教学目的向学生提出问题，所以应紧紧围绕教学目的、教学重点和难点进行。

如在求两个数最小公倍数的教学中，教师课前应深入理解本节课的教学目的、重点和难点。目的是使学生理解求两个数最小公倍数的算理，初步学会用短除法求两个数最小公倍数的方法；重点是使学生掌握用短除法求两个数最小公倍数的方法；难点是理解算理；关键是抓新旧知识间的沟通。因此在复习检查中，教师紧扣教学任务提出问题：(1) 什么叫倍数、公倍数、最小倍数？(2) 一个数的倍数与它的质因数有什么关系？(3) 两个数的最小公倍数扩大几倍还是公倍数吗？问题 (1) 是学习求最小公倍数的最基础的概念；问题 (2) 是理解求两个数最小公倍数算理的基础；问题 (3) 是为学生找到题中最小公倍数的方法做铺垫。三组问题缺一不可，均是新课题的直接基础，这样的设问不但能帮助学生扫清新课的认识障碍，而且使知识在此得到深化、扩展，起到了承上启下的作用，大大提高了课堂教学效率。

课前原来还设计了“求最大公约数的方法”，其目的在于复习短除的方法，并在新课后与求最小公倍数进行对比。后经反复琢磨本节课的任务，认为短除法属于已掌握的旧知识，求最大公约数与求最小公倍数的算理及方法的对比应在练习课上进行，以加深对知识的理解。在新课上安排对比，将削弱本节的教学重点，而且干扰学生连贯的思维，不利于完成本节的教学任务，因此在授课前删去了这项设问。

这段教学实践使我体会到：课堂设问紧紧围绕教学目的进行，才可能提出必要的、鲜明的、精当的设问，对达到教学目的起到积极的促进作用。

2. 设问要有启发性和逻辑性

教学过程本身是使学生从不知到知、从不会到会、从不能到能的矛盾运动过程。因此在教学中，要根据人的思维运动和教学过程本身的特点，利用学生新旧知识水平之间的差异和矛盾，启发设问，引导学生自己发现、认识矛盾，打开思路想问题。

如在求最小公倍数的算理部分教学中，我重点设计了三组问题：(1) 18 的全部质因数和 30 的全部质因数连乘是 18 的倍数吗？是 30 的倍数吗？是它们的公倍数吗？学生联系前后知识，通过独立分析、判断，得出正确答案为：连乘积中既有 18 的全部质因数，又有 30 的全部质因数，所以既是 18 的倍数，也是 30 的倍数，必然是 18 和 30 的公倍数。这一问题将学生引入矛盾的序端：要研究最小公倍数，先研究公倍数。(2) 28 和 30 的全部质因数的积 540 是它们的最小公倍数吗？这一问题启发学生进行一系列有序的推理、判断和周密的计算，最后经讨论学生一致认为：540 是 18 和 30 公倍数，但不是最小的，90 才是 18 和 30 的最小公倍数。这一问题的解决，为继续研究最小公倍数的算理做了必要铺垫和准备，使课堂教学趋向高潮。(3) 最小公倍数 90 的全部质因数与 18 和 30 的全部质因数间有什么关系？问题提出后，让学生进行充分的讨论，最后学生回答："90 的全部质因数里必须包含 18 和 30 的全部公有质因数和独有质因数。"这一问题是揭露本课矛盾的关键，使学生在讨论的基础上独立得出结论。三组设问一环扣一环，逻辑性、启发性强，大大加深了学生对知识的理解，为学习求最小公倍数的方法打下了基础，开拓了思路。

这段数学实践表明：教学中教师不要代替学生思考，越俎代庖，不能让学生在掌握知识上走平坦大道，而要启发诱导他们进行前后对比，左右联想，深入细致地思考和探索。这样既有利于打开学生思路，又能培养学生独立思考和积极探索的思维能力。

3. 设问要使学生思有所据，答有所依

如在梯形面积的教学中，先让学生用两个同样大小的梯形，拼成一个平行四边形。然后激疑设问（只问不答）："我们知道，平行四边形面积等于底乘高，根据这个公式能得出梯形面积公式吗？"接着引导学生进行观察思考，提出三个问题：(1) 平行四边形的底与梯形的上底、下底有什么关系？(2) 平行四边形的高和梯形的高有什么关系？

(3) 平行四边形的面积和梯形的面积有什么关系？伴随着学生的观察与思考，教师板书。

平行四边形面积（底 × 高）与两个梯形面积［（上底 + 下底）× 高］相等，因此梯形面积 =（上底 + 下底）× 高 ÷2，最后要求学生口述梯形面积公式的推导过程。先看图形和板书叙述，之后除去图和板书，让学生在脑子里想着图和板书口述。这里，操作是口述的基础，板书是口述的“提纲”。在脑子里想着图和板书口述，则是运用表象进行思维。这样配合操作和板书设问，学生口述思考有据，思路有序，因而思维流畅，对公式理解深刻，记得牢；同时，借助形象思维培养了学生的抽象思维能力，收到了较好的效果。

4. 灵活应变，提高设问质量

教学是师生信息相互传递的、可控的双边活动，因此学生在回答问题时，往往根据自己的思维方式，答出一些教师课前设计不到的问题。这就要求教师灵活应变，及时针对学生的反馈，加以疏通、解惑，以完成教学任务。

如在分数比较大小的教学中。在讲完同分母两个数比较大小的方法后，讲解分子相同的两个数比较大小的方法时，我仍按前者那样设问：(1) 3/8 和 3/4 这两个分数什么相同？说明什么？(2) 什么不同？说明什么？(3) 这两个分数有什么关系？当我只问第一个问题时，有个学生就答道：“根据第一个结论，我认为 3/8 和 3/4 的分子相同，说明分母小的分数大。”学生的回答一下就得出了结论，打乱了教师设计的三部曲。通过判断我认为，学生可能利用知识的迁移掌握了这种比较的方法，于是，我没有正面讲评他的回答，而是及时更改设问：“你能说说为什么吗？”……通过该生的回答使全班学生理解了比较算理，掌握了比较的方法，收到了良好的效果。

教学实践使我悟到：教学中学生的思维处于兴奋最佳状态时，回答问题往往出现闪光点，而这不一定是教师所设想的。但只要有理，就应及时点拨，引出符合教学内容需要的正确答案。

我认为，有教师的精当设问，才能有学生积极主动的思维活动，才能有高质量的课堂教学效果。所以说，精当设问是提高课堂教学质量的关键。

（摘自 2016.10.22，电话访谈笔记）

（三）注重培养学生学会自行获取自然知识的能力

彭香老师，1981 年毕业于北京朝阳师范学校，同年 9 月进入芳草地小学担任自然课程的教学与研究工作。她是中学高级教师，在自然课教学中，多次在朝阳区、北京市、全国上公开课，曾获第二届全国青年教师评优课一等奖。发表的教学论文多次获奖，并参与了小学自然教学教材的编写工作。荣获朝阳区优秀教师、朝阳区百名优秀青年教师称号。经刘玉裘校长介绍，我（笔者）于 2016 年 10 月 23 日拨通了时任芳草地小学自然老师彭香的电话，电话中我向她介绍了访谈的意图，她非常激动，她说："1981 年，我出了师范校门，就进了芳草地小学，在芳草地小学工作 21 年，2002 年离开芳草地小学，我对芳草地小学太有感情了，你需要我讲什么都行。""我听刘校长说您讲自然课讲的非常好，您能否讲述一下 20 世纪 90 年代您是如何把自然课上好的？"她说：

在小学阶段，自然学科教学担负着向学生进行科学启蒙教育的任务。我们当时必须按照《九年义务教育全日制小学自然教学大纲》的要求，有意识地培养学生学会自行获取知识的能力。为实现这一目标，在自然课教学中，教师就应设法激发学生的学习兴趣，让学生积极主动地投入到学习活动中去，真正掌握学习方法，进而形成自行获取知识的能力。我主要从以下方面着手：

1. 诱其好奇，激发兴趣

孩子们的学习兴趣往往源于好奇，源于探求的需要。自然知识本身并不产生好奇心，但是好的科学教学方法却可以容纳、强化、体现、鼓励和诱发好奇心。毫无疑问，教师的教学活动充满强烈诱发学习兴趣的味道，是学生学会自行获取知识的前提条件。

首先，上课时教师的导入语就是诱发学生兴趣的第一契机。如果设计得巧妙，就能使学生"学至于乐，则自不已，故进也"。例如我在教学《砂和黏土》这课时，对同学们说："看到大家这么认真、专注的样子，我猜想，你们特别想马上就知道咱们今天这节课学什么，对吗？"学生们立刻高兴起来，挺起了胸等待老师讲述。然而我却说："答案就在桌子上的托盘里。"学生们一听，不由得瞪大了好奇的双眼，求知的欲望便油然而生了。

如果说导入语"先声夺人"，那么教学过程中材料的设计使用则发挥着"推波助澜"的作用。当学生产生了求知欲望后，我便指导他们自己去认识土的状态。究竟怎么认识呢？我说："老师有个好主意。

我给你们准备了小筛子，一会儿像老师这样操作，仔细观察从筛子上落下的土是什么状态的。”学生们马上聚精会神地投入到筛土的活动中。当看到那粒粒微细的土粒漏在纸上时，学生们不禁一阵惊喜，争先恐后地描述起来：“土是颗粒状的。”……认识就是这样形成了。

心理学的研究明表明，兴趣是认识需要的情绪表现。有兴趣的学习，不仅能使学生全神贯注地积极思考，甚至还能达到废寝忘食的境地。一旦进入执着追求的境地后，新的研究欲望便会接踵而至。只有学生生发了学习的兴趣，才会产生学习的积极性、主动性、独立性，从而充分发挥学习的主体作用。

2. 精心设计，参与学习

指导学生学会自行获取知识，其中所讲的“自行”，是指主体在学习过程中的相对独立性。学生要学会自行获取知识，就必须充分参与课堂教学的全过程。心里学习理论认为，能力的形成发展，都与学生积极、主动、自觉地参与活动分不开。因此自然课教学应从自然学科的特点出发，通过观察活动，使学生获取丰富的感性认识；通过实验和实际操作，使学生掌握探求知识的技能；通过组织学生分析、归纳实验现象获得新的知识并发展思维。整个教学过程实际就是依据认知规律和能力形成规律，有意识地培养学生自行探求获取知识，进而形成能力的过程。让学生积极、主动、自觉地参与教学全过程乃是学会自行获取知识的重要条件。

在《砂和黏土》一课前两部分的教学中，为使每个学生都能认识砂和黏土是颗粒状的，我为学生们准备了供其充分活动的材料——不含土的砂，不含砂的土。要求学生在观察砂和黏土的过程中，伸出手指捻一捻黏土，仔细体会一下有什么感觉；再捏起一点儿砂子放在心里搓一搓，按一按，有什么感觉，并把自己的感觉在小组里说一说。在教师的引导下，每个学生都参与观察、研究，获得了真实的感性资料。我还设计了搓泥条、搓砂条等竞赛活动，使学生在积极、主动学习的状态下，获得了砂和黏土黏性不同的感性认识。

教师的精当设计，始终把握主体性原则，合理发挥教师的主导作用，才能使学生在探究新知的实践过程中，逐步形成自行获取知识的能力。

3. 扎扎实实，教给方法

培养跨世纪的人才就必须考虑孩子们今天学习与今后发展之间的关系。苏联心理学家维果斯基在论述教学和发展的关系问题时认为，教学必须符合儿童的年龄特征，必须以儿童一定的成熟作为基础。因此，教师在教学中，必须从学生的实际出发；扎扎实实地教给学生探究知识的方法，为他们今后的学习和发展奠定必要的基础。应注意引导学生逐步掌握认知方法，将分析、推理、判断等思维训练放在突出的地位，使学生学会遇到问题时应怎么想，怎么去观察、去操作、去实验，又怎样判断事物的属性，发现事物变化的规律。

例如，第八册教材中《认知岩石》分为两部分。《认识岩石（一）》的教学目的和要求是：(1) 指导学生掌握鉴别岩石的方法，了解几种常识岩石的特征；(2) 培养学生的观察能力和分析、比较能力；(3) 激发学生研究岩石的兴趣。根据目的和要求，我在教学设计上，注重学生对鉴别方法的掌握。首先为每个实验组准备了三块易于学生掌握鉴别的典型岩石；然后通过自制投影和录像片，展现刻划岩石、滴酸等操作方法，促使学生顺利地掌握研究岩石的正确方法。在此基础上，我又教给学生利用岩矿标本及文字资料，判断岩石的名称，从而使学生认识了花岗岩、贡岩、石灰岩并掌握了这三种岩石的特征。

在《认识岩石（二）》的教学中，我则采用了先扶后放的教学方法：先让学生回忆并运用已掌握的方法，开展对其他岩石的研究，有目的地培养学生自行获取岩石特征的能力，取得了良好的效果。

通过教学实践我感受到，小学生的学习，其认知活动不同于成人的自学或学者的研究。小学生自行探求并获取知识能力的形成，是通过积极主动地投入到教师精心设计的教学过程中实现的。因此，我们应当遵循教与学的规律，正确认识学习和发展的关系，协调好主导与主体间的相互作用，才能真正实现使学生学会自行获取知识的教学目标。

（摘自 2016.10.23，电话访谈）

三、回味庆祝芳草地小学四十周年活动

为庆祝芳草地小学 40 岁生日，在 1995 年 7 月 12 日学校放暑假当天的教师会上，党支部书记张泉郑重提出，明年，是芳草地小学建校四十周年（1956—1996 年），就如何过好芳草地小学 40 岁生日，与各位老师讨论。经过集思广益，反复研究，决定不搞校友聚会，不搞大型庆典，主旋律定为总结教育教学成果，宣扬名师风采，进一步贯彻落实“发

展特色，全面育人”的办学方针。并计划出一本纪念册、一本教师论文集，编写一本适合外籍学生使用的汉语教材。经过大家近一年的共同努力，在 1996 年 9 月，完成了上述计划。

（一）画册《芳草地》中的贺词

1996 年 10 月，为庆祝芳草地小学建校四十周年，学校编印了画册《芳草地》。画册首页有国家教委副主任柳斌为芳草地小学四十年庆的题词“办学芳草地，育人百花苑”（参见图 5-4）；有前北京市教育局局长韩作黎的题词“金色的童年，在芳草园里，快乐地学习，健康地成长”（参见图 5-5）。

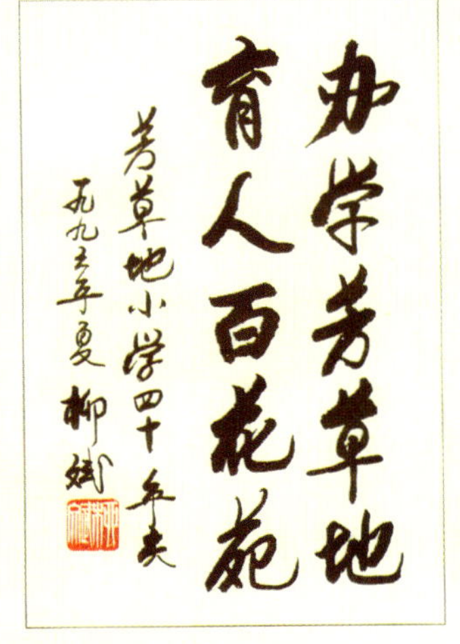

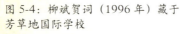

图 5-4：柳斌贺词（1996 年）藏于芳草地国际学校

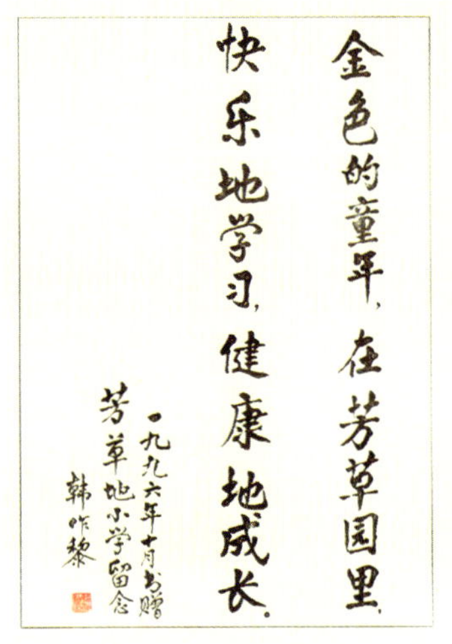

图 5-5：韩作黎贺词（1996 年）藏于芳草地国际学校

（二）精良的教师队伍

画册《芳草地》的第一部分，介绍了当时的教师队伍情况。芳草地小学拥有一支品德高尚、业务精良的教师队伍，其中大学本科及大专毕业生共有 31 名。教师中有小学特级教师 3 名，中学高级教师 12 名和小学高级教师 40 名。篇首介绍校长刘玉袭（参见照片 5-3）和党支部书记张泉（参见照片 5-4），并推出一批名师，除特级教师荣景甡（参见照片 5-5）、戴明淑（参见照片 5-6）外，还包括 10 名中学高级教师，他们是：徐祖德（参见照片 5-7）、任桂香（参见照片 5-8）、王凤森（参见照片 5-9）、陈世华（参见照片 5-10）、李效之（参见照片 5-11）、杨军（参见照片 5-12）、李家维（参见照片 5-13）、余敏（参见照片 5-14）、董树莉（参见照片 5-15）、彭香（参见照片 5-16）；还有儿童文学作家李国良（参见照片 5-17）、儿童音乐作曲家夏志岐（参见照片 5-18）。由于篇幅有限，不能将所有老师一一介绍，深感遗憾。

满怀信心

校长、特级教师刘玉裘，有丰富的教育教学经验，在全国 28 个省市做公开课、观摩课、讲学等达六十多次，其经验、论文多次在《光明日报》《人民教育》等报刊发表，近年来担任北京市语文教材编写工作，为语文教学改革做出卓越贡献，八次受到市、区奖励，1987 年荣获“五一”劳动奖章。现正满怀信心，为把芳草地小学建成北京市第一流的学校和世界小窗口而不遗余力地工作。

照片 5-3：校长、特级教师刘玉裘，出处：画册《芳草地》（1996 年）胡嘉玉提供

深思熟虑

党支部书记、副校长、中学高级教师张泉，大学文化程度。从教三十二年来，认真学习政治理论和教育理论，注重教育科学的研究，近年来在《光明日报》《中国教育报》《北京教育》等 15 种报刊杂志发表教育文章近百篇，8 万字的“五心”教育专著《关心给集体》即将出版。丰富的教育理论，加上长期做学校领导工作积累的丰富经验，为学校在健康路上朝气蓬勃地发展，提供了保证作用。

照片 5-4：党支部书记、副校长、中学高级教师张泉，出处：画册《芳草地》（1996 年）胡嘉玉提供

玩物增智

特级教师荣景姓，从事美术教学 43 年，荣获北京市委、市政府授予的"先进少年儿童工作者"称号等多种奖励。他参与编著的《北京市小学手工教材》广泛应用于教学，《手工、游戏与智力发展》一书被纳入《北京教育丛书》，获全国精神文明建设五个一工程优秀作品奖，《趣味手工》等40部彩印画册，在教导学生玩中增智方面有独到见解。。

照片 5-5：特级教师荣景姓，出处：画册《芳草地》（1996 年）胡嘉玉提供

一丝不苟

特级教师戴明淑，在语文教学中坚持实验，认真改革，工作作风严谨求实，一丝不苟，前来听她公开课的老师，达 29 个省市之多。她的经验、论文十一次在市区获奖、发表，她五次被评为朝阳区先进个人，四次被评为北京市优秀班主任和先进工作者。

照片 5-6：特级教师戴明淑，出处：画册《芳草地》（1996 年）胡嘉玉提供

默默耕耘

中学高级教师徐祖德，1963年毕业于杭州大学外语系，多年来安心于默默耕耘。他精通英语，仍不倦地学习；谙熟教材，又注重学生特点，使英语教学得心应手，桃李满门，为学校赢得了声誉。

照片5-7：特级教师徐祖德，出处：画册《芳草地》（1996年）胡嘉玉提供

美不胜收

中学高级教师任桂香，从事美术教学34年。培养出一批又一批的美术幼苗，先后有六百余幅作品参加过区、市、全国以及世界一些国家如美国、荷兰、法国、日本等的美术展览，并获得奖励。她撰写的教学论文获区一等奖，她还为语文教材绘制了插图并参与了美术教参的编写工作。著有《儿童水墨画入门》一书。

照片5-8：中学高级教师任桂香，出处：画册《芳草地》（1996年）胡嘉玉提供

桃李满园

中学高级教师王凤森，在从教的 39 年中，有二十多年从事对外国学生进行汉语教学工作，学生遍及五大洲。他认真总结汉语教学规律，使学生不但能说，而且能写，有不少作文发表和获奖，他反映外国学生生活学习的文章也屡见报端。今年起，他开始编写适合外国学生学习的《小学汉语》课本，填补了此领域的空白。

照片 5-9：中学高级教师王凤森，出处：画册《芳草地》（1996 年）胡嘉玉提供

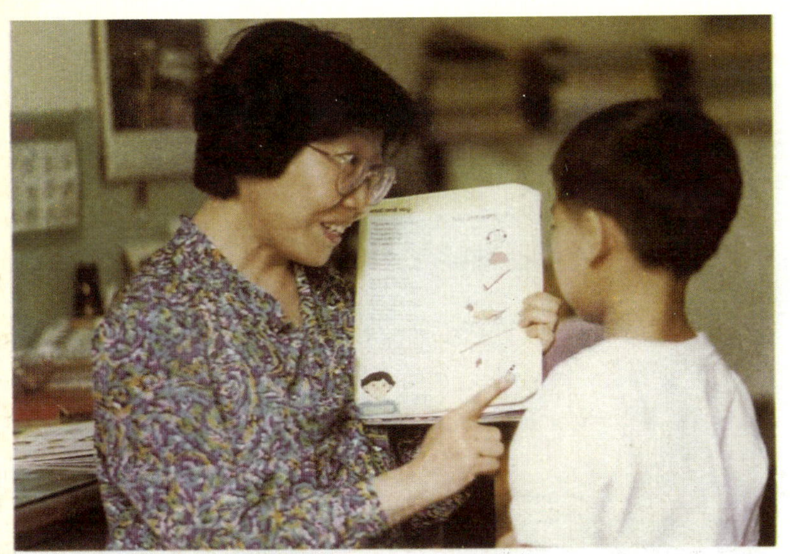

润物无声

中学高级教师陈世华，在英语教学中颇具春雨的风格。她善于根据学生特点开展教学活动，耐心启发，因势利导，循循善诱，润物无声。深得学生爱戴。且在工作中，一贯踏实认真，从不计较名利得失。

照片 5-10：中学高级教师陈世华，出处：画册《芳草地》（1996 年）胡嘉玉提供

兢兢业业

中学高级教师李效芝，多年来从事高年级语文教学工作。教学中，多次为区、市、全国语文教学做示范课、观摩课，教学论文多次获奖，编有《小学生训练思考丛书》（部分）等著作。桃李芬芳，学生中亦颇多有成就者。

照片 5-11：中学高级教师李效之，出处：画册《芳草地》（1996 年）胡嘉玉提供

良师益友

中学高级教师杨军，常年担任高年级数学教学工作，她坚持高标准，严要求，多次在区、市、全国做公开课、展示课，并和十几名年轻教师建立师徒关系，辅导他们成材。她编写的《新编小学数学课外练习题》（五年级本）广泛服务于教学。

照片 5-12：中学高级教师杨军，出处：画册《芳草地》（1996 年）胡嘉玉提供

老骥伏枥

1957 年，年轻的体操运动员李家维来到学校，从事体育教学工作，这一干，就是 39 年。他像不知疲倦的老马，带领体育组的年轻老师把学校建成课间操优秀校，达标模范校，并担任区体育教研员，为全区体育达标不倦地奔走。他还是国家级游泳裁判，为重大比赛执法。他也因此荣获北京市达标先进个人和全国优秀裁判员奖，是中学高级体育教师。

照片 5-13：中学高级体育教师李家维，出处：画册《芳草地》（1996 年）胡嘉玉提供

春催桃李

年轻的数学教师余敏，在教学中锐意进取，她所做的数学评优课，分别获得朝阳区一等奖和北京市二等奖。被破格评为中学高级教师，并荣获「朝阳区百名优秀青年教师」称号。

照片 5-14：数学教师余敏，出处：画册《芳草地》（1996 年）胡嘉玉提供

脚踏实地

中学高级教师董树莉，做为朝阳区百名优秀青年教师和北京市教书育人优秀青年教师，不论是在教学岗位上，还是在教导主任的领导岗位上，一贯脚踏实地，扎扎实实地工作和进取，她的经验、论文多次获奖和发表，她做的数学评优课荣获北京市优秀奖，经她辅导的年轻教师也已崭露头角，多次在全区评优课中荣获一、二等奖。

照片 5-15：中学高级教师董树莉，出处：画册《芳草地》（1996 年）胡嘉玉提供

含苞怒放

中学高级教师彭香，在自然教学中多次在区、市、全国做公开课，曾获第二届全国青年教师评优课一等奖。所撰写的教学论文多次获奖和发表，并参与了小学自然教学教材的编写工作。并荣获朝阳区优秀教师、朝阳区百名优秀青年教师称号。

照片 5-16：中学高级教师彭香，出处：画册《芳草地》（1996 年）胡嘉玉提供

育人为本

历史教师李国良，北京作家协会会员，北京市曲艺家协会会员。教书不忘育人，为少年朋友写作并发表文学作品二百余篇，部分选入教材。编著有《红领巾小相声》《谜语故事》《欢乐小舞台》（合著）等书。曾获《小天鹅文艺奖》等六项奖励，并被收入《中国曲艺家大辞典》。教学中辅导学生写作，有多篇文章发表和获奖。教学论文五次获市、区奖励。

照片 5-17：历史教师李国良，出处：画册《芳草地》（1996 年）胡嘉玉提供

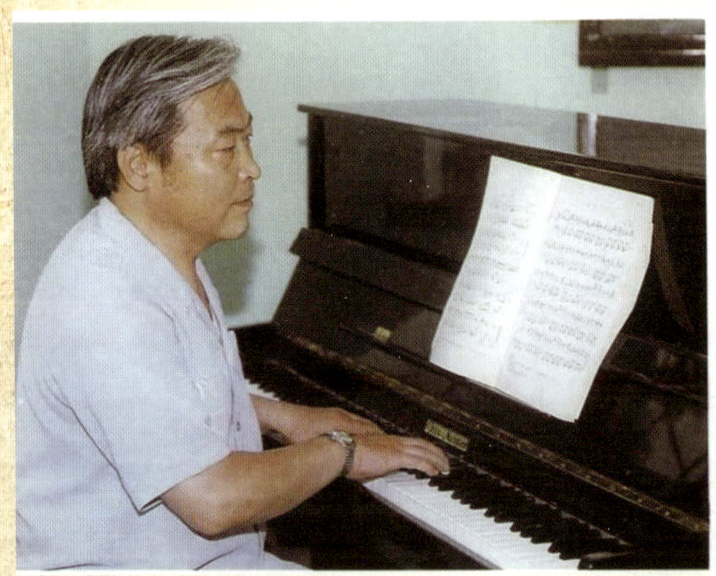

凝思冥索

音乐教师夏志岐，北京市音乐家协会会员，在音乐教学第一线从教三十余年，教孩子，爱孩子，深受孩子们喜爱。有较高的音乐造诣，为少年朋友写作并发表了一百多首歌曲，有部分选入音乐教材。著有《奇妙的音乐天地》《小学生千万个怎么办》（音乐部分）《中国小学教学百科全书》（音乐卷声乐曲部分）《欢乐小舞台》（音乐部分）。

照片 5-18：音乐教师夏至岐，出处：画册《芳草地》（1996 年）胡嘉玉提供一位老教师说：这些照片中，既有对老教师长期从事教育工作的总结和肯定，也有对年轻教师骨干作用和榜样作用的宣传。

（三）教师论文集锦《春雨》

1996 年 9 月，教师论文集锦《春雨》由大众文艺出版社出版。《春雨》收录了学校 20 位教师的 40 篇文章。著名教育家韩作黎为该书提写书名。

这本《春雨》收录的作品曾散见于全国几十家报刊上。芳草地小学有不少教师，不仅勤于耕耘，也勤于动笔。他们的文章篇篇渗透着教师们的心血，字字饱含着园丁们辛勤耕耘的艰辛。

《春雨》的序中写道："21 世纪对人才的要求更加注重综合素质了，同时也对每一位教师提出了更高的标准。最近专家们呼吁，教师要从勤奋型向科研型发展，从教书匠向学者发展。教师之路应该具有科研能力。"①

图 5-6：《春雨》（1996 年），藏于芳草地国际学校

学校鼓励教师动笔，为教师扬名立说铺路，鼓励和引导教师走学者型道路，实质是提升学校文化品位、积淀文化底蕴的远见之举。

在 20 世纪 90 年代中期，在一所小学，精选出教师们撰写的几十篇文章，出一本文集，这本身就是一件不易的事。

照片 5-19：刘玉裘（左一）、乔羽（中间）、鞠萍（右一）（1996 年）藏于芳草地国际学校

（四）庆祝建校四十年

1996 年 10 月 19 日上午，庆祝芳草地小学建校四十年大会在学校东操场隆重举行。全国人大常委会副委员长铁木尔·达瓦买提，中宣部常务副部长徐惟诚，中共北京市委常委、教委主任徐锡安，著名词作家乔羽，中央电视台著名少儿节目主持人鞠萍（参见照片 5-19），著名演员杜声显、

① 张泉：《春雨》，北京：大众文艺出版社，1997 年，序第 2 页。

蒋小涵出席。

大会议程如下：献词、介绍学校、校长讲话、来宾致贺词、学生发言。之后，师生表演了节目，鞠萍、著名演员杜声显、蒋小涵也分别演唱了歌曲。

刘玉裘校长讲话全文如下[①]：

尊敬的各位领导、各位来宾、老师们、同学们：

十月的北京，秋高气爽，茵茵的芳草，如诗如画。今天，美丽的芳草校园迎来了各方嘉宾，和我们1800多名师生一起，共同庆祝母校的四十岁生日。

回首四十年前，当芳草地小学迎来第一位外国学生——柬埔寨国王西哈努克亲王的王子时，芳草地还只是一棵刚刚破土而出的新芽。虽然蓬勃，但毕竟稚嫩。十七年后，小苗长大了。在敬爱的周恩来总理的亲切关怀下，来自五湖四海的各国小朋友纷纷走进了这片美丽的芳草园。从此，芳草地便成了一扇世界小窗口。她带着中国人民的深厚情谊，把友谊的种子撒向世界，让友谊的花朵在四海飘香。

俯仰之间，四十年过去了。在一代又一代芳草人的不懈追求和共同努力下，当年的小苗如今已长成了一棵参天大树。全校师生在勤奋、文明、健美、团结、进步的校训指导下，把芳草地小学办成了一所课程设置齐全，尤以汉语、英语、计算机、音乐、美术、手工等学科见长的全日制小学，每天有41个教学班、1800多名中外同学在这里学习、生活。芳草地拥有一支品德高尚，业务精良的教师队伍，其中小学特级教师3名，中学特级教师13名，小学高级教师40名，大学本科及大学毕业的教师30多名，经验丰富的老教师和朝气蓬勃的新教师相互促进的精神早已蔚然成风。在老师们的辛勤培养下，在学校教研为本，科研为魂，全面提高“学生素质”的思路指导下，学生学习积极性被充分地调动起来。学生的特长得到充分的发挥，先后有数十名学生在全国及国际的作文、计算机、英语、美术等各项大赛中获奖，充分展示了教学相长的喜人成果。茵茵芳草地，艳艳花儿开。为了使芳草地的花儿开得更艳，开遍五湖四海，身负重任的芳草园丁，愿以学高为师，身正为范的育人原则，把自己全部的心力与智慧，无私地奉献给世界的下一代。

---

① 刘玉裘校长（手稿写于1996年10月10日）在1996年10月19日芳草地小学建校四十年庆祝大会上的讲话。藏于芳草地国际学校（李国良存），资料编号：9601000。

今天，在这场隆重的生日庆典上，当我们回首身后的十个深深的脚印，或现在如日中天的好年华时，芳草地忘不了四十年来各级政府、领导，社会各届人士给予的关心和支持，尤其忘不了敬爱的周总理所给予的关怀和爱护；我们同样忘不了年老的、年轻的一代代园丁殚精竭虑，忘我无私的耕耘和奉献；忘不了从这里走出的莘莘学子，他们的足迹走到哪里，就把芳草地这个美丽的名字，响亮地传到哪里。

四十年已经成为了过去。新的年龄意味着什么，对芳草人来说，长路遥遥，行色匆匆。我们总得不断地追求，不断地进取，当我们现在，在一个新的起点上开始新一程跋涉的时候，芳草人有理由相信，同时我们也真诚地祝愿，芳草地，明天会更好！

校庆之后，《人民日报》《人民日报（海外版）》《北京日报》《北京晚报》《北京青年报》等报刊都相继载文发表消息，对校庆活动进行了报道。（参见图 5-7）

人民日报

芳草地小学庆祝建校40周年

据新华社北京10月19日电

芳草地小学成为“世界小窗口”

本报讯（实习生瞿会宁）10月19日，……外校友共同庆祝学校40岁生日。……地小学是一所具有悠久历史和高质量教学水……40年来，先后有100多个国家和地区的……及港澳台学生在这里就读，人称“世界小……学校现有41个教学班1800多名中外学生。……校注重学生全面素质的教育，学校以汉语、英语、计算机、音乐、美术、……等学科见长。在开辟第二课堂、培养学生特长、发展特色办学等方面堪称……

BEIJING YOUTH DAILY

1996年10月20日 星期日

播种友谊

芳草地小学庆祝建校40周年

图 5-7：芳草地小学四十年庆的媒体报道（1996 年）藏于芳草地国际学校

根据老师们的回忆，整个庆祝活动简洁、充实。活动总结了学校的教育教学成果和“发展特色，全面育人”的办学方针；宣扬了名师风采，提升了学校的文化品位。扩大了学校的知名度。同时，求真务实的作风和崇尚文化品位的追求，给前来参加校庆的师生留下了深刻的印象，为学校以后的发展奠定了健康的基础。

最后，刘玉袭校长用“百名良师匠，精心雕栋梁”这副对联高度概括了芳草地小学的 40 年。

四、京城“芳草地”上的“小老外”

1996年6月1日，南京日报社出版的《周末》在第8版刊登了记者一平撰写的《京城“芳草地”上的“小老外”》一文（参见图5-8）。

8版　● 大特写　周末　1996年6月1日

京城“芳草地”上的“小老外”

社会经纬

□北京　一　平　图片提供　一平　先云

“老师，我不赞成课本上的这个答案”

一次“失信”的篮球活动

“小红花”的魅力

心中芳草青青

图5-8：《京城“芳草地”上的“小老外”》（1996年）藏于芳草地国际学校

记者一平在六一前夕，走进了芳草地小学，走近了这群“小老外”……了解“小老外”们是如何在中国的芳草地学习生活的。记者一平为我们讲述了来自不同国家的“小老外”在芳草地小学就读的四个有趣的学习和生活故事。

“老师，我不赞成课本上的这个答案”

这是芳草地小学外国学生部五年级2班的一堂英语课。一眼望去，课堂上没有看惯了的那种背手端坐、一派严肃情景，二十几个孩子有的咬着铅笔，有的抱着脑袋，还有的晃动着本子，个个一脸热切地望着老师，对每一个问题都争先恐后地举手抢答。有着二十多年教龄的石老师正在依据课本给学生们讲各种句子中的填词，当讲到第五个句子中应填的词时，一个学生突然举手站起来说："老师，我不赞成课本上的这个答案。应该这样……"他讲了自己的意见。紧接着又有两个学生站起来，发表了类似的看法。石老师十分高兴，肯定了这些学生的独立见解，同时又认真、耐心地告诉他们，书中的答案是人们在写文章时要用到的，而他们提出的意见更多出现在口语中。课后，石老师告诉记者，这些学生从小跟随父母走南闯北，见多识广，思路开阔，表现在课堂上一个十分突出的特点就是：自信，不迷信老师，不迷信课本，随时会提出各种问题，发表自己的看法，甚至有时候老师表明了自己的观点，孩子们仍敢于保留自己的意见。

记者走进不同年级不同科目的教室，的确感受到了石老师所说的。三年级 (1) 班的音乐课上，年轻漂亮的女老师告诉学生这是一节音乐欣赏课，一个金发碧眼的小姑娘立刻举手问道："老师，什么是欣赏？""老师，我知道，欣赏就是新的上课。""老师，米哈依错了，欣赏就是听一个东西。""老师，欣赏就是听音乐的东西。""小老外"们上音乐课的"开场白"简直就是一个小小讨论会。

一年级 (2) 班的语文课，老师让学生们造句子—"我天天……"。课堂上举手如林："我天天读书。""我天天跑步。""我天天与妈妈一起玩。""我天天洗澡。""我天天吃饭。"……句子内容五花八门，童稚中洋溢着一派令人心怡的天真。这位老师说，他有一次讲课文《威尼斯的小艇》，刚一开口，课堂上就炸了锅，几乎所有的学生都去过威尼斯。这个讲威尼斯的小船跑得有多快，那个讲威尼斯小船有多长，还有的讲威尼斯的小船有多少年的历史，结果这堂课是学生把没到过威尼斯的老师给教了。但对不懂的问题，孩子们会不停地提问，直到懂了为止。在讲过的课文中，曾出现过"脸蛋""足"这两个词，这对初学中文的外国小学生来说不免有点概念化了。结果有学生问："老师，'脸蛋'是一种什么动物的蛋？""'足'是一种什么东西？"当老师给他们形象地做了解释之后，好几天中，他们不停地摸着自己的脸，踢踢自己的脚，兴奋地叫道："脸蛋！""足！"

一次"失信"的篮球活动

这是一件在许多小学里根本不起眼的小事。一位老师和四年级一个班的学生们讲好，下个星期这一天的课外活动打篮球。但是到了下个星期的这一天，这位老师没有带孩子们打篮球，也没有做任何解释。“没有信用！”全班的孩子们生气了，从这一天起，他们处处与这位老师作对。这位老师先是百思不得其解，后来终于弄清原因，不免大吃一惊：“那一天因为篮球一时没找到，我就……没想到……”当然，这位老师立刻认真地向这个班的学生道了歉，并讲清了那次“失信”的原因，孩子们又重新向老师绽开了笑脸。

强烈的自尊与独立意识是芳草地“小老外”们另一个十分突出的特色。“尊重学生，像对待一个大人那样尊重他们”—这是学校向每一位老师提出的要求，刘玉裘校长说：“尊重是教育的起点，是爱的起点。”

教英语课的石老师向记者讲述了他曾带过一个黑人学生。这是一位外交官的孩子，刚来到学校时很高兴，一天到晚蹦蹦跳跳，但半学期之后，这个孩子的情绪开始低落。不久，他爸爸来到学校，反映这个孩子最近一个劲想回国，而这位外交官任职没有到期，不可能回去，为此他十分苦恼，希望学校能与孩子沟通一下。作为班主任的石老师找到这个学生，亲切地问他：“为什么想回国？”“不喜欢学校。”孩子很坦诚。“为什么？”“不喜欢老师。”孩子直截了当。“为什么？”“上课提问题不叫我，踢足球时不给我传球。”孩子一下子说出了许多。石老师明白了，这个孩子感觉自己受到了轻视。这当然不是老师有意的，却伤了这个孩子的自尊心。孩子的伤心深深触动了学校上下，从校长到老师都多次找这个学生谈心，课堂上各科老师都热情鼓励他发言，课外活动老师主动找他和同学一道玩。这个学生又恢复了昔日的欢乐。在其后不久学校举办的新年晚会上，这个孩子的爸爸特意带着一大束鲜花赶到学校，献给老师，诚挚地感谢老师们对他的孩子心灵上的爱护。

“当你重视了一个学生，你就赢得了他。在孩子面前，没有小事。”石老师十分感慨地说。

记者随意地与一些孩子聊天，他们很强的独立意识确实使人印象深刻。有一个男孩，与他打招呼时感觉他有一种不友好的眼神。“嗨！同学，你不喜欢我，是吗？”记者问。“是的，我不喜欢北京的大人。”孩子十分坦率，还噘着倔强的小嘴。“为什么呢？”“他们总叫我‘小鬼’，我查过字典了，小鬼就是小的鬼，小的鬼就是鬼。”呵，答案找到了，真叫人感觉又可笑又可爱。记者告诉这个小老外，“小鬼”是北京大人对小孩子的昵称。但他似乎不懂什么是昵称，仍然瞪着一双疑问的大眼睛。看来这只有等他进一步学习汉语之后才能明白了。不过，他对这个称谓如此认真，着实让大人们反省对孩子们应取的态度了。

“小红花”的魅力

在芳草地外国学生部各个年级的教室里，都会看到挂在墙上的一朵朵小红花。问到孩子们，他们中有人会指着其中一朵骄傲地告诉你：“那是我的小红花。”

刘玉裘校长说，学校在尊重学生的同时，坚持大胆管理，无论来自哪个国家的孩子，进了芳草地就都是我们的学生，热爱学习、守学校纪律、团结同学、爱护公共财物、拾金不昧，是学校对每一个学生的基本要求。为了鼓励孩子们争做这样的好学生，我们开展了“小红花”活动，每个星期，老师对孩子们各项表现进行总结，连续做得好的学生，期末就可以得到一朵小红花。

以真善美为基础的道德应当是人类共有的，何况对于天真无邪的孩子。小红花成了“小老外”们神圣而美丽的向往。学校教导处的常老师给记者打开一本她从 1994 年开始记录下来的孩子们拾金不昧的记录，上面一行行密密麻麻，细数下来，竟有 116 人次，价值最高的有手表、10 元人民币，最少的有一块橡皮、一分钱。常老师说，小红花的活动不是空洞地说教，它基于点点滴滴做人的品质。

采访中听说有一位叫谢尔盖的俄罗斯男孩，是小老外中得小红花最多的一个学生，十分遗憾，那一天他家中有事没有来，据老师介绍，谢尔盖是少数插班在中国学生部的外籍学生之一，主要是根据家长提出的要求，以便更好地学习中文。记者见到了谢尔盖的中国同学，他们讲了许许多多关于这位“小老外”的故事。谢尔盖十分热爱班集体，班上的各种文体活动他总是跑在头里，为了办黑板报，他可以一干到傍晚；参加拔河比赛，手磨破了也不肯下来；与别的班赛篮球输了，他难过得直掉眼泪；班上一位同学生病，英语课落下很多，谢尔盖主动找到这位同学帮他补习；有一个同学在教室把脚扭了，不能走路，他就把这个同学从三层楼梯上一直背下去，送到学校卫生所；芳草地小学与西藏的孔繁森小学开展手拉手活动，学校没有号召外国学生捐款，但是谢尔盖却自愿地捐出了 10 元钱，是班上捐款数额最多的一个。谢尔盖得到了一朵朵小红花，他快乐极了，把每一朵都仔细地保存起来。学习中途，他因爸爸工作调动，曾回国半年，重新回到北京之后，他对爸爸说，他还要上方草地，还要上中国班。他说，他喜欢这里的同学，喜爱这里的小红花。

心中芳草青青

一个又一个孩子走了，一个又一个孩子来了。40年春夏秋冬，芳草地小学所播撒下的爱与友谊在每一个“小老外”心中留下了永远的怀念。

他们忘不掉，从一个中文字不识来到芳草地的那一天起，老师是如何像教自己的孩子说话那样，一个字一个字地教他们发音；他们忘不掉，每天带到学校的午餐，都是由学校食堂的叔叔们给他们热好送到教室里，用餐时班主任老师总是陪着他们，督促他们洗手，给他们打开水；他们忘不掉，学校为他们安排的各种各样丰富多彩的活动，唱歌、打球、航模、手工、计算机；他们忘不掉，每天一放学，老师总是站在校门口，目送他们一个一个被家长接走才会离开，如果有哪一个学生的家长没有及时赶到，老师会一直陪着孩子，哪怕很晚很晚。

……

孩子们对于爱的回报是同样纯真的爱。

智利大使馆一位外交官的四个女儿一个儿子全都在芳草地小学读书，两年之后，这位外交官另有新任务带领全家离京，五个孩子与老师告别时，个个泪流满面，他们不愿意离开芳草地，他们对老师说：“只要到北京，我们还会来芳草地！”

曾在俄罗斯驻华使馆工作过的一位官员去年来到北京出差时，他在芳草地小学上过两年学的女儿阿丽娜千叮万嘱，一定让爸爸代她去芳草地小学看望她的老师们，她说，她在芳草地度过的时光是最快乐的。这位爸爸来校那天，正赶上老师们在上课，他就在走廊上等了整整四十五分钟，当他见到阿丽娜的几位老师向他们转达女儿的问候时，不禁热泪盈眶。一位老师找来六本新编的汉语课本交给这位外交官，让他转给阿丽娜，他把书紧紧地捧在胸前，不断地说：“这将是阿丽娜最高兴的事。”

还有一位9岁的印尼男孩要跟爸爸回国了，临走前，他拉着班主任沈老师的手问：“老师，你到印尼去看我好吗？”像妈妈一样的沈老师不愿伤孩子的心，答道：“好的。”“你什么时候来？”孩子又问。“等你长大了。”沈老师回答说。“不，等我长大了，你就老了。”孩子十分难过。他抓起沈老师的手："我看看你的生命线。"他十分认真地看了一会儿，高兴地笑了，他说："老师，你还能活很久，等我长大，一定会来看到你！"。

青磬芳草地，赤热园丁心，每一个孩子都会长大，每一位老师都会变老，但是芳草地传达给全世界各国孩子们的爱与友谊却像芳草一样永远常青……（图片提供：一平、先云）

五、手足情深

20 世纪 90 年代中期，芳草地小学先后与西藏阿里地区孔繁森小学和北京平谷县大华山镇西长峪小学建成手拉手联谊学校，往来不断，建立起深厚的友谊。

（一）与阿里手拉手共同进步

阿里、北京相隔万里，隔不断兄弟民族深深的情谊，难忘 1995 年 10 月 23 日，西藏阿里孔繁森小学校长一行来到芳草地小学参加了手拉手共同进步的启动仪式。这一天芳草地小学在学校操场上挂上了墨绿色的幕布，幕布的中央写着"手拉手共同进步"几个大字，大字的左下方写着"北京芳草地小学"、右下方写着"阿里孔繁森小学"。时任语文老师的胡嘉玉回忆说：

1995 年 10 月 23 日，在芳草地小学操场上举行了芳草地小学与西藏阿里地区孔繁森小学建立手拉手共同进步的启动仪式（参见照片 5-20）。仪式由鞠萍姐姐主持，师生共同参与了这次活动。这次活动学校没有号召外国学生捐款，但是来自俄罗斯的谢尔盖同学却自愿捐出了 10 元钱，是班上捐款数额最多的一个学生。

照片 5-20：芳草地小学与孔繁森小学手拉手共同进步启动仪式合影（1995 年）胡嘉玉提供

为了充分发挥示范引领作用，1997 年刘校长特别邀请了西藏阿里地区的孔繁森学校的一位校长和一位老师来学校进行为期半年的学习，他们的食宿均由芳草地小学负责。在芳草地期间，他们参加了学校的各种教学研究活动，走进课堂和芳草地小学老师共上一课书（一人上第一课时一人上第二课时），刘校长给他们上“下水课”，鼓励他们树立信心，大胆实践，指导他们回去后怎么带领老师们搞教学研究。在这两位老师的欢送会上，他们饱含深情地回忆在芳草这段难忘的学习历程：感谢刘玉裘校长给予他们的精心安排和无微不至的关怀，感谢芳草地校园里每一位老师和同学（参见照片 5-21），“我们满载而归的不光是教育教学技能，还有兄弟姐妹般的深情厚谊。”他们说到动情处，还深深地拥抱了刘校长，在场的老师们都为之动容。

照片 5-21：打开漂亮的纪念册，看看美丽的芳草地，美丽的阿里（1997 年）胡嘉玉提供

第二年孔繁森学校的部分老师和学生来芳草地参观学习，联欢活动是由鞠萍主持的。

他们回去后一直保持着和芳草地小学的联系，我们在全校范围开展给他们捐书活动，给他们邮寄一些教学资料等，他们每到六一国际儿童节都会给芳草地发来贺电，这个活动一直持续到苏国华校长来芳草地任职。

（摘自 2016.05.18，田野笔记）

（二）走进大华山镇西长峪小学

1997 年夏天，芳草地小学的学子走进北京平谷县大华山镇西长峪小学进行手拉手活动。画册《芳草地》刊登了一组活动的照片。这次活动由时任大队辅导员的王立志负责。他带领二十几名中外学生，一路颠簸来到西长峪村，受到热烈欢迎（参见照片 5-22）。

之后，他们又与西长峪小学学生手拉手地走进各自的家体验生活。

照片 5-22：芳草学子走进西长峪村（1997 年）胡嘉玉提供

照片 5-23：哥哥拉起弟弟的手，走在乡间的小路上（1997 年）胡嘉玉提供

照片 5-24：哥哥姐姐给的礼物（1997 年）胡嘉玉提供

照片 5-25：姐姐的礼物（1997 年）胡嘉玉提供

照片 5-26：难舍难分（1997 年）胡嘉玉提供

六、红领巾的红军行

芳草地小学一直注重学生的全面发展，1997 年，时任五年级教研组组长的胡嘉玉老师结合语文课的内容，开展了第一次“红领巾的红军行”活动。少先队员从日坛校区徒步到天安门，走向五星红旗升起的地方，伴随着庄严的升旗仪式，我们的少先队员举起右手在国旗下宣誓。这一活动一直坚持到今天（截至 2016 年），已有 19 年的历史。芳草师生用实际行动传承红色基因，表达对祖国母亲的爱！

胡老师回忆了开展“红领巾的红军行”这一活动的缘起：

1997 年，我是五年级教研组组长，我们向刘玉裘校长申请准备带学生开展“红领巾的红军行”，徒步去天安门看升旗活动。刘校长说，这个活动非常好，非常有教育意义。要让学生在活动中有所感有所悟，要把前期工作做扎实，要征得家长的支持。

得到了刘校长的大力支持后，我们开展了大量的前期调研工作，包括结合语文课文《金色的鱼钩》、毛主席诗词《长征》等开展演讲活动；请历史老师讲红军长征路线图；发放家长调查问卷、学生调查问卷，然后组成红一团、红二团、红三团、红四团等。家长的支持率达百分之百，学生的情绪调动到一定高度后，1997 年 10 月 21 日，我们五年级五个班 243 名师生，凌晨 3:30 在芳草地小学集合，举行了隆重的少先队仪式，随着冲锋号声出发了……一路上我们喊着“苦不苦，想想红军两万五，累不累，想想革命老前辈”，唱着“下定决心不怕牺牲，排除万难去争取胜利”。我们还模拟“四渡赤水”“抢渡金沙江”“飞夺泸定桥”“爬雪山”“过草地”等活动。

我们一行到达天安门广场，走向五星红旗升起的地方，等待着升旗仪式的开始。一阵乐曲响起，升旗仪式开始。伴随着庄严的升旗仪式，我们少先队员举起右手在国旗下宣誓：“我们热爱自己的祖国，我们是祖国的未来，我们肩负着神圣的使命，请相信我们会努力的！”

升旗仪式结束后，我们一行参观了国旗班战士的住宿地，国旗班的战士们还给我们介绍了他们艰苦训练的过程。

然后，我们一路欢歌沿着长安街返回学校，9:30，当我们高唱校歌回到校园时，刘玉裘校长带领所有学校领导在操场上迎接了我们，为我们鼓掌，欢迎“小红军”凯旋。

在一次全体老师会上，刘校长对我们“红领巾红军行”活动给予高度评价，她说：“五年级组的活动不但做了大量的前期准备工作，还有延伸教育，他们把学生徒步去看升旗过程中的一些感想通过简笔画，诗歌、小散文等形式出了展板。学生的活动目的要明确，主题要鲜明，形式要活泼，让学生在参与中进行自我教育，这就叫活动育人。这是一个很好的活动，一定把这个活动延续下去，成为芳草地小学的品牌教育活动。”正是因为当时刘玉裘校长的鼓励和支持，“红领巾的红军行”活动才一直延续到现在。

2005 年 10 月 21 日，我再次带领学生开展“红领巾的红军行”活动（参见照片 5-27、5-28）。

（摘自 2016.05.18，田野笔记）

照片 5-27：徒步前往天安门广场（2005 年）胡嘉玉提供

照片 5-28：在国旗下宣誓（2005 年）胡嘉玉提供

第六章 从这里走向世界

2001 年 10 月，苏国华校长接受朝阳区教工委、教委安排，接任芳草地小学的第六任校长。面对芳草地小学的历史和现状，苏校长深知自己责任重大，任重道远。她意识到，进入新世纪的芳草地小学和其他很多名校一样，存在着巨大的发展空间，同时，也面临着严峻的挑战。在此背景下，她迈出了艰难的第一步，调查分析学校现行教育教学中的优势和劣势，借助 2001 年北京市第一轮教学改革，重新搭建教学管理结构，建章立制，清晰责权，将大家的积极性引向教学改革。2002 年 1 月，制定出第一个《21 世纪的芳草地小学（2002—2004 年）改革发展规划》三年发展规划；2006 年 1 月，又制定出《2006—2008 年学校改革与发展三年规划》。

2008 年 10 月 10 日，芳草地小学实现了集团化管理，正式挂牌“芳草地国际学校”，它标志着芳草地小学正从这里走向世界。学校在实现现代化、国际化、集团化的道路上树立了前进的里程碑。

2009 年 9 月，芳草地国际学校富力分校建立，这是芳草地教育集团规模最大的分校，也是集团唯一的九年一贯制学校。这表明芳草地国际学校在义务教育阶段所承载的教育任务发生了变化，是具有实质性发展和进步的。2011 年 9 月，芳草地国际学校富力分校成为独立法人单位。

2010 年 9 月，芳草地国际学校将自己的教育品牌输出本区之外，彰显了朝阳区教育水平的实力。

一、追溯教育本质，执著美好理想的第六任校长苏国华

苏国华同志（女，1954.12—），于 2001 年 10 月至 2010 年 3 月任芳草地小学第六任校长（参见照片 6-1），2010 年 3 月至 2011 年 8 月任芳草地国际学校党总支书记，兼任芳草地国际学校富力分校校长，2011 年 9 月任芳草地国际学校富力分校校长。

照片 6-1：第六任校长苏国华

2001 年 10 月 22 日，朝阳区教工委、教委来校宣布新校长任命——苏国华担任芳草地小学第六任校长。她在就任演说中，第一次提到了“人和校美”的理念，强调了对人的关注、关怀、关爱，这是营造和谐美好的人际关系的理念，也是校美的前提和基础。此后，她通过工作使这一理念成为现实。

苏国华校长 17 岁就开始从事教育工作，当时仅是一名中师毕业生，经过不断的学习与进修，现在已经研究生毕业。她曾担任过班主任、大队辅导员、教导主任、校长、学区校长，从未离开过教育第一线。她热爱教育事业，她说：“教育是一个具有创意的事业，也是一个积德行善的事业，如果有来生让我选择的话，我还选择教育。”（摘自 2015.12.23，田野笔记）苏国华校长在她 40 多年的职业生涯中，忠诚党的教育事业，师德高尚，业务精良。曾获得“全国中小学十佳优秀明星校长”“全国教育管理创新典范校长”“中国校园文化建设百佳优秀校长”“全国基础教育科研先进个人”“全国恩师奖”“北京市先进教育工作者”“北京市

‘三八’红旗手”“北京市优秀教师”“北京市特级教师”等多种荣誉称号，享受国务院特殊专家津贴。受访的几位老师都给予苏国华校长“大气魄，大智慧”的赞誉，并概括苏国华校长在领导芳草地国际学校十年间发生的变化和取得的业绩，主要体现在“办学规模迅速扩大，办学实力显著增强，办学效益整体提高，队伍建设成绩斐然，教育科研成果丰硕，优质教育辐射广泛”。

（一）学校的育人目标

这一阶段的芳草地小学的育人目标是“培养现代中国人与友谊小使者”，即把我国儿童培养成现代中国人，把中外儿童培养成友谊小使者，为最终把他们培养成具有世界眼光、国际交流对话能力和竞争实力的国际型人才打下坚实的基础。

“把芳草地办成小小地球村，让中外儿童在芳草园里健康成长。所有来芳草地求学的学生，无论来自哪个国家，属于哪个民族，都要把他们培养成对人类社会有用的人——热爱和平，崇仰真理，全面发展，自强不息。”这就是苏国华校长所追求的理想。

（二）办学理念

“心系于师生，勤政于学校。”这是校长人格力量的核心和本质。苏国华校长始终秉承“立足于学生、教师和学校的发展，师生发展优于一切”的理念，心系于师生才能取信于师生。用教育提高师生的生命质量；为师生终身学习和幸福一生打好基础；把学校建设成师生学习的乐园和精神的家园；让幸福的老师培养出幸福的学生。

（三）学校发展的目标

苏国华校长抓学校管理、抓教学改革的第一步，就是走进课堂、走近老师、走近学生，了解情况，收集鲜活的第一手资料，分析学校现行教育教学中的优势和劣势，听取家长、社会的意见和建议。经过近两个月的调查研究，于 2002 年 1 月制定出第一个《21 世纪的芳草地小学（2002—2004 年）改革发展规划》，三年发展规划中明确提出：“树立现代化办学思想，采取开放型策略，走集团化办学道路，努力实现学生、教师、学校的三个发展，把芳草地小学办成一所名副其实的国际化学校”。学校通过宣传解读使这一目标成为干部教师的共同愿景。经过三年的努力，学校圆满地完成了规划中的既定目标。

对于三个发展，苏校长解释说：

学校发展，是基于学生的发展和教师的发展基础之上的学校发展。学校的发展不能以牺牲教师的发展和学生的发展为代价，也只有教师的成就才能够真正促进和保障学生成才，最终使学校得到发展。

学生发展，是要在学生身心发展规律的基础上，认识学生具有巨大的发展潜能，让学生在人文环境中学会做人，在主动发展中学会做人，在社会实践中学会做人；教育的功能是促进人的成长与发展，当然包含干部教师自身的发展，教师尤其是骨干教师是一个学校可持续发展的新生的生产力，必须关注教师的发展，给教师的角色重新定位；通过现代化教学管理，丰富学校长期积淀的文化底蕴。在发扬光大学校重视质量办学的基础上，制定学校的长远发展规划，营造科学严谨的治学氛围，把学校办成富有深刻内涵和鲜明特色的"学府"。

（摘自 2015.12.23，田野笔记）

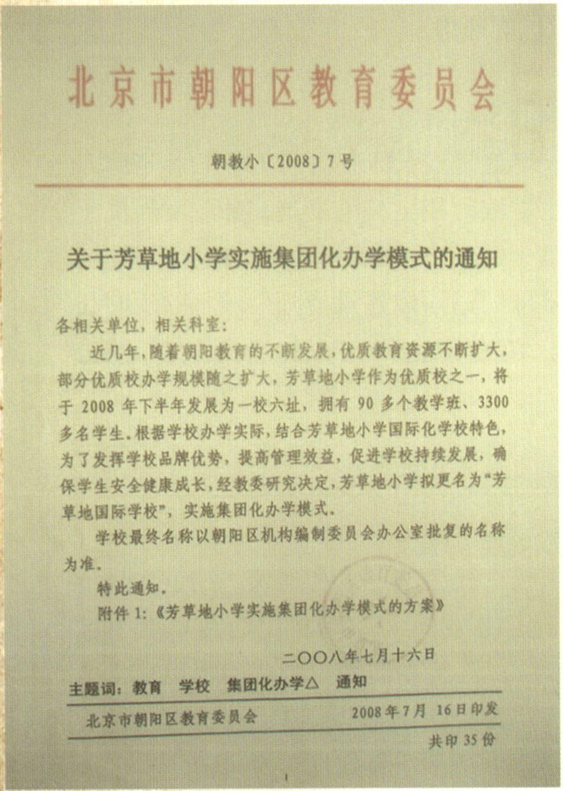

北京市朝阳区教育委员会

朝教小〔2008〕7号

关于芳草地小学实施集团化办学模式的通知

各相关单位，相关科室：

近几年，随着朝阳教育的不断发展，优质教育资源不断扩大，部分优质校办学规模随之扩大，芳草地小学作为优质校之一，将于 2008 年下半年发展为一校六址，拥有 90 多个教学班、3300 多名学生。根据学校办学实际，结合芳草地小学国际化学校特色，为了发挥学校品牌优势，提高管理效益，促进学校持续发展，确保学生安全健康成长，经教委研究决定，芳草地小学拟更名为"芳草地国际学校"，实施集团化办学模式。

学校最终名称以朝阳区机构编制委员会办公室批复的名称为准。

特此通知。

附件 1：《芳草地小学实施集团化办学模式的方案》

二〇〇八年七月十六日

主题词：教育 学校 集团化办学△ 通知

北京市朝阳区教育委员会 2008年7月 16日印发

共印 35 份

图 6-1：北京市朝阳区教育委员会通知（2008 年 7 月）
苏国华提供

2006 年 1 月，学校又制订出《2006—2008 年学校改革与发展三年规划》，第二轮发展规划中提出了新的观点，把原有的"学生、教师、学校的三个发展"提升为"关注人的发展，关注教育的发展，关注社会的发展"，体现了对教育认识的提升。同时确立了新的办学目标——创办国际一流学校。

在此期间，成立了教师专业发展专家指导委员会和学校发展专家顾问委员会。

2008 年 7 月 16 日，北京市朝阳区教育委员会下发《关于芳草地小学实施集团化办学模式的通知》（朝教小【2002】7 号）（参见图 6-1）。通知指出：

“根据学校办学实际，结合芳草地小学国际化学校特色，为了发挥学校品牌优势，提高管理效益，促进学校持续发展，确保学生安全健康成长，经教委研究决定，芳草地小学拟更名为‘芳草地国际学校’，实施集团化办学模式。”

照片 6-2：芳草地国际学校揭牌仪式场景之一（2008 年 10 月 10 日）苏国华提供

2008 年 10 月 10 日，芳草地小学在北京饭店召开了发布会，会上芳草地小学正式更名为“芳草地国际学校”（参见照片 6-2）。参加这次发布会的有顾明远先生、陶西平先生，教育部、文化部、外交部等部门的领导（参见照片 6-3）。

照片 6-3：芳草地国际学校揭牌仪式场景之二（2008 年 10 月 10 日）苏国华提供

随着集团的成立，苏国华校长又带领学校领导班子成员，撰写了《北京市朝阳区芳草地国际教育集团（芳草地国际学校）组织章程》。用苏校长的话说：“就是芳草地办学不但要有法可依，而且还要有章可循。”

这项改革的意义重大，原教工委副书记董健同志给予高度的评价：“芳草地国际学校的改革，不仅是这所学校发展史上的里程碑，同时也为中国公立学校办学模式和管理体制改革提供了范例和宝贵的经验。苏国华校长和张治齐书记对芳草的建树和贡献是历史性的。”（摘自 2016.05.13，田野笔记）

（四）办学策略

办学策略是校长办学的基础工程。苏国华校长认为：芳草地小学要发展，这个发展应当是在传承基础上的超越与发展；是融合中西方文化，兼容并蓄的发展；是强力推进教育品牌，同时不以牺牲今天利益为代价的发展。总之是具有战略眼光和战术优势的可持续性的发展。芳草地小学确立了学校发展的三项策略：集团化办学策略、教育品牌策略、开放办学策略。

1. 集团化办学策略

集团化办学首先要有集团化思想，具备一定的办学规模，更具有统一的办学思想，全新的管理模式，整体的办学水平。

苏校长根据分址办学的现状，提出了“集团化办学，集约式管理，各部独具特色，整体均衡发展”的指导方针，制定了《芳草地小学关于建立集团化办学模式、实现现代化学校管理的有关规定》《芳草地国际教育集团章程》，使学校发展不仅在方向上“有法可依”，而且在实践上“有章可循”，并对各分校提出了具体要求和指导。

时任芳草地小学党总支书记的张治齐为我们介绍了集团化管理模式的特点。

> 集团化管理模式的特点，主要体现为集团化办学，集约式管理。形成两个共同体：价值共同体和利益共同体。价值共同体实现六个统一，即统一办学思想、统一育人目标、统一管理办法、统一质量标准、统一组织文化、统一品牌标识。利益共同体共享办学资源，即品牌资源、人力资源、物力资源、智力资源、社会资源、信息资源。

（摘自 2016.05.13，田野笔记）

2. 教育品牌策略

从某种意义上说，芳草地小学多年来一直代表着中国基础教育的优势，是中国唯一一所被世界各国承认学历的小学。现在提出“创办国际一流学校”的目标，我们深知要实现这一目标，付出的艰辛恐怕是难以想象的。但我们认为，做教育的人必须要有一点教育“乌托邦”观念，以“国家兴亡，教育有责”的责任感和使命感为自己的学校定位，才能具有更高的思想境界和更加宽阔的视野，才能够站在更高的层面上审视教育的今天，憧憬教育的未来。

苏校长认为，品牌教育应该包括品牌教师、品牌学生、品牌课程、品牌文化，还要有品牌标识等。

3. 开放办学策略

开放办学是中国教育发展的必然选择，封闭的教育肯定是没有出路的。苏校长明确了开放办学的三个观点：

第一，开放办学不是涉外学校的专利，无论是涉外学校还是普通学校，开放办学都是一个不可回避的时代命题。

第二，开放办学的范围很广，最关键的是要有开放的理念，推倒思想上的围墙，而后才会有开放的态度和开放的策略。如开放的管理、队伍、课程体系、德育等。这样整个学校才会形成一个开放的系统。

第三，开放办学必须坚持实事求是的思想路线，必须处理好国际化和本土化的关系，最忌人云亦云，浮躁跟风。芳草地小学的每一步改革举措都要坚持"一看是否符合教育规律，二看是否符合学校工作实际"的检验标准。

学校要满足社会多方面的教育需求，除普通教育外，涵盖涉外教育、特殊教育、寄宿教育等，几乎囊括了小学教育的全部服务功能。另外，在特殊教育方面，苏校长还关注超常儿童教育的问题。她认为超常儿童是民族的财富，应当让他们不因外界原因而丧失接受良好教育的机会。为此，她通过与中国科学院心理研究所（施建农教授、刘正奎教授）、中国宋庆龄基金会事业发展中心、三辰卡通集团（孙文华先生）等单位联系协调，于2009年在芳草地万和城实验小学成立了"在京流动人口子女超常儿童培训班"（后发展为"中科院心理所青云学校"），使这些在京流动人口子女中的超常儿童没有因为家庭贫困而失去接受优质教育的机会。

（五）学校组织与内设机构

2003年2月，芳草地小学依据《朝阳区事业单位竞聘上岗暂行办法》（京朝人字【2002】34号）和朝教文【2003】005号《关于聘用合同制单位开展岗位竞聘的实施意见》，制定了竞争上岗实施细则。岗位竞聘遵循以下原则：一是法人负责的原则；二是公开平等、竞争择优的原则。引入竞争激励机制，优化教职工结构，提高教职工素质。

1. 学校组织

学校经过民主推荐，人事改革工作领导小组确定，并经全体教职工通过成立了岗位竞聘领导小组。小组成员如下：

组长：苏国华、张泉

组员：胡嘉玉、于芳、李丽红、李国良、朱红兵、邵亚男、于秀华、马敬阳、刘书兰

2. 内设机构

学校根据《北京市全日制中学、小学、职业高中学校内设机构设置及教职工编制标准实行意见》及《朝阳区事业单位竞聘上岗暂行办法》，结合学校分址办学、设有国际部、学校编制大（206 人）的实际情况，进行合理的机构设置（参见图 6-2）。

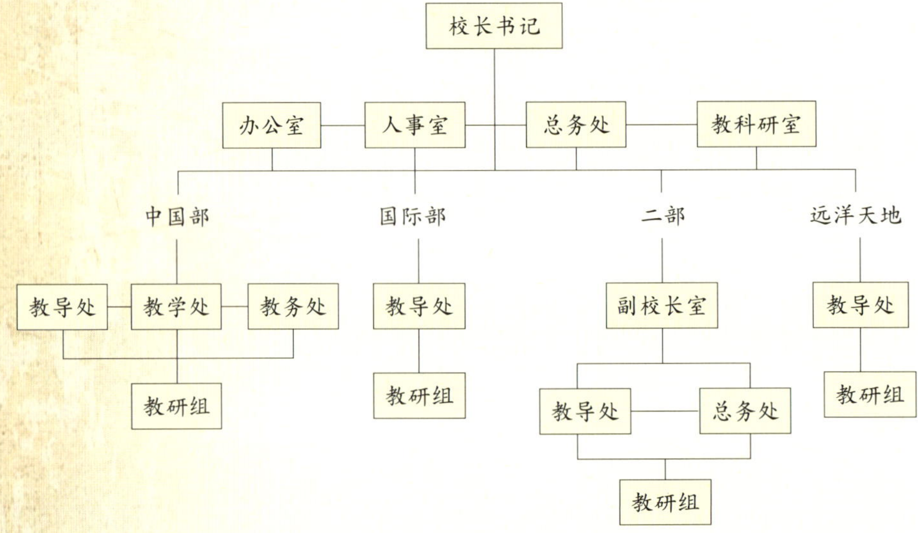

图 6-2：学校内设机构（2003 年 3 月）藏于芳草地国际学校

（六）办学规模迅速扩大

2001 年 10 月，苏校长刚到任芳草地小学时，有两个校址办学，一个是芳草地小学本部，一个是芳草地小学二部（后更名为芳草地世纪分校）。在本部中，分为中国部和国际部两个部分。

在这之后，学校办学规模得到了迅速发展，特别是国际部的发展尤为明显，截止到 2010 年 9 月，办学规模已经扩大到一校八址。

另外，特别值得一提的是芳草地国际学校丽泽分校，这所学校隶属丰台教委，2008 年开始建设，2010 年建成开学，是朝阳区第一所品牌输出学校。朝阳区作为教育品牌输入大区，第一次将自己的教育品牌输出到本区之外，彰显了朝阳教育的水平与实力，为朝阳区由教育大区发展为教育强区做出了贡献。（芳草地小学办学规模发展情况详见表 6-1，张治齐提供）

表 6-1：芳草地国际学校 2001—2010 年办学发展沿革一览表

编号	分校（校区）名称	建立时间	备注
1	芳草地小学	1956.9	——
2	芳草地小学	1973.2	本部分为中国班和外国班两个部分
3	芳草地小学世纪分校	1998.9	始称二部，2008 年成为法人单位
4	芳草地小学远洋分校	2003.9	2008 年成为法人单位
5	芳草地小学育慧校区	2003.9	由世纪分校使用，后改建为教辅中心
6	芳草地小学双花园校区	2008.9	该校区是当时学校容积量最大的分址
7	芳草地国际学校富力分校	2009.9	九年一贯制，2011 年成为法人单位
8	芳草地国际学校万和实验小学	2009.9	2009 年开始校内设有“超常儿童班”
9	芳草地国际学校丽泽分校	2010.9	朝阳教委品牌输出校，隶属丰台教委

二、成立“学校发展”和“青年教师专业发展”委员会

（一）“学校发展”和“青年教师专业发展”委员会

苏国华校长认为：一所好的学校，应当能够为受教育者，提供更多的学习机会和更为均等的学习机会。就教育本身而言，实质就是为受教育者提供一种优质的服务。同时她还认为，今天的学校不仅承担着学生教育的任务，而且同时要承担起教师教育、家长教育和社区教育的义务。为此，2008 年苏国华校长主持成立了“学校发展专家顾问委员会”和“青年教师专业发展专家指导委员会”。“学校发展专家顾问委员会”聘请了顾明远、陶西平、董奇、李观政、张凯、褚宏启、朱永新、李奕等一大批专家学者任顾问。“青年教师专业发展专家指导委员会”聘请了杨文荣教授任主任委员，聘请一大批在京特级教师、名师任导师。并建立了芳草地教育培训中心和芳草地青少年体育俱乐部，为学校的干部教师和学生的学习与发展，提供了良好的条件。张治齐书记说：“苏校长主持

成立两个委员会，既反映出校长的办学智慧，也可成为一条可以借鉴和推广的重要办学经验。”（摘自 2016.05.13，田野笔记）这一时期的学校同时还涵盖了普通教育、涉外教育、特殊教育等多种功能，能够满足社会多方面的教育需求。

（二）精英教师队伍的培养

2008 年 9 月 15 日，《现代教育报》第 17 版、第 24 版刊登了特约记者陈达撰写的《首都基础教育界的一面旗帜——来自北京市朝阳区芳草地国际学校优秀教师群体的报道》，题记概括了 2008 年 8 月 23 日，经北京市朝阳区人民政府批准，芳草地小学更名为芳草地国际学校，实现集团化办学模式。一所首都知名的品牌小学一跃成为同时涵盖九年义务教育和国际教育的学校，走出了一条与众不同的品牌发展之路，成为首都基础教育界的一面旗帜。苏国华校长和张治齐书记以他们高度的责任心、厚重的历史使命感和在追求卓越的过程中历练出的远见卓识，破解了学校发展高原期的密码，带领芳草人完成了一所品牌学校发展的大手笔。

该报还在第 24 版上刊载了芳草地小学于 2008 年 4 月 3 日在北京大兴龙熙宾馆表彰市级骨干教师的合影（参见照片 6-4），并介绍了芳草地国际学校的发展及优秀教师李丽红、张向华、刘军、线永正、双红、胡嘉玉、刘文娥、张建。

照片 6-4：表彰市级骨干教师合影（2008 年 4 月）苏国华提供

短短的几个月之后，再一次走进芳草地国际学校，与苏国华校长和张治齐书记聊起了学校的情况。我对“奇迹”“旗帜”“跨越式发展”“国际化进程”这几个词有了更深刻的感悟和体验，惊讶的同时，更多的是欣喜。高尚的人品、丰富的学识、国际的视野、勇敢的探索精神，使他们坦荡的话语中透露出睿智和自信。在他们的骨子里更有一股豪气，从而使他们敢于站在教育改革的最前沿，找准自己的定位，果断地抓住机遇，实现了学校发展质的飞跃。

这所学校仅用了六年时间，就从几年前没有一名市级骨干教师，到目前拥有13名中学高级教师，4名市级学科带头人，17名市级骨干教师，59名区级学科带头人和骨干教师这样一支庞大的精英团队。市级骨干教师数量位居北京市小学第一名，区级以上骨干教师数量比例高达28.2%，涵盖了德育、语文、数学、英语等八个学科，实现了教师队伍建设的跨越式发展。近期，苏国华校长还专门拿出政府奖励给自己的10万元现金作为前期投入，启动了“芳草地国际学校优秀教师奖励基金”，用于表彰鼓励那些有突出贡献的教师。北京市教育教委基础教育处李奕处长这样评价：“芳草地在教师队伍建设中打出了一套有效的组合拳，使人们看到了名师成长背后的强大支撑。”

教师节前夕，笔者（记者）专程走进了芳草地国际学校的优秀教师队伍群体。

李丽红：数学是美丽的

作为芳草地国际学校有史以来最年轻的教学副校长，36岁的李丽红具有研究生学历、中学高级教师，是北京市数学学科带头人、吴正宪小学数学教师工作站首批进站成员。她先后获得“北京市优秀教师”“北京市经济技术创新标兵”“北京市课改先进个人”等荣誉称号；两次被朝阳区政府授予“优秀中青年知识分子”，被评为朝阳区“教育系统学科带头人”“岗位能手”“教育系统创新标兵”“教育系统优秀共产党员”等。

李丽红1993年从首都师范大学毕业后，一直从教于芳草地国际学校，曾师从杨军、董树莉、姜绍勇、吴正宪等多名数学名师，扎实的小学数学学科教学理论基础和教学基本功、前卫的教育理念、娴熟的教学技术使她很快脱颖而出，并逐步形成了自己的教学风格。她的数学课“比较”“万以内数大小的比较”“统计”“小数的性质”“小数的初步认识”“圆的认识”“小数意义”“平移与旋转”“长、正方形面积”“多位数的认识”“分数和小数互化”“面积和面积单位”“两步连乘应用题”等先后在北京市研讨会、全国小学本色教学与教学本色学术交流研讨会、全国课题现场会、浙江省中小学骨干教师高级访

李丽红：数字是美丽的

张向华：对外汉语教学专家

刘军：执著的追梦者

图 6-3：《现代教育报》（2008 年 9 月 15 日）胡嘉玉提供

问学者研修班、“霍懋征杯”教学大赛、“创新杯”全国教学艺术邀请赛、“朝阳杯”创新大赛中分别获得国家优质课一、二等奖，市区一、二等奖，部分课的说课内容被收录到由人民日报出版社出版的《名师说课艺术》一书中，面向全国发行。“九五”和“十五”期间，李丽红被聘为国家级重点课题中心组成员和课题负责人。她先后参加了《国家课程标准小学数学教科书》《小学生能力发展与培养》数学实验教材、《国际理解》教材、北京出版社出版的《快乐小学同步双侧》、首都师范大学出版社出版的《新目标检测》（11 册）的编写，心理健康《成长导航》教材及教学参考书的研究与编写工作；有 15 篇论文在全国及市区教育科研成果评比中获奖；在教育报刊杂志上发表专业文章 13 篇，编入专业书籍文章 3 篇。

在多年的教学研究实践中，李丽红深知“业精于心，简于形”，她信奉“以爱育爱，真教育是心与心的交流”的教育理念，努力提高自身的专业水平，带领教师在数学教学领域积极开展研究和改革实践，推进学校数学教学改革，落实新课标的理念和精神，促进教师专业发展，提高学校教育质量。她的座右铭是“物有本末，事有始终，知所先后，则近道矣”。

张向华：对外汉语教学专家

张向华，39 岁，大学本科毕业，中学高级教师，北京市学科带头人，北京市语文骨干教师，薛晓光特级教师工作室成员，朝阳区学科带头人，朝阳分院兼职教师，国际汉语教材评选专家组成员。她先后担任过语文学科组组长、国际部教学主任、区语文教研员，现任芳草地国际学校世纪小学校长。

张向华曾师从刘玉袠、薛晓光、窦桂梅等多位语文特级教师，从各位大家身上汲取了丰富的教育教学经验，拥有丰厚的语文功底。她善于学习，善于在日常教学中反思，针对一线教学的实际问题进行课题研究，她主张本色语文，主张语文教师要有“语文教育”的高站位的认识。因而，张向华老师的课堂教学朴实、扎实、情感充沛，具有感染力，能够极大地调动学生学习语文的积极性。她的座右铭是“有教无类”。问到这些年对教育的感悟，她这样告诉笔者：“人的每一天都是生命中的一个链条，我们是，学生同样如此。我们应以生命的名义珍视我们的每一天，学生的每一天！”

作为全国字理教学研究会理事、北京市对外汉语教学研究会理事，张向华在汉字教学方面有深入的研究，让学生在识字的过程中感受到汉字的魅力，提高识字效率，从而成为北京市的领军人物。在“九五”和“十五”期间，张向华被聘为国家重点课题中心组成员和课题负责人，担任北京市“十五”国家级课题《汉字全息教学法研究》子课题实验校组长，参加了全国教育科学“十五”规划教育部重点课题组的《国际理解》教材和《芳草汉语》的研究与编写工作，编写首都师范大学出版社出版的《新目标检测》第五册。她与北京语言大学李润新教授合编的《世界少儿汉语》教材，已由商务印书馆在国内外发行，为推广对外汉语教学做出了突出贡献。张向华先后有 20 篇论文在全国及市、区获奖和发表。15 次在全国及市、区做研究课、观摩课并获奖。曾被评为朝阳区优秀青年教师、优秀共产党员。2008 年，被市教委聘为北京市农村中小学教师研修工作站指导老师。

刘军：执著的追梦者

42 岁的刘军，大学本科学历，中学高级教师，北京市语文学科带头人，朝阳区语文学科带头人，曾荣获北京市“教书育人先进个人”、全国“集中识字教改实验先进个人”、朝阳区“优秀教学干部”、区“师德标兵”、区“优秀青年教师”等荣誉称号，先后荣获“全国教师基本功”大赛一等奖、全国“创新杯”教学大赛一等奖、全国“霍懋征杯”教学大赛一等奖。

刘军是一个对未来总是充满幻想与期待的人。当教育本身的苦与乐、学生的天真与可爱，犹如一本好书的情节渐渐展现在她面前时，教育便成了一种需求和动力，驱使她废寝忘食，排除充满物欲的世俗，沉浸于辛苦的劳作中。22 年来，她不断给梦想提升高度，在无数次的失败与成功中，痛并快乐地成长着，像一匹不用扬鞭自奋蹄的小马，朝着自己的理想不断奋进。她坚信，只有多读书、勤读书、读好书，才能拓宽视野、提升智慧。在工作中她做到“两化”，即工作研究化、工作科研化，她研究课程改革，研究有效的教学策略，研究与语文学科相关的实践活动，更研究学生，研究他们的心理、个性及转化矫正的办法，形成了彰显自己个性特点的教学模式和风格，在寻求教学对策的过程中，提升了教育境界。

问到未来的梦想，刘军老师显得很自信："让我们的学校站在中国基础教育的前沿，带领中外学生品味精美的文化大餐，让教师们不断收获成功与欢乐，共同见证学校乃至中国教育的发展与辉煌。"

芳草地国际学校市级骨干教师群体

线永正：精心育人　有所作为

双红：画道合一　以美育人

图 6-4:《现代教育报》(2008 年 9 月 15 日)
胡嘉玉提供

线永正：精心育人　有所作为

线永正，36 岁，中共党员，大学本科学历，中学高级教师，北京市科学学科骨干教师，朝阳区科学带头人。曾获得"北京市优秀教师"、朝阳区"优秀青年知识分子"、朝阳区"经济技术创新标兵"、朝阳区"青年教师基本功大赛特等奖"等荣誉。

线永正为北京市科学研究会会员、朝阳区兼职教研员、义务教育课程标准实验教科书核心编委、全国教育科学规划"十五"国家重点课题核心组成员，并担任"中高年级以生命科学为载体的学生评价策略研究"的组长，他的论文获中国教育学会自然研究会优秀论文二等奖，并应邀到日本进行中日理科交流讲学。"降落伞"一课获中国教育学会自然研究会全国评优课一等奖，"滑梯的科学""杠杆""毛细现象""斜面""电路"获得北京市课堂教学大赛一等奖。

"有所作为是人生的最高境界。"线永正老师用诚心、热心和爱心来教育每一名学生。因为他深知，每一个孩子都是家庭的希望、祖国的未来。他用自己全部的心血浇灌着每棵幼苗，用博大的胸怀呵护着每棵幼苗。从中他也得到了幸福、快乐和意想不到的收获。

双红：画道合一　以美育人

作为朝阳区小学美术教师中唯一一位具有中学高级教师职称的教师，双红是北京市美术骨干教师、朝阳区学术技术带头人、区学科带头人。她先后师从名师王树旺、荣景甡、刘存惠，在教学过程中勇于探索、不断创新，使她对美术教学有着独到的见解，形成了自己的风格，成为朝阳区美术教学的领军人物。

22 年来，双红老师以丰富多彩的教育教学活动激发孩子们的学习兴趣和艺术创造能力，在教学中注意培养孩子们的审美情趣和美术素养，提倡互动教学和个性化表现，让学生去表现自我，表现生活，用画笔绘出美好的童年和精彩的世界，逐步形成了自己的教育理念：既培养“审美的人”，又培养“完美的人”；既教会学生知识培养能力，又培养具有完美人格的人。让孩子们在学习绘画时感受到艺术的魅力和成功的喜悦，从中发现美、创造美、表现美。

由双红老师辅导的学生有近千人次分别获得国际、全国、市区金、银、铜等奖项。双红老师多次在全国及市区青年教师课堂教学基本功大赛中获奖，曾荣获文化部、教育部“十佳国际优秀少儿艺术教师奖”“国际优秀辅导教师奖”“优秀园丁奖”“百家培养优秀少儿艺术人才全国优秀教师奖”“个人组织荣誉奖”，她连续四年获得由教育部颁发的全国指导教师一等奖。

胡嘉玉：德育新模式的探索者

胡嘉玉，中学高级教师，北京市德育骨干教师，朝阳区心理学科带头人，曾获得“北京少先队金质奖章”“北京市经济技术创新标兵”、朝阳区“教育劳动奖章”“优秀党员”、首届“十佳班主任”、区“班主任学科带头人”等荣誉。

作为德育主任，如何在一所国际学校实现统一管理又不失中国特色，同时还符合学校“培养现代中国人和友谊小使者”的育人目标，是胡老师主要研究的课题。她通过问卷、座谈以及建立中外友谊班的尝试找到了切入点，在全国开展“国际理解”教育。她将学校的德育工作分为“常规培养”“传统项目”“特色活动”“时事追踪”四大部分，注重组织管理、队伍建设、环境创设，注重学生思想道德培养，更注重科研攻关、改革创新并卓有成效。通过学科渗透、教材建设、主题教育、

胡嘉玉：德育新模式的探索者

刘文娥：一路走来一路歌

张健：一个简单的好老师

图 6-5：《现代教育报》（2008 年 9 月 15 日）胡嘉玉提供

跨班交流、参与实践等多种形式，对学生进行良好品行的培养。在组织活动中，采用“校内班级联动”“校外大队联动”“国际学校联动”等方式，形成了中外学生文化、个性、思维方式互补的德育管理模式。

领先的科研意识、清晰的科研思路和较强的科研能力，是胡老师借助课题探索实施德育的有效途径。“九五”和“十五”期间，她曾带领教师参加了《整体构建德育体系》《网络德育实效性研究》《提高小学教师心理健康教育能力方法与途径研究》等国家级、市区级课题研究，并被聘为国家级课题“教育与发展——创新人才的心理研究”中心组成员及课题组组长。她的论文《心理健康教育应成为小学生的必修课》获中央教科所论文评比一等奖，《提高小学教师心理健康教育能力方法与途径的研究》获朝阳区第二届教育教学年度成果奖，另有《教师队伍建设是心理健康教育的关键》《积极倡导差异化教育》《一个“神童”的夭折引发的思考》《对差异化教育的多元思考》《班队活动，寓教于乐》《灵魂工程必须从德育抓起》等多篇论文发表在省市级以上的报刊上。

刘文娥：一路走来一路歌

作为朝阳区“九五”期间唯一个人独立承担课题并获得优秀科研成果奖的教师，刘文娥从来没有放松过对自己的要求，她是北京市语文学科骨干教师、朝阳区教育系统学科带头人、小学高级教师。参加工作19年来，共获得区级以上奖励90多项。曾荣获全国语文教师范文大赛一等奖、全国“创新杯”教学艺术大赛课堂教学一等奖、北京市“爱国立功标兵”、“紫禁杯”优秀班主任一等奖、朝阳区“优秀青年知识分子”、朝阳区“百名优秀青年教师”等荣誉称号。

从教之初，刘文娥老师深受著名教育家霍懋征老师的影响，坚持用全身心的爱去培养学生，用真善美的师德来影响学生。她酷爱语文教学，醉心于课堂教学研究，一课书往往读上近百遍，一节教学设计甚至改动几十次。后来，她先后师从语文特级教师翁博学、康强声和窦桂梅，注重对学生进行各方面的能力训练，把听说读写训练技巧贯穿在40分钟课堂，逐步形成了严谨朴实、拓展深入的教学风格。从2002年至今，她参加了四届朝阳区评优课大赛，均获得了一等奖，是目前获得朝阳区评优课一等奖次数最多的青年教师。“九五”期间，她个人承担了《在作文评价中启动学生主体参与的实践与探讨》这一区级课题，积极尝试把评价引到作文课堂教学中来，调动学生写作的积极性，提高了学生的写作能力，收到了显著的教学效果。这一课题获得了朝阳区“九五”期间优秀科研成果奖。她撰写的《用设计练习的方法提高学生的语文学习能力》《作文评价中启动学生主体参与评价的研究》《利用多媒体课件巧设练习，提高语文课堂教学效益》等多篇文章获得全国、市区一、二、三等奖。

刘文娥老师的座右铭是："最快乐的事情是给予学生知识和真理，为此我乐此不疲。"她认为，人生只有三天：昨天、今天和明天。昨天需要总结，今天需要创新，明天需要憧憬。三天中，她最看重今天，只有把握住了今天，明天才更有希望。同时她意识到作为教师要教在今天，但一定要设计在明天。在走过来的路上，刘文娥老师总是一脸阳光，她最大的乐趣在于不断地探索和创新语文教学方法，她最大的欣慰莫过于享受从语文教学中得到的快乐，她最大的幸福是看到学生语文能力的提高。因而，一路走来一路歌。

张健：一个简单的好老师

张健，小学高级教师、北京市语文骨干教师，曾获得朝阳区"百名优秀青年教师"、朝阳区"优秀共产党员""优秀教学管理干部""科研先进个人"等荣誉称号，曾获得全国青年教师个性化大赛特等奖、全国"创新杯"十佳一等奖、"朝阳杯"教学大赛一等奖等。

她先后得到了小学语文特级教师刘玉裘、戴明淑、赵景瑞等多位教师的悉心指导。形成了严谨扎实的语文教学风格。被聘为《教育与发展——教师的监控能力》《引进反馈信息技术，构建互动教学模式的研究》《国际理解》《快速阅读》等全国课题的骨干研究教师，应邀到江苏、内蒙古、河南、河北以及新加坡去讲学。她所撰写的《培养快速阅读习惯，提高快速阅读能力》《关于汉语拼音归级交叉分层次教学的探索与实验》等多篇教学论文获得市区级教学优秀论文一等奖，多篇文章在全国和市级教育教学报刊上发表。

21 年的教师生涯中，张健从内心真正感到做教师其实很简单，能做到真正地爱学生，做到"孩子快乐，我快乐"，就必定能成为一个好老师。她认为，"教师像蜡烛"，作为一种教育精神，值得提倡；但作为一种教育思想，却不值得称道。教师应该是火种，在自己燃烧的同时，点燃学生的希望之火、智慧之火。

三、充满活力的课程改革

课程改革是整个教育改革的心脏手术，改革是否成功的决定因素，在于干部、教师教育观念的转变。芳草地小学将教育看作是师生相伴的教育人生，拥有互属的生命意义和共有的发展空间。教学的过程是知识交流的过程，是心灵沟通的过程，更是生命对话的过程。过去，课程和教材就是孩子们的全部世界，而今，全世界都是孩子们的教科书。因此，芳草地国际学校的课程和教材建设，始终坚持面向中外全体学生，以学生发展为本，用开放的态度与开放的环境，创建开放的课程体系，努力实现课程的基础化、多元化、现代化、开放化。

自 2001 年起，北京市开启了第一轮教育教学改革，芳草地小学根据实际情况，进行了总体规划。在芳草地小学，其课程改革主要有：

中国部：课程文化建设。心理健康教育，编写《小学生成长导航》（校本教材，参见照片 6-5）；国际理解教育；校本课程开发（国家、地方、学校）；信息技术介入与整合；数字化校园建设。

照片 6-5：《小学生成长导航》课本，藏于芳草地国际学校

国际部：汉语零起点教学；对外汉语教学推广；国际理解教育——《芳草汉语》YCT 考试点建设。华夏文明课程：中国学生——传承；外国学生——传播。

（一）优质课程

“中国学生的英语，外国学生的汉语”，这是芳草地小学的两大优质课程。

中国学生的外语课程——十几年来，学校一直进行英语课程改革的探索，增加英语课时，开设外教口语，对于提高师生的口语水平起到了促进作用。

外国学生的汉语课程——国际部的学生，来自世界各地，汉语程度参差不齐，大部分学生是零起点。针对他们的实际情况，学校创造出了适应外籍学生学习汉语的教学体系和方法。编写了专供外籍学生使用的汉语校本教材，图文并茂、充满童趣。根据学生程度不同，入学时编入汉语补习班，分层教学，过好语言关，实行弹性学制，一般一个学期重组一次。开展“汉字字理识字教学”的课题研究，改进教学方法，揭示汉字的造字规律和记忆特点，使用大量直观手段，调动外国学生学习兴趣，提高课堂教学效果。

芳草地小学努力创设双语环境，积极开展中外班级联谊活动，如语言角、课本剧、学生报、双语电视台等，扩大了语言教学时空。学校经常会组织中外学生进行“四大名著绘画展”“双语报”“中国脸谱制作大赛”等活动，源远流长的汉文化深深沁入孩子们的心田。中外学生第二语言的学习都取得了较好的成绩。

曲直同学连续两年获得全国少儿英语口语大赛的第一名。2006 年，学校有三名五年级学生以优异的数学、英语成绩被北京八中少年天才班录取。

百分之百的外籍学生都能为家长做汉语翻译，在学校的外事活动中做“小义工”。在被称为“汉语托福”的 HSK 小学组测试中，芳草地小学国际部的学生，通过率为 97%，优秀率是 61%。多名外籍学生在中央电视台举办的外国人才艺大赛中获奖，有的还参加了国产电视剧的拍摄或相声、京剧等艺术演出。在奥运教育中，学校又培养了 6 个语种的“奥运小义工”。

芳草地小学的对外汉语教学成绩，受到中国国家汉语国际推广领导小组办公室领导的高度赞扬，并邀请芳草地小学的老师参加国家对外汉语教材的编写工作。世界著名汉学家汉斯的评价是：芳草地小学的汉语教学是神奇的！

（二）特色课程

国际理解教育和心理健康教育既是芳草地小学规定必修的特色校本课程，也是学校教科研的两大龙头课题。国际理解教育为国家级重点课题，心理健康教育为国家重点课题的子课题。苏国华校长主要介绍了心理健康课程。

心理健康教育在课题研究的引领下，以师生全员参与、全员受益为目标，在全校范围内开设心理健康教育的校本必修课程，20 多名教师参加了教材的编写工作，总结出教师培训、课程建设、学科渗透、主题活动并举的心理健康教育经验，被教育部确定为全国心理健康教育示范校。2006 年，芳草地小学承办了北京市心理健康教育现场会。

通过这两个特色课程，实现科研兴师，科研兴校。2006 年 10 月 20 日，由北京市教育学会主办，芳草地小学承办的“中国·北京·国际理解教育论坛”在北京国际饭店举行。芳草地小学介绍了自己的思考与实践，得到了与会专家的一致好评。

（三）选修课程

为了促进学生多元智能的发展，为学生提供更多的学习和选择的机会，有利于他们全面发展和学有所长，芳草地小学几年来始终致力于开发校本选修课程体系，开设了外教英语、摄影、天文、武术、踢踏舞、钢琴、独轮车等十几门选修课程，孩子们可以根据自己的兴趣爱好，选修一门或几门课程。可以说，学校已经建立起独具特色的课程体系。

走过半个世纪的芳草地小学，在继承与发扬优良办学传统的基础上，在先进的教育思想和办学理念的引领下，在各级领导和社会各界的大力支持下，全体教职员工执著于美好的教育理想，积极探索，进一步确立了优质教育的地位和品牌形象，奠定了创办国际一流学校的坚实基础。

“十一五”期间，芳草地小学坚持走开放办学的道路，实现“创办国际一流学校”目标的设想是：探索双轨教育体制，建立 IB 课程体系，试行中国学生短期留学制度，开辟国际教育市场，实现海外办学、境外办学，推广中华民族优秀文化，打造中国国际教育优质品牌。

苏校长感慨地说：“如果有人问我们，现在是芳草地的辉煌期吗？”

我们会回答：“不是，芳草地小学的辉煌期在明天，永远在明天！”

四、学校文化建设

一所学校的终极魅力在于它的文化价值，校长的任务就是创造文化价值。苏国华校长对于学校文化建设有着自己的见解和认识，在 2006 年 10 月 22 日 50 年校庆时，在散文《芳草碧连天》中，苏校长抒发了她对学校文化的认识，全文如下：

又是一年芳草绿，似水流年，芳草地小学走过了半个世纪。

常常有人问我：是什么让芳草地溢盈着美妙的诗情画意？又是什么让芳草地充满着如此神秘的魅力？

直到最近，一位颇有建树的早期毕业生帮我找到了答案。她说：我在芳草地不是被“教”出来的，而是被“熏”出来的。

是的，这就是芳草地。

芳草地是传统的，又是现代的。50 年来，芳草地彰显着中国基础教育的优势，这里先后培养出 9 名特级教师，近 40 名中学高级教师，芳草地的毕业证为全世界所承认。传承炎黄文化与吸纳西方文化在这里实现了完美的对接、融合。无论是中国孩子充满异国风情的踢踏舞，还是外国孩子娴熟的中国书法、茶道，都是高雅气质的自然流露，尽情地传递着全人类的文明。

芳草地是高贵的，又是平凡的。这里不乏外国的贵族子弟，也有着中国平民百姓的孩子，还有着智障儿童和聋童。无论是谁，在这里他们所感受到的是全纳，是公平，是浓得化不开的家国之情！在“现代中国人和友谊小使者”的育人目标导航下，每个孩子都惬意地实现着自己的梦想。

芳草地是大气凝重的，又是激情四射的。当你徜徉在芳草园中，你立刻就会品味到弥漫于空气中的文化气息，无论你以什么心情，都不会拒绝这种典雅。你不可能不静下心来，一扫浮躁，浸心于学问，连心灵也得到净化和升华。

这就是芳草地！

这种柔柔的却是浓浓的魅惑，是一种芳草文化，更是一种芳草血统，它流淌在一代又一代芳草人的血脉之中。只可意会，不可言传，根深叶茂，天高地远！

岁月如歌，激情似火，在芳草地小学迎来 50 年华诞之际，我们为她深深地祝福：

“好雨无声处，芳草碧连天！”

（一）融贯中西的学校文化

苏国华校长来到芳草地小学以后，深切地感受到中西文化观念在这所学校中的差异与冲突。她为我们讲述了她在学校里遇到的文化差异与冲突的小故事：

在我们中国人的传统中，通常要求学生称呼老师应该使用“您”，可是外国学生认为“您”和“你”丝毫没有区别。

记得有一次，我在校门口遇到国际部的一位家长送来迟到的学生，我耐心地告诉他，明天要让孩子早起。可家长回答：“不可以，孩子的睡眠是第一位的。”

洗手间的卫生纸没有了，家长马上打来电话，说这是侵犯人权。

这些问题我必须去面对，去解决，这就迫使我不得不去考虑中西方文化，中西方教育到底有哪些差异？我怎样找到它们的结合点，去勇敢地面对挑战，把这样一所兼收中外学生的学校，作为演绎自己教育理念的大舞台？

当时，我主要是从两个方面考虑：一是让学生扎根于中华民族五千年文明的沃土之中，成为弘扬民族优良传统，塑造凝聚民族精神的教育窗口；二是要以海纳百川的博大胸怀，吸收接纳世界上一切优秀的文化遗产，在古今中外文化的交融中创造出高水平的办学成果。

所以，我们追求的理想是“培养现代中国人与友谊小使者”，即把我国儿童培养成现代中国人，把中外儿童培养成友谊小使者，为最终把他们培养成具有世界眼光、国际交流对话能力和竞争实力的国际型人才打下坚实的基础。

“把芳草地办成小小地球村，让中外儿童在芳草园里健康成长。所有到芳草地求学的学生，无论来自哪个国家，属于哪个民族，都要培养他们成为对人类有用的人——热爱和平，崇仰真理，全面发展，自强不息。”我们的老师首先要成为这样的人。[①]

（二）有形文化

在有形文化建设上，芳草地小学坚持民族精神与多元文化的有机结合，让整个校园既流淌着中华民族传统文化的血液，使学生可以随时观赏、触摸，感受五千年文明古国博大精深的文化，又昭示着西方文明的精华。苏校长深情地说：

学校努力营造健康、开放的校园文化环境，要让学校的每一块地方都成为教育资源。

照片 6-6：砂岩浮雕孔子，藏于芳草地国际学校

照片 6-7：砂岩浮雕亚里士多德，胡嘉玉提供

在中国部大厅，两侧的砂岩浮雕，一边是孔子（参见照片 6-6），一边是亚里士多德（参见照片 6-7）。它代表东西方文明的两位先哲在这里聚合。国际部大厅设有国际广场，无论哪个国家的孩子来到芳草地，

① 苏国华：《实施开放办学策略——创办国际一流学校》，《苏国华校长办学理念研讨会文集》，未正式出版。2006 年 10 月，第 7-8 页。

学校都会让他/她亲手升起自己国家的国旗。每次开学典礼和学校重大活动，操场上冉冉升起的是五星红旗，两旁飘扬的是各国的国旗，传递着和平与友谊。设在国际部二楼的“中国国粹走廊”展示了甲骨文、指南针、陶瓷、脸谱、剪纸、皮影等实物，全部是开放式悬挂，中英文对照说明，学生可以随意观赏、触摸，感受五千年文明古国博大精深的文化。

“芳草名师墙”也是一道靓丽的风景线，4名特级教师，24名中学高级教师全部在线，昭示着芳草地的文化底蕴和办学实力。而“地球之诗”“人类的朋友”又使孩子们的环保意识、科学意识在潜移默化中得到增强。①

2005年，学校在3号教学楼外墙镶刻了绿色的校徽和金色的大字“教育要面向现代化，面向世界，面向未来”（参见照片6-8）。这金色的大字是1983年10月1日，邓小平同志为景山学校的题词。表达了他对教育地位的全面审视和战略思考，在教育发展道路的进程中具有定准基调的重要意义。

照片6-8：校徽与邓小平题词（2005年）藏于芳草地国际学校

（三）无形文化

在无形文化建设上，学校在全校范围内开展了“国际理解教育”的课题研究。以这一课题为依托，努力寻找中西方文化的结合点。国际理解教育是近年来新兴的一个课题，通俗地讲，其核心理念就是：每一个生活在世界上的人都是地球人，每个人要有民族精神，爱国是每个人永远不变的情结；同时要建立起国际理解，懂得世界是多样的、世界是多元的、世界是多彩的。我们要尊重并且理解整个世界和生活在这个世界上的人。国际理解教育的落脚点是培养中外师生具有国际理解态度、国际交往能力和国际主义精神。

比如：在纪念反法西斯战争胜利60周年的日子里，我们告诉中国的

① 苏园华：《实施开放办学策略——创办国际一流学校》，《苏国华校长办学理念研讨会文集》，未正式出版。2006年10月，第8-9页。

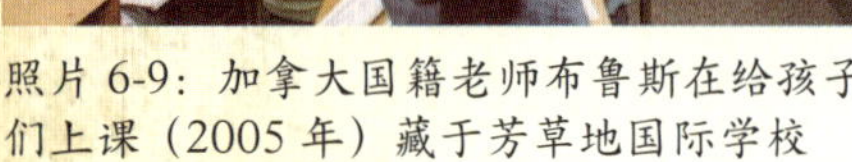

照片 6-9：加拿大国籍老师布鲁斯在给孩子们上课（2005 年）藏于芳草地国际学校

照片 6-10：外籍教师在一起备课（2005 年）藏于芳草地国际学校

孩子们，不忘耻辱，落后就要挨打；同时告诉所有孩子们，我们不是要传播仇恨，而是要他们懂得我们要和平，不要战争，各国人民要永远友好相处。

芳草地小学有 8 名外教，外教的作用到底是什么？我们的外教不仅仅是上课（参见照片 6-9），学校所有的活动他们都参加，和老师一起备课（参见照片 6-10）、研讨、参加运动会、联欢会、旅行等，和师生们进行广泛的交流。加拿大籍英语老师布鲁斯自己掏钱买材料，为学生做万圣节的南瓜灯，他们还积极参加义务献血活动，给师生们带来现代文明的理念。

还要加强对外文化交流，其目的是站在时代前列，借鉴和吸收国内外先进教育思想和教育经验，为我所用。芳草地小学与外国驻华使馆、中国外交官协会等机构建立了密切的合作关系，还多次接待国外的教育考察团，参加文化交流活动，和国内外 40 多所学校建立了合作办学及友谊校关系。让世界了解芳草地，让芳草地走向世界。

（四）节日文化

节日是文化传承的一种有效形式，节日文化也是芳草地校园文化的重要组成部分。学校一是有选择地组织学生过外国节，如圣诞节、感恩节；二是精心组织学生过中国节。组织学生和家长一起过象征亲情、团圆的中秋节，一起朗诵诗歌、吃月饼、讲中秋节的来历，给远在外国的亲人、朋友发 E-mail，感受浓浓的亲情，体验中国节日的丰富内涵。美国女孩泰丽在接受记者采访时说：“我在美国只过圣诞节，来到中国，来到芳草地以后，过了很多中国节，太有意思了！学校的活动丰富多彩，真是幸福而又难忘。”

（五）社团文化

社团文化可以陶冶人的情操，展现师生良好的精神面貌，促使学生不仅学识广博，而且身心健康。为了使孩子们得到全面发展，学校成立了几十个学生社团，有民乐团、管乐团（参见照片 6-11）、小记者团、网球队、棒球队、跆拳道队、篮球队、足球队、独轮车队；文学社、摄影组、双语电视台、天文组、测向组、生物组等。有中国孩子参加的英语角、小剧团；也有外国孩子参加的茶艺组、空竹队、京剧社等。这些社团组织遍布学校各个角落，活跃在学生中间，丰富了学生的校园生活，使他们在愉悦的感受中获得了全面发展。电视台播放的是孩子们自编、自导、自演的节目，专栏里有孩子们自己编辑的学生报，课堂上有学生帮助老师制作的课件，中国博物馆还为学校学生书画社组织了专场展览。学校经常为学生搞个人的美术展和摄影展。学校还为孩子们创造更多的机会，让他们开阔视野，如 2005 年进入人民大会堂表演节目，组织学生与党和国家领导人一起植树，2008 年奥运会表演等各种活动。

照片 6-11：管乐团的同学们在排练（2003 年）藏于芳草地国际学校

2003 年 3 月，芳草地小学的管乐团参加朝阳区第七届中小学艺术节比赛，荣获一等奖。此后，2004 年和 2006 年，学校管乐团分别在维也纳和纽约参加世界首届和第二届青少年管乐大赛(参见照片 6-12)，分别获银牌和金牌；2006

照片 6-12：在纽约参加第二届青少年管乐大赛（2006 年）藏于芳草地国际学校

年，芳草地小学民乐团在中山公园音乐堂举办专场音乐会。

（六）重修校训

2005 年 5 月，时任芳草地小学党总支书记张泉带领芳草地小学全体教职工进行了重修校训这一工作，并广泛征求了学生家长的意见，重新修定了校训。

校训：崇文、尚德、晓礼、友好。

其文化内涵是：

崇文：是指要尊重、推崇科学文化知识。作为小学生，要学好每一门功课，要博览群书，不仅要“学会”，更要“会学”，从书本中学，向实践学，坚实地走向科学文化知识的殿堂。

尚德：“尚”是崇尚；“德”是道德，广义的“德”是指品德、道德、人格和良好的心理品质及健康的体魄。“尚德”即指崇尚道德教育。

晓礼：“晓”是知道、懂得；“礼”表示生活中由于风俗习惯而形成的为大家共同遵守的仪式。中国是历史悠久的文明古国、是礼仪之邦，我们作为 21 世纪的小学生要从小做到懂礼节、善礼仪、讲礼貌。

友好：是指要学会和同学、他人亲近、和睦相处。要爱人、爱群、爱物、爱一切美好的东西。增进和各国小朋友的友谊、交往，学会互相尊重，共同在芳草园中愉快地成长。

校训要求芳草地小学的全体学生都按照校训的训导，用高标准要求自己，努力使自己成为一名德、智、体、美全面发展的优秀学生，至今沿用。

五、为不同种子选择适宜生长的土壤——全纳教育

1994 年 6 月 10 日，联合国教科文组织在西班牙萨拉曼卡召开了“世界特殊需要教育大会”，会上通过了《萨拉曼卡宣言》。宣言中提出了一种新的教育理念和教育过程——全纳教育（inclusive education）。全纳教育重申了人所具有的受教育的基本权利，其思想提倡普通学校要给有特殊教育需要的学生提供学习机会，容纳所有学生。

伴随着世界特殊教育发展呈现普特融合的趋势，芳草地小学开启了特殊教育，为不同种子选择适宜生长的土壤，满足特殊教育需要儿童的

需求。

特别值得提到的是，当时社会上许多人都认为芳草地是培养精英的地方，是为少数人或者特殊人群服务的。事实上，芳草地在苏国华校长的领导下，坚持实行全纳教育，为此成立了特殊教育教研组，对聋哑、弱视、智障、致残的特殊儿童一视同仁，关爱有加。

2015 年 12 月 30 日下午，我们来到了远洋分校，见到了为全纳教育付出努力的岳爱珠老师以及曾在远洋分校上学的患有严重失聪的荣闻远和她的父母。与他们一起回忆了闻远在远洋分校学习的生活故事。

（一）敲门与开门

2003 年，在其他孩子无忧无虑地享受幼儿园中班时光的时候，荣家的父母已经为孩子的小学做起了考虑。2003 年 9 月，位于北京市朝阳区的远洋天地小区附近的芳草地小学远洋分校举办第一届开学典礼，荣家父母带着孩子去看开学典礼，偶遇时任芳草地小学校长苏国华。荣家父母知道一个失聪的孩子要想在正常学校上学，是件多么艰难的事情，但是为了孩子，两人没有犹豫，向苏校长介绍了荣闻远，简要说了孩子失聪的情况并表达了想让孩子随班就读的心愿，还让年仅四岁的荣闻远给苏校长背了一首诗。

出乎家长意料，苏校长很爽快地答应了："这孩子收了！"喜悦来得快，去得也快，又过了两年，到了小闻远真的该步入小学的年纪，荣家父母开始担心苏校长毕竟是一校之长，事务繁忙，对自家孩子的承诺可还记得？于是，荣爸爸一个人再次找到了苏校长，这次是在芳草地小学的日坛校区，苏校长的办公室。让荣爸爸惊讶的是，苏校长不仅没有忘记当年的诺言，还主动问起："闻远怎么样了？我还说她该到上学的年纪了。"之后，苏校长带着荣爸爸见了一位有经验的教师——岳爱珠老师。荣爸爸回忆说：

> 当时第一面见岳老师我印象特别深刻，正好中午，教室里孩子们下课要打饭，稍微忙活一下，岳老师跟我在教室见了第一次面。岳老师就跟我讲以前教的张晨（岳老师带过的第一个失聪的孩子），然后跟我讲了这个孩子的情况，并告诉我苏校长已经把她派到远洋分部了，专门来带闻远。我听后非常感动。像我们这种情况能够在这样一所学校随班就读就很感谢了，学校还把一个优秀的特别是有这样经验的老师专门派过来，怎么说呢，就是非常非常感谢，别的也说不出来了。

因为的的确确我们的小孩在听力上比较弱，属于弱势孩子，在这种情况下，不仅校长特别重视而且把这么优秀的老师专门派过来。跟岳老师的第一次见面使我印象非常深刻，虽然很短暂，我估计就十五分钟左右，因为岳老师还在带其他的班嘛。我记得我出了学校门之后赶紧给她妈妈打电话，把这个好消息告诉她，我说："太好了"。我也不想多说什么，就是"太好了"这三个字，所以跟岳老师的第一次见面真的特有缘分。后来上了学之后，这个孩子应该说是我们家长的责任，因为她小时候听力不好，所以各个方面都比较呵护她，到现在岳老师还在为此批评我呢。

（摘自 2015.12.30，田野笔记）

（二）爱的付出

2005 年 9 月，荣闻远正式进入芳草地小学远洋分校学习后，分校校长于亚玲给予了荣闻远无微不至的关怀，再加上致力于特教一线的岳爱珠老师的付出（参见照片 6-13），使荣闻远快活地度过了她的小学学习生活，让她的生活变得绚丽斑斓。她喜欢美术，绘画作品多次获奖。2009 年 9 月，在人民大会堂召开的世界卫生组织听力障碍与康复合作中心揭牌仪式大会上，荣闻远把自己的绘画作品赠给了世界卫生组织（参见照片 6-14）。

照片 6-13：岳爱珠（左一）、李伯尧（左二）、苏国华（中间）、于亚玲（右一）、荣闻远（右二）（2008 年）岳爱珠提供

照片 6-14：赠画作品（2009 年）岳爱珠提供

荣闻远不是岳老师带过的第一个失聪学生，也不是最艰难的一个。但这对岳老师来说没什么不同，因为她付出的关心是一样的，差别只在于一个词要教一百次还是两百次。岳老师根据自己的

经验，给荣闻远安排了“助学小伙伴”，但这对年幼的闻远来说是一种束缚：“怎么谁都能管着我啊！下课的时候，别的孩子跑去玩了没事，我一跑，就老有人跟着我！”（摘自 2015.12.30，田野笔记）现在说起这些，荣闻远已经明白了这是岳老师对她的特殊关心，但当时的她并不理解。而岳老师做的远不止这些，因为闻远安装的人工耳蜗及其外带的助听器当时还不先进，也不防水。只要闻远所在的班级上体育课，岳老师就要揪着一颗心，担心天气不好，“如果要打雷下雨，得赶紧把她抱到楼道里。”由于听力不好，荣闻远并不能像其他孩子一样完全听从老师的指示，体育老师有一次让荣闻远自己站在边上看着其他人，刚好被因不放心小闻远而来操场“巡视”的岳老师看到。岳老师在课后立刻找到了当时的体育老师，严肃认真地对体育老师表达了自己的看法和要求：“我们班上的荣闻远必须参加和其他孩子一样的活动。”

在我们的访谈过程中，说到闻远在岳老师班上的一至三年级，岳老师和两位家长甚至很难想起一个“特殊的故事”，因为闻远在学校的方方面面，从对孩子的要求到和家长的沟通，闻远并没有什么特殊的地方。

然而，为了达到这样的普通，岳老师着实花了不少力气：“第一点困难就是融入集体。第二点，就是孩子们接受不接受，这是个难点，因为小孩不懂事，她戴着助听器，小孩子们都想摸一下是怎么回事，再有知道她听不见，尤其是男孩子在背地里会说“她是个聋子”，这对她的伤害是最大的。”为了能让闻远被接纳，岳老师想到了一个非常有说服力又简单易懂，避免讲大道理的办法：“闻远进班的那天，我有意识地戴了一副眼镜，我把她介绍给大家，我说今天我为什么要戴眼镜，你们知道吗？我说因为老师的眼睛不好，看不见，必须借助眼镜，你们看荣闻远戴的是什么呢？她戴的是耳机，因为她耳朵不好，她得借助这个来听，我们两个不同的地方有不同的问题，所以借助不同的方式来学习。”岳老师用这样的方法淡化了问题，因为眼镜耳机都一样，只不过是戴在不同地方。这样孩子们就很容易接受闻远了。

岳老师还得面对课堂提问的问题：“有时候上课要提问她的时候，她吐字不清，语言不准确，这个时候难免会造成一些怪声音，有时候声音比较尖，她发不出来，如果在上课的时候我说不对再读一遍，她可能声音就很怪，这时候就会哄堂大笑，这个时候就是一难点。所以老师要知道对于孩子来说哪个音是最困难的，课下需要辅导，这样她上课才不会露怯。”

在日常的生活学习中，岳老师也自信闻远是快乐的。岳老师甚至尝试让有听力障碍的闻远参与到歌咏比赛的全班大合唱中。“歌咏比赛的时候，音乐老师就问荣闻远要不要上，因为她要是唱歌就会出一种怪声，她唱不了歌，我又不敢和孩子说，我跟她说声音不能大，主要是看动作，你是以动作代表你的语言，你是表演的。所以专门找了五个孩子在前面不让她唱，别人做的时候让她跟着做表演。她做不了动作，因为听不见该做什么，所以我就从后面给她示意下一个动作是什么。”这次的歌咏表演取得了巨大的成功。

2009 年 4 月 24 日，荣闻远在北京市随班就读课堂教学观摩活动上，朗诵（参见照片 6-15）了她最佩服的一位大哥哥张晨同学（他也听不到，但是考上了大学）毕业时写的一首小诗：

如果我是小苗
您就是春风
我的萌生
靠您吹拂而更加旺盛
如果我是小星
您就是太阳
我的晶莹
靠您输送缕缕光明
如果我是鲜花
您就是园丁
我的鲜艳
靠您的心血与汗水结凝

照片 6-15：诗朗诵场景（2009 年）
岳爱珠提供

我想我们每一位教师都愿意为了这些孩子去化作春风。

（三）不抛弃、不放弃

荣闻远能如愿“随班就读”，是离不开苏国华校长和岳爱珠老师的努力的。苏校长回忆说：

一天上午，学校来了一对中年夫妇，带着一个清秀但脸色有些苍白的小姑娘。在校长室里，家长讲述了小姑娘的故事。

孩子的两位家长均为博士生，他们从海外留学归来，在国家的高级研究部门供职，30 多岁才生了这个孩子，夫妻都视为珍宝。可是孩子生下来两个多月的时候，家长突然发现孩子对声音没有任何反应。他们急忙带孩子到医院检查，不幸被诊为“先天性失聪”。这个消息犹如晴天霹雳震惊了全家，从此这个家少了欢笑。孩子已经 5 岁了，但她很少出门，她不能与人交流，无法领会别人的意思，因为耳聋她看不懂这个世界。家长眼含热泪地说：“明年她就 6 岁了，到了上小学的年龄，我们万分着急。我们一定让她上最好的学校，我们相信您一定会收下她，一定会有办法教好她。”

让聋童随班就读是目前特殊教育的研究方向，可这是一个与外界没有接触的孩子，我们根本没有这方面的经验，该从何做起？别的家长能不能接受？弄不好会给学校带来负面影响。

望着家长充满期待的目光，望着孩子哀怨无助的眼神，我毫不犹豫地答应了，而且承诺从现在开始对孩子进行学前指导，让她一年后能顺利入学。

没想到我把这个意见在校务会上提出来的时候，几乎遭到了百分之百的反对。有的老师说：“我们学校班额大，学生多，老师教育教学任务很重，怎么对这样一个特殊的孩子给予特别的关注呢？如此大的工作量老师又怎么承受呢？”有的老师说：“芳草地应该是培养精英的地方，接受不接受一个聋童，对学校的美誉度没有什么大的影响。”甚至还有的说：“我们用不着作秀。”

面对这种情况，我给大家讲了这样一个故事。在南非有很多“艾滋病宝宝”，他们一出生就从母体带来了艾滋病病毒，最多只能活到十一二岁。因此他们从不上学，只是吃饭、睡觉，等待死亡。后来白人妇女疾呼：这些孩子有上学的权利，哪怕只是上了一天也必须要上，因为每个孩子都有受教育的权利。白人妇女四处奔走，终于为这些孩子争取到了上学的机会。南非政府因此修改了相关的法律。讲到这里，我说：“我们一起思考这样一个问题，如果这是我们自己的孩子，又该怎么办？孩子的父母给孩子起名叫‘闻远’，这是一个多么令人心酸的名字，这个名字寄予了多少深情和希望啊！”老师们默默地思考着。

小闻远终于如愿以偿地成为我校一年级预备生。我们派岳爱珠老师作为她的辅导教师。岳老师带她走进大自然，走向社会，参加各种

照片 6-16：荣闻远在人民大会堂和万选蓉奶奶合影留念（2009 年）岳爱珠提供

活动（参见照片 6-16）。教她读唇语，有时为了一个音节的正确发音，老师要说上几百遍甚至上千遍，她才能跟着模仿，有时孩子因为着急，竟抓破了老师的嘴……可是岳老师一直默默忍受着，全部接纳，不放弃对小闻远的教导。

寒来暑往，一年过去了，经过老师们的努力和家长的配合，小闻远上了一年级，她终于能吐字说话了，和同学们一起幸福地学习和生活。又一年过去了，在学校“红五月”歌咏比赛中，小闻远担任了芳草地学校的校歌的领唱。当她用稚嫩的童声唱出“春风伴随着春雨，春雨携带者新绿，来到哪里？来到哪里？来到我们的芳草地……”时我的泪水不禁夺眶而出。

（摘自 2015.12.23，田野笔记）

父母坚持乐观的养育信念，校长主张开明的全纳教育，老师秉持无差别地对待学生，在这样的环境下成长起来的闻远度过了她快乐的小学时光。

六、走进人民大会堂——共庆六一儿童节

2005 年 5 月 29 日（星期日）14:00—16:00，芳草地小学中外师生及家长近 7000 人走进人民大会堂欢聚一堂，载歌载舞，庆祝六一儿童节，人民大会堂成为欢乐的海洋。

人民大会堂悬挂着横幅：中国北京芳草地小学庆“六一”文艺晚会（参见照片 6-17）。很多老干部、老师、家长都流下了激动的泪水。

照片 6-17：中外师生及家长聚集人民大学堂庆祝六一（2005 年）胡嘉玉提供

虽然这次的六一晚会已过十年，但参加这次晚会的老师

还激动地为我们讲述了当时的情景。时任德育主任的胡嘉玉回忆说：

苏国华校长是一位极具亲和力的校长，在人民大会堂庆六一晚会的致辞中（参见照片 6-18），她说："亲爱的同学们，今天人民大会堂的舞台是你们的，未来更广阔的舞台等着你们去驰骋、去创造，我们相信：今天你们以芳草地为荣，明天芳草地定将以你们为骄傲！最后，我代表所有的领导、来宾、家长和老师们，祝同学们儿童节快乐！并深情地说一句：I love you!

照片 6-18：崔明华（左一）、苏国华（右一）庆六一晚会致辞（2005 年）苏国华提供

学生：We love you!（参见照片 6-19）

照片 6-19：人民大会堂成了旗的海洋（2005 年）胡嘉玉提供

苏校长这一句"I love you"掀起了庆祝六一大会的高潮，感动了在场的 7000 多名中外师生及家长。就连晚会的主持人——中央电视台国际频道的王瑞瑞都这样说："我还是第一次看到这样的场景，台上的老师和台下的学生相互呼应，共同说着世界上最美的一句话。"真的是太感动了！太感动了！

（摘自 2016.05.18，田野笔记）

苏国华校长也同样难忘那幸福的时刻，她感慨地说：

当我看到那动人的场面，我深深感到，办教育是多么幸福！尽管这幸福的背后有那么多的艰辛，有那么多的苦恼，但我无怨无悔。

如今的芳草地小学，是立体的书卷、书香的校园、学习的乐园、精神的家园。学校师生在校园里有其位，情有所专，神有所往，心有所归。

（摘自 2015.12.23，田野笔记）

胡嘉玉老师至今还珍藏着那份用心制作的绿色"茵茵芳草地 浓浓五

洲情”中国北京芳草地小学庆“六一”文艺晚会节目单（参见图 6-6）。

图 6-6：芳草地小学在人民大会堂庆六一文艺晚会节目单（2005 年）胡嘉玉提供

这次晚会活动，首先是校长苏国华致辞，崔明华主任担任翻译。之后，本部、国际部、二部、远洋分校的学生和教师 1500 人先后演出了 18 个节目。

苏国华校长还为我们讲述了这样一个小插曲：

一开始我们准备彩排时，是跳旗语舞，一手拿中国旗子，一手拿外国旗子。用的是《七色光》那个曲子，七色光七色光（哼唱动作），特别好看。因为上人民大会堂嘛，经过与老师们商量，就选了一百多个孩子。结果有孩子就哭了，回去跟妈妈诉说：“我长得胖，老师不让我上台。”然后妈妈领着孩子来找我说：“您能不能和那个老师说说，让我们孩子上台？”孩子也哭，妈妈也哭。这时我就想，我在干什么呢？我是要给孩子们庆六一，但是准备的时候把孩子给气哭了，而且就因为胖，让孩子很不自信。我就自问：六一是庆什么的呢？难道就是给领导看吗？领导高兴了，都是瘦的、白的上台。胖的、黑的就不许上吗？沉思过后，我就跟他们舞蹈老师说：“只要孩子想上你就让他们上台，只要他们高兴了就行。你这又不是选美，都是大明星。你是给孩子们过六一，一定要让他们快乐。”最后，只要孩子提出想上台表演的都可以安排，所以那天我们的那个演出，百分之百的孩子都参与了，台上台下都安排了节目，集体诵读，诵读古诗，跟台上呼应。比如演课本剧《东郭先生与狼》，台上孩子们穿上古装表演，演完一段，台下的孩子们就一起诵读，台上和台下互动，所有的孩子都参与。

那天我们孩子吧，也是表现得特好，他们中间去卫生间的时候，为了不扰乱会场都在地上爬，爬着去卫生间。因为台上亮，台下就黑了嘛，我往旁边一看，孩子们在干吗呢？为了不影响演出就在地上爬。你说我们孩子可爱吧！就是特好！

（摘自 2015.12.23，田野笔记）

这一活动以六一联欢为主题，是给孩子们过六一，一定要让他们快乐。那么多孩子登上人民大会堂的舞台，我们相信会给孩子们一生留下难以忘怀的深刻印象和美好回忆。对孩子们开阔眼界、锻炼能力所起的作用不可低估。并且提升了学校在家长心中的地位，和在社会上的知名度。

七、来自社会各界人士的关爱

（一）真诚的祝福之一——李肇星

由于芳草地小学的特殊性，每年的六一儿童节，都会得到社会各界人士的关爱和最真诚的祝福。2004 年 5 月 31 日，时任外交部长的李肇星给芳草地小学师生写来回信（参见图 6-7）。2004 年 6 月 1 日，学校还收到李肇星的赠书《肇星诗百首》及赠言（参见图 6-8）。

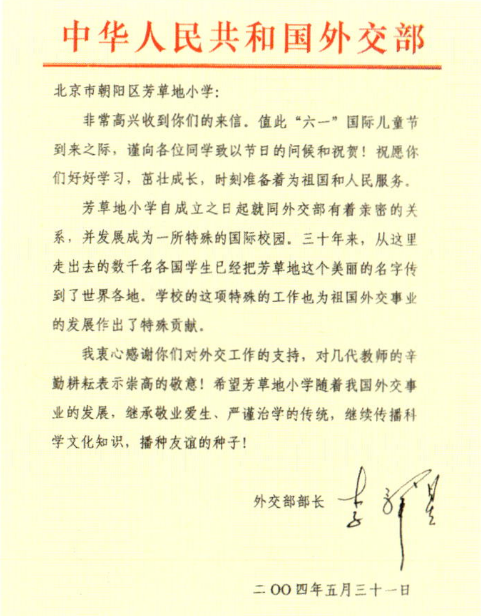

中华人民共和国外交部

北京市朝阳区芳草地小学：

非常高兴收到你们的来信。值此“六一”国际儿童节到来之际，谨向各位同学致以节日的问候和祝贺！祝愿你们好好学习，茁壮成长，时刻准备着为祖国和人民服务。

芳草地小学自成立之日起就同外交部有着亲密的关系，并发展成为一所特殊的国际校园。三十年来，从这里走出去的数千名各国学生已经把芳草地这个美丽的名字传到了世界各地。学校的这项特殊的工作也为祖国外交事业的发展作出了特殊贡献。

我衷心感谢你们对外交工作的支持，对几代教师的辛勤耕耘表示崇高的敬意！希望芳草地小学随着我国外交事业的发展，继承敬业爱生、严谨治学的传统，继续传播科学文化知识，播种友谊的种子！

外交部部长 李肇星

二〇〇四年五月三十一日

图 6-7：外交部部长李肇星回信（2004 年）藏于芳草地国际学校

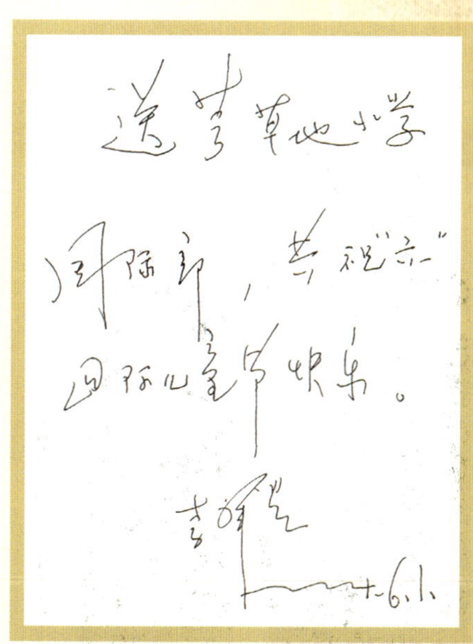

图 6-8：外交部部长李肇星赠言（2004 年）藏于芳草地国际学校

全文如下：

北京市朝阳区芳草地小学：

非常高兴收到你们的来信。值此“六一”国际儿童节到来之际，谨向各位同学致以节日的问候和祝贺！祝愿你们好好学习，茁壮成长，时刻准备着为祖国和人民服务。

芳草地小学自成立之日起就同外交部有着亲密的关系，并发展成为一所特殊的国际校园。三十年来，从这里走出去的数千名各国学生已经把芳草地这个美丽的名字传到了世界各地。学校的这项特殊的工作也为祖国外交事业的发展作出了特殊贡献。

我衷心感谢你们对外交工作的支持，对几代教师的辛勤耕耘表示崇高的敬意！希望芳草地小学随着我国外交事业的发展，继承敬业爱生、严谨治学的传统，继续传播科学文化知识，播种友谊的种子！

外交部部长　李肇星

二〇〇四年五月三十一日

（二）真诚的祝福之二——陶西平

2005 年六一前夕，国家总督学顾问、亚太地区联合国教科文组织协会联合会主席、中国教育学会副会长、北京市社会科学界联合会主席陶西平（参见照片 6-20），于 5 月 25 日给芳草地小学师生发来

照片 6-20：陶西平与小记者合影（2005 年）藏于芳草地国际学校

北京市人民代表大会常务委员会

尊敬的苏国华校长并芳草地小学全体老师们、亲爱的同学们：

在播种希望，孕育美好，鲜花盛开的日子里，六·一国际儿童节到来了，值此机会，谨向全体同学们致以诚挚的节日问候，向辛勤耕耘、呕心沥血培育祖国花朵的园丁们致以崇高的敬意！

小朋友们、同学们，儿童时代是最美好人生的开端，远大理想在这里孕育，高尚情操在这里萌生，良好的习惯在这里养成，生命的辉煌在这里奠基。希望你们在环境优美，队伍优秀，充满国际化气息与创新精神的芳草地小学里学习进步、生活幸福，并为早日成为祖国的栋梁之材而努力奋斗！

国家总督学顾问
亚太地区联合国教科文组织协会联合会主席
中国教育学会副会长
北京市社会科学界联合会主席

2005 年 5 月 25 日

图 6-9：来自陶西平的祝福（2005 年）藏于芳草地国际学校

了贺信。

作为2005年5月13日“走进芳草地小学——北京市小学素质教育系列展示活动”的组织者，陶西平主席在亲历了芳草地小学的教育之后，于12天后的信中，给于了高度的评价和褒扬。

信中是这样写的（参见图6-9）：

尊敬的苏国华校长并芳草地小学全体老师们、亲爱的同学们：

在播种希望，孕育美好，鲜花盛开的日子里，六一国际儿童节到来了，值此机会，谨向全体同学们致以诚挚的节日问候，向辛勤耕耘、呕心沥血培育祖国花朵的园丁们致以崇高的敬意！

小朋友们、同学们，儿童时代是最美好人生的开端，远大理想在这里孕育，高尚情操在这里萌生，良好的习惯在这里养成，生命的辉煌在这里奠基。希望你们在环境优美、队伍优秀，充满国际化气息与创新精神的芳草地小学里学习进步、生活幸福，并为早日成为祖国的栋梁之材而努力奋斗！

国家总督学顾问
亚太地区联合国教科文组织协会联合会主席　　陶西平
中国教育学会副会长
北京市社会科学界联合会主席

2005年5月25日

（三）与党和国家领导人一起植树

春雨润京华，万木绽新绿。2002年4月7日，是首都第十八个全民义务植树日。这一天，芳草地小学的少先队员幸福地与党和国家领导人江泽民、朱镕基、李瑞环、胡锦涛、尉健行、李岚清一起，在位于北五环路北侧的朝来森林公园，参加植树活动。

江泽民对少先队员说：“我们一起给树苗浇水。”

李瑞环对孩子们说：“将来你们长大后可以常来这儿看看，前人栽树，后人乘凉。你们赶上好时候了。”

李岚清一边为树苗培土，一边兴致勃勃地与少先队员亲切交谈。当他得知有50多个国家的小朋友在芳草地小学上学时，鼓励孩子们要多与外国同学交流。

领导人的话，是说给所有小朋友的。芳草地小学的小朋友，当面聆听了。

芳草地小学的少先队员有四次机会与国家领导人植树。

参加这样的活动，通常都会要求学校校长、大队辅导员带着几十个孩子一起去。其中刘玉袭校长一次、苏国华校长两次、大队辅导员杨媛老师一次。和国家领导人植树，对孩子们来说是一件大事。苏国华校长为我们讲述了这样一个故事：

事情是这样的，有一次我们参加时任总书记胡锦涛的植树活动，他们要我们三十个孩子，校长必去，还有一个大队辅导员去。孩子的活动嘛，我们给孩子准备了衣服，孩子们还练了半天。后来忽然告诉我们，只让去十个孩子，结果呢，有二十个孩子练了半天不让去了，来通知的时候，他们就坐在会议室里，一听说去不了了，哇哇地大哭，不是说一般的抹眼泪，是哇哇地哭，说我们说话不算数。孩子们的胆子也特别大，说我们都练了半天了，我们都告诉姑姑了、什么姨了的，大家都等着看电视呢。后来我说孩子们我得告诉你们一件事，本来去两个老师，我和大队辅导员杨老师，但是现在只能去一个，我说我只好让给杨老师，我也特别难过。后来孩子们一听我这么说，“扑哧”就笑了。最后总算把孩子们哄好了。我就想，无论如何要把孩子当大人来看，你不能伤他们的心，让他们觉得大人都是说话不算数的，孩子们不懂什么政治需要不需要，安全不安全，什么多大规模，什么准备，孩子们不懂这个，他就懂你不能骗我。

（摘自 2015.12.23，田野笔记）

（四）胡锦涛总书记走进芳草和孩子们欢庆六一

2009 年 5 月 31 日，在六一国际儿童节到来之际，时任中共中央总书记、国家主席、中央军委主席胡锦涛走进芳草地国际学校，亲切看望中外小朋友们。苏国华校长为我们讲述了这次胡总书记来学校的整个经过。

2009 年 5 月 31 日上午，胡锦涛总书记走进芳草，走进了国际部的教室，国际部一年级 3 班教室，十几名外籍小学生正在学汉语，老师通过图片、实物和游戏帮助学生认识表示水果的汉字。当时讲课的是沈湛老师，她只有23岁。胡总书记走进教室，外籍小学生们纷纷起立，用汉语向胡爷爷问好。总书记就问："小朋友好！孩子们好！""你来自哪个国家？""你几岁了？"孩子们一一回答。孩子们就说胡爷爷好！我是哪个国家的，我几岁了。总书记还饶有兴致地同外籍小学生一道做击鼓传花的教学游戏。每一次鼓声停下来，接到花的小朋友都尝一口水果，并答出这种水果的名称和味道。在做游戏的过程中，总书记还拿起图片和实物"考"起孩子们。看到孩子们都学会了，总书记夸奖他们进步真快。

总书记从一年级出来后，又走进了四年级的一个班，班里有中国学生和外国学生，学生们正在科学教室里做"神奇的纸盒"小实验，了解重心的不同如何影响物体的平衡。在孩子们的桌子前，总书记同他们一起做起实验：先将一个空纸盒推到桌边，纸盒悬空一半就掉到地上；在纸盒一端放上重物，纸盒悬空超过一大半还留在桌子上。实验结束后，还跟总书记提问题。最后呢，也是一个外国小孩，汉语说得很流利，总书记也很惊讶，说什么你这个问题我跟你想得不一样。他没什么你是总书记啊这个概念。后来突然有一个小朋友喊了一声："胡爷爷长得真帅。"说实在的，总书记是挺帅的，可他肯定没听别人这么说过。当时我一听，我说这孩子怎么张嘴就来啊，总书记听了回答说："对，既要学好科学，也要学好数学。"你看就是非常机智。那天总书记参观了科学教室，汉语教室，孩子们的欢乐小屋，又跟孩子们一起画风筝、画脸谱什么的。看了孩子们的表演，总书记非常高兴。

中办的同志告诉我们，总书记应该在学校待半个小时，但是他那天停留了一小时一刻钟。

最后我们全校2000多个孩子都出来欢送总书记，最后就喊"爷爷再见"，那个喊声真是响彻云霄，那天我的感受就是我才知道大家对总书记的热爱，不论是中国孩子还是外国孩子，他们那种热爱是发自内心的，外国孩子也知道，他们跟家长说中国最大的领导到我们学校了……

总书记就是这么关心教育，这么爱孩子，而且，他对汉语、对我们学校提出了特别的指示。他说汉语要走向世界。这次我跟总书记汇报了学校汉语教学的特色，让他听的就是汉语课，对外汉语教学，要让汉语走向世界，我们也是这样想的，我们应该走在前边。

（摘自 2015.12.23，田野笔记）

八、百年奥运梦的准备

2001 年 7 月 13 日晚，当萨马兰奇念出“Beijing”的那一刻，国人百年的奥运梦终于实现了，举国上下尽情地用各种方式表达着喜悦，高呼着：“北京胜利了！中国胜利了！”申奥成功后，芳草地小学就一直为梦想准备着，2007 年举办了“小小奥运会”。

（一）同一个世界，同一个梦想

2005 年 6 月 26 日晚，北京奥运会组织委员会在北京工人体育馆举行 2008 年奥运会主题口号发布仪式。中共中央政治局常委李长春出席仪式并发布了“同一个世界、同一个梦想”的口号。

芳草地小学追随着这一梦想，2005 年 6 月 27 日上午 8:30，来自中国以及美国、英国、澳大利亚、意大利、蒙古、巴西等 50 多个国家和地区的 600 多名小学生，组成奥运主题英文口号——ONE WORLD ONE DREAM。

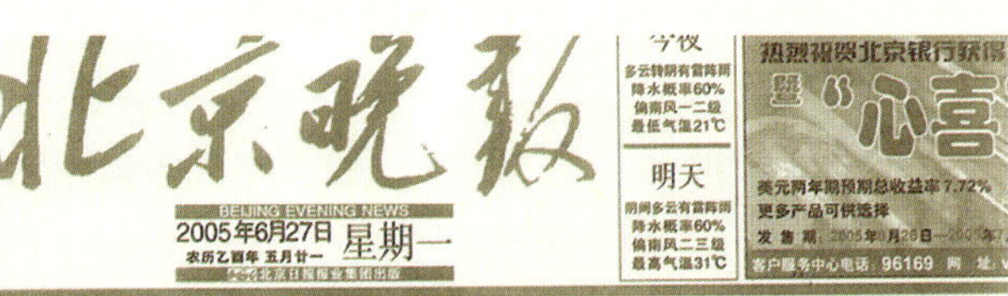

北京晚报

BEIJING EVENING NEWS

2005年6月27日 星期一

农历乙酉年 五月廿一

明天

阴间多云有雷阵雨
降水概率60%
偏南风二三级
最高气温31℃

多云转阴有雷阵雨
降水概率60%
偏南风一二级
最低气温21℃

热烈祝贺北京银行荣获
暨“心喜
美元两年期预期总收益率7.72%
更多产品可供选择
客户服务中心电话：96169

同一个世界同一个梦想

ONE WORLD ONE DREAM

今天上午8时30分，朝阳区芳草地小学来自中国以及美国、英国、澳大利亚、意大利、蒙古、巴西等50多个国家和地区的600多名小学生，组成奥运主题英文口号——ONE WORLD ONE DREAM。 丁文亚 张宏江摄

图 6-10：芳草地小学学生表演 ONE WORLD ONE DREAM 场景之一（2005 年 6 月 27 日）藏于芳草地国际学校

这一表演消息，刊登在 2005 年 6 月 27 日（星期一）《北京晚报》头版头条的显著位置。记者丁文亚、张宏江（参见图 6-10）拍摄了照片新闻《同一个世界同一个梦想》。

同时刊发的还有奥运特刊第 17 版上的《梦想感动世

界》的彩色照片，组成“ONE WORLD ONE DREAM”图案（参见图 6-11），同样是来自芳草地小学的各国小朋友。著名诗人、《诗刊》杂志副主编叶延滨在图案下方写道：

这真是非常简洁而明快的标语，如同清水出芙蓉，和他的英语表述同样的透澈，透澈到天然去了雕饰。

这是一个最古老的梦，自从有了人类，我们就把这种全人类共同认可的想往称为“大同”这是一种灵魂和肉体共同的指向，诗人们说，向真向善向美！运动员说，更快更高更强！

2005年6月27日
北京晚报
17
2008
奥运特刊
梦想感动世界
ONE WORLD ONE DREAM

图 6-11：芳草地小学学生表演 ONE WORLD ONE DREAM 场景之二（2005 年 6 月 27 日）藏于芳草地国际学校

我们同在一个地球上，一个小小的蓝色星球上。我们同在一个村庄里，一个小小的地球村。只是人类“同星异梦”的时间太久了，只是人类“同村异梦”的习惯太久了，以至于我们很难找到共同的梦想。在今天，在“全球化”与无数个“共同体”从人们的嘴里吐出来的时候，我们认真扳着手指头数一下，全世界的人都共同梦想的事情，真的有多少？

也许有许多答案，也许只有一个答案，全人类梦想欢聚的时光：奥林匹克——最近的那一次就是：北京奥运！中国将使这个梦想成真，这个梦想正感动着，一天天走近北京的 2008……

（二）芳草地小学在 2008 年奥运会中的“任务”

芳草地小学是奥运示范校，北京奥委会给芳草地小学的任务，一个是在奥运开幕式上选五个孩子唱歌；另一个是在闭幕式降旗仪式上，唱奥林匹克会歌和放和平鸽。

苏国华校长和总支部书记张治齐分别为我们讲述了在这项任务中发生的两个小插曲。

2008 年 8 月 8 日，奥运会开幕式那天，有五个孩子唱歌，那五个孩子都是我们芳草地的孩子。奥运会要求我们参加的孩子要包括黑人、白人、黄种人，就是亚非拉美都得有，就是在李宁点火炬的时候，他在跑，我们孩子在唱。当时张艺谋到学校来过好几次呢，挑选学生。特别可乐的是什么呢，他跟我们参加演唱的孩子说，当天直播的时候给你们镜头，好好唱啊。这几个孩子唱得特别卖力气，但是呢咱们真播放时没人家孩子的镜头，在英国、美国直播都有这些孩子。这几个孩子都给自己的亲朋好友打电话了，说你看电视，当天直播有我，最后没这些孩子，这几个孩子最后就哭啊，闹啊。第二天就来学校了，又找我哭闹，说一定要让我找老谋子抗议。我说我找他提抗议吧，最后给每个孩子送了一个书包。但是呢在英国，美国以及我们的香港地区的电视台直播都有这些孩子，后来想办法找到这些光盘送给这些孩子。所以我就是不能伤孩子的心，这件事大吗？不大。但是也一定要保护孩子。

（摘自 2015.12.23，田野笔记）

闭幕式的任务是在降旗仪式上，唱奥林匹克会歌和放和平鸽。当时，他们需要 222 名少年儿童童声合唱，芳草地小学的童声合唱很有名。这项任务很重要，111 名中国孩子，111 名来自全世界其他国家和地区的孩子。开幕式后的一个月的奥运期间，每天孩子们要彩排，又都得用车去送去接，还得安排老师把孩子们带进去，提前候场，就这样每天练习。但是，眼看着就要进入正式表演的日子，发生了一件事，国际部的学生都参加了彩排的过程，有一部分是备选的，人多嘛，被淘汰了中国小孩儿就会服从安排，老师说个对不起啥的，就没问题了。可是外国小孩不行，他们说："本来是要回家度假的，放弃了回家度假的机会，我们那儿奔走相告，也有来看的，唱奥运会会歌在英国人心目中是很重要的，人都来了，放弃了很多东西，又不让我们参加了，这哪儿行啊！"最后还是芳草地学校出面，做家长工作，老师们也一直忙着，暑假也没休息，后来学校还是把这事儿给处理好了，小孩全程都参加……

（摘自 2015.12.23，田野笔记）

九、50 年校庆社会知名人士给予的题词

2006 年 10 月 22 日，是芳草地小学走过五十年的纪念日。学校为此专门举办了庆祝会。学校党总支书记张治齐撰文《芳草赋——为建校庆典而作》：

乙酉仲秋，余奉调芳草地。瞬至丙戌，适逢校庆盛典，苏校长国华嘱余赋文以颂。

大观芳草根植，锦都繁华宝地也。晨沐光华，东顾金台燕景。落日熔金，西望帝君宫阙。南沿长安，比邻祭日神坛。北倚神路，尝闻钟馨幽芳。

及至芳草之园，楼宇环列，几净窗明。厅堂阔目，友邦旗帜平列。肃然起敬，圣哲先贤比肩。环壁四顾，涂鸦铺陈，笔拙意浓，极尽斑斓。若时为课上，庭院空寂，静闻落针，风拂叶瑟，泻影婆娑。师生同堂，书声朗朗，屏气凝神，文质彬彬。或时为课间，语笑喧哗，丝竹绕梁，奔逐嬉戏，童顽肆显。偶遇师长，躬身侧立，仪态和谦，君子俨然。

华都古城，神州首善之所也。百年名校，不胜尽数。然芳草地以五十载之光阴，独树一帜，声名远播，所依何为？盖因其学融中西，有教无类，广纳四海学子。名师荟萃，精耕细耘，桃李遍及五洲也。

古来训学，张显四维八道。然时代进替，今非昔比。育德育才，所谓何为？先生张泉，躬耕芳草地廿八载，训曰：崇文、尚德、晓礼、友好。崇文立言，尚德立行，晓礼约举，友好睦邻。堪为教之道也，师之道也。

历代骚人，独钟芳草，寄情寓志，歌以咏怀。今有大师乔羽、田丰，为吾校赋词续曲，情志益彰，广为传唱。

顾吾校五十载之风雨，可谓一波三折矣。然数代园丁，或英姿勃发，或皓首童心，安贫守寂，志存高远，躬耕不辍。疾风知劲，春来复蓬，终得今日之名远誉盈也。

星移斗转，时若逝川。经风历雨，不胜唏嘘。一言即赋，四韵俱成。

芳草离离碧映天，学贯中西五洲连。

克己奉先思忠孝，一卷诗书远心帆。

自古幼幼意拳拳，至今尤叹孟母迁。

百折不回承重器，风流笑谈两鬓斑。

老校长张保真、杨国鑑，老书记施永存、张泉纷纷送来了祝福。

以时代精神、科学知识、传统美德培养一代新人

祝贺北京芳草地小学建校50周年

张保真

回顾过去欢欣鼓舞

展望未来任重道远

杨国鑑

芳草精神是办学的根，愿芳草人珍惜它，弘扬它，丰富它！

施永存

2006.8月

情系芳草地，喜迎芳草地更加辉煌的未来！

芳草地小学五十岁寿贺

张泉

06.10

社会知名人士也送来了对学校的祝福，如李士祥、陈刚、顾明远、蒋光华、刘建章、王定国、王照华等先生。

芳草馨翠盈四海
华夏文明传五洲
陈刚
二〇〇六、九、五

知识传四海
友谊遍五洲
李士祥
二〇〇六年九月

桃李满天下
美誉遍全球
芳草地小学建校五十周年纪念
二〇〇六年春月
[illegible]

融中西文化於一体
育新世纪國際人才
芳草地小学建校五十周年
敬贺
二〇〇六年夏日
顾明远

培育時代英才

刘建章　二〇〇六年五月

桃李满天下
美誉遍全球

二〇〇六年五月　王定国

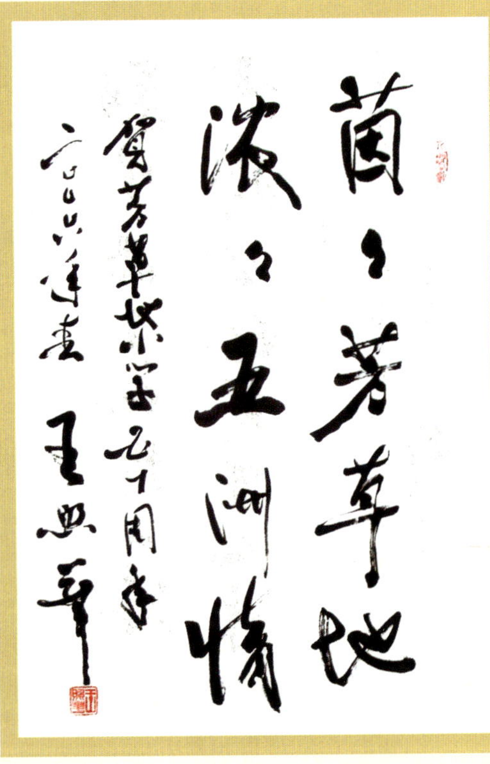

第七章
丰草绿缛而争茂 佳木葱茏而可悦

2010年3月，刘飞校长调入北京市朝阳区芳草地国际学校任校长。当时芳草地国际学校已是一校七址，学生总数达5000余人，是北京市东部基础教育领域里规模最大的学校。面对这样一艘教育“航母”，刘飞校长清楚地认识到，学校已经发展到了一定的高位，“认识你自己”为时代之需，“成为你自己”为必然选择。“让‘芳草教育’清晰，且成为广大教师、学生、家长及所有关心、热爱芳草地国际学校的人心目中的教育品牌，大家共同守望芳草，创造美好未来。”这是刘校长上任时的基本定位。

在管理方面，刘飞校长提出了“易知易行”的理念。他说：“教育本身并不复杂，关键是要把握住基本规律，促进师生知行合一。我的目标就是要让老师静下来，做好本职工作。”为更好地服务于北京世界城市建设和朝阳区“新四区”发展战略，实现朝阳区教委提出的“三化四区一体系”教育改革发展的总目标，刘校长组织力量依据《国家中长期教育改革和发展规划纲要（2010—2020年）》《北京市中长期教育改革和发展规划纲要（2010—2020年）》和《北京市“十二五”时期教育改革和发展规划》，2013年12月制定出《北京市朝阳区芳草地国际学校（2013—2015年）教育改革与发展行动计划》；2016年9月，又制定出《北京市朝阳区芳草地国际学校（2016—2020年）发展规划》。

一、淡泊宁静致力于芳草教育的第七任校长刘飞

照片7-1：第七任校长刘飞

刘飞同志（男，1967.04—），1986年7月毕业于北京市朝阳师范学校，同年进入垈头第二小学任教，一直担任高年级语文教师兼班主任。1994年7月，调至北京市朝阳区垂杨柳中心小学工作，其间一直在教育教学的第一线，任高年级语文教师兼班主任，并担任过辅导员。2002年被评为北京市中学高级教师。2003年被任命为北京市朝阳区垂杨柳中心小学副校长。2005年任校长、党支部书记、垂杨柳学区党总支书记。2010年3月调入北京市朝阳区芳草地国际学校担任第七任校长至今（参见照片7-1）。

刘飞校长现任北京市政协委员，北京市督学，北京市教育学会常务理事，北京市小学教育研究分会副理事长，北京市中小学外籍学生教育研究会会长，中国教育学会小学教育专业委员会副秘书长。他长期致力于学校文化建设、课程改革、国际化办学研究，成绩突出。先后主编《小学生语文疑难解析及训练手册》《寓思维训练于写作之中》《小学国际理解案例集》《儿童哲学》等书。曾获首都劳动奖章、全国五一劳动奖章等荣誉。

刘飞校长上任后，带领全体教职员工认真梳理芳草办学成果和经验，

以此为基础，提出“芳草教育”这一概念。芳草教育代表着根植沃土，底蕴深厚；生机盎然，充满活力；无私奉献，自信乐群；开放包容，和谐共进。其以“荣·融”为核心价值，以“易知易行，和而不同”为基本理念；以国际化、规范化、信息化、集团化为外显特征；以“培养具有中国情怀、国际视野的芳草学子”为育人目标，努力让芳草教育成为首都基础教育的典范、中国国际教育的品牌。

“芳草教育”深刻地影响师生的教与学，培育师生员工的认同感和归属感，使每个人的思想观念、感情信念、行为方式与整个学校融为一体，凝心聚力，共谋芳草发展。

（一）学校的育人目标

芳草地国际学校的育人目标是“培养具有中国情怀、国际视野的芳草学子”。这样的孩子一定要热爱中国、关爱世界；自信乐群、充满活力；会学善用、充满好奇。学校的一切工作都要服务于这一目标，围绕以学生为主体来构建，而不是“上级要求怎样，我们就怎样”。

“中国情怀、国际视野”——这是芳草地国际学校的办学性质决定的。中外孩子一定要热爱中国，一定要有国际理解能力，懂得尊重和包容。刘飞校长说：“兼容并包这个理念是蔡元培先生提出的一个观点，也是我们办学重要的指导方针。”

（二）办学理念与办学目标

“芳草教育”的具体内容涵盖核心价值、基本理念、外显特征、育人目标、办学目标五个方面。核心价值是“荣·融”；基本理念是“易知易行，和而不同”；外显特征指“国际化、规范化、信息化、集团化”；育人目标是“培养具有中国情怀、国际视野的芳草学子”；办学目标是“成为首都基础教育的典范、中国国际教育的品牌”。

1. 做一棵安静的小草

“做一棵安静的小草”是刘飞校长常说的一句话，他这样诠释：“办芳草教育一定要静下心来，做一棵安静的小草。把芳草该呈现的东西，一步一步地清晰。芳草的历史怎样？它的当下如何？今后我们希望它如何去发展？我们这代芳草人要说清。在这一任我们不一定能做出什么惊天动地的大事儿，事实上教育本身也鲜有惊天动地的事情，让芳草教育在安静中、重复中实现升华是我们的责任。”

2. 荣·融——自然与人文的对话

对于“荣·融”这一核心价值的含义，刘校长这样诠释：

“芳草”一词在中国传统文化中承载了人们对美好事物的憧憬与渴求；也蕴涵着百草相融，和谐生长的意境。走过六十春秋的芳草地国际学校，凝练了自然“芳草”和人文“芳草”的核心性格特征，形成芳草文化的核心价值。学校用“荣·融”二字作为这种价值的表述形式，成为学校核心文化符号之一。

“荣”象征着学校生机盎然、不断进取的价值追求。“荣”的字意是草木茂盛，兴盛与光荣。“荣”是芳草的性格，萋萋芳草，生机盎然，用生命拓展绿色，以坚韧护佑大地。芳草的这种秉性成为学校师生积极向上、充满活力、自信乐群、进取发展的精神象征。

“融”象征着学校中西融合、团结奋进的价值选择。“融”的字意是融合、调和。百草相融、和谐共进是芳草性格的又一体现。芳草的这种性格成为学校中西融合、多元开放、国际特色与师生共融、学教双馨、团结奋进的真实写照。

芳草文化的“荣·融”核心价值，孕育了“芳草教育”，形成了科学与人文相融合的课程文化，教师专业发展与团队建设的教师文化，易简和谐的管理文化，协同育人的家校文化，芳草文化的核心价值也是“芳草教育”品牌不断发展的力量源泉。

3. 易知易行，和而不同

对于“易知易行，和而不同”，刘飞校长用精练的语句和图（参见

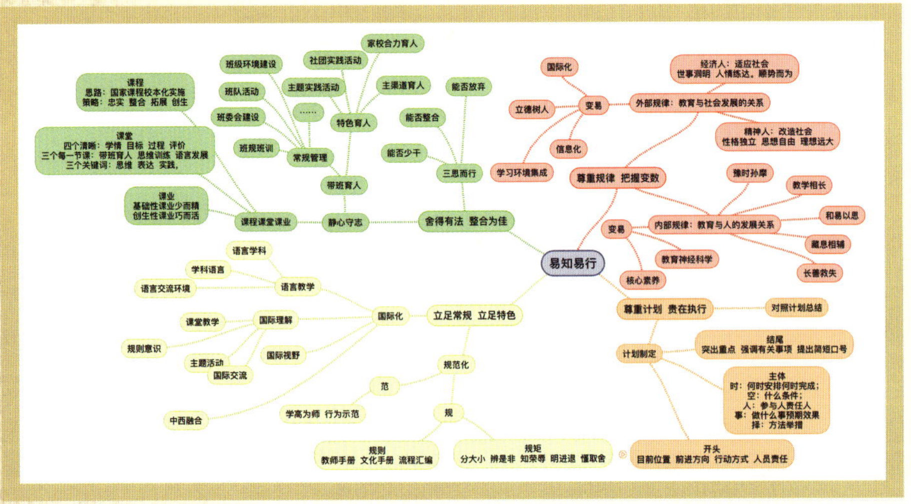

图 7-1：刘飞校长诠释易知易行（2016 年 10 月）刘飞提供

图 7-1、7-2）进行了诠释：“易知易行：尊重规律、把握变数；尊重计划、贵在执行；立足常规、立足特色；舍得有法、整合为佳。和而不同：内心笃定、做人有度；尊重差异、发展个性；遵守规则、人我相安；开放融合、守正出新。”

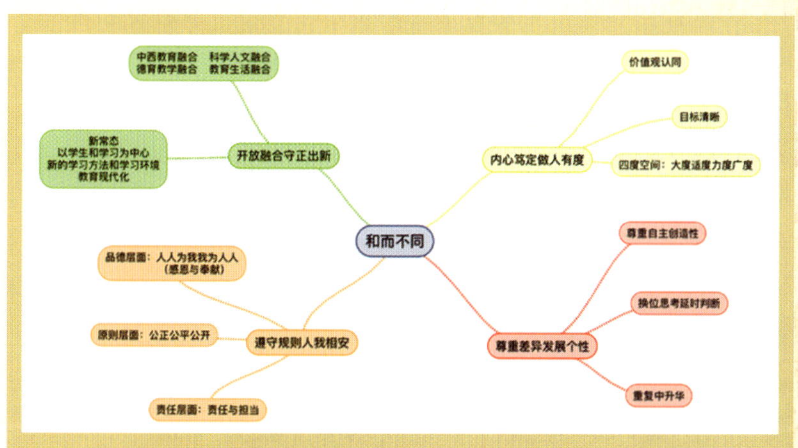

图 7-2：刘飞校长诠释和而不同（2016 年 10 月）刘飞提供

（三）学校发展的目标

经过两年的深思沉淀，2013 年，刘飞校长带领教职员工依据《国家中长期教育改革和发展规划纲要（2010—2020 年）》《北京市中长期教育改革和发展规划纲要（2010—2020 年）》和《北京市“十二五”时期教育改革和发展规划》，制订出《北京市朝阳区芳草地国际学校教育改革与发展行动计划（2013—2015 年）》，将此作为未来三年的行动纲领，明确了工作目标。即：以教育“三个面向”和科学发展观为指导，积极践行国际化办学理念，全面推进芳草教育，形成以芳草精神为核心的文化体系、学生全面发展的育人体系、以学生发展为核心的质量标准体系、学校家庭社会共建共赢的合作体系，培养具有中国情怀国际视野的芳草学子，把学校建设成为开放融合、名师荟萃、治学有方、教育优先的首都基础教育的典范和中国国际教育的品牌。

2016 年 9 月，芳草地国际学校依据《国家教育事业发展第十三个五年规划》和《北京市教育事业发展第十三个五年规划》，又制订出《北京市朝阳区芳草地国际学校 2016—2020 年发展规划》，规划中明确发展目标，即：以“创新、协调、绿色、开放、共享”发展理念为指导，紧紧围绕实现学校教育现代化的战略目标，立足中国，放眼世界，融合中外教育优势，完善学校课程体系，建立现代学校制度，凸显“芳草教育”特色，形成育人新常态，努力使学校成为开放融合、名师荟萃、生生幸福、品质卓越的首都基础教育的典范和中国国际教育的品牌。

人的现代化是教育现代化的核心。学校要以教育思想的更新，核心素养的培养等为重点，大力推进芳草教育改革，为师生发展奠定基础。

国际化是教育现代化的显著特征。学校要系统梳理、总结芳草国际化教育的实践经验，提升教育国际化水平，使学校成为展示中国基础教育的最佳窗口，融合中外教育优势的最佳平台。

课程建设是实现教育现代化的主要路径。学校课程是落实现代化教育目标、内容和方法的主渠道。要进一步完善芳草课程体系，科学建构、扎实推进、有效评价。

信息化是教育现代化的必要条件。学校要运用现代信息技术，创新教育理念和教学模式，丰富教育资源和手段，提升师生的信息素养。

现代学校制度是教育现代化的根本保障。学校要以落实《学校章程》为核心，以质量标准为抓手，推进学校自主管理，健全民主监督，促进社会参与，保障芳草教育的健康发展。

（四）常规管理流程

学校的规范发展，一定要突出常规管理，其中制度建设是关键。

2011 年 9 月，芳草地国际学校制定了《常规管理流程汇编》（修订稿），以保障学校日常工作有序，强力推进集团化管理模式。学校建立三个层级的管理机构（参见图 7-3），第一管理层为总校，设立决策机构和专项管理职能机构，即成立校长室、书记室、办公室、质量部、学术部、信息部、人力资源部、后勤保障部、财务部、督导部共十个机构，各部门职能清晰，

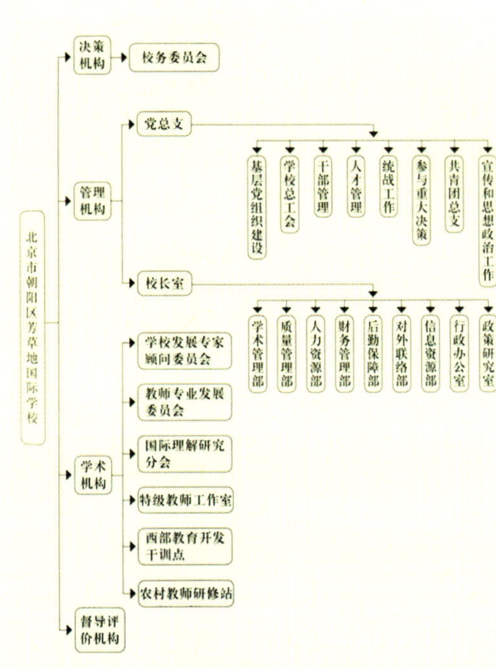

图 7-3：学校机构网络设置图
资料来源：北京市朝阳区芳草地国际学校《常规管理流程汇编》（2011 年 9 月）

高质量地服务于集约式管理和校区建设；第二管理层为独立法人学校，按照国家和上级部门的规定，设立相应的内部管理机构，接受总校领导，对专职职能管理部门负责；第三管理层为不具有独立法人资格的校区，直接由总校领导。

（五）校园文化墙

2015 年 12 月 17 日下午，我（笔者）带着学生开始第一次芳草教育口述史的访谈，这次访谈的地点安排在芳草地国际学校的图书馆。在图书馆的对面，有一面文化墙（参见照片 7-2），深深地吸引了我。后来我了解到这面文化墙是 2013 年建成的，是我们熟知的芳草地国际学校美术老前辈、接近耄耋之年的荣景甡老师设计的。2016 年 8 月 9 日，荣老师讲述了设计这面文化墙的缘由：

照片 7-2：芳草地国际学校校园文化建设，荣景甡设计主题浮雕《五洲儿童心向芳草》。浮雕材质：紫铜板，浮雕尺寸：高 2 米，长 20 米（面积 40 平方米）。（2013 年 5 月 30 日浮雕上墙）藏于芳草地国际学校

我记得是 2011 年 3 月的一天，刘飞校长和我说："校东楼重建后将建一座有浮雕的校园文化墙，您想想设计一下"。我问："什么主题？校长说："就'五洲儿童心向芳草'吧。"我回去想了想，用长条纸画了张小草图，纸条宽 4 厘米、长 20 厘米、大约是 1∶5 的比例，中间画校徽，两边向中间跑的有中外小孩，右边是孔子，左边是亚里士多德，表示东西方文化的融合，体现学校"荣 · 融"的办学理念。刘飞校长认可后，我把纸放大了一点儿细画了全图，又与校长一起选了石材。在校东楼重建中长影壁有了具体位置。刘飞校长找我和一家装饰公司共同看了全图，商讨后认为浮雕实长近 20 米，如按 1∶5 的比例计算高度将是 4 米，不利于观看，要改画成 1∶10 的比例加长全图，还要把原来做石雕的设想改为紫铜板浮雕。我便做了细致的改画工作：其

一，是图的中心部分不变。其二，是两侧，孔子恭手挎剑表示“不学礼，无以立”的名言，亚里士多德右手指天表示“即使上帝也无法改变过去”的名言，向两边撤。其三，增加人物（原有 11 人，增至 26 人，还有一只小狗）；其四，再增加一些背景，中国（陆地文化）、西方（海洋文化），加花草树木、飞鱼、鸟和学习的象征物等。

2013 芳草国际学校
2013.1.设计"五洲儿童心向芳草"
2013.3.9-3.15画1:1原大图样

图 7-4：荣景蛙设计《五洲儿童心向芳草》原图（2013 年）荣景蛙提供

2012 年画完全图（参见图 7-4）①，2013 年施工前要我画一张 1∶1 的放大样图，我从来没画过这么大的画。2013 年 3 月 9 日装饰公司用小卡车给我家送来了一大卷白纸，高 2 米、长 20 米，抬下来像个 2 米高的大炮筒，我把纸卷放在屋里地上，铺垫子放枕头趴在纸上用墨笔放大样画图，边收纸边放纸连接着画，摸爬滚打画了七天，终于画完了这张大图。

2013 年 3 月 15 日，装饰公司用小卡车来取图，带我和他们一起去了通州金属雕塑厂，原来工匠们是裁一块 2 米宽、20 米长、0.5 厘米厚的大紫铜板，把这张大画满贴在铜板上，再沿着画面上的竖向曲折线，如大树边线等，把 20 米的铜板切成五块，分别挂起，沿白纸画线錾刻敲打勾边，再从后面向前敲打鼓起的部位，从正面向后敲打凹进去的部位，等五块都敲好后，上墙时再焊接磨光。切五块是为了便于敲打和搬运，和工匠们聊天真长见识。

过了一个多月，4 月 16 日，装饰公司又接我去看成型，我看做得很好，也提了点意见，如有的外国小孩像中国人，工匠师傅说他们敲

① 原图中文字：—+9.07cm—，小图长 23.6cm，高 5.4cm，应左右各加 7.08cm；大图长 29cm，高 6.5cm，按比例放大左右各加 9.7cm 加长时，中、西文化向两侧推，中间加了部分中外儿童包括教师家长的活动，表示心向芳草。东方文化部分增添了造纸、活字印刷、竹笺书和没有规矩不成方圆，还有中国古代的礼、乐、射、御、书、术内容。东右端孔子西左端亚里士多德。西方文化部分增加了海洋、航船、蒸汽机车、内燃机车等科技进步内容。祥云、祥瑞鸟、和平鸽贯穿全图，芳草学习象征物位于中部。不要落款，如果加可在石材右下角留一小长条刻上文字，也可单加一块小铜牌粘到石刻右下角，可写更多文字，也可只刻年、校、设计人名章。

佛像多了眼窝敲不下去。我说把眉毛靠近眼睛，敲不了多深就能像凹进去的样子，并用黑笔改画了位置。到 2013 年六一儿童节前夕，经过搬运、焊接、涂黑、磨光、上墙、喷亮油等工序，大型浮雕被安装在了影壁上，成了校园内一道靓丽的文化景观。

（摘自 2016.10.08，田野笔记）

二、芳草课程设置及课程实践案例

（一）芳草课程设置

芳草课程：以“培养具有中国情怀、国际视野的芳草学子”为核心，以“道德、语言、数学、科技、健康、艺术”为基础学科领域，以“我爱芳草地、可爱的故乡、美丽的中国、多彩的世界、我想去那里、唯一的地球”为探索研究主题的课程体系（参见图 7-5）。

图 7-5：芳草课程，芳草地国际学校提供

课程目标：深入落实国家课程标准，贯彻北京市学科改进意见，凸显芳草特色，围绕“培养具有中国情怀和国际视野的芳草学子”的育人目标，运用忠实、整合、拓展、创新策略，整体建构芳草课程，回归学生的生活世界，促进每一个学生全面而有个性的发展。

（二）芳草地国际学校各领域课程基本要求

道德领域：基于育人目标，深入落实国家课程标准，丰富道德推理、儿童哲学、国际理解等道德课程，围绕“培养具有中国情怀和国际视野的芳草学子”的育人目标，培养学生的良好品德，促进学生的社会性发展，为学生认知社会、参与社会、适应社会，成为具有爱心、责任心、良好行为习惯和个性品质的公民奠定基础。

语言领域：基于育人目标，深入落实国家课程标准，通过语言基础课程和具有综合性、实践性、活动性主题课程的学习，突出多元有界，融合共情，即：解读表达要多元，但需有界；营造共情，多重对话，从多元走向融合。促进学生的语言认知、语言实践、语言文化、语言思维等素养的提升。

数学领域：基于育人目标，深入落实国家课程标准，通过丰富的课堂内外活动，以真实情境下的问题解决为方式，培养学生确定并理解数学在社会生活中所起的作用，能够得出有充分根据的数学判断、能够有效地运用数学，具备适应当下以及未来生活所必需的数学能力。

科技领域：基于育人目标，深入落实国家课程标准，引导学生热爱科学，通过以探究为主的学习方式，构建核心科学概念。关注科学、技术、工程、数学、艺术等的紧密联系，在探究活动中，学会提出问题、设计方案、解决问题，培养学生凡事求真的品行、实践的能力和创新的精神，提升科学素养。

艺术领域：基于育人目标，深入落实国家课程标准，凸显芳草特色，培养学生掌握欣赏、评述、表现的方法，丰富视觉、听觉、触觉和审美经验，体验艺术活动的乐趣，获得对艺术学习的持久兴趣；了解基本艺术语言的表达方式和方法，表达自己的情感和思想；激发创造精神，发展艺术表现力，形成基本的艺术素养，陶冶高尚的审美情操，完善人格。

健康领域：基于育人目标，深入落实国家课程标准，通过运动参与、运动技能、身体健康、心理健康与社会适应方面的学习，引导学生掌握体育与健康基础知识、基本技能和方法，增强学生的体能，培养学生坚强的意志品质、合作精神和交往能力等，为学生终身参加体育锻炼奠定基础，促进学生健康、全面发展。

综合实践活动领域（地球主题探索）：基于育人目标，深入落实国家课程标准，以主题探索为主要形式，以整合、拓展为主要策略，开展以地球为主题的系列实践活动，引导学生从兴趣入手，关注身边事物，利用多种方式获取信息，提高处理问题的能力，与他人合作交流，获得积极体验和丰富经验，形成对自然、社会和自我的整体认识；发展综合能力和良好的思维品质，形成科学态度，培养创新精神、实践能力和强烈的社会责任感。

（三）芳草课程实践案例

芳草课程中明确提出清晰学情，清晰目标，清晰过程，清晰评价；要把握学生的认知特点，学科体系，学习的基本规律，在课堂教学中一定要强调思维、表达与实践。2016 年 5 月 23 日，《现代教育报》刊登了芳草地国际学校张龙副校长撰写的《用鹿和狼的故事启迪学生》一文，引发了我的兴趣。《鹿和狼的故事》这篇文章讲的是罗斯福为了保护鹿而下令消灭狼，从而导致巨大的生态灾难的故事。张龙老师确定的教学难点为理解课文内容，初步读懂生物之间存在着相互制约、相互依存、相互联系的关系，引导学生学会使用辩证的思维去看待事物，增强维护生态平衡的意识，并通过思维导图、图表的方式把狼和鹿的关系展示出来。正如刘飞校长所说："图表一出来，我看到孩子们马上就兴奋了，特别是第二张图表一出来，张老师说大家看看我画的图标有什么问题。孩子们说标注点不对。通过思维导图，孩子的知识得到丰富，见识得到拓展，阅历得到增加，是非常典型的案例。"

刘飞校长感慨地说："一个个生动的课例、一次次精彩的活动，都成为芳草课程亮丽的风景。芳草地教科研年会、4·20 研讨会（首届是 2006 年 4 月 20 日）等活动都已经成为芳草课程学术研究的符号。'构建以学生和学习为中心的课程''基于育人目标的课程建设''从实际发生到实际获得'……五年来，芳草地国际学校举办了几十场市区级课程研讨会，多项成果被评为市区教育教学成果奖。芳草课程的实施，为学生发展、教师发展、学校发展带来了无限可能，为'芳草教育'品牌的形成奠定了坚实的基础。"

"一带一路"主题课程

照片 7-3：参加"一带一路"课程代表（2016 年）张龙提供

2016 年 1 月 8 日，北京市落实义务教育新课程计划系列研讨会第八场"中国立场，国际视野——芳草课程之'一带一路'展示活动"在芳草地国际学校举行。活动由芳草地国际学校张龙副校长主持。北京市教委委员李奕，北京教科院副院长、北京师范大学教授褚宏启，朝阳区教委副主任王彪，北京教育科学研究院基础教育课程教材发展研究中心副主任王凯、课程室主任朱传世，北京市教科院课程中心教授何莲芳，朝阳区教研中心主任杨碧君，以及芳草地国际学校校长刘飞、书记穆英和来自天津、青岛、洛阳等各地教师代表（参见照片 7-3）

"一带一路"是指"丝绸之路经济带"和"21世纪海上丝绸之路"的简称。"一带一路"的英文"One Belt and One Road"，英文缩写是OBAOR或OBOR。"一带一路"的汉语全拼"yidaiyilu"。2013年9月和10月习近平总书记在分别提出建设"新丝绸之路经济带"和"21世纪海上丝绸之路"的战略构想，强调相关各国要打造互利共赢的"利益共同体"和共同发展繁荣的"命运共同体"。

"一带一路"课程

"一带一路"课程是芳草地国际学校在推进课程过程中的一个着力点。学校以"一带一路"为切入点促进学生的整体发展，从实际发生到实际获得，**体现四个特点：一、源于学科；二、突出综合；三、指向生活；四、提升素养。**

在课程推进的过程中，各位教师忠实于国家课程，通过"整合、创生、拓展"等策略，以国家课程校本化为思路，围绕芳草课程的六大领域、六大主题，找到"一带一路"的切入点进行课程开发。如这是一条文化之路、强国之路、童话之路、经济之路、互助之路等等。

课程安排表

序号	研究内容	涉及领域	参与教师	校区
1	丝路纸道	科技 语言	高晓燕 李燕舒 王铁尹	世纪小学
2	我是桌游设计师	道德 艺术	孔令娟 苗清涵 李文洁	世纪小学
3	南海遗珍话千古	道德 语言	杨思琦 苏楠	丽泽校区
4	礼之邦 乐之韵	道德 艺术	张宝荣 朱昱	双花园校区
5	丝路商贾	道德 艺术	沈红 岳爱平 马金山 陈洁	万和校区
6	郑和远航展国力	语言	杨琰 陈旭 黄鑫	丽泽校区
7	我想去那里	语言	陈昕 果怡斐	国际部
8	明信片中的"新丝路"	语言 艺术	李婕 吕艳红 冯敏楠 胡国敬	民族校区
9	童话之旅	语言	毛春苗 董怡然 张建成 陈超	万和校区
10	神奇的东方树叶	语言 艺术	李磊 王淑昆	远洋小学
11	我在南洋手机公司	语言 道德	田杨意 方慧星 吴宁 赵雪菲	日坛校区
12	A Smart Travel Plan to Thailand	语言 健康 数学	绳雅婷 尹富强 刘洋	双花校区
13	古风雅韵话汉服	艺术 科学 道德	张丽 刘洋 赵宁 张晨旭	民族校区
14	China！青花！	艺术	杨晓红 邵伟	双花园校区
15	芳草西行记	艺术 数学 语言 道德	段宁宁 张杰 陈斯彧 王欣	远洋小学
16	穿越时空的贸易	数学	史小玉 苏菲 关春艳 任子娟	日坛校区
17	可爱的故乡	地球主题探索	宋秋菊 刘明亮	国际部

图 7-6："一带一路"课程（2016 年）张龙提供

参加了此次活动。

活动由三部分组成：第一，芳草地国际学校集团各校区上了 17 节展示课（参见图 7-6），如"探寻童话之路"（参见图 7-7）"丝路纸道""神奇的东方树叶"等，一节节生动的课例向大家呈现了芳草地球主题探索课程的模样。第二，"一带一路"展示活动，在每个楼层有来自"一带一路"沿线十余个国家的小朋友们介绍自己的国家。来自五湖四海不同肤色、不同民族的学生们自己当主角，向众人展示自己国家的文化特色、美食、国旗、纪念品等。第三，专家点评。

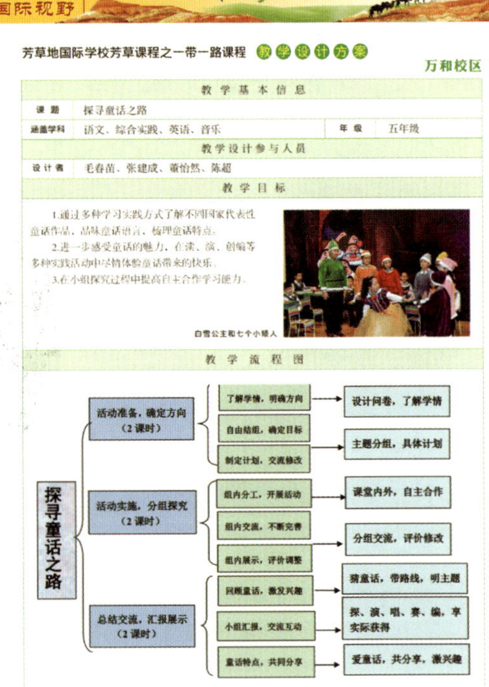

中国立场 国际视野 | 芳草课程之一带一路展示活动

芳草地国际学校芳草课程之一带一路课程 教学设计方案

万和校区

教学基本信息			
课题	探寻童话之路		
涵盖学科	语文、综合实践、英语、音乐	年级	五年级
教学设计参与人员			
设计者	毛春苗、张建成、董怡然、陈超		

教学目标

1.通过多种学习实践方式了解不同国家代表性童话作品，品味童话语言，梳理童话特点。

2.进一步感受童话的魅力，在读、演、创编等多种实践活动中尽情体验童话带来的快乐。

3.在小组探究过程中提高自主合作学习能力。

白雪公主和七个小矮人

教学流程图

探寻童话之路

活动准备，确定方向（2课时）
- 了解学情，明确方向 → 设计问卷，了解学情
- 自由结组，确定目标 → 主题分组，具体计划
- 制定计划，交流修改

活动实施，分组探究（2课时）
- 组内分工，开展活动 → 课堂内外，自主合作
- 组内交流，不断完善 → 分组交流，评价修改
- 组内展示，评价调整

总结交流，汇报展示（2课时）
- 回顾童话，激发兴趣 → 猜童话，带路线，明主题
- 小组汇报，交流互动 → 探、演、唱、赛、编，享实际获得
- 童话特点，共同分享 → 爱童话，共分享，激兴趣

图 7-7：探寻童话之路（2016 年）张龙提供

刘飞校长系统讲解了芳草课程体系建设情况，指出从实际发生到实际获得主要体现在三个方面：第一，从三级课程到学校课程再到课堂课业；第二，从综合实践活动课程到学科综合实践活动；第三，从常态到非常态再到常态。刘飞校长表示，通过课改，让孩子更自由地发展，交给孩子面向未来所需要的核心素养，成为有“中国情怀，国际视野”的中国芳草学子，并强调，在课程建设中必须明确把握学科本质这一前提，以主题教学为载体，综合实践活动为基本方式，让学生全面而有个性地发展为指向。

专家对芳草课程的探索给予高度评价。郑葳教授表示，芳草的“一带一路”课程探索，实现了中外文化交融，跨学科整合、穿越学科边界与保持学科本位兼重的三个维度的整合。

北京教科院副院长褚宏启从课程定义、建设、归宿、意义四方面做点评，指出学校要为学生提供多样化的跑道；课程提供要丰富，但不是越多越好，而是要有灵魂，凸显价值观；结构要合理，要基于生活但高于生活，要实践但高于实践；课程改革的目的是培养孩子有温暖的心，即做善良的人；有聪明的头脑，即有解决问题的能力和创新创造的能力。课程建设不仅要支持孩子的发展，也要支持教师和学校的发展。

北京市教委李奕委员则指出：学校的探索为后均衡发展时代中小学寻求新的教育发展之道提供了思路；为基础教育怎样参与到国家、民族大事中提供了生动样例；为实施学区化、集团化管理提供了实践样本。李奕委员指出，习近平总书记在乌镇提到的利益共同体，命运共同体，责任共同体，在遨游项目校，在芳草地国际学校落了地。

此次研讨会的召开，专家领导给予了高度评价，芳草课程为芳草师生的发展助力，芳草师生在芳草地这个舞台上尽情绽放自己的魅力。

“丰草绿缛而争茂，佳木葱茏而可悦”，芳草师生愿意继续做一棵棵安静的小草，以其自信自励、坚韧包容、开放大气，在首都教育的舞台上展示着基础教育者的风采，不断提升教育品质，描绘“芳草碧连天”的美景。

三、“荣·融”文化促民族教育：民族校区

为进一步发挥示范校的辐射带动作用，扩大优质教育资源的影响力，促进义务教育均衡发展，2014 年 1 月，根据朝阳区教育布局调整要求，

拟将朝阳区南中街民族小学整体并入芳草地国际学校，2014年2月24日，原南中街民族小学正式并入芳草地国际学校，成为芳草地国际学校民族校区，于2014年春季学期开学。

（一）建于“民族聚集地”的民族校区

芳草地国际学校民族校区位于北京市朝阳区朝外雅宝里1号，地处朝阳区第二大少数民族聚居地区。目前共有在校学生311人，教职工33人。30名教师中，中级教师13名，初级教师18名（截至2016年8月）。学生来自满、蒙、回、壮、维、土、达斡尔族7个民族，31名教师中有少数民族教师7人。

学校共有6个年级，12个班，2个特教班。一、二年级实行班主任包班制（班主任教授数学、语文），三至六年级实行分科教学。在分校区命名时，学校经过深思熟虑，最终决定保留“民族”两个字，作为分校区的校名。民族校区校长马海莲说：

> 改地名没问题，但恰恰民族这两个字承载了历史，承载了学校的发展，而且也寄托了地区人民对学校的情谊，包括这么多年的纪念，所以保留“民族”是对历史最大的尊重，同时也是为了能传承发展的历程，认可发展的过程和成绩，保留“民族”对老师和学生也是维护和保护，让他们从心里觉得我们没有消失，而是更好地借助芳草的平台去发展，所以留下的名字就是芳草地国际学校民族校区，是目前芳草地所有校区里最特殊的名字。

（摘自2016.07.18，田野笔记）

民族校区成立后，与整合前的学校相比，产生了“巨变”，成为芳草地教育的显著成果。开学后第一个学期，在学校硬件方面，芳草地国际学校开展“群众路线教育实践活动”，经过大量工作，拆除校区周边不必要的设施和房屋，力求芳草地的品质在雅宝里地区有所影响，为当地的学生提供良好的教育条件。在课程方面，为发扬民族特色，民族校区在“芳草课程”的课程整体框架下，发展民族特色的课程和活动。

（二）攻艰克难，优化教育环境

2014年2月，原朝阳区南中街民族小学并入芳草地国际学校，完成了优质教育资源的初步整合。整合前，校区周边环境险、窄、乱、差，学生学习、活动空间严重缺失，甚至基本的体育锻炼都不能保证，整体影响了学校的办学质量，也导致了片区内生源的严重流失。学区化综合改革为校区发展带来了转机，芳草地国际学校进驻的这一年间，为了拉动校区发展，重点采取了几项有效措施，给校区、师生带来了巨大的变化。

整合前，校区门前环境杂乱，道路狭窄，随意停放车辆的问题突出，学生上下学存在安全隐患。学校南侧的整栋楼整体出租，为金碧湾会馆（洗浴中心）；西北侧操场近 400 平方米整体出租，做餐饮；西南角有一新疆餐厅，东北角有教委，此处 2 个单位共用；学校南楼为会馆，属娱乐场所，东西两侧餐馆不少于 5 家，其中一家为新疆餐馆；北边还有一个停车场。学校实际使用面积为 2500 平方米左右。民族校区校长马海莲说：

图 7-8：芳草地国际学校民族校区整改过程漫画（插画：民族校区六年级 2 班学生苏子琦；插画文字：民族校区吕艳红）马海莲提供

您别看 2 月份接手，一个学期没有什么动静，但是到了暑假之后，就发生了翻天覆地的变化，相当于用了 15 天，一所学校就整个焕然一新了。雅宝里地区是一个商圈，是最早发展起来的商圈。这个地区早期发展是很好的，雅宝里离区政府特近，旁边是使馆区，这些都比较高端。但是实际上，它可能影响发展，周边商业大多是餐馆，还有卖皮草的。

我没有特别去调查过，因为到了之后就一直处在这个学校收回的过程中。所以说，也没有进行具体了解。但是那个校区，刚接的时候，操场特别小，几乎没有操场。有一块 30 米 ×40 米的地方，作为学生的运动场地，非常窄小。这个学校以前还有一栋楼，但是这栋楼一直被一家洗浴中心租用。学校周边有一栋三层的危楼，旁边还是一家一家的小铺，有餐馆，也包括新疆餐馆。这一圈把学校都给包围了。这个学校地势比较低，这个地方原来叫南下坡，就说明从北向南，到这儿是最低的地方，咱们操场的北边就起了一个平台，就等于整个都是高出操场的。老师和学生，好几十年的夙愿就是给学校一个很好的环境，包括把这些出租的房屋清理掉，收回使用场地等。前几任的领导也都在做着这方面的努力，但因为各种因素，都没有成功。咱们芳草地到了之后借着这个机会，争取到大量的支持，包括地区的执法部门，政府职能部门，都来到咱们校区调研过。等于二月份一接手，月月都有人进学校调研。因为刘飞校长说了，既然要把它做成芳草地，那就要让芳草地的品质在这个地区有所影响，为周边居民服务好。如果连硬件都没达标，怎么能够提供很好的环境？教委的书记、国资中心、信息中心全部走进学校。联系最多的是雅宝里地区的街道办事处、城管、卫生监督局、社区，全部都往学校里请，跟他们说我们学校的需求，就这样一学期不断努力地争取。

恰逢群众路线教育实践活动时期，区政府的张革部长直接对接芳草地。张部长到学校之后，当机立断，召开大会，说必须还地于学校，还一个环境给教育。所以，一个假期的时间，学校和周边的商铺谈。他们的基本情况是这样：给学校的租金很少，几十年如一日，在非常关键的地区，付非常便宜的租金，都不愿意走。各个方面，包括执法部门，都做了很多工作。所有商铺的工作做通之后，我们就一家一家地收回，一家一家地拆除，把周边没用的破房子、违建都拆了。把三层的危楼也拆除了。学生开学之后，虽然没看见整个过程，但是发现楼没了，操场亮了。原来旁边的工地，全部被推平，等于学校多了一个操场。这件事情，对于当地的居民和学校的老师、学生，都是振奋人心的，他们看到了芳草地改变教育环境的决心。这个校区对于芳草地来说，也有它均衡发展的优势和实力，这样一下子把人的心给收住了。更难能可贵的是，一个假期，校长就扎在那儿了，人们都说来的时候还像个样儿，等一假期回去以后，校长都成老头儿了，他天天站在那个场地上看。

（摘自 2016.07.18，田野笔记）

自2014年8月11日校园周边环境综合整治工作组成立至8月29日，在区委区政府的推动下，在教委、教工委及各政府职能部门的通力协作下，民族校区周边环境综合整治工作全面完成，党的群众路线教育实践活动成果显著。校区周边涉及的16家社会单位的商铺、打包站、饭馆、危楼、违建工程等全部拆除，共清退房屋面积5101.17平方米，清离流动人口

202 人，归还教育教学用地于学校，纳入整体改造规划。此次环境整治，不仅深受学校师生欢迎，也得到居民们的理解与夸赞。

芳草地国际学校切实发挥了优势教育资源的示范引领作用，带动民族校区改善育人环境，提升教育教学质量，打造芳草民族特色品牌，为办人民满意的教育做出贡献！

（三）民族特色融于芳草课程

民族校区的前身为南中街民族小学，拥有着悠久的历史和民族文化教育的传统。在课程中，民族校区在跟随芳草课程的六大领域时，也将民族特色融入芳草课程中。民族特色与芳草课程的关系，可概括为“不是独树一帜，而是融入丰富。”

在芳草课程中，“民族团结教育”始终有着重要的地位。在民族课程的发展中，民族校区发展艺术教育，将民族特色融入实践课程，同时也将民族特色内容引入学科课程中。“比如语文，阅读跟民族有关的绘本，让学生了解五十六个民族，在高年级设计《美丽的中国》（参见表 7-1），设计的就是游览中国，就是在游览的过程中去表达，这也会借助五十六个民族，民族特色包括民族文化，包括美食科技。”

（摘自 2016.07.18，田野笔记）

表 7-1：民族团结教育实施途径（部分）

芳草地球主题探索主题课程	课程内容	社团建设	传统活动
美丽的中国	革命传统教育	民族英雄知行社 民族戏剧社	英雄烈士墓祭扫 清明文化周
	民族传统体育	绫球　传统体育游戏 龙腾狮舞　功夫少年	民族体育节 科技体育游园会
	民族风情文化	民族歌舞　鼓舞中国 竹笛风韵　书画艺术 戏剧	欢喜中国年 民族文化节 中国文化周

另外，民族校区继承“民族体育传统课程”，将之作为校本课程。早在 2006 年前后，学校便聘请校外民族体育专家特级教师关槐秀老师指导本校体育教师，挖掘课程资源，开展民族传统体育校本课程，同步创编了《民族传统体育教程》，由北京体育大学音像电子出版社出版。《民族传统体育教程》中选编了包括满、藏、壮、苗、蒙等 30 多个少数民族

的 8 类 40 项民族传统体育项目，从运动的来源与作用、要领与提示，以及操作口诀等方面进行组合，便于师生掌握与训练。2016 年，民族校区在民族体育课中引入“舞龙舞狮”，“上学期已经开始亮相了，大家觉得眼前一亮。另外，民族课间操也是一个值得骄傲的地方，就是把民族舞蹈的动作和体育结合起来，现在很讲究课间操，把这个操借助了中央民族舞蹈学院一点儿，余下的都是老师自己创作的，把民族体育的传统项目（参见照片 7-4），融入民族舞蹈和体育于一身，还有做操的一些标准，编成一套民族课间操。”（摘自 2016.07.18，田野笔记）同时，民族校区在继承和发扬民族传统体育的同时，也在大力发展本校区的民族艺术教育，以舞蹈团和民乐团为主。

照片 7-4：民族传统体育课程之绫球（五年级试用）马海莲提供

四、校园安全

校园安全问题已成为当今世界性的教育难题，并受到各国立法、执法和教育管理部门的高度重视。校园安全是相对的，只要有学校存在，校园安全问题就不会消失。我们所追求的校园安全就是将学校的危险程度降低至人们普遍接受的状态。

（一）校园安全极端案例的反思

2016 年 7 月 15 日，刘飞校长为我们讲述发生在芳草地国际学校的一起校园安全事故的经过：

2010 年 11 月，当时是国际部的学生在操场上活动。我们那会儿 1 号楼正在建设，建设的过程中，占用了半个操场。咱们教师的车，包括学校的车都在操场上停着。孩子把衣服放在一堆，有个小孩就在衣服边上躺着呢。师傅在挪车的过程中，用他的话说，没有看到这堆衣服。结果车开过去，压到衣服上，把孩子裹到了车下……万幸的是，这个孩子非常瘦小，没有出现很惨烈的情况。学校第一时间联系 120，把他送到医院，经过后续的一系列治疗，包括回瑞士救治，最后孩子恢复得还不错。我在几个月前还跟他妈妈通过一次电话，了解了一下这孩子的情况，感觉还好。他妈妈说还想让这孩子回来再学学汉语。我当即表示：随时欢迎。孩子当时的痛苦我还历历在目，我真希望他能回到学校，看一看他健康活泼的样子。

刘飞校长的反思：

第一，凡遇大事必静心。

借这个事，我们应该思考办学管理中我们应该注意的事项。我们总说安全第一，是不是真的就意味着把安全放在第一位了？对于安全，对于存在的一些隐患，或者出现的事故，我们是不是严格按预案去执行？善后处理是否到位？预案是否在不断完善？有无刻意在回避什么？……透过这些事，我们必须要反思，并且持续改进。我们不能做事后诸葛亮，大凡事故发生，多起于应该关注并且容易改进却被疏忽的问题，导致严重情况发生，甚至局面不可控。“安全第一”一定要放在心中，真真切切、实实在在落到具体的工作中。这是第一点。第二点呢，就是在出现这种事情之后，我们应该怎么去处理。当时学校在这方面处理能力也弱，比如已经出现了这么严重的安全事故，我们没有第一时间报案。因为学校没有这方面经验，这是一个大失误，而且正好赶上那段时间视频监控出现问题。学校并不是刻意回避，但这些问题搁在一块儿容易让人遐想：没有视频监控，伤童家长可能不会计较什么，可以以其他方式去取证。但是有了视频监控，又不能完成取证，这就是问题。当时这些给我留下的印象非常深刻：没有第一时间报案、不知道视频监控有问题，导致我们很多工作非常被动。痛定思痛，出现这种极端事件，在解决问题的过程中，一定要实事求是，一是一，二是二。我们把事实厘清，才有助于事件处理。我们非常感谢伤童家长及其亲友非常理智地与学校解决问题，若非如此，后果难以预料。

第二，确保信息通畅。

出现这种情况，怎样保证信息的通畅？感觉当时的信息不是特别通畅，就是大家心里可能有一种侥幸，我形容不好那种心理。就是这件事呢，大事化小，小事化了。事实上，在出现这些事情的时候，事情往往会向着可能出现的最坏的一面发展，关于这方面，墨菲定律有很精当的论述。我们在处理这些棘手事情时，信息越充分，考虑得就会越全面。怎样保证信息通畅？最关键的一点，就是敢于担当，实实在在、真心、真诚地去跟人家沟通，这是前提。然后按法律、规则去解决。如果事事都能这样做，我想除了极个别的情况，总会找到解决方法的。这件事是在芳草发展过程中，特别是在我任芳草校长的历程中，一个非常极端的、一定要关注好的事情。

什么叫国际化？国际化不是说出来的，它一定要落实到学校的管理、学校的教育教学过程中。透过这一件事，说明我们在很多方面，如依法治校、按规则办事、校园安全等方面，远没有我们想象得那么好。这件事对后续，至少对我思考芳草的国际化是很有帮助的，但这代价实在太大了。综上，面对突发事件，学校应秉持的基本原则是：生命第一，健康为要；严格预案，各司其职；实事求是，还原真相；敢于负责，勇于担当；信息通畅，适时发声。

（二）平凡中的责任与使命

上述校园安全事故，虽然已过去六年了，但是对时任芳草地国际学校国际部主任的辛士红来说，还是难以忘却。她回忆了处理这起事故的整个过程。她说：

在国际部教学时间越长，民族感也就越强，儿研所事件的发生更是让我有了深切的感受。

由于国际部的教学楼正在翻建，从 2009 年开始，国际部分成两址教学：一、二年级在日坛校区，三至六年级在双花园校区。2010 年 11 月 15 日上午，我刚从日坛校区返回双花园校区没多久，一年级的一名班主任打通了我的电话，边哭边说："辛主任您快来吧，我班一个孩子让车给碰了，我们正往儿研所赶。"放下电话后我直奔儿研所，当我赶到后，小孩的姥姥和爸爸已经在那儿了。听班主任老师说，孩子的爸爸是瑞士人，妈妈是中国人，妈妈刚刚搭乘早上的飞机飞往广州。这次孩子被车碰的事故，学校是全责。小孩的状况不太好，肺部和头部均有轻微的出血，部分肺泡破裂，并伴有双侧气胸。我是一名母亲，非常理解在那个状况下家长的感受。同时，作为国际部的主任，我也做好了忍受家长责备甚至责骂的心里准备。但是，恰恰相反，孩子的姥姥和爸爸非常冷静：姥姥在安慰孩子，爸爸一直在和瑞士的家人联系（小孩的爷爷是瑞士有名的医生），通报相关的症状，咨询病情严重程度及治疗方法。

在儿研所经过初步治疗后，家长提出要将孩子转到儿童医院的国际部进行住院治疗。于是下午 1:30，我拨通了 999，叫了一辆急救车。但是一直等到下午 3:00，999 的急救车还是没有到，在这段时间内，我又打了四个电话进行催促，但是999给我的四次回复都是："我们现在没有空车，已经联系到了离儿研所最近的在协和医院的一辆急救车，眼下正在移交病人，之后就会赶到您那儿。"我把情况跟孩子的爸爸说了之后，他反问我："你们中国的救护车一点儿都不关照病人的感受吗？"这句话让我哑口无言。作为一名中国人，我非常热爱祖国，我为中国的繁荣昌盛感到骄傲，但是，中国的服务行业，尤其是医疗行业的服务与国外比，确实存在着很大的差距。在那一瞬间，我深深地感受到中华民族的民族尊严受到了极大的挫伤。

由于999一直都没有到，因此在下午2:45，我又拨通了120的急救电话。大约15分钟后，120急救人员打电话说快到了，又过了大约5分钟，120急救人员再次打电话说："儿研所外边爆堵，我们现在开不过去，还得再等一会儿。"我又把情况转告家长，这次家长的问话让我心痛："你们中国的司机看到救护车不会给让路吗？"时间不长，话不多，却让我感到深深的刺痛，又感到非常无奈。虽然我们的国民经济增长迅速，我国的政治和经济在世界上占有比较重要的地位，但是，我们的交通状况、相关体制存在着极大的问题，需要有力的措施进行整改，同时，我们的国民整体素质亟待提高。

在对老师的教育中，我们经常说："我们面对的是来自世界上不同国家的学生及家庭，我们国际部的教师，是中国人的名片，是中国教师的名片，是中国教育的名片。"这几张"名片"的含义，在家长反问我的那一刻，让我有了更深的感受。虽然我只是一名小学教师，但是，这份平凡的工作却是在为中国的外交事业做重要的贡献。我为我是国际部的一名教师而骄傲，同时，我也感受到一名国际部教师肩上担子的沉重。

（摘自2016.07.18，田野笔记）

通过这一事故案例，我们可以充分说明学生及教职员工在学校面临着诸多潜在威胁。学校和老师应如何从各自职责出发，保证学生有一个安全的生活和学习环境？如何防止和剔除那些潜在的威胁隐患呢？笔者认为学校要通过有效的管理来保证学校的安全，而这种管理的基础就是法制。学校的安全管理和安全教育的内容以及防范措施不仅学校相关者要学习掌握，还要扩大到社区居民、相关团体以及每个家庭。建立起学校安全的教育体系，把学校的管理责任与防范措施有机地结合起来，使每一名教职员工以及儿童学生都能清楚地了解和掌握，尤其是在组织儿童学生的学习活动中，要让他们感受到生命的重要性，自觉成为维护学校安全的参与者。

五、芳草学子最美好的记忆

（一）芳草学子走进北京市少年宫——与习近平总书记手拉手

2013年5月29日，芳草地国际学校副校长杨媛带领70名中外学生代表芳草学子走进北京市少年宫参加“快乐童年放飞希望”主题队日活动。这次活动是由共青团中央、全国少工委组织的全国各族少年儿童交流体验活动，该活动已举办3届。这次活动正值北京市少年宫新址落成，北京市少年宫特地邀请全国各族少年儿童代表来这里做客，共同庆祝自己的节日——六一国际儿童节。杨媛副校长讲述了当天的主要活动内容。

当天下午3时许，习近平总书记来到北京市少年宫，我们芳草70名孩子及其他小朋友在少年宫大厅中央欢迎习总书记。这次前来北京参加交流体验活动的有全国56个民族、革命老区、灾区、患有先天性心脏病少年儿童和农民工子女，以及首都城乡少年儿童代表1600多人，他们一起参加了“快乐童年 放飞希望”主题队日活动。习总书记说：“我以一个‘大朋友’的名义，向全国广大少年儿童祝贺节日。”

习总书记牵着孩子们的手［左手牵的是来自西班牙的在芳草地国际学校就读的高丽娜（音译）］，来到大厅中央，观看了各族少年儿童“手拉手心连心”联欢活动，并为他们的文艺表演鼓掌加油。他对簇拥过来的孩子们说，每个人都是从孩子长大的。实现我们的梦想，靠我们这一代，更靠下一代。少年儿童从小就要立志向、有梦想、爱学习、爱劳动、爱祖国，德智体美全面发展，长大后做对祖国建设有用的人才。

习总书记还强调，孩子们成长得更好，是我们最大的心愿。党和政府要始终关心各族少年儿童，努力为他们学习成长创造更好的条件。老师、家长要承担起教育引导少年儿童成长成才的责任。少先队组织要更好地为少年儿童服务。全社会都要关心少年儿童成长，支持少年儿童工作。对损害少年儿童权益、破坏少年儿童身心健康的言行，要坚决防止和依法打击。

离开少年宫前，习总书记观看了孩子们表演的手风琴合奏和童声合唱，在《歌声与微笑》的旋律中，习总书记同孩子们和老师告别，歌声在操场上久久回荡。

（摘自 2016.10.08，田野笔记）

（二）芳草学子走上 APEC“未来之舟”

2014 年 11 月 10 日晚，国家主席习近平和夫人彭丽媛在北京国家游泳中心举行晚宴，欢迎出席亚太经合组织第二十二次领导人非正式会议的各成员国领导人、代表及配偶。10 日晚的 APEC 晚宴演出吸引了全世界的目光，9:30 左右，各成员国的领导人走出水立方，来到广场上的时候，一艘象征亚太同舟共济的“未来之舟”缓缓驶入会场，“未来之舟”上载着 21 个经济体国家的儿童，他们身着自己国家的服装，在船上挥舞着左手，向来宾们致敬（参见照片 7-5），当船驶入会场中心时，孩子们瞬间点亮手中的七彩光束，它们象征着希望之火、未来之光。

照片 7-5：2014APEC“未来之舟”表演现场（2004 年）张宏提供

2014 APEC 会议虽然已经时隔两年，但是，对于芳草地国际学校国际部主管校长张宏来说，这一幕幕的情景仿佛就在昨天，他为我们讲述了这次“未来之舟”彩排（参见照片 7-6）的故事。

照片 7-6：2014APEC“未来之舟”彩排现场（2014 年）张宏提供

2014 年 10 月的一天，当我知道北京市教委把这次“未来之舟”表演的机会给了我们芳草地国际学校的那一刻，我心中只有两个词——“感激”和“感谢”。我首先感谢市教委，给我们学校这次机会，让我们挑选 18 个孩子。其次感谢学校让我负责这次活动。我接到任务后，马上着手选人、登记、备案等环节。我们挑选了来自俄罗斯的索菲亚、泰国的慧玲，菲律宾的盖比，墨西哥的Brando，日本、韩国等国家的外籍孩子，还有我们中国的孩子。在彩排期间，我们一次次给孩子们开会，一次次审查孩子们的服装，就是为了更好地完成这次任务。

我特别感谢组委会的工作人员。在彩排的时候，我们有一个孩子吐了好几次，工作人员立刻找来医务人员给孩子看病。孩子还是不舒服，他们马上联系组委会，给我们派来专车把孩子送回家。我们还要感谢家长。我们芳草地国际学校之所以能顺利完成这项任务，多亏了这些家长的支持。特别是在两次集体彩排的时候，每次都是十点多钟才回到学校，家长们总是很早就到达学校，在门口等着接孩子，但是没有一个家长因为我们回来晚而有怨言。另外，在彩排的时候，每次都会有孩子吐，家长十分理解，自己带着孩子去医院看病，对我们没有一句指责。特别是最后一次正式演出，原定十点返回学校，但是十点半多了我们才回到学校，有的家长在外面冻了一个多小时，接到孩子的瞬间，家长们向我们表示感谢，有这样的家长我们欣慰。最后要感谢我们的18个孩子。一次次的彩排，他们没有厌烦，回回都是高度配合。尤其是第一次的时候，他们吃着自己不习惯的面包，还是坚持配合彩排。有的孩子吐了，不舒服也没有要求回家，怕影响这个活动。每次彩排都是晚上九点左右，他们要穿着自己的民族服装，有些同学的服装特别薄，我们怕他生病，让他穿上外套，但是孩子要和别人一样，宁可冻着，也不要因为自己影响彩排。我感谢孩子们，他们有着高度的集体荣誉感。最后感谢学校领导和我们的带队老师。每次彩排，我们的带队老师更是辛苦。一次次到水立方开会，一次次给家长打电话，一次次给孩子开会提要求。这一次次的背后，有着多少心酸？上面一个要求，我们的老师就要打十八个电话，通知十八个家长和学生，遇到语言不通的时候，我们老师更是不厌其烦，举着电话等着家长找翻译。有的时候，家长没有接电话，老师还要发短信，家长没有回短信，老师再打电话。最着急的一次是正式演

照片7-7：2014APEC“未来之舟”彩排之后的合影（2014年）张宏提供

出前，一个家长怎么也联系不到，老师不知道打了多少次电话，最后家长终于接了，他在墨西哥，不在中国，这件事要和孩子的妈妈联系。这样的事情我们的老师不止遇到一次。但是我们的老师还是那样无怨无悔。

APEC 是一次全世界的盛会，虽然我们学生的表演只是盛会中很小的一部分，但是对孩子的一生都有着深远的影响，是他们生命中的一次经历。

当电视直播到这里的时候，家长们迅速用手机拍下精彩瞬间，用飞信发给了我们的宋老师。家长们还打电话跟宋老师说："宋老师，我们知道你在现场进不去，看不到孩子们的表演，我们拍到了发给你，你看看。谢谢你。"几句简单的话语，让我们备感温馨，此时回想起来心里还是暖暖的。

（摘自 2016.10.08，田野笔记）

（三）芳草学子走进人民大会堂——表演《胜利与和平》

2015 年是中国人民抗日战争暨世界反法西斯战争胜利 70 周年，芳草地国际学校接到文化部的通知，参加 9 月 3 日晚 19:50 在人民大会堂举办的主题为"铭记历史、缅怀先烈、珍爱和平、开创未来"的《胜利与和平》大型文艺晚会的演出，党和国家领导人及各国政要出席这次活动。CCTV 综合频道等多个频道全程直播（入场式 19:50 开始，20:00 正式演出）。这次演出活动主题鲜明、气势恢宏。为了真实再现反法西斯战争中东方主战场的情景，共有三千多名演职人员投入到此次演出中。

芳草地国际学校是义务教育阶段中唯一一所接受邀请参加此次活动的学校。213 名芳草艺术团的成员在此次晚会中承担了多个场景的演出任务，其中包括开场前为抗战老英雄献花、引领老英雄步入大会堂、"胜利之歌"（参见照片 7-8）、"南京——永不忘却""山丹丹

照片 7-8："胜利之歌"剧照（2015 年）杨媛提供

花开红艳艳——延安颂”“红纱巾”“天耀中华”“光荣与梦想”等多个场景。

此次演出规格高、规模大、影响深，云集了众多艺术团体和有深厚艺术造诣的艺术家，演出中的每一个环节都由陈维亚导演亲自指导、把关。在一个多月艰苦、紧张的排练过程中，芳草学子的出色表现多次得到陈维亚导演及各界人士的充分肯定和高度赞扬。

负责参加这次活动学生的杨媛副校长说：

在这一个多月的排练生活中，孩子们在老师的组织带领下，互相鼓励、互相支持，不仅克服了种种困难，还磨炼了意志品质，更增进了彼此的情谊，充分展现出芳草学子的精神风范，这其中有我们芳草地孩子们的不懈努力，教师的辛苦付出，更有我们芳草地好家长的鼎力支持。

在国家重大历史时刻的节点上，芳草地国际学校都是见证者、亲历者。让我们在此共同感受历史的凝重，感受国家的强盛。

（摘自 2016.10.08，田野笔记）

演出盛况使人久久难忘，幕后故事更是使人回味无穷。杨媛副校长以及参与这次活动的老师把我们带入了 2015 年 9 月 3 日那令人难忘、感人至深的幕后芳草故事。

1. 我们最可爱的孩子——芳草小八路

张杰老师是芳草地国际学校远洋小学的教师，她为我们讲述了与孩子们一起排练、一起演出的感动时刻。

照片 7-9：“山丹丹花开红艳艳——延安颂”剧照（2015 年）张杰提供

2015 年 7 月 28 日，我们接到任务，要从各校区海选学生，下午就要定出 12 名表演“延安颂”中的小八路（参见照片 7-9），老师们在微信上紧张忙碌地联络班主任、家长，在微信群里发照片、挑选符合条件的学生。由于是暑假期间，增加了挑选难度，经过各方协调，最终确定了芳草 12 名学生参加本次活动。

我是和“小八路”们相处时间最久的老师，在排练与演出的这近四十天里，孩子们给予我的感动像泉水一样常常涌动在我的心中，“红领巾小分队”是年龄最小，坚持时间最长的队伍，在排练的过程中他们还给自己定下了奋斗目标，那就是要和六团的战士一样棒！

照片 7-10：老战士和“小战士”的合影（2015 年）张杰提供

还记得有一次彩排结束，一名老战士跟我说：“我每一次看到‘小八路’们敬礼，都是热泪盈眶！”他还特别要求一定要和孩子们合影（参见照片 7-10），听完他的话，我的眼角湿润了，湿润的眼角蕴含着太多太多——抗战胜利的不易，对当下生活的珍惜以及对未来美好生活的憧憬，更多的是孩子们排练演出背后的艰辛。

个子不大的“小八路”们在舞台上每一次都是全力以赴、状态饱满。舞台下他们用稚嫩的绘画和拼音文字在本子上记录着他们舞台上下的点点滴滴，心得体会。

我作为这次唯一参演的老师，感到非常荣幸，记忆中也有不少暖心的画面，例如：帮助老师系红头绳、绑绑腿，帮助老师们整理备场区的卫生，等等。因为有太多感动的情景，所以每当想提及的时候却又不知道说什么好。

令我印象最深刻的是“两颗牙的友谊”，两名一年级的“小八路”因为同在换牙期，两人先后掉了一颗牙，同班同学、同扮演“小八路”（参见照片 7-11），同在人民大会堂排练，好像人生的缘分有时候就是这样神奇。真是人生如戏，戏如人生！

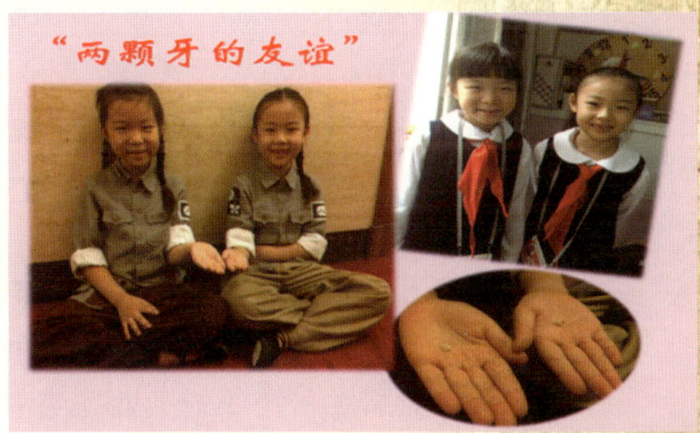

照片 7-11：“两颗牙的友谊”（2015 年），张杰提供

这些日子的朝夕相处，真的是有太多太多的感触，这些日子芳草的“小八路”们已经深入人心，参演的每位演员都非常宠爱他们，每次演出后备场的展示都是列队欢迎跟他们举手击掌，一直想记录下这

个最美瞬间，我相信这段经历对于孩子和老师们都是一次宝贵的人生经历和体验！孩子们在人民大会堂的舞台上对外正式演出了七场，每次出场都会听到观众们热烈的掌声，也许人们都被孩子们的温情所感动。相信这次珍贵记忆一定会铭刻在每一个孩子和老师的心中，珍藏在内心深处。

最后想借用陈维亚导演的一句话来说：站在这个舞台上的没有演员，全是战士！

（摘自 2016.10.14，田野笔记）

2. 我们最可爱的孩子——最小的战士果果

韩田甜老师是一位美术老师，她大学刚毕业，就遇到了这个机会，参加了 2015 年 9 月 3 日中国人民抗日战争暨反法西斯战争胜利 70 周年庆典活动。对于韩田甜老师来说，这是她最好的毕业礼物。她说她是一个幸运儿，刚刚走出大学的校门，又进入了芳草的校门。虽然《胜利与和平》70 周年庆典活动已过去了一年，但是，那一幕幕的场景总在她脑海里浮现，特别是最小的战士——果果，最让她感动。

我记得是在 7 月下旬，剧组临时要在舞蹈音乐“南京——永不忘却”中选一名小演员，时间紧急，因舞蹈情景的需要，按照导演的要求，要选一名身体瘦小、肤色偏黑的孩子，条件十分苛刻。于是老师们联系了即将入学的新一年级的家长们，选出了一些符合条件的孩子，随后导演在这些孩子中又进行筛选，层层选拔选出了年仅六岁的果果（参见照片 7-12）。

照片 7-12：山椒妈妈与果果（2015 年）韩田甜提供

从 7 月下旬起我们带着果果及孩子们在北京卫戍区体育馆排练，从学校到军区体育馆需要一个小时，排练条件十分艰苦，孩子们和大人们吃的是一样的盒饭，没有椅子和桌子，大家都蹲在地上找个空地儿就吃。排练结束的时间是不固定的，最晚一次从排练场地到学校已经是晚上十一二点了，在回去的途中老师会用微信，联系家长接孩子的时间，家长们会在校门口等待。8 月初，排练地点改在了人民大会堂，但孩子们排练依旧辛苦。

果果在音乐舞蹈《南京——永不忘却》中的任务是扮演南京事件中被日寇杀害的孩子，妈妈怀里抱着已去的孩子，悲伤地看着她哭泣。果果要闭上眼睛，体现出四肢无力的状态。就这样一次次地反复练习。她从不叫苦。

记得有一部黑白电影的独白是这样写的："你做过的梦有颜色吗？我做过的梦都是有颜色的，比最好的电影还要美，因为我身在其中。"身在其中的我在这一个多月里，看着果果身上那藏不住的点点滴滴的感动时刻会浮现在我的眼前。

有一幕至今令我难以忘怀。有一次我接她下台，山翀妈妈（角色）问她："果果，妈妈刚才是不是把你抱疼了？"果果摇摇头。

从那时起我才知道，即使在配合的过程中，果果有不舒服的地方也不会说出来。从那以后，每一次接她下台我都会问她："今天有没有不舒服？"每一次她都是同样一个动作——只是摇摇头而已。虽然孩子口中什么都不说，但是我们心里都懂。

还有这样一幕让人看了心里酸酸的。由于演出的需要，台上的果果是闭着眼睛躺在山翀妈妈的怀里的，台下的她呢？闭着眼睛躺在椅子上（参见照片 7-13），孩子睡着了，宝贝儿累了。此刻的我呢？眼角湿润了……

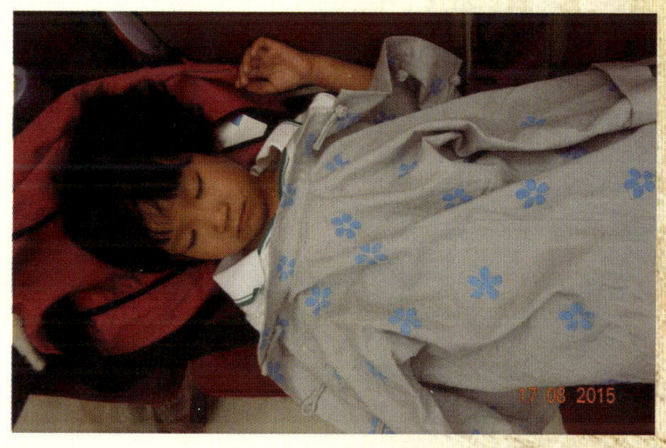

照片 7-13：果果彩排后的小息（2015 年）韩田甜提供

我知道芳草有很多可爱的孩子们，我不知道的是最可爱的孩子的定义具体是什么，但我想说，像果果这样坚强、为了整场晚会顾全大局的孩子就是最可爱的孩子。

（摘自 2016.10.14，田野笔记）

3. 我们最可爱的孩子——为你骄傲

于冉晴老师也是陪同孩子们排练的老师之一，这次活动我们的孩子太让人感动了。于老师为我们讲述了这样一个故事。

我记得特别清楚，那是 2015 年 8 月 17 日晚，我的手机收到了一条微信，是学生韦尊岳的家长发来的，内容是：“老师，孩子说今天排练的时候，导演提出他的轮滑技术还有待提高，现在他自己在练习（参见照片 7-14），让我转告您，明天再彩排时，一定不会出现问题。”我看了一下手机时间，已是晚上十一点钟。我们排练到晚上十点才返回学校，十一点孩子却还在练习轮滑技术，那一刻我心中有种说不出的滋味，是心疼，是欣慰，还是担心，很难分辨出来。看着照片中的孩子，为了能更加完美地表演，把练习的路上放满了障碍物，而我此刻只想让孩子好好休息。我给家长回复：“孩子的毅力太让人感动了，请让孩子保护好身体，千万不要生病了。”我回复完家长的信息，想一想，我们的芳草学子不就是这样吗？他才十一岁，却有着坚强的毅力，克服一切困难的精神。我心中有种说不出的骄傲。此刻我在心里说：孩子加油！老师为你感到骄傲！

照片 7-14：韦尊岳在夜晚努力练习（2015 年）于冉晴提供

（摘自 2016.10.08，田野笔记）

照片 7-15 ：《胜利与和平》剧照（2015 年）杨媛提供

4. 我们最可爱的孩子——芳草感谢你

对于历史，我们时刻铭记。对于胜利，我们全心纪念。在组织参加中国人民纪念抗战胜利 70 周年文艺晚会《胜利与和平》的演出中（参见照片 7-15），演出盛况使人久久难忘。杨媛副校长拿出了两张排放在一起的照片给我们看（参见照片 7-16），并与段宁宁老师讲述了同样的故事。

照片 7-16：最可爱的孩子郝欣（2015 年）杨媛提供

故事一：这两张照片中的人是同一个女孩，她叫郝欣，当时十岁，是四年级的学生。我们可以看到她的发型有了很大变化。如果我说她是一夜之间由短发变成了长发，你会不会惊叹？那是在一次彩排前的动员会上，导演陈维亚在讲话中提到了演员服装、发型要整齐一致的问题。会后各校区老师对学生发型进行了商讨，决定如能梳马尾辫的同学都梳上马尾辫，短发保证整洁即可。可是谁也不知道郝欣同学心中有了一些波动。

第二天下午三点到校集合，全体学生和老师都惊讶了，每个人的目光都集中到了郝欣的头发上，短发的她一夜之间变成了长发，梳着漂亮的马尾辫。郝欣前一天内心的波动正是因为她的短发。晚上十一点彩排结束回到家，她久久不能入睡，和爸爸妈妈说，不能因为自己一个人影响全体的演出效果。为了安慰她能早些休息，爸爸妈妈说帮她想办法，一定不影响集体，不影响演出。第二天一早妈妈就带着她去了理发店，用了漫长的五个小时，把头发接成了长发，又赶到学校参加彩排。正是这样重视的态度完成了这次变身的传奇。

故事二：我清楚地记得第一次集体排练，当老师说我们要做好回家晚、排练苦的准备时，一位二年级的小男生，叫聂禹锡，当时七岁，眼泪在眼圈里转。一位老师上前关心地询问，这孩子一下憋不住了，大哭："我不去了，我要回家。我后悔啦！"这一幕让老师哭笑不得。通过老师的安慰和家长的劝说，最终他还是留了下来，决定试试看。

在排练中，他不断地战胜自己，舞台状态不到位，他回到家，就在家朝着镜子练。我们排练到很晚，他想妈妈了就拿出微信给妈妈留个言。太想了就到没人的地方默默地抹眼泪。孩子就是这样的一天天，一次次，一幕幕地成长着。9月3日演出结束后（参见照片7-17），禹锡同学在大巴上看着远去的人民大会堂默默地流着泪。老师鼓励他："你真棒，从头到尾坚持下来没请假，没掉队。"他擦擦眼泪，笑了笑，又哭着说："我们就不能来大会堂了吗？"老师摸着他的头玩笑着："这次活动你还后悔？"禹锡用肯定的话语回答："我不后悔！"

照片 7-17：参加演出的最可爱的孩子们（2015 年）
杨媛提供

感动的故事还有很多，这样的变化还有很多很多，脸笑僵了揉一揉，腿站酸了顿一顿。“老师，我没事，我能行。”孩子们的可爱让我们感动。这次活动留给孩子最宝贵的不只是台上的几分钟，这样的成长和变化才是最可贵的。

（摘自 2016.10.08，2016.10.14，田野笔记）

5. 芳草两个强大后盾

芳草地国际学校在纪念中国人民抗日战争暨世界反法西斯战争胜利 70 周年纪念活动中有两个强大的后盾，支持着我们顺利地完成了这项任务。一个是我们孩子的家长，一个是我们的老师。

（1）最无私的坚强后盾

“法西斯”“抗日战争”……这样的词语，对于一个六七岁的孩子来讲是那样的陌生，家长们为了让孩子能够更加深入地了解那段历史从而能够更加准确地诠释要演出的作品，通过多种形式给孩子们补历史知识。家长为孩子们做最贴心的后勤保障。杨媛副校长感慨地讲道：

真的很感谢孩子们的家长！他们给予的支持和付出，难以言表。我们的排练结束后，每晚都在十点以后，我们的大巴车才能够返回学校，快到学校的时候，在车里看到路边站着的全是翘首期盼着等待接孩子的家长，有时下着大雨，家长们就打着伞等。那一幕幕场景，令人难以忘怀。接孩子回家之后，家长们给孩子准备夜宵补充能量，保证在高强度的排练下，让孩子们有一个健康的身体，能够每天按时参加排练。另外，为了让孩子们准确地理解要演出的作品，家长利用仅有的一点点时间带着孩子走进烈士陵园、做手抄报（参见照片 7-18）、看记录等，让孩子们了解反法西斯战争中的各种历史性事件，对作品有更深的理解。

（摘自 2016.10.08，田野笔记）

照片 7-18：学生的手抄报（2015 年）杨媛提供

（2）最坚韧的团队

芳草地国际学校有一支坚韧的教师团队，在纪念中国人民抗日战争暨世界反法西斯战争胜利 70 周年整个活动中，真正展示了芳草教师最美的风采。杨媛副校长说：

我们每天和孩子们朝夕相处，通力合作，不怕辛劳，默默付出。遇到艰巨的任务总是抢着第一个冲上前去承担，家里亲人病重也没有放弃排练工作，始终穿梭在孩子们中间，为他们做好一切准备工作：集合、上车、分加餐，到了大会堂以后，就组织孩子们打水、上厕所、吃饭……我们的老师总是会拎着带刺的袋子，来回穿梭在大会堂的一楼和三楼，扎破手，划伤腿都是难免的，但是我们的老师没有一个人有怨言。女教师居多，拎袋子任务就落到了她们身上，力气小拎不动怎么办？我们就挎着、背着，实在背不动，就两个人抬着，总之，为了能让节目顺利进行，能为我们这个团队出力，我们每位成员都是现实中的女汉子，孩子们眼中的大力士。

一天的排练下来，大家都非常地疲惫，却还要奔赴康铭大厦去做最后的信息核对工作才可以把进大会堂所有人员的胸卡领走，由于时间已晚，工作人员只让一位领导进去领出所有胸卡，其他老师就蹲在宾馆楼道的地板上核对信息和数量，直到深夜……

刘飞校长始终关注着我们教师和孩子，当他出现在排练现场看到一幕幕场景的时候，我想他的内心应该也是非常激动的。有一句话“男儿有泪不轻弹”，当他看到咱们老师为这些孩子付出的时候，留下了泪水，那是一种心疼，那是一种关爱，更是一种感同身受（参见照片 7-19）。

照片 7-19：快乐、阳光、充满激情与活力的芳草师生（2015 年）杨媛提供

这就是我们芳草教师的精神和风采，这是一支怎样的团队呢？这是一个有爱的大家庭。这是一群什么样的人呢？这是咱们芳草地最坚韧的团队！

（摘自 2016.10.08，田野笔记）

六、芳草走过 60 年

2016 年 4 月 7 日，芳草地国际学校在校园内举行了“芳草走过 60 年”

照片 7-20：党总支书记穆英主持“芳草走过 60 年”新闻发布会（2016 年）藏于芳草地国际学校

新闻发布会。党总支书记穆英主持了发布会（参见照片 7-20），她指出：2016 年对于全体芳草人来说具有特殊的意义，因为芳草地国际学校建校 60 周年了。在各级领导的关心下，在社会各界朋友的支持下，在全体芳草人的共同努力下，风雨兼程 60 年，一路奋进，一路硕果，满园春色，满园欢歌。

总结时，她表示，一代人有一代人的责任和使命，打造芳草教育品牌，为中国乃至世界教育做出贡献，是我们这一代芳草人的责任和使命。我们将在践行社会主义核心价值观，传承芳草文化，弘扬芳草精神中，栉风沐雨，砥砺前行，用智慧和汗水谱写“十三五”芳草教育新的辉煌，让芳草教育发展更大更强，让芳草教育品牌更亮更具影响力，让这片土地通过我们的努力而更加有名。

随后，刘飞校长重点介绍了系列活动安排（参见照片 7-21）。

照片 7-21：刘飞校长在“芳草走过 60 年”新闻发布会上讲话（2016 年）藏于芳草地国际学校

第一，重温国家文化周、小小奥运会、六一篝火晚会、红领巾的红军行，回顾芳草最感人的每一天，激励、凝聚芳草团队。

第二，举办系列学术研讨会，出版系列学术成果，传承芳草精神，发展芳草教育。

第三，遵循习近平总书记“红色基因代代相传”的重要指示，教师和少先队员优秀代表再上井冈山，重走长征路，再到延安杨家岭小学，开展手拉手共建，走进陕西延安梁家河，学习艰苦创业的革命精神等红色教育活动。

第四，借助“一带一路”主题课程的开发和芳草汉语教室等载体，广泛开展汉语传播活动，全面推广芳草教育，将中华文化教育开展得更广泛，更常态化，影响更加深远。

第五，年末举办“芳草走过60年综合素质展示活动”，全面展示芳草师生的精神风貌，展示中国基础教育的优势及和世界先进教育理念有效融合的成果。

最后刘飞校长代表芳草师生表示：回顾昨天，我们激情满怀，展望明朝，我们众志成城，60年来，一代又一代芳草人历经不懈的努力和奋斗，形成了芳草办学特色，在首都乃至世界都产生了广泛的影响。未来更要凝心聚力，以国际视野、国际水准，把芳草地国际学校建设成为中国国际教育的典范，为实现民族复兴的中国梦，为世界教育做出更大贡献。

嘉宾代表方强先生带来贺信和祝福

全国红军小学建设工程理事会副理事长兼秘书长方强（参见照片7-22）寄语芳草学子：“60年是很大的时间跨度，但是对于芳草地来说，却是新篇章的开始。再过60年，坐在这个桌子前面的不是我们，而是你们，光荣属于你们，芳草地的孩子们。”

照片7-22：嘉宾代表方强先生代来贺信和祝福（2016年）藏于芳草地国际学校

方强还带来了习总书记曾两次到过的延安杨家岭红军小学的贺信，信中写道：“我们愿意和芳草地的小伙伴们手拉手，我们多么希望你们到延安来呀，我们带你们去看杨家岭，去看梁山，去看毛主席居住过的地方，登上宝塔山……”

中华人民共和国原外交部长、全国人大外事委员会主任委员、全国人大原发言人李肇星同志发来贺信：“热烈祝贺芳草地国际学校建校60

周年，老师们好好学习，孩子们天天向上。”

七、与刘飞校长对话芳草教育

2016年7月15日上午，我（笔者）来到了芳草地国际学校日坛校区刘飞校长办公室，首先向刘校长介绍了芳草教育口述史的进展情况，其后又就芳草地国际学校的教育理念等问题对刘校长进行访谈。现将刘校长对一些关键问题的理解、说法摘录如下：

1. 做芳草口述史，凝聚芳草队伍，传播正能量

我认为芳草口述史后期能够作为思想工作的方式之一。对于在职老师来说，口述芳草的过程是一种自我引导。因此我希望更多的老师参与到这个活动中，讲述自己，讲述芳草。用这种方式凝聚队伍，传播正能量。

2. 常规与特色：一标准、二守则、三常规

办教育一定要立足常规，易知易行，把握住规律、把握住时代的发展脉络，踏踏实实地干。其中，常规指的是教育教学的常规、学生的常规、教师的常规。后续将制定“两个守则”和一个“质量标准”。“两个守则”分别是教师守则和学生守则；一个“质量标准”指的是以学生和学习为核心的学校的整体质量标准，而不仅仅是教育教学的分数。

我一直觉得教育不能搞得太复杂，不能无限地在它身上赋予很多东西。教育本来应该什么样，我们把握住它的规律，踏踏实实干就行了。这是很重要的一点。所以我特别强调易知易行，把握住规律，简单一些，知行合一。

3. 学校特质：国际化

这所学校的特质就是国际化。从建校之初到今天，这条线永远不要让它弱化。在国际化推进过程中，我们已经过了用外显的那些标志来印证自己国际化的时期，我们有外籍学生、外籍教师，还经常组织孩子去海外游学等。现在还用这些来标榜我们的国际化，就不合时宜了。芳草的国际化到底是什么？一定是中西教育理念的融合，中西教育策略、教育方法的融合，中西师生的融合。一定要在这些方面做足文章。所以我们下一步的国际化就要在这三个融合方面做文章。

4. 课程建设方面，注重学术品位，关注学术发展

我们现在另外一个要关注的就是芳草的学术发展。一个学校优质与否，关键看其学术品位如何。我们从自身做起，2013年夏，我们明确今后学校主要领导不能随意主编书籍，更不能挂名。到底是谁主编的，就让谁去署名，校长不能随意署名。编之前没有真正投入到总体设计中，甚至根本没有把全文完整地、认真地看一遍，却要署名，这样行不通。所以后续学校出版学术成果时，都是谁主持、谁具体负责、哪位专家帮助我们来做，就要把人家名字署上，而不是署校长名字。这是从学术规范角度提出的要求。干部、教师应该如何提高学术水准？学校的学术问题跟科研单位不一样，我的基本观点：做到观点鲜明，能够自圆其说，有典型案例支撑即可。

在整体推进学术建设过程中，我们最为关注的还是教育教学。德育方面强调带班育人，教学方面以课程建设为主。所以，我们说起芳草的教育教学，其实很简单：带班育人、课程、课堂、课业，就这十个字。我们不希望把它搞得特别复杂。把握住主业，在重复、反复之中，能够让芳草教育实现一种升华。这几年所做的事，就教育教学来说，也就这十个字，我们还没做好，只是开了个头。

5. 把握常态，稳中有变

现在芳草在带班育人、课程顶层设计、知行课堂建设等方面说得比较清楚了，课业方面我们还要梳理。这几件很重要的事，我们已经基本上能够形成常态了。今后在这些方面，我们也不想让它标新立异。该把持住的，不能随意变。需要变的就是结合学校的发展，结合时代的发展，注入新的内涵，但并不是脱胎换骨。总的说来，关于教育的新东西并不多，《大教学论》至今已近400年，《学记》更达2000余年，但其对当下教育仍颇具指导意义，观点能出其右者并不多。教育不能今儿你一招，明儿我一招的。

6. 谈课业负担问题，强调关注家长负担

关于课业负担的问题，我认为，只要学习就有负担，减轻过重的负担，指减轻那些机械性的、重复性的，为了考试而要做的大量准备一定要减。实际上，在新课程改革之后，负担未必真能减下去，只不过它表现的方式不一样了。孩子累，家长也很累，所以我们现在与其

说是关注孩子的负担，不如说关注家庭的负担。家长现在投入太大了，已经转嫁成家长的负担了。但这种转嫁，积极的一面就是促进家长和孩子的互动，共同做一件事，家长可以借此了解学校，对家校合作有好处。但是，凡事有度，家长也有家长的工作，如果超出它的限度，家长投入也会产生反作用。我们要警惕负担的负转移。

7. 关于中西教育比较：强调坚持优势、有效融合

推进教育国际化是芳草发展必然，也是时代之需。在这个过程中可能会出现一些问题，但出现总比不出现好，只要不是原则性问题。它毕竟向前走了，向前走了之后，我们知道哪儿有问题，应该怎么修正。对孩子的发展确实有好处的，那我们就坚持。注意：推进国际化，千万不要急于宣传，如果说三年五年以后你还在坚持，就值得宣传。如果没有坚持下来，你也庆幸自己幸亏当时没有宣传这事儿。时间会证明一切，教育是马拉松，不是百米赛。

中国基础教育的优势要保持，国外的先进理念要借鉴，实现有效融合。教育不能跟风，更不能一味追“西风”，有人说好，也不顾适合不适合，就把人家的拿过来，把自己的搁在一边。这不叫国际化，这叫西方化。芳草是一个公办学校，我们最需要做的一件事就是彰显中国基础教育的优势。中国基础教育科学性、序列性、内容的严密性强，这是举世公认的。为什么英国要请我们的数学老师去讲课？为什么美国教育部长说中国的公办教育是成功的？原因可能就在于此。当然，我们也不能对自己的弱项视而不见。该坚持的必须要坚持，该学习吸纳的，一定要虚心。现在，窗户推开，大门敞开，这些先进理念要进来，我们怎么融合才好？人家以世界为课本，优势很明显，见识很广，知识面很丰富；我们以课本为世界，我们的优势也很明显，我们的基本功是扎实的。二者要实现真正融合，而不是厚此薄彼。

8. 芳草课堂的主要任务：思维、表达、实践

课堂教学方面，我们关注思维、表达、实践。老师要教会学生思维、表达与实践，做到知行合一。把这三个词做好，芳草知行课堂的主要任务就完成了。评价无须那么复杂，一下检测二十几条，哪记得住？听课评价重在整体把握，老师有一个整体感知之后，把关注点更多地放在孩子的思维发展、教师思维训练轨迹上，放在师生的学科表达上，

放在教育教学实践上。这三点至关重要。

9. 国际部的学生在芳草学习中国教材，就是芳草的国际化

每年都要有100多名来自世界各个国家和地区的孩子来到芳草地国际部学习，在这里他们和中国孩子一样学习中国的教材，就是芳草的国际化。有一次，我参加政协的学术沙龙，在大家对中国孩子留学低龄化问题严重表达出种种忧虑时，我讲出了这番话："我们要对中国基础教育充满自信，同时我们也要尊重学生的多元选择。我们能够做的是让来中国学习的孩子爱上中国，让因为种种原因出国求学的孩子怀念中国，并期待他们学成归国报效祖国，即使回不来，也不要对祖国说一个'不'字。"

10. 把孩子培养成孩子：在基础教育小学阶段强调体德智

在基础教育小学阶段，第一就是身体，第二是德，第三是智。没有身体一切无从谈起。跳皮筋、两手倒立、砍包儿、滚铁环……这都是小时候的游戏。现在，你再看看我们的孩子，上课，写作业，偷着看会儿电视，玩会儿游戏……我们不能用成人眼中的明天塑造孩子的今天。我原来提过三句话：把孩子培养成孩子，把教师培养成教师，把学校办成学校。在我的印象中，我们现在教育有一种异化。孩子不像孩子，教师不像教师，学校不像学校。就孩子而言，最大的问题是没有玩伴，缺少游戏时空，好奇心越来越弱……这些本该是他们的天性。但是我们现在在这些方面没有为他们顺应天性创造条件。当然，现在我们每月都要组织孩子有一些社会活动，每天有体育活动一小时，比以前好多了。原来根本就不敢让孩子出去。

11. 基础教育改革：结合国内基础教育的优势和国外的先进理念

我们的优势是什么，我们的问题是什么，一定要都说清楚。改革中千万别把我们的优势给掩盖了，而因为问题天生的顽固性又不愿深触及。在芳草新的五年规划中，我们要解决一个问题，就是要把中国基础教育的优势、国外的先进理念在芳草如何融合说清楚、做明白。

比如，我们一直高度关注、一直挂在嘴边的"因材施教"，这些基本的观点、认识，我们并不亚于西方。但在具体的实践中，可能理念是理念，跟实践并没有很好地接轨。所以我们要把古代的、现代的、

当代的，中国的、外国的先进教育思想做梳理。不能多多益善，不能浅尝辄止，要深入钻研、真知精行。不用研究很多，把其中我们认为重要的搞懂，既保持优势，又有选择地接纳，让中西双方的先进理念、新的学习方法，在芳草真正融合。"以世界为课本"和"以课本为世界"，各有优势，我们要从不同的视角解读教育。

12. 素质教育：顺应天性，培养习性

素质教育到底是什么？我们没必要在具体概念上纠缠不清，做到顺应天性，培养习性，为他今后走向社会奠定基础，这是最重要的。

在小学，孩子很爱玩，孩子渴望玩伴，孩子渴望表扬，孩子充满好奇等，这些是他的天性。那我们怎样顺着他的天性去发展，而且让他的天性保持得更长远？比如永远能够充满好奇，对他的一辈子都有好处。这是第一点，顺应天性。第二，培养他的习性。天性中肯定有恶的一部分。那我们通过习性的培养，来调整好。我们关注学生哪些习性？"健康身心、友好交往、自主学习"，这是我最关注的三个方面的习性。如果一个孩子在学校能够健康身心，能够友好交往，能够自主学习，或者说他已经在学习这三个方面如何发展了，那我觉得我们就在践行素质教育。一个灿烂微笑，两项体育技能，再能有一个艺术爱好，那他健康身心就有了一个基本的保障；如果一个孩子对自己有信心，对朋友有诚心，对父母有孝心，那他在友好交往这方面，不会有太大问题；孩子如果能做到学而习、疑思问、广见闻、善表达，那就是自主学习的重要表现。关注点不能太多，但要持之以恒。"天性＋习性"于孩子素质发展至关重要。

13. 集团化办学：时代所需

关于集团化办学，我说过两句话，原来讲"芳草集团化办学是必然选择"，后来我改成"集团化办学是时代所需"。原来那个观点是不精确的，集团化不是学校的特征，只是这个时代需要优质学校去发挥更大的作用。集团化能在短期内解决优质均衡的问题，但总的说来一个学校发展要有适度的规模，不能贪大求全。

芳草教育集团在文化建设方面、课程方面、质量标准等方面，有它独特的优势所在。这有助于文化认同、课程认同、标准认同，而这三个方面恰恰是集团化办学最为关键也最难真正解决的问题。在这三个方面，芳草集团有优势，但是并不意味着集团化是发展方向。

14. 国家课程的校本化实施：三级课程不能泾渭分明

在课程推动过程中，首先明确的是学校课程应该如何建立。《纲要》明确实施国家、地方、学校三级课程管理，这是国家的政策，具体到学校层面，应该如何落实呢？切忌简单照搬，上下一般粗。一所学校，应该给孩子们提供的就是这个学校的课程，它是国家课程校本化实施的过程，而不是三级课程，在学校层面，三级课程没有必要泾渭分明。在国家课程校本化实施中，学校遵循四个策略：忠实、整合、拓展、创生，整体构建芳草课程，做到既要保证分学科的优势，也要注意学科的融合，既要把我们学校教育做好，也要打破围墙，让学校教育，家庭教育，社会教育很好地结合。

15. 芳草对外汉语教育展望：形成基本理论与策略

芳草汉语教育是神奇的。芳草地国际部的学生 70% 的课程为中文授课，但学校有三分之一的学生中文基础薄弱，有很少一部分学生此前没有接受过任何汉语学习。这些孩子经过一段时间的汉语学习，均能比较轻松地适应学校学习。作为国立公办国际学校，我们有责任在儿童对外汉语教育上形成典型经验、基本理论与策略。在“十三五”中，推进芳草对外汉语教育成为学校最重要的任务之一，借此希望实现新的突破。

芳年华月　草生木长

六十年风雨历程，积淀了深厚的文化底蕴；数不尽的优秀学子，从芳草地走向中国和世界的舞台。回首：一路走来，情深意长；无数辛勤耕耘的园丁，培育了无数勤奋刻苦的学子。耕耘与收获在此交融，友谊的种子在此播撒，在此开花，乘着和煦的春风，向着世界盛开，永远充满着生机与活力……

附件一：永不消失的芳草记忆

2016 年 2 月 23 日、2016 年 3 月 4 日上午，我们在中国科技会堂 309 会议室共同回忆了 55 年前在芳草地小学生活的点点滴滴（详见后述），并带来了保存多年的珍贵照片和毕业证书。当时的场面令人激动、难忘。六年级 (3) 班班主任黄树华、音乐老师高素琴，六年级 (3) 班班长苏青云、杨长锁、部嘉媛、唐丽君和六年级 (2) 班司明、杨葆毅同学参加了这次共同的回忆。他们以优异的成绩于 1961 年 7 月顺利毕业，进入初中学习，并且都加入了少先队。其中六年级 (2) 班和六年级 (3) 班的同学的毕业照如附件照片 1-1、1-2 所示，小学毕业证书如附件图 1-1 所示。

附件照片 1-1：六年级 (2) 班毕业合影，班主任周致琴、音乐老师高素琴（1961 年）高素琴提供

附件照片 1-2：六年级 (3) 班毕业合影，班主任黄树华、孔凡珍，音乐老师高素琴（1961 年）苏青云提供

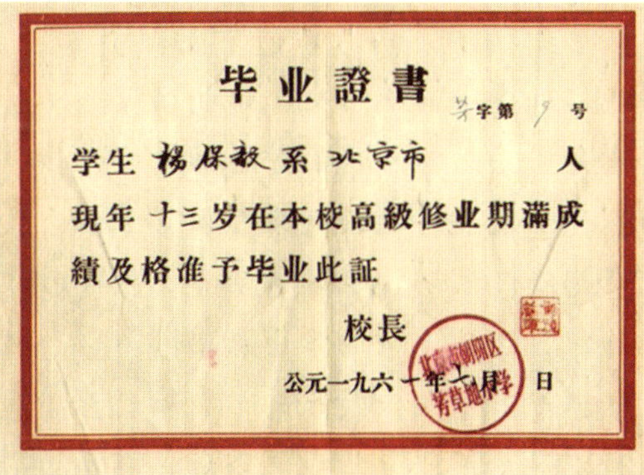

毕业證書

芳字第 9 号

学生 杨保毅 系 北京市 人

現年 十三 岁在本校高級修业期滿成績及格准予毕业此証

校長

公元一九六一年七月 日

北京市朝阳区芳草地小学

附件图 1-1：杨保（葆）毅小学毕业证书（1961 年）杨葆毅提供

随着芳草教育发展史志口述合作者的扩充，章丽贞老师给我介绍了她的学生——1966 年毕业的任友林；杨桂兰老师给我介绍了 1962 年毕业的罗庆朴及 1964 年毕业的罗雪珂兄妹二人。请他们给我讲述当年在芳草地小学的学习和生活故事，他们非常高兴地接受了（详见后述）。

孩子们的笑脸永远在我心中绽放

黄树华（1957 年至 1962 年就职于芳草地小学，班主任）

我从北京水电学校（后改为北京水电学院）调入东城区初教科做校外辅导员，于 1957 年调入芳草地小学任三年级（3）班班主任。那时我 18 岁，一接触到孩子们，忐忑的心立马平静了下来，感受到肩上的担子，并坚定了教好孩子们的决心和信心。看见孩子们如同自己的弟弟妹妹们一样，自己就像大姐姐，顺理成章地很快和孩子们打成一片。这是我参加工作接手的第一个班，从三年级教到六年级毕业，也是我教的第一届毕业班。四年的校园生活，朝夕相处，师生间建立了深厚的友情，为我漫长的教学生涯也奠定了坚实的基础。

温暖的工作环境

我没学过师范专业，在进入芳草地小学之前，进行过业务培训。来到学校后，遇到从严治学的杨德纶校长，还有业务尖子商宗英老师。他们在教学上对我及时进行点拨指导。还有在工作中时时帮助我的团支部书记孔凡珍老师、大队辅导员高素琴老师，在生活上关心帮助我的黄舜村老师，等等。还有很多好伙伴，都在我的成长中给予了很大帮助，使我很快进入了工作状态，新工作也走上了正轨。

当时学校生源分两部分：一部分来自外交部的干部子弟，是住校生；另一部分是学校附近居民的孩子。那时国家经济困难，特别是居住在朝阳门外学校附近的孩子们，家庭生活拮据、参差不齐，是走校生，但是他们质朴善良的天性非常可爱，我教的正是这些孩子。

驻华使节的妹妹插班当我的学生

记得刚接三年级班不久，学校给我们送来一名插班生。她的名字叫伊苏坡，是柬埔寨大使馆商务参赞的妹妹，13 岁，面庞白皙，留长发，修长的身材，温文尔雅，很受大家的喜爱和欢迎。她的到来为班里注入了新鲜血液，但是稳定的课堂秩序又泛起新的波动。课间活动中，同学们围绕在新同学周围问这问那。腼腆的伊苏坡用生硬的中国话回答着，气氛无比温馨和谐。然而，我教的这个班以前是各校转来的学生凑起来的，开始课堂纪律不够好。我接这个班以后，按照党的教育方针，培养德智体全面发展的人才。我首先做到热爱教育事业，热爱孩子，为人师表，坚持正面教育，对学生坚持说服教育，从不挖苦学生，并想尽办法帮助学生排忧解难。课堂纪律很快稳定下来。这样学校才安排这名外国留学生到我教的这个班的。

支持孩子们踢足球

玩儿是孩子们的天性。这个班许多男生喜欢踢足球。为实现踢球的愿望，我征得体育老师的同意，下午课外活动时间，给学生借来足球。根本无须我出面，孩子们就自己组织好了。带头的是苏青云，他聪明活泼，平时就有一呼百应的能力。每次踢球回来，看到孩子们的汗水顺流而下，打湿了衣衫，通红的面颊却笑得像绽放的花朵，我心里特别高兴。活动、学习两不误，快乐的课外活动，激发了学生学习的积极性，孩子们学习的自觉性更强了。

当全运会跳皮筋舞的辅导员

在毛主席“发展体育运动，增强人民体质”的号召下，我们迎来了1959年的全国第一届运动会。当时我任四(3)班班主任。芳草地小学接受了开幕式上少年儿童大型团体操表演的任务，其中有女同学的跳皮筋表演。学校领导非常重视，我被聘为班里教跳皮筋舞的辅导员。每周两到三次集中训练，每次都步行到很远的其他学校的操场去排练。训练中，随着变换的队形，跳皮筋的女同学们犹如小燕子在空中飞舞，动作优美潇洒。我们师生通过这一次活动，又经历了一次爱国主义的洗礼，团结协作、刻苦攻坚，最后出色完成了任务，受到上级领导的表扬和好评。

教育者必须先受教育

要当好先生，必须先当好学生，给学生一杯水，自己得有一桶水。因此，学习、学习、再学习的脚步对我来说永不停息。为了做好教育教学工作，我除了向有经验的老教师学习，还利用业余时间、假期自学教育学、心理学以及教育学理论来武装自己。在工作上，理论联系实际，千方百计地调动学生学习的积极性，一丝不苟地备好课，上好每节课，工作上抓两头带中间。到小学毕业的最后冲刺阶段，为了不漏掉一个毕业生，对比较后进的学生加以个别辅导。师生齐努力，毕业考试语文算术都取得了好成绩，全班学生合格毕业，全部升入中学，受到学区领导的表扬。

时光荏苒，转眼55年已过去，让我永不忘怀的就是孩子们那一张张绽放的笑脸。为教育事业，甘做春蚕吐丝尽，愿做红烛永不熄，是我毕生的追求！

难忘的少先队大队辅导员生活

高素琴（1958年至1970年就职于芳草地小学，任学校大队辅导员兼音乐老师）

清明节扫墓

芳草地小学非常重视用革命先烈的献身精神教育学生，每年都要组织学生祭扫革命烈士墓。

马骏烈士于1927年在大革命时期任中共北京市委书记兼组织部部长，是中国共产党的优秀党员，后因叛徒出卖被捕入狱。1928年2月15日，年仅33岁的马骏英勇就义。新中国成立后，党和政府于1951年10月在北京日坛公园为马骏烈士树立墓碑。

每年清明节，芳草地小学都举行少先队大队会，少先队员们身穿白衬衫，蓝裤子，佩戴鲜艳的红领巾在马骏烈士墓前悼念马骏烈士和为新中国成立而献身的革命先烈。我们请朝阳区少年宫的李学宾老师讲马骏烈士的革命事迹，她讲得情景交融，慷慨激昂，少先队员们听得专注入神，被感动得热泪盈眶。随后少先队员代表发言，决心听毛主席的话，跟共产党走，继承先烈遗志，珍惜今日幸福。最后总辅导员带领少先队员呼号："为共产主义而奋斗！"少先队员回答："时刻准备着！"

团体操表演

芳草地小学先后于1959年5月6日、9月13日两次接受了中国人民解放军第二届全军运动会和第一届全国运动会的团体操中的表演少儿团体操的任务。

由于时间紧任务重又不能影响学生学习，只能在课后和假期训练。学校接受任务后，组织训练班组，动员相关老师成立训练组、后勤组、服装组。分工明确，任务具体。任务下来后老师学生都放弃休息，没有假期，忙完全军运动会紧接着又着手全运会。训练中师生都很认真，目标是动作准确、熟练、到位、稳当。我们冬练三九、夏练三伏，师生拧成一股劲，一年时间完成两个运动会的任务。而当时正处于三年自然灾害的困难时期，后勤组对学生的饮食、生活、卫生照顾得非常周到。服装组也相当认真，特别是杨德纶校长，发现演出服不平展有皱褶立刻拿走熨平。记得杨校长拿着服装到四(3)班学生部嘉媛家里找到部嘉媛的奶奶，借用部嘉媛家的电熨斗熨平服装，部嘉媛奶奶还拿出部嘉媛爷爷的白背心垫在服装下面帮忙熨平。

为了完成团体操的工作，全校师生、家长共同努力，全力以赴，一丝不苟，出色地完成了上级交给的任务。

给外宾献花

芳草地小学受北京市团市委的委托，接受了为外国使团来宾献花的任务。尽管是小部分学生参与，但此项任务是学校工作的一部分，而且是经常性的工作，学校对这项工作很重视，成立了专项小组。对承担献花任务的学生进行专门培训，从外交礼仪礼节到来宾国的风土人情都做了培训。我们曾为柬埔寨的西哈努克亲王、巴勒斯坦的阿拉法特、缅甸的宾努等国家元首献花。每次接到任务，学生先到团市委去换服装、拿花再到首都机场迎宾。在外宾到来之前学生列队捧花等候，此时，迎宾的国家领导人也到机场。这时，领导人会到孩子中间来，问孩子们是哪个学校的，读几年级，学习忙不忙，吃饭香不香。孩子们彬彬有礼，落落大方，一一作答，气氛非常融洽。

献花的活动属外事工作，芳草地小学领导非常重视，每当任务来时，领导总是对承担任务的老师千叮咛万嘱咐，一定要把工作做细，不能出任何问题；要关爱每个承担任务的学生，既不能紧张也不能松散，身体和身心的状态都要关注。由于我们工作都很认真，因此每次的任务都能圆满完成。

设置生物角

芳草地小学每个教室前面的左角设有一个角柜，内放清洁工具，上面放学生作业本之类的物品。少先队活动中有“生物角”的活动，我们利用少先队生物角，对学生进行生物学教育。在角柜上放些植物和小动物，比如花草金鱼之类，让学生近距离观察和养殖，使学生学会为植物剪枝、浇水和为金鱼换水喂食等知识与技能。植物由学生自带，至于金鱼，我发现中山公园有很多金鱼，非常漂亮，不知公园有没有淘汰下来的能否买点发到各个中队。一天，我带着学校开的介绍信来到中山公园找到公园管理处递上介绍信，说明来意，中山公园管理处了解到我们的来意，当即表示可以支援我们一些，并告知第二天来取。第二天下午课后，我带着几个高年级的少先队员来到中山公园，一看，公园已将一铁桶金鱼给我们准备好了，而且不收钱，只说了一句：“抽空把铁桶送来。”叮嘱学生听党的话，听毛主席的话，“好好学习天天向上”。少先队员们向公园管理处的叔叔恭恭敬敬地敬了一个少先队队礼，表示谢意，并表示一定把中山公园管理处叔叔的嘱托转达给全校的少先队员，不辜负叔叔的希望，好好学习天天向上。

从此芳草地小学的每个中队的生物角处多了一缸小金鱼。

劳动教育

芳草地小学很重视对学生的劳动教育，培养学生爱学习爱劳动爱护公共财物的优秀品质。学校课程表规定每周五下午最后一节课是全校大扫除，学生在周五下午都自带清扫工具，师生齐上阵，擦地、擦桌椅、擦门窗、擦玻璃。打扫各班的室内外卫生。通过劳动，学生们将室内外的环境搞得干干净净，整整齐齐，窗明几净，一尘不染。通过劳动锻炼学生们学会了一些力所能及的劳动技能，使得学生无论到哪里都会搞卫生，爱搞卫生，养成了劳动习惯，受益一生。

除了每周五的卫生大扫除，学生在校墙外还种了很多蓖麻，学生懂得了春种秋收的农作物生长规律。秋天收获后，我们将蓖麻交到朝阳区团区委少儿部，为“我为祖国献油料”做点贡献。

每年春天学校都组织学生到日坛公园去植树。学校的树木也是老师带领学生种植的。每到秋天学生还为树干刷上白灰防止虫害。

通过这些简单易行的劳动过程，培养了学生热爱劳动的观念和习惯，树立劳动创造世界、劳动光荣的思想。为了配合教育，我们还搞了一些活动，例如，我们请来了北京市劳动模范时传祥做报告。时传祥是一名掏粪工人，他不怕脏，不怕累，为了千家万户的干净甘愿做掏粪工人，工作中认真负责、任劳任怨，受到了很多市民的称赞，被评为北京市劳动模范，并光荣地受到刘少奇主席的接见。刘少奇主席还和时传祥握手合影。时传祥向少先队员讲了自己的事迹，对同学们说劳动是最光荣的，做什么工作都是在为人民服务，都是在为建设祖国贡献力量。

我们所做的工作就是为培养学生成为共产党接班人打基础，使学生在行为上、思想上树立远大抱负，成为祖国的有用人才。

友谊

芳草地小学不仅是个学校，也是个温暖的“大家庭”。学生不但学到了知识，受到了教育，健康成长，还感到快乐和温暖。老师的为人师表，内心的良好素质和自身的高尚品格，都在潜移默化地影响着学生，感染着学生。

保玉香老师当时是四(2)班的班主任，班里有个女孩患病脱发，医生建议多晒太阳，保老师得知后向班上同学说明情况，特意将患病女生的座位换到有阳光的位置，同学们也都很关心她，患病女生的课桌随阳光移动，同学们也都热心帮忙移动，大家都盼望着这个同学早日康复，早日长出头发。这个班上有个男生叫杨葆毅，眼睛不好，看不清黑板上的板书，家长工作忙，没时间带孩子看病，保老师下课后，就带杨葆毅到王府井为他验光配镜。五十多年后杨葆毅念念不忘保老师的关心，还感慨地说：“我的第一副眼镜是保老师带我到王府井配来的。”

师生情也感染了学生。如四(2)班杨葆毅和苏启顺同住朝阳门一带，两人是发小儿，经常在一起写作业，玩耍。一次放学后杨葆毅去找苏启顺，不巧，苏启顺不在家，而苏启顺母亲身体不适需到医院看病，杨葆毅二话不说背起苏启顺母亲就往医院走，从神路街一直背到朝阳医院。几十年后，苏启顺提起此事对杨葆毅充满感激。

小学毕业后，同学们都离开芳草地小学到各个中学去学习，中学毕业后有的继续学习，有的参加了工作。现在都退休了。几十年过去了，老师们的工作也有了变化，有的在芳草地小学继续任教，有的离开芳草地到别的学校工作，但是不管是同学还是老师，人离开芳草地，情却留在了芳草地。

住校生穆卫平同学在芳草地小学上了六年学，对芳草地小学尤为怀念，现在都退休了，心里还是放不下芳草地，就写了一部名为《芳草地》的回忆录。书中记录了他在芳草地的学习、生活及他与同学、与老师、与学校的方方面面。字里行间充满对芳草地小学、对老师和对同学的思念，他那惊人的记忆力，对同学、对老师的满腔热忱，对学校深情的怀念，令我们感动和钦佩。

我离开芳草地小学到海淀区工作已经四十多年了，但芳草地的学生和老师没忘了我，我们经常联系，多次结伴到周致琴老师家去聚会，为周老师过生日送去祝福，送去生日蛋糕，直到周老师病故。我和学生经常同游景山公园、北海公园、颐和园，我们还到延庆游农家乐，坐在农家土炕上谈天说地，谈同学谈老师谈芳草地，欢声笑语回荡在农家小院里，那情那意都源于芳草地。

张保真校长是芳草地小学的首任校长，今年已九十三岁高龄，他老人家调离芳草地已有五十多年了，但很多老师与张保真校长仍保持联系，逢年过节电话问候，张校长生日送去蛋糕，送去鲜花，送去祝福，就是远在南京的孔凡珍老师与张校长都不断联系。

从芳草地小学走出去的不管是老师还是学生，工作岗位不同，生活经历不同，但大家对芳草地小学的怀念都是相同的，都在平凡的岗位上为祖国做着不平凡的贡献。今年是芳草地小学建校六十周年，我们祝芳草地越办越好，为祖国培养千千万万共产主义接班人。

儿时的美好记忆

苏青云（男，1961 年毕业）

我 1957 年从草场小学转到芳草地小学，读三年级。在校整整四年，1961 年考入北京市第二中学。在芳草地小学期间，留下了许多美好印象。虽然过了半个多世纪，但至今难以忘怀。

母校当时就很有名气

母校的校长杨德纶是朝阳区人大代表。她治校有方，威信极高。时任卫生部部长李德全（冯玉祥将军的夫人）在视察北京制药厂后，途经母校，专门停车、参观、询问学校情况。许多外国驻华使节和工作人员的孩子也在母校读书，使母校酷似“小联合国”。其中最有名的是柬埔寨西哈努克亲王的两个儿子，他们是我们的同学呢！

幸福地见到毛主席

1959 年 10 月 1 日，国庆 10 周年，学校按上级要求，组织我们到天安门广场参加庆祝活动。同学们都穿着白衬衣、蓝裤子、白球鞋，系着红领巾，一大早就到了天安门广场。整个阅兵式和群众游行过去后，在天安门广场中心的几万名少先队员右手举着花，欢呼着拥向金水桥。毛主席从天安门中间走到扶栏的东头，我和同学们使劲高呼：“毛主席万岁！”我看见毛主席啦！毛主席向我们挥手啦！我们仰望着毛主席从天安门的东头走回中间，我们仍然在高呼：“毛主席万岁！”“毛主席万岁！”欢呼声不绝于耳。活动结束，我们才恋恋不舍地回到学校。幸福的心情久久不能平静。

可敬的班主任黄老师

连续担任我们四年班主任的黄树华老师，一参加工作就当我们的班主任（三年级），还教我们语文和算术，当时还不到 20 岁。从三年级一直带我们到毕业，母校这种情况十分罕见。小学毕业时，许多同学以优异的成绩考入了市、区重点中学。可见，黄老师教书育人，造诣颇深。她既是我们的老师，也像大姐姐一样关心、呵护我们。

记得四年级时，有一天，在东面平房我们班教室里，后面挤满了校内外来听课的老师，一堂公开课下来，黄老师右手拿着粉笔对我们说：“直冒汗！”同学们高兴地拍着手，师生笑得前仰后合，黄老师也乐得和同学们一样开心。

多彩的课外活动

女老师指导男生足球队。为了班里男同学足球队课后练球，黄老师专门到体育教研组借来足球，让大家练习，她在一旁指导、观阵。我们班的小伙伴没有辜负她的期望，从四年级到六年级，在全校历次足球比赛中屡战屡胜，全校闻名。

黄老师中队会讲《红霞》。黄老师看了电影《红霞》后，知道许多同学没有条件看电影，就在课后的中队会上给我们讲《红霞》，大家围在讲台周围听得入神，深深地被主人公红霞的英雄事迹所感动。

高素琴老师和同学一起打雪仗。高老师是少先队辅导员，也教我们音乐课。一年冬天，她带我们中队去景山公园过队日。适逢大雪过后，她和同学们一起攒雪团、打雪仗，乱作一团。原来学生也可以拿雪球打老师呀！同学们甭提多乐了。

六年级的一天，学校分到了两张免费的话剧票，老师发给了我和同班的赵鸿儒同学。到剧场才知道是中国儿童艺术团演出《白雪公主》。那是我第一次看话剧。我现在从事军工文化工作，也许与儿时的那次启蒙有关系呢。

第一次读回忆录。黄老师在五年级暑假前把我叫到教研室推荐给我陈昌奉著的《跟随毛主席长征》。开学后，我把书还给黄老师，也讲了自己的心得。至今记忆犹新，受益几十年。

快乐的劳动课

三年级时，学校搞绿化，在大操场东侧种杨树。两个同学种一棵。黄老师让我和另一个同学一人种一棵。我种的那棵从北往南数是第 5 棵。毕业后，路过母校，看到它长得可高了，心里很有成就感。

四年级的时候，朝阳区少年之家成立了“电焊条工厂”。我们班每周去劳动半天，任务就是把弯曲的豆条（比较粗的铁丝）敲直、截断。同学们干得可带劲啦！有的同学说：“我也成了小工人了！”

五年级时，劳动课的任务是“剪橡胶瓶盖”。就是拿着压制出来的有几十个橡胶盖的一张橡胶皮，把一个一个瓶盖剪下来，再把瓶盖周边剪整齐。一节课下来，全班同学能剪上千个瓶盖呢。

六年级的秋天，有一次黄老师带领全班同学去日坛公园扫树叶（当时日坛公园还比较荒凉）。同学们怀着崇敬的心情先把回族英雄马骏烈士墓扫得干干净净，又把周围的树叶扫到一起，集中起来。同学们个个干得满头大汗，但心里都十分高兴。

建校初期的芳草地小学

部嘉媛（女，1961 年毕业）

我们家原来住在北京城里的北池子骑河楼。1955 年我进入了北池子小学一年级。1956 年 5 月，我们家搬迁到了朝阳门外芳草地。我转学到了朝外南中第一小学。

两个月后放暑假了，再开学我将升入二年级。这时就在我们家的东边，有一所刚刚盖好的小学校舍，不曾用过。9月份正式开学，这所小学取名“芳草地小学”。我们这儿的孩子都转入了这所学校，成为第一批进芳草地小学的学生。

当时所有学校都是 9 月 1 日开学。而芳草地小学因为准备工作的原因，推到了 9 月 10 日开学。开学后我才知道，学校没有五六年级，只有一至四年级。学生中有半数是住校生，他们都是外交部工作人员的孩子，因为家长经常出国，无法照顾，因此住校。其他同学走读。

当时，全校共有六个班：二、三、四年级各一个班，走校生和住校生混合编在一个班；一年级有三个班，其中，一年级 (1) 班和 (3) 班是走校生和住校生混合班，而一年级 (2) 班全体都是走校生。

芳草地小学的第一任校长是张保真，教导主任是杨德纶。一年级 (1) 班的班主任是戴卉英老师，(2) 班是张淑华老师，(3) 班是孔凡珍老师；二年级是钱季英老师，三年级是周致琴老师，四年级是商宗英老师。教音乐的是孔凡珍老师，教体育的是孟志强老师。

当时，其他学校大都是二部制上课（一个教室两个班使用，分上午班和下午班），芳草地小学则全部整日制。我们二年级每周五天上午三节课，只有一天是上午上四节课，每天下午还有课。

我们每周有一节下午的“课外活动”，是同学们都盼望的一节课。同学们在操场上自由玩耍：滚铁环、扔沙包、踢毽子、跳绳、踢足球……，其乐无穷。孟老师是体育老师，也教美术。假期里他给返校的同学播放幻灯片，还曾找过北京儿童艺术剧院《马兰花》剧组的演员到校来和我们座谈；庆祝新年的联欢会上他扮演过新年老人；他组织的庆祝六一儿童节营火晚会，是我迄今为止参加的唯一一次营火晚会。孔老师是音乐老师，也是少先队大队辅导员。她带我们去过演乐胡同俱乐部看电影，还领我们和史家胡同小学的同学一起联欢。

建校初期的校园生活使我感到学习、生活丰富多彩，心情愉快，留下了许多美好的回忆。

芳草地小学的回忆

在芳草地小学读书的二年级过去了，1957年暑假学校开学后，校园里发生了巨大的变化，住校的学生都走了，转来了许多老师和新同学，一至六年级每年级四个班，新同学主要是从周围的小学整班调来的，也有从各校转来的插班生，芳草地小学是一所普通的正规学校了。

我们班新转来的学生多数来自光华路新建的一片工厂家属宿舍楼，我们的班主任黄树华老师，身材修长，梳着两个小刷子好像学生一般，很是好看。

开学的第一件事就是选举班上的中队长，全体少先队员投票选出三个中队长，黄老师给他们讲述本学期的工作内容。

黄老师教我们算术、语文、作文，还管理少先队，以及班上同学们的所有事情，直到我们小学六年级毕业。有时黄老师还要到一些同学家去家访，和家长交流共同帮助学生提高学习成绩和培养学生良好的道德品质，到了中学我听到有的老师说芳草地小学学生的造句、作文水平就是高。

黄老师字写得很好，横平竖直且笔中有力，结构得体，有点像正楷，写在黑板上工整漂亮，以后我又上了几年学，看了许多黑板上的字，还是觉得黄老师的板书是一流的。

三年级时，有一天班上来了一个外国女孩，叫伊苏坡，据说她是柬埔寨王国驻华大使馆商务参赞的妹妹，她比我们大，已经13岁了，她是第一个来芳草地小学读书的外国人。

后来柬埔寨国家元首西哈努克亲王的两个王子也到芳草地小学来读书。此后日坛公园周围各国驻华大使馆里的孩子们都相继来到芳草地小学读书，芳草地小学渐渐变成了一所国际学校。

在三年级的第二学期，学校接到了上级布置的任务：芳草地小学和下三条小学的同学们在全军第二届运动会上献花。这使平静的学校生活丰富多彩起来，同学们兴奋极了。那时北京只有一座先农坛体育场，去演练时是解放军开着崭新的大卡车接送我们的，男女生分车坐，我们围坐在车里唱歌聊天做游戏，欢声笑语极为快乐，有时车开回到学校门口我们还不想下来。

终于迎来了开幕式，同学们每人抱着一束鲜花，分别跑向各个观众看台把花束投上去，这时整个运动场的气氛顿时欢跃起来。

那时，我被选中到主席台献花，男女生各5名，开幕式即将开始，我们10人分作两组，各5人分别从两侧跑向主席台，上了主席台有工作人员领我见到一位首长，我把一束鲜花献给他，他接过花向我点头微笑，我向他行了个队礼，然后转身走下主席台。我们5人排成一排，沿着观众席跑了半圈，不时听见有人说“跑得真整齐”。跑到入场大门，开幕式还在进行中，我们也还在兴奋中。

几十年过去了，我曾离开北京数年，又回到北京备感亲切，一日忽然想到先农坛去看看，现在的先农坛道路整洁美观，过去低矮的房屋、破旧的街道早已不见，现代化的建筑中保存了古老的韵味，令人赏心悦目。

六十年过去了，这是中国人一百多年来从贫穷落后走向复兴的年代，现在北京已建设成为世界级的城市。六十年，芳草地小学毕业的同学们遍布北京城，也会走遍全中国，还有些人会走出国门，走向世界各洲各地。在学校建校花甲之年校庆时，芳草地小学的桃李们如果能欢聚在母校的校园里，一定会想起许多儿童时的往事。

在阳光下茁壮成长

杨长锁（男，1961年毕业）

我1947年出生在上海。我父亲1953年支援首都建设从上海调到中国财经出版社印刷厂，我随父母来到北京，先住在西城区。1955年，我在西城区绒线胡同小学上一年级。1957年，我家搬到朝阳区光华路新建的家属宿舍后，我和宿舍区的同学们转学到了朝阳区芳草地小学，就是当年的芳草地小学三年级(3)班。黄树华老师是我的班主任，孔凡珍老师、高素琴老师是我们的少先队辅导员。在党和国家的关怀下，在老师们的辛勤培养教育下，我们和祖国一起成长。

思想品德教育内容丰富

老师们教导我们，我们今天的幸福生活来之不易，是无数革命先烈用鲜血和生命换来的，我们佩戴的红领巾是国旗的一角，是先烈们用鲜血染成的。老师为我们讲述红军二万五千里长征的事迹和先辈们爬雪山、过草地、吃草根树皮的艰苦岁月；董存瑞、江姐、小萝卜头、黄继光、邱少云的英雄事迹。黄老师看了《洪湖赤卫队》还绘声绘色地为我们讲述电影的内容；为我们讲述少年英雄刘文学为保卫集体财产不被坏分子偷盗，和坏分子搏斗后牺牲，牺牲时年仅14岁；还为我们讲述向秀丽为保卫国家财产用身体挡住燃烧的酒精，被大面积重度烧伤，献出自己宝贵的生命。老师还带领我们学习了中国登山队的英雄事迹：1960 年 5 月 25 日，中国登山队从被认为“不可攀登”“充满死亡的路线”的珠穆朗玛峰北坡登上珠穆朗玛峰，创造了人类前所未有的奇迹，踏上了世界第一高峰的峰顶，把五星红旗插在了珠峰之巅！同学们纷纷表示要向登山队员们学习，勇攀高峰。

多种劳动锻炼了我们

我们经历了国家三年经济困难时期。我们见过汽车顶上面顶着的大煤气包。麦收时，同学们带着干粮和水，老师带着我们去十八里店村捡麦穗。那时粮食、糖果、点心都是按人定量供应。我清楚地记得，黄老师要求我们糖果要在饿的时候吃。党和国家十分关怀我们的成长，口腔医生在礼堂为同学们查牙病，预防沙眼，开展全民爱国卫生运动。

春天的时候，老师带领同学们栽树、种蓖麻，我们班在操场东侧栽过小杨树，在学校的西墙外也栽过一年。为了把树栽成一条直线，一个同学把一个圆筒子对着树瞄准，就像林则徐用的单筒望远镜一样。

参加第一届全运会团体操表演

我和老师同学们参加了全军第二届运动会开幕式放飞和平鸽的活动。参加第一届全国运动会开幕式团体操儿童操的表演，我记得团体操的名字叫《茁壮成长》。教体育的张冀老师和年轻的谷老师带着我们练习倒立，叠罗汉，锄草动作，最后男同学从腰间取出道具小树苗，小树成长起来了。每个位置变化的时候，排位是不一样的。预备队员要多练习几种站位，以备某些同学临时有病，顶替他们。我们学校的操场小，老师带着我们去北京工业学校大操场练习团体操，几个学校的同学合练。我和同学们在老师们的辛勤指导下，顺利地完成了这项任务，全运会开幕式当天，在北京工人体育场接受了毛主席、刘少奇主席、朱德委员长、周恩来总理以及贺龙副总理等党和国家领导人的检阅。

时间一晃过去五十多年了，我愿做一颗中国特色社会主义大道上的铺路石，贡献一份力量。

回忆芳草地小学二三事

汤丽君（女，1961 年毕业）

良师益友黄老师

黄树华老师是我们上小学时的班主任。她平易近人，教学有方，是位非常优秀的教师，同学们都很喜欢、尊敬她。我是一个比较活泼的学生，上课时做小动作，总是管不住自己。黄老师为了帮助我改掉不好的习惯，耐心地教导我："上课要严格要求自己，做一个爱学习、懂礼貌的好学生！"并且特意安排一位文静的女同学和我同桌，让她随时提醒我上课要认真听讲。很快，我有了进步，不久就加入了少先队并且成为班里的文艺骨干。

在阅读课上，黄老师给我们讲黄继光、邱少云、董存瑞等革命前辈英勇奋战的故事，还推荐了很多有益的课外书，使我们深受教育，懂得了今天的幸福生活是无数革命先烈用鲜血换来的，英雄人物就是我们人生成长的榜样。

童年的跨国友谊

日坛公园是我们放学回家的必经之路，也是我们童年时代喜欢玩耍的地方。有一天，我与几个同窗好友约好去公园玩。放学了，大家如同放飞的小鸟，欢声笑语，相互嬉戏追逐。忽然，有个同学在绿草丛中发现了几棵野葡萄，于是，你摘几粒，我摘几粒，津津有味地吃起来。大家相对而视，不禁哈哈大笑起来。原来我们的手上、舌头上、嘴上都染上了紫色。这时，有两位外国学生和一位叔叔向我们走过来，同学们迎上去和他们交谈起来，原来这两位外国学生是西哈努克的儿子，更可喜的是，他们是我们的校友。那位小王子讲一口流利的中文。他告诉我们：他们很喜欢中国，中国菜非常好吃。学校好，老师教学也很好。

六一儿童节到了，报纸上报道了邓颖超奶奶接见西哈努克亲王的两位王子的消息。我们看后非常高兴，为我们的芳草地小学感到无比自豪。

我们与两位王子在公园偶遇几次，同学们在一起玩耍、聊天、做游戏。那种亲如兄弟，无拘无束的情景至今难以忘怀。

"十年树木，百年树人"长大成才是每个教师的期望。我们没有辜负他们的期望，毕业后，同学们奔赴各个工作岗位，勤勤恳恳地工作了几十年。我衷心地祝福我们敬爱的老师青春常在，永远健康，祝愿母校与时俱进，桃李满天下。

芳草地小学——我的母校我爱你

司明（男，1961 年毕业）

每当提起芳草地小学，我就心情激动，无比自豪，当年芳草地小学就是国际小学，驰名中外，回想起芳草地小学的生活，思绪万千。

1959 年秋天，中华人民共和国建国十周年，要举办第一届全国运动会，会上要举行大型全民同庆大型团体操表演，其中少年儿童团体操表演由朝阳区几所小学承担，芳草地小学就是其中之一。根据上级要求，团体操演练不能影响教学课程，不能影响学习成绩，不能影响团体操质量。排练时间紧，要求严，任务重，但是芳草地小学不怕困难，敢挑重担，组织队伍，挑选教练，一场大练团体操运动在芳草地小学展开了，同学们课余时间练动作，星期天到北京工业大学全体合练。在排练中同学们一身汗，一身土，不怕苦不怕累，老师做后勤，同学上一线。记得团体操中有一节“叠罗汉”，十个同学一组，有做基础的，有站在同学肩头，摆造型的，有猛折倒立的，有单腿跪地接倒立同学双腿的，还要跟随体操音乐节奏，这真难坏了体弱的同学。练习中倒立折摔跤的，折不上去不到位的，配合不好接不住的，困难重重，同学们不怕苦不怕累，自已对着墙练习翻，互相配合练习翻，经过艰苦练习，同学们终于能密切配合，一翻到位，跪接配合的同学也能根据节奏稳稳地接住倒立同学的双腿，圆满地完成了“叠罗汉”这复杂而优美的组合，获得老师，教练的表扬。

我还想透露团体操的一个小秘密。团体操表演服男同学是白上衣蓝短裤，根据要求，同学们把道具小松树顺着套在一个蓝色的布套内，系在腰间，做操时看不出来，随着音乐节奏，男同学抽出小松树慢慢举过头顶，形成了小松树茁壮成长的场面，这时女同学拉起皮筋，欢快地跳起皮筋操，形成了欢乐和平，少年儿童在阳光下茁壮成长的场面，这时掌声潮水般地响起，“叠罗汉”“皮筋操”“小松树快长大”，全场掌声不断，这组团体操表演，毛主席，刘少奇，周总理，朱德总司令都亲临现场观看过，尤其是宋庆龄副主席看后非常高兴，知道我们辛苦，吃不好，特意批示每次合练给我们发面包、汽水、大油饼，同学们知道后无比激动，练习更加来劲，表演更上一层楼！

芳草地小学，我童年生长的地方，回想起无比激动，感谢我们辛勤的园丁——老师。少先队大队辅导员高素琴老师，春天队日带领我们植树造林，夏季带领我们到中阿友谊公社支农劳动，秋季带领我们采摘树种，支援山区绿化。丰富多彩的课外活动，让我们长身体，长知识，从小培养我们爱劳动，爱校爱党爱国，从小立志做一个对国家有用的人才，芳草地小学——我的母校，我爱你！

国防教育

1959 年是中华人民共和国成立十周年，全民皆兵，全国开展国防教育是当时的国策，芳草地小学在上级的布置下也轰轰烈烈地开展了。体育课要队列训练，还要军事动作演练，要军事演练就得有枪，老师同学共同想办法，集思广益，最后决定都要做三八式长枪。同学们兴致高涨，纷纷自己动手，开动脑筋想办法，有拿木棍当枪管的，有拿水管做枪管的，有枪管还得有枪托，同学们有拿厚木板用刀砍成枪托的，有用粗圆木砍成枪托的，枪托上还要装上扳机，模仿射击动作。在制作过程中不小心伤了手的、磨出泡的大有人在。有的实在不会做了，就去央求家长帮忙。经过艰苦努力，最后做到每人都有一杆“枪”。虽然枪的形状长短不齐，各式各样，但在体育课上，同学们全神贯注，严肃认真，好像真的成了解放军战士。我们练习射击，什么三点一线，射击时要摒住呼吸，稳定扣动扳机，瞄准胸靶的什么位置呀，打飞机什么提前量呀，等等，同学们七嘴八舌，把看到的、听到的全搬出来了，枪上肩，持枪敬礼，清脆的口令，同学们严肃认真，一丝不苟，我们练射击，我们练匍匐前进，经过同学们几个月的训练，增强了国防意识，爱党爱国，随时准备歼灭来犯之敌，保卫祖国，保卫红色江山意识，深深地印刻在同学们的脑海中，同学们训练取得成绩，老师们非常高兴满意，最后让我们汇报表演，操场上口令清晰，同学们动作整齐，随着激昂的冲锋号声，同学们发起了冲锋，歼灭了来犯之敌，攻克了堡垒，占领了敌阵地，这时掌声响起，我们未来的解放军战士，队伍整齐地绕场一周，圆满结束了这场军事表演。通过这次训练，我们增长了知识，锻炼了身体，爱校，爱党，爱国家，成了同学们的终身目标！

芳草地小学培养了我们好思想好品质，我们在芳草地度过了难忘的幸福童年，感谢辛勤的老师，感谢我们的母校——芳草地小学！

我教第一届住校班的回忆

孙德珍（1961 年至退休就职于芳草地小学，班主任）

初到芳草地小学

1961 年，我从北京市朝阳师范学校毕业，被分配到芳草地小学。到校报到后，领导让我教住校班四年级并告诉我：这些孩子的父母大部分在国外工作，学校要对学生负全责。任务是艰巨的。

回顾往事，50 多年前第一次见到他们的情景还历历在目。杨德纶校长把我带到四年级 (1) 班教室时，我看到一个男孩子急急忙忙地跑到我们前面进入了教室，显然是去给同学们报信了。我们进教室后，杨校长对学生说：“同学们！我给你们带来了一个新老师。”然后让我也讲几句。

我简单地介绍了自己并表示“从今天起我就要和同学们一起学习和生活了”。

接班前，我听说这些学生长得比同龄孩子高，比较聪明，思想单纯，思维敏捷，优越感强；我还听说，有的老师被他们气走了。他们曾扬言：“看看这个年轻老师能待多久！”

初次见面我从他们的眼神中发现，他们从上到下仔细端详、打量我。少年身上“好奇、天真、顽皮”的特点，在他们身上表现得尤为突出。当时我就有点喜欢上他们了。我感到只要给予良好的教育和适当的引导，他们一定会成为国家需要的有用人才。

要教好学生，首先要热爱学生，和同学建立起平等的师生关系。接班后，我每天和学生学习、生活在一起。早晨学生没起床，我就来到他们身边，晚上熄灯后我才离开，直到六年级毕业。整整三年的朝夕相处使我和学生间培养起深厚的师生感情。

老师要关爱学生

记得五年级时的一个炎热夏天，我和往常一样来到他们宿舍。当时房间里没有电风扇，更谈不上空调，同学们个个汗流浃背，一进宿舍马上脱掉上衣，放在一起，送去洗衣房，第二天好换上干净的衣服。可是，我看见一个同学没有脱衬衫就躺下。我走过去问他：“你为什么不脱呀？”我看他有点不好意思的样子，明白了其中的原因。我告诉他，穿湿衣服不舒服，还是让他脱下来。午睡的钟声响了，同学们立刻安静下来，慢慢进入梦乡。我把他脱下的衬衣拿到洗衣房洗干净，挂在窗户外面。衣服在阳光的照射和微风的吹拂下，很快就干了。起床钟响后，宿舍里又响起了欢声笑语。我把窗外晒干的衣服送到这位同学手中。他穿上衣服，系好红领巾，高高兴兴地说谢谢老师，赶忙和其他同学有说有笑地跑去上课了。

团结友爱集体成长的过程

一个团结友爱班集体的形成首先要激发学生的聪明才智。我们班里有多才多艺的人才，会唱歌、跳舞、朗诵、指挥的比比皆是，还有善于组织管理的班干部。只要老师给予适当的指导，同学们就可以充分发挥他们的聪明才智，为班集体争光。

排练儿童剧初露锋芒。五年级时为了迎接庆祝新年联欢会，全班同学经过讨论决定排练儿童剧《果园姐妹》。这部剧无论在演员阵容上还是道具制作上，难度都很大，我担心能否表演好。但是我想起一年前刚接班时，这个班在一年一度的歌咏比赛中曾获全校第一名。与众不同的服装、出色的指挥和洪亮的三重唱表演，赢得了普遍赞许。看着同学们个个欢欣鼓舞的样子，我对排练这个大型剧的成功增强了信心。

剧本确定后，演员角色的分配也各就各位。排练这样的大型剧目需要很长时间。问题是怎样使排练不影响学习。大家讨论决定把排练时间放在下午第三节自习课。每个同学不仅要抓紧时间，完成自己的作业，还要团结互助，互帮互学。这样同学们在整个排练的过程中，既保证了学习，又培育了团结友爱的集体主义精神。

制作《果园姐妹》话剧的背景和道具是一个不小的工程，把这项工作交给谁又是个问题。我想到的首先是穆班长。他学习努力，工作踏实，肯为大家服务，又有绘画才能，完成这项任务非他不可。我把我的想法告诉了他。他愉快地接受了道具制作任务并表示保证完成。有一大堆工作要做，如备料、剪纸、头饰、灯笼、裱糊、树木花草和房屋背景等。考虑到事情太繁杂，我建议他找几个帮手。当时学生不能随便出校门，他们只能在学校垃圾箱里找旧纸盒、老树枝作为材料。不知道他们花了多少时间，付出了多少辛劳。排练组的同学也来帮忙。他们手巧心细，动作敏捷。我表扬了他们制作的道具优美，景象逼真，美中不足的是房子体积太大，不可能搬进教室。他们又重新改装，表现出强烈的责任感。排练和道具准备就绪，我们的节目终于迎来了新年联欢会演出，作为压轴戏，被安排在最后。当司仪宣布五(1)班演出儿童剧《果园姐妹》时，会场响起一阵热烈的掌声。随后道具组同学把道具搬上舞台，布局稳妥后，整个果园村庄的美丽环境呈现在眼前，又赢得了一片掌声。跟随三个果园姐妹登场的是狼外婆。只见他头戴一顶特制的硬壳帽，晃晃悠悠地走上台，举起手，边敲门边唱。后面三个神仙也提着灯笼上台。果园姐妹勇敢地逼近狼外婆，吓得狼外婆一步步往后退。果园三姐妹紧追不舍，狼外婆后退不止。台下鸦雀无声，为狼外婆捏一把汗。大家在紧张中发现，狼外婆真的不见踪影了。杨校长和我赶紧跑向后台，同其他老师一起把狼外婆的扮演者汤同学扶起来。我呼唤着汤同学的名字。只见他紧闭双眼，显然在忍受着疼痛。医生和护士检查后说，骨头没有坏。三姐妹站在旁边不知所措。杨校长宣布："今天演出到此结束。""狼外婆"听到杨校长的声音，马上睁开眼睛喊道："我要上台，我要上台。"接着又闭上眼睛。随后他慢慢地睁开双眼，拿起狼外婆的帽子，爬上舞台，继续演出。台下又是一片经久不断的掌声。演出结束后，果园三姐妹扶着狼外婆多次谢幕。多么好的学生！我们老师都不禁流下了眼泪。

他们团结友爱，互助共进，为了集体的荣誉，不屈不挠，坚持到底。这是做人不可缺少的高贵品德，应从小就开始培养。只要打好基础，将会影响一个人的终身。小学的任务是教书育人，学校不仅要传授知识，更要注重学生思想道德的培养。

足球风波和教师的忏悔

足球是男孩子喜爱的一项运动，我们班的学生也不例外。他们喜欢足球已到了痴迷的程度。

当时我们的课程是这样安排的：每天下午第三节为自习课，只要作业完成了，就可以做自己喜欢做的事。多数男同学完成作业后就去踢足球了。穆班长是美术、自然双课的课代表，把全班作业收齐交到各科老师手里后才有机会去踢球，因此，只有他不能去。

一天，我正在办公室批改作业，听到门外有人喊报告。同学进来告诉我教室里有人踢球，把天花板的灯泡砸碎了。我赶快来到教室，教室里只有少数同学在做作业。我让班长把男同学全都找回来。我心里想，在教室踢球，打碎的灯泡掉到头上，问题就大了，一定要好好教训他们一下。

同学们陆续来到教室。他们个个喘着粗气，面色通红。显然同学们踢得正欢的时候被叫回来了，还不知道发生了什么事。只有陈同学低着头，很不自然，显得有点紧张。穆班长站在他的旁边，也心神不宁。我开始发问："谁在教室踢球，把灯泡打碎了？"不明真相的同学左看右看，不知是谁。我看到陈同学低着头，眼泪从眼眶里流出来。我接着说："灯泡是公共财产，谁损毁，谁赔偿。谁犯错误，谁检查。从今天起，全体男生停止踢球，直到改正错误为止。"

站在我面前的同学个个低着头，他们平时都是懂事的学生，从不胡闹。出于师道尊严，我说出去的话已不可能收回。于是，我又让班长把所有的足球全都收回来，锁在柜子里。班长对我有看法，不好说，勉强地照办了。我接过钥匙，离开教室而去。我走后，听说男同学都把怒气撒到陈同学和穆班长身上。过了几天，我发现班里的男同学不像往常那样活跃，有些消沉。我意识到原因在我。

一天，我同往常一样，早晨学生没起床，就来到他们身边。生活老师告诉我，前一天宿舍成了球场，学生把枕头、包裹、帽子当作足球，寝室一片喧嚣，吵得其他宿舍的同学也过来观望。我想，这都是我处理不当造成的。我既自责又生气，竟然有班干部跟着这样做。于是我把班长叫到办公室，加以指责："你是班干部，平时以身作则，踏踏实实地工作，在同学中很有威信。最近班内发生的事都同你有关。"这时汤同学进来了，手里拿着一个灯泡，对我说："老师，我把灯泡买回来了。"我只是一气之下说出"损坏公家东西要赔偿"，没想到学生把我的话看得如此认真。我让他请工人师傅来安上并告诉他以后要注意，不要在教室里踢球了。汤同学给我行了个队礼并保证以后不再在教室里踢球。站在旁边的穆班长见到这情景，也放松下来了。我让他回去写个不少于 200 字的检查，请他在班内组织一个球队，准备参加全校足球比赛。穆班长又恢复了原来朝气蓬勃的样子，带领五 (1) 班在全校足球比赛中夺得全胜。在组建校队时五 (1) 班成为主力，代表芳草地小学参加朝阳区的足球比赛。

足球运动可以增强学生的体力和相互间的协调。学生踢足球是一种正常爱好。作为教师要善于鼓励、支持。至于学生的一些不当行为，要具体分析，不应简单地全部否定，更不应当为了维护师道尊严而采用粗暴的语言。足球风波是我从教以来不能忘怀的事件。

激励上进心，提高写作水平

建立一个好的班集体需要给学生创造一个互帮互学的学习环境。五 (1) 班学生普遍知识面广，善于动脑，但每个人的接受能力和基础知识水平仍有差异。为了激励同学们的学习成绩不断提高，我在当时通用的五分制的基础上，加以改进，添加了"五角星""好""很好"和"特好"四个等级，鼓励学生的上进心。同时我们还在教室墙上增加了学习专栏，这样同学们每天都能看到自己的成绩提高了多少，同学间相互帮助，认真细致完成作业，争取好上加好。

三年的语文教学中我比较注重写作水平的提高。头两年打好扎实的语文知识基础，练好作文的基本功（审题、立意、选材、列提纲、拟题、修改），掌握写记叙文的六要素（时间、地点、人物、事情的发生、发展和结局）。

六年级时，我要求学生综合运用阅读课学过的知识，充分发挥想象力，突出文章主题，避免平铺直叙，写出生动感人的文章。同时，我要求学生每两周写一篇命题作文。每周写一篇自命题作文，自列提纲，自我修改，集体讲评。通过上述多种途径，毕业时学生成绩都有很大提高，作文成绩尤为突出，多数同学作文成为一类文。

德智体全面发展硕果累累

我同五(1)班朝夕相处整整三年，三年的师生情难以忘怀。他们在学习、纪律、文体、社会活动等方面都首屈一指。每学期都是校区的先进集体，考试成绩不断提高，多数同学考入市、区重点中学。不幸的是，年轻的中学生又赶上知识青年上山下乡，失去了系统学习的机会。但他们奋发向上，在艰苦的条件下，继续坚持学习深造，有的考入大学，学有所成。这些芳草地小学第一批住宿生为学校赢得了荣誉。

社会的进步靠教育，教育的基础是小学。老师要对学生终身负责。教师的责任是教书育人。为此，教师必须为人师表，以身作则，以自己的行动为学生树立榜样。教师只要有一片爱心，就能点燃幼小心灵的火花，在今后生活的道路上努力进取，开拓创新，为学校和祖国争光。

学校的骄傲

芳草地小学第一届住宿生，1959 年入学，1965 年毕业。他们父母长期在国外工作，6 年的学习生活都要在学校度过。而在这段时间里，中国遇上了极其严重的灾荒，全国人民都在节衣缩食。学校在十分困难的条件下，要保证他们的身体健康，以便把他们培养成德智体全面发展的接班人。学校的任务极其艰巨，全校上下、教学和后勤人员的共同艰苦努力，克服无数的困难，发扬团队精神才能完成。芳草地小学第一批住宿生是以德智体全面发展的优异成绩毕业的。其成员活跃在祖国大地不同的岗位上，至今相互间仍保持联系。

50 年后，穆卫平同学怀着对学校的热爱，对校领导和老师深厚感情，写了一本近 30 万字的回忆录“难忘那片绿色茵茵的芳草地”。作者以自己的亲身经历，写成了无数生动有趣的小故事，这些故事加在一起组成了芳草地小学五彩缤纷的生活图景。该书突出了学生德智体全面发展的过程，反映了新中国成立初期我国朝气蓬勃的生动景象。

作者穆卫平同学不仅在自己的工作岗位上成绩突出，而且记忆力超强，学习刻苦，对学校有着深厚的感情。这就是该书记述生动，文笔流畅，可读性强的原因。作者如实描述学生学习和生活的方方面面，即使顽皮细节也不放过。天真、好奇、顽皮是孩子的天性，但顽皮也是在可控范围内，表现出很强的自我约束力，因而显得更加真实可爱，增加了阅读的趣味性。当今在校的学生读了以后肯定会受益匪浅。作者把他写的这本书送给母校和有关老师作为纪念。我们老师不仅要感谢他的深情厚谊，更是为他对学校和社会做出的贡献感到骄傲。

阎淑贞，我心中永远的“最美教师”

罗庆朴（男，1962年毕业）

想不起是哪一年了，中国新闻媒体开始评选“最美乡村教师”。那些奋斗在穷乡僻壤的知识传播者，挣着微乎其微的薪水，过着紧紧巴巴的日子，却把每个学生都当成自己的儿女或弟妹，倾其所有关怀备至，搜肠刮肚竭尽所能，只为“不让一个孩子掉队”。有的老师到了退休年纪，早已桃李满天下，而他们自己却还不是正式编制，没端上“铁饭碗”，一遇天灾人祸，难逃贫病交加，离实现“小康”美梦更是遥不可及。每当从电视上报纸上看到这些乡村教师的优秀事迹，我都会感动得一塌糊涂。

鲁迅先生说过，“人生得一知己足矣”。而对于我来说，小时候遇到一位好老师，乃人生之大幸。真的，我太幸运了，在成长的关键节点，一位年轻的女教师飘然而至，拉起我的手，把我带上了一条金光大道。她，就是我心中永远的“最美教师”。

我是1957年秋天从东大桥小学转入芳草地小学二年级的。1955年岁末，爷爷把我从河北老家送到北京，开始和父母姐妹一起生活。初到北京，面对车水马龙，面对陌生的人群和环境，我浑身不自在，白天想爷爷奶奶，晚上总梦见一起捉迷藏、抓泥鳅、逮蜻蜓、养蝈蝈的小伙伴儿。农村生活的无拘无束，城市生活的刻板无聊，让我每每产生逃回老家的冲动。可是一个小孩子，手里没钱，也不知道火车站在哪儿，干着急，没用。

进了校门，更是苦不堪言。课堂上，我的河北威县口音，常常引起全班同学哄堂大笑；课间活动，男同学、女同学都视我为“另类”，因为他们玩的那些游戏，我一样都不会，只好站在边上呆看，自己都觉得无聊透顶。

一、二年级的班主任，无论是东大桥的还是芳草地的，我都想不起名字了，长什么模样也完全没了印象。只依稀记得有一位教语文的男老师，50来岁模样，干瘪清瘦，下巴上有几根花白胡须，如今想起他，我脑海里总能浮现出一个“孔乙己”。我之所以记得他，就因为他喜欢讲故事，而且绘声绘色，引人入胜，让人百听不厌，关于张学良活捉蒋介石的故事，我就是听这位老师讲的。

学习成绩中等偏下，同学里没有知交，老师不待见，父母也没好脸……简而言之，要概括我在小学生活的头两年，最贴切的便只有四个字：乏善可陈。理由：我一年级在东大桥，二年级转到芳草地，三年级阎老师当我的班主任，实际上在芳草地的第二年已经改变命运了，不能说乏善可陈。

不了解我那段难堪经历的人，看了我的履历表，都会发出一声惊叹："你一个农村孩子，千里迢迢来北京上学，一路从芳草地小学考上北京四中，'文革'中断学业10年，1977年刚刚恢复高考，就考上了北京大学，十几年校园生活都是在北京最好的学校里度过的，你怎么可能做到？！"

的确，这也算是个"奇迹"吧。而帮助我实现这个"奇迹"的发源地是芳草地小学，给我启蒙，引领我脱胎换骨、灵魂开窍的人，就是阎淑贞老师。

1958年9月1日，我升入了三年级。开学那天，一位身穿深蓝色西式套装的年轻女教师走进教室，她走上讲台，先向台下扫视了几秒钟，然后转过身去，用白色粉笔在黑板上写下了三个娟秀的大字：阎淑贞。她说："从今天起，我就是你们的班主任，我不光姓阎，我对学生的要求也严。希望大家听好了，记牢了，别忘了，你们对自己也要严，无论以前学得怎么样，从今天起，都要打起精神，努力学习，学出好成绩，给自己长脸，给家长长脸，也别给老师丢脸。"

当时，经过了两年的适应和"改造"，我的威县土话已经升级为标准版的普通话，因而我能听出阎老师口音里稍稍有那么点东北味儿。慢慢地，我对阎老师有了更多的了解，知道她家乡在吉林，丈夫是空军军官，两个女儿都很小，一个两岁，一个才出生不久。

阎老师真的没吓唬我们，她确实很严。上她的课，你必须正襟危坐，目视前方，认真听讲。阎老师经常在讲课间突然提问，点到谁，如果他（她）走神儿了，肯定答不出来。阎老师那眼神儿绝对可用"冷峻"来形容，她不发话，你就别想坐下。她会叫下一个同学回答同样的问题，答错了，也站着，直到有人答对了，大家才能一起坐下。我自幼胆小，一二年级因为口音与众不同而自卑，刚升到三年级还心有余悸，老师提问，不敢举手。

一天放了学，阎老师说："我到你家看看，跟你爸妈聊聊，咱们就一路走吧。"那时候芳草地还很荒凉，从学校到我家有一小段土路。阎老师习惯穿带跟儿的黑皮鞋，走在坑洼不平的土路上，我很怕她会崴脚或摔倒。阎老师说："没关系，我在老家还教过体育呢，你好好带路就行。”她又说：“你的情况王老师都详细介绍了，我也观察了，你在课堂上不敢发言，跟同学玩不到一块儿，这个缺点得改正。我看你挺聪明的，千万别小瞧了自己，只要努力，谁都能进步。明天开始，我就多叫你回答问题，你要有思想准备哟。”

到了家，父母都没在，姐姐在里屋做作业，妹妹在外面玩，我很尴尬。那时候我家租住在朝阳门外芳草地5号中国文联宿舍，大院有四排平房24个小院，近百户人家，几乎家家户户都没电话，我说：“老师您先坐着，我马上跑去隔两排宿舍的传达室打电话。”阎老师叫住我，说：“不用了，最近各单位的会议都多，晚下班是常事，回头你告诉他们我来过就行了。”送阎老师从大院走出去的时候，我心里暖暖的，又特别难为情，因为那时候不像现在，家里常备各种时鲜水果、饮料小吃，阎老师大老远来，我什么都没的招待，只端上了一碗开水。送走阎老师回到家里，那碗水还是温的。父母那天很晚才回到家，还真的被阎老师猜对了，是开会，好像是动员文艺界投入火热的大跃进运动之类的会。

我知道阎老师是说话算数的人，她既然说了从明天开始要多叫我回答问题，我就绝对不敢当耳旁风。晚上姐姐妹妹都睡了，我又拿出语文、算术课本，把最近几堂课的内容仔仔细细看了一遍，直到母亲过来提醒“该关灯了，别影响姐姐妹妹睡觉”，我才合上书本，沉沉睡去。

次日上午第二节是语文课，阎老师在台上讲课，我在台下心里打着小鼓，盘算着阎老师会在什么时候突然发问，可能提什么问题。那天学的是一篇新课文，阎老师朗读了一遍，重点讲解了几个新词汇，其中就有“以为”。她讲完了，把课本反扣在讲台上，向台下发问：“哪个同学用‘以为’造个句子？”我犹豫了一下，举了手。听到阎老师点了我的名，我站起来，心脏怦怦直跳。“别着急，想好这个词是什么意思再造句，说错了也不要紧。”阎老师鼓励我。坐在前边的几个同学回头看我，其中冯德禄还歪着脑袋，挤着一只小眼睛，做出怪笑的模样。这下我突然来了灵感。冯德禄虽是男生，但他头顶一侧却总是梳着一个小抓髻，走起路来一颠一颠的，同学们都很好奇，却没人知道他为什么如此梳妆打扮。我鼓足勇气，大声造了一句：“刚上学的时候，看见冯德禄同学头上顶着小辫儿，我还以为他是女生呢！”全班哄堂大笑，连阎老师也难得地露出了笑容。阎老师示意我坐下，并表扬我对词的理解非常正确，造出的句子也很有意思。我虽然心中得意，却也有点儿惶惶然，因为这是我入学两年多来，头一次在课堂上得到老师的表扬。

阎老师的这次提问和表扬非同小可，就好像久旱逢甘霖的小草，从那以后，我信心倍增，干劲十足，不仅学习成绩突飞猛进，同学也不拿我当外人了。那时候老师都会定期让学生把成绩册带回家，父母看过后签字盖章再带回学校。一二年级我成绩中下，甚至偶尔不及格，那会儿带成绩册回家，就是等着挨训。从三年级第三个月开始，我的成绩就稳居全班第一，每回拿成绩册回家，都是乐颠颠的，父母也挺纳闷儿：这孩子怎么突然像变了一个人儿？

那时候也不像现在，一上小学就集体加入少先队，大家都一样戴红领巾，没什么荣誉感。我在班上是第一批入队的，一共不到10个人。在入队仪式上，高年级同学给我戴上红领巾的那一刻，我心里充满了骄傲和自豪。想想半年前自己还是抬不起头的“落后生”，多亏阎老师谆谆教导，给了我信心，给了我力量，才有我扬眉吐气的今天！

阎老师说过她不光姓阎，对学生的要求也严，不久，我就真真切切地领教了阎老师的严厉。一次算术课堂测验，安排在上午最后一节课，先做完的可以先交卷。题目不多，也不难，我不大一会儿工夫就答完了，粗粗检查一遍就离开座位交了卷。坐在讲台旁边的阎老师接过卷子，抬起手腕看了看表，盯着我说：“挺快呀，还没到20分钟呢！”我刚走出教室，忽听背后一声呼唤：“罗庆朴，你回来！”声音不大，却极为严厉。我站住，转身，阎老师已经走到跟前。楼道里就我们师生两人。她手里拿着我的试卷，压低声音问我：“你仔细检查了吗？不是期中考试、期末考试，就敢不认真了？”一定是阎老师看出我答题有错，才这么严厉的，我低头无语。阎老师把那张试卷在我面前挥了挥：“不是不会做，是会做而做错，粗枝大叶会害人一辈子的！今天我不多说了，你回去好好想想吧，希望你永远记住一句话：虚心使人进步，骄傲使人落后。”

阎老师的批评让我羞愧难当。一天父亲下班回家，从包里拿出3个新日记本，对我和姐姐妹妹说，你们练习写日记吧，把每天有意思的事认真记下来，作文水平就能提高，而且过多少年都不会忘了小时候的经历。父亲喜欢书法，在每个孩子的日记本上都要用毛笔写一句话，他问我喜欢哪一句，我说就写“虚心使人进步，骄傲使人落后”吧。父亲很惊奇，问我从哪里听来的，我说是阎老师让我牢牢记住的。时光过去将近60年了，父亲在我日记本上题字的情景还历历在目。

正是在阎老师教诲的督促下，我养成了精细入微的学习习惯，认定“好上加好才是真好”，学习成绩稳定地保持在年级第一的位置上，从三年级第二学期开始还当了少先队中队长。1959 年春天，学校决定把我的事迹配照片张贴在教学楼入口的光荣榜上。父亲带我去王府井最好的照相馆拍摄“标准像”（参见附件照片 1-3），路上问我：“你们班就你一个？”我说：“三年级就我一个。”父亲半天没吭声儿，我估计他心里也许还有个疑团儿没解开：半年多工夫，一步登天，太神奇了！

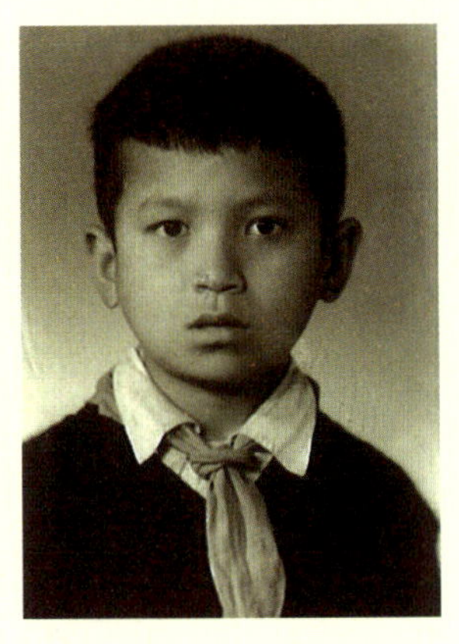
附件照片 1-3：罗庆朴光荣榜的标准像（1959 年）
罗庆朴提供

1958 年，整个中国都处在“大跃进”的热潮中，阎老师不光教学有方，整体提高了我们班的学习成绩，而且课外活动也搞得丰富多彩。芳草地小学离日坛公园很近，有好多个星期天，阎老师都带全班同学到公园去做各种活动。在那里，我认识了很多原来叫不出名称的植物，听老师讲了不少有关公园的历史故事和传说，还参加劳动，和叔叔阿姨一起清扫落叶，铲除积雪，当然，也唱歌，做游戏，每一回都乐而忘返。有一次，在去公园的路上，我看见几块碎玻璃，就随脚踢到路边，阎老师发现了，赶紧走过来，说：“玻璃是有用的东西，我们还是捡起来吧，也免得扎人。”她从包里掏出一个旧牛皮纸信封，小心地把那几块碎玻璃一一放进去，又对大家说：“大家看这样好不好？从今天起，咱们谁看见碎玻璃、金属片儿，都捡起来，用厚纸包好，带到班上，积攒多了，就送到废品收购站，既能换钱给班上搞活动使，又支援了国家建设，两全其美呀！”大家齐声叫好。从那天起，我们班每个同学的书包里都多了一个小纸盒或小布袋，上学、放学的路上，看见玻璃片儿、铁钉、铜丝、螺丝帽等疑似有用的东西就捡起来，积少成多，隔一两个星期就去废品收购站卖一回，还真收获不小呢。那时候同学们的家庭经济状况普遍不好，吃根冰棍儿都算享受，节假日逛公园更是难得的快乐了。1959 年暑假，阎老师带全班同学去北海游园，特意让我和另一个同学把卖废品所得的“班费”带上，用于给大家买车票、门票和冰棍儿。那天公园里很热，转了一大圈儿，我们每人吃了三根冰棍儿，一根奶油的，一根红果的，一根小豆的，大家心里都美滋滋的。那时候物价很低，车票、公园门票、冰棍儿都是几分钱的价儿，游园结束，清点“班费”，除回程车费外，还剩不少。有人提议买面包，阎老师说：“还是省下以后慢慢花吧，再说玩了大半天，家里人都等你们吃饭呢。”阎老师又说：“下学期你们就升入四年级了，学校安排我接另一个班，就不能当你们的班主任了，希望大家别松懈，年年进步，争取更好的成绩。”

那一次跟阎老师游北海公园，是我此生最美好的记忆之一。乘无轨电车到东大桥下车，师生分手互说再见的时候，我想到再开学就换老师了，心里便有一丝怅然若失的感觉。我和同学走出老远，回头望去，看见阎老师还站在车站旁，一只手提包儿，一只手向我们挥动……

3年后，1962年7月，我以满分成绩考上了北京四中。收到录取通知的那一刻，我最想报告好消息的人是阎老师。

18年后，1977年恢复高考，在经历“文革”动乱、插队务农、进厂做工11年学业空白后，我考上了北京大学新闻专业，在未名湖畔、博雅塔下，我脑海中无数次闪现出9岁那年，阎老师洒向我的那一缕温暖阳光。

又过了8年，当我主编的中国青年报《辣椒》副刊荣获全国好新闻（即后来的中国新闻奖）专栏一等奖的时候，我明白，阎老师常说在学习上要一丝不苟，我把她的教导用在了工作上，才取得了对得起良心、对得起读者的一点点收获。

再后来，我的新闻作品结集出版了，我庆幸，我的每一篇文章都践行了阎老师对我的指引，对写出的每一个字负责，严谨再严谨，细致再细致……

我特别想说，阎老师一辈子教书育人，一辈子孜孜不倦，一辈子与世无争，一辈子善解人意，她永远是我心中的“最美教师”。

去年春天，我和妹妹雪珂请阎老师在农业展览馆附近的一家餐馆吃饭，阎老师特别高兴，刻满岁月沧桑的脸上一直绽放着笑容。这次小聚历时3小时，临别，我想约定“下一次”，阎老师却连连摆手：“别约了，咱们常打电话吧，省多少事！”后来我和部分同学策划庆贺她的80大寿，想就日期、规模、地点等具体问题征求一下她的意见，不料她一口拒绝，说：“搞那么大动静干吗呀？咱们五一节刚聚，大伙儿的情况都了解了，别搞了。你们岁数也都不小了，退休了也不清闲，还有照顾孙子孙女辈儿的，都挺累。大伙儿的心意我领了，咱们平时打打电话，交流交流情况就很好了，千万别张罗！”我不敢断定阎老师是不是出于客气，就给她大女儿打电话求证，大女儿说，老太太一辈子都怕给人添麻烦，她是真心实意的，你们千万别给她祝寿。上次你们说要给她办寿礼，她好几天没睡好觉，怕你们真办了，她不得不去，弄得那么多人受累，她心里也不舒服。你们每回打电话过来，我妈都特别高兴，她喜欢这种不见面的交往，大家都轻松。大女儿一席话，彻底打消了我们这帮学生为她操办寿礼的念头，心里更充满了感激和敬重。

阎老师，您的学生都爱您，四面八方发出同一声祝愿：祝您健康、长寿，快乐每一天！

我的芳草地小学

罗雪珂（女，1964 年毕业）

小学生眼中的芳草地小学

我七岁开始读书，小学六年都是在芳草地小学度过的。儿时的眼里，芳草地小学相当漂亮，有很大的校园，种着杨柳及桃树李树，每到春天，环绕操场的桃李开满粉花和白花，放学后，我们可以在校园里尽情地嬉戏。那时的孩子基本没什么玩具，我们玩扔沙包、欻拐、跳皮筋、窜双杠，也玩拔河、老鹰捉小鸡等，都是现在的孩子们接触不到的游戏。1958 年刚入学时，只有一座教学楼，一进楼门迎面立一面约两米高的大镜子，老师告知是“整容镜”，每个同学走进教室之前，要在镜子前站一站，看看自己的着装和表情，这也算是上学后的第一课。几年后又盖了一座新楼，我们班升入五年级就在新楼上课了。

新楼更高也更明亮。

在小学生的记忆中，首先是历任的班主任们。

我们班一二年级的班主任姓徐，50 岁上下，在七八岁的孩子眼里，算年纪很大了，好像是东北人。她的发式很别致，是将头发编成一条长辫转圈盘在头上，课讲得如何已经记不清了。三年级时换了班主任姓阎，人很漂亮，烫着波浪式卷发，手上还戴着金戒指，这在那个年代很罕见，所以也记住了。阎老师衣服特别多，几乎每隔几天就换一件，连那时很少人穿的呢子大衣，或长或短也有不同的款式。她的着装常常引起同学们的惊叹和议论，须知那个年代的大多数人不过是两身衣服换着穿而已。后来听说阎老师的爱人是飞行员，这无疑加重了我们对她的崇拜。阎老师教我们时已经有了孩子，但还是很年轻，应当还不到三十岁。如果说起同学们对她的印象，最大的特点就是“严”，连那些捣蛋的男生都怕她，只要是她的课没人敢闹。还记得一件小事，有一次阎老师因为胃痛，临时请另一班的班主任焦老师代课，同学们都大有松了口气的感觉，谁知没过几分钟，她又红着眼睛进了教室。当时我们还稍有点“失望”呢。从中也可以看出阎老师很负责，她放心不下自己的学生，忍着病痛给我们上课。客观地说，三年级也是我们班在小学六年中比较好的一年。

四年级换了新的班主任，姓苗，微胖，圆脸，梳两条细细的小辫，班上有几个男生出奇地淘气，性情温和的苗老师显然“镇”不住这些同学，课堂上经常被他们搅得秩序大乱，以致把苗老师气病了。于是又换来一个姓马的男老师，他刚从师范毕业，显然教学经验不足，性情火爆，经常在课堂上大发脾气，将捣蛋的男生一个个拎到楼道里罚站。几十年后同学相聚时还会说起马老师教我们那年发生的许多笑话。

这样，我们班成了学校有名的大乱班，五六年级时学校派来一个厉害的老师，姓杨，短发，也很年轻。杨老师对付捣蛋的男生显然有一些办法，常常在课堂上训话，少有笑脸。在她的“高压”下，班里的秩序渐渐稳定下来，到六年级毕业时还成为一个不错的班级。

多年后和杨老师相聚时，我惊讶地发现她其实相当平易近人，一点儿都不厉害。同学们说起她当年怎样瞪起眼睛训人，杨老师笑着直摇头：“就你们这个班，不严点不行啊，把前任老师都气病了。”

记忆中还有不少老师。我入学时的大队辅导员姓高，形容她的样子，就是“好看”二字。圆圆的脸庞，黑亮的大眼睛，说话声音很甜润，特别是那两条又粗又黑的大辫子，走路时在腰后一甩一甩的，那种清纯是现在的女孩少有的。同学们都很喜欢她。高老师做大队辅导员的同时也教音乐。用的是风琴。我上三年级时，西哈努克亲王将他的两个王子送到中国读书，选中了芳草地小学，学校为此增强了教学力量，一位从北京师范大学毕业的大学生被调来。我哥哥罗庆朴就与西哈努克亲王的大儿子纳拉迪波同在一个班，另一个小王子叫克玛努拉克，好像在二年级。每天两位王子都由专车接到学校，上课时警卫就一直待在传达室，放学后再由专车接回使馆。哥哥和那拉迪波很快成为好朋友，他给哥哥讲过很多自己国家的故事和自己的身世，说他的母亲在他出生后不久就去世了，还给哥哥看过西哈努克亲王与莫尼克公主的照片，指着说：“这是我父亲，这是我父亲的夫人。”他的这种说法也让我们感到奇怪。哥哥和那拉迪波的友谊随着小学毕业而中断。前些年柬埔寨经历的社会动荡，我们一直很关注，有一次读到一则报道，说西哈努克亲王的大儿子遇害了，相当令人惋惜。

为了加强教学力量，还调来一位新的音乐老师，她毕业于音乐学院，姓马。我还记得第一次见到她的情景。在我进教学楼的时候，迎面碰上了马老师。她微黄的头发烫成半削半剪的时髦式样，穿一条下摆很大的长裙，脚踏高跟带尖的皮鞋，绝对称得上“惊艳”。我们的音乐课也改由马老师上，她用受过训练的“洋嗓子”教我们唱歌，那是一种很新鲜的体验。马老师并非毕业于师范，性格柔弱的她常常不知怎样对付那些捣蛋的孩子，几次在课堂上被气哭了。我却在她的音乐课上受益良多。她会搬来留声机，在课堂上给我们放好听的中外歌曲，边放送边讲解对这些歌曲的理解。我是马老师组织的校合唱团成员，并多次参加区里举办的歌咏比赛，还拿过不少名次。学校会在每年的五一、十一、新年等重大节日组织各种规模的文体活动，我们班还自编自演过小歌舞。在一次庆祝五一的文娱活动中，马老师让我当过领唱。这些对小小年纪的我也算是值得记忆的事情呢。

体育老师有好几位，有年轻的古老师，中年的张老师，我接触比较多的是关老师。关老师精力充沛，很有才华。每年学校举办运动会前后都是她大显身手的时候。芳草地小学的每一届运动会都很热闹，有跑、跳、投各种项目，同学报名踊跃，还会选出一些同学当裁判。记得学校还专门办过一次展览，在很大的一间教室摆满了各种活动的照片，照片被放大到一尺多甚至更大些。我在展览上看到过两张与我有关的照片，一张是我背着手站在风琴边唱歌，那是给做团体操的同学们伴唱；一张是戴着裁判小帽在本上记录，前面是正进行比赛的操场。那些年校园里的活动称得上丰富多彩，现在竟然什么痕迹也没有留下，实在可惜。

五年级时学校举办过两个比赛，一个是乒乓球，一个是跳皮筋，我都得了年级冠军。之后不久，北京市开展跳皮筋比赛。芳草地小学的跳皮筋在全市出了名，表演的节目上了电视。关老师在跳皮筋比赛中大显身手，亲自编舞并训练，芳草地小学得了不少冠军。一群孩子曾跟着关老师到很多场所比赛表演。我那时是作为伴唱参加这些活动的。我很喜欢外出表演的日子，因为每次活动结束后都会得到一堆面包零食，那在当时是相当大的享受。还记得一次在人民大会堂表演，北京市副市长万里前来观看，万里坐在人群中间，许多人围着他说话。别的印象都淡了，只记得他满头白发。20 世纪 80 年代我又见过他，觉得二十多年过去了，也没怎么见老，还是满头白发而已。

我上小学的时候，全社会都在提倡艰苦朴素，芳草地小学的女教师们却很时尚，一个姓戴的老师描着很弯很细的眉毛，常常把烫过的头发在脑后挽成一个很大的纂儿。夏季不少老师会穿合体漂亮的旗袍和长裙，他们都非常注重仪态，而且对学生亲切。我记得当时的杨校长，四十多岁吧，个子不高，一次将我叫到校长室训话，好像是批评我不守纪律，谈话的结束语是："……如果你不从这些小事上注意，那么后果不堪设想。""不堪设想"这个词对于一个小学生来说显然相当生疏，因此我一直牢牢记着。杨校长平时很严肃，但面对面往往又很亲切。还有张校长、刘校长等。刘校长是后来才来的，中等个子，同学们特别喜欢听他讲话，声调不高，语气亲切，很有说服力。

这是一个小学生对芳草地小学的点滴记忆。我从 1958 年入学到 1964 年毕业，度过了堪称幸福快乐的少年时光。成年以后，常常从媒体上看到对芳草地小学的一些报道，知道学校越办越好，规模也越来越大，很是为她骄傲。二十多年前，一次路过芳草地，我特意走进校园看了看，和少年时的印象竟不太一样了，校园显得没有那么大，也没有那么美了。有点遗憾。

阎老师：我和哥哥的启蒙老师

小学六年中，最值得记忆的是两个班主任。

首先是三年级的班主任阎老师。那天是开学前的返校日大扫除。阎老师先一一点名认识了每一个同学，在开始劳动时，阎老师探身到走廊，大声对另一个班的老师说："我们班有罗庆朴的妹妹。"我当时就想，阎老师得多喜欢我哥哥呀。

我的哥哥罗庆朴早我两年入学，一二年级时，哥哥很淘气，成绩也差，老师常会找到家里向父母告状。哥哥三年级时，阎老师成为他的班主任，那一年哥哥像是变了个人，不仅学习成绩直线上升，成了班里最拔尖的学生，其他方面也都成了孩子们的榜样。

我还记得当年一进教学楼，陈列两边的玻璃橱窗有哥哥的两寸大头照，还配有表扬他的文字。罗庆朴成了芳草地小学出名的好学生，六年级毕业时以"双百分"考入最好的中学北京四中。我们上课时，老师批评贪玩的同学时，常会举哥哥的例子，如："你们如果像罗庆朴的成绩那样优秀，下了课随便玩。"

此前哥哥已给我讲过不少阎老师的事，我知道阎老师对同学要求很严，他特意举了个例子，说她第一堂课就给同学们狠狠地立了威。由于班里纪律较差，喊起立时，同学们懒洋洋的，站得稀稀拉拉，阎老师就一遍遍地"坐""站""坐""站"地几乎训练了一堂课，自此只要上课铃一响，阎老师出现在教室门口，班长一声"起立"，全班同学立刻会齐刷刷地站起来。

哥哥显然很崇拜阎老师，我却对她不感觉亲切。阎老师总是很严肃，上课绷着脸，对学生也是批评居多。升入三年级后，由于父母工作都忙，我开始在学校的教师食堂和老师一起就餐，每天晚餐后再回家。由于这个原因，阎老师放学后通常会给我安排一点任务：帮助学习有困难的同学补习功课。等吃过晚饭后，再和她一起离开学校。阎老师家住朝内小街，我们每天先沿着学校的东侧围墙走到文联大院，见我进了院门，阎老师继续走几百米到东大桥车站，坐公交车回家。

那些与阎老师一起回家的夜晚在几十年后的回忆中充满着温暖，但当时的我却一点儿都不觉得，甚至以为自己并不喜欢阎老师，她实在太严厉了，一点儿小错就揪住不放。我的学习成绩一贯很好，但不管考了怎样的好成绩，从没听过她的表扬。有件小事当年我一直觉得委屈。三年级时增加了写字课，我不喜欢写毛笔字，常常忘了带文具。一次上写字课，竟有半个班的同学都忘了带文具。阎老师生气地命令我们站起来，那是我在小学六年间唯一一次因为犯错而被罚站。很多同学都跑回家取回了文具，我却一直站着哭，坚决不肯回家。那天放学后，犯错的同学被罚做扫除。吃过晚饭后，阎老师看着我哭红的眼睛，叹了口气，说：“看看我们的罗雪珂多了不起，别的同学都老老实实回家取文具，只有你敢跟老师顶。”

三年级期末考试，作文题为“一个好同学”。阎老师在课堂上说：“全班五十多个同学，四十多人写了罗雪珂。”这让我大为震惊。阎老师特别挑出几个捣蛋学生让他们上前朗读自己的作文，写的竟然都是我怎样在放学后辅导他们学习的事。在同学们念作文的时候，阎老师含着笑意瞥了我一眼，我永远记住了那个充满了喜爱的目光。直到那时我才知道，阎老师喜欢我。

我成年后，才慢慢理解阎老师的好，理解了阎老师对我的一生所产生的重要影响。我的表达能力，理解能力，与人沟通和交往能力，都是在三年级时打下的基础。每天阎老师把我留下来为同学补课，既加深了我对学业的理解，也使我懂得怎样与人沟通，并知道帮助他人是一种乐事。这些东西渗入我的生命，使我受益终生。

哥哥罗庆朴对阎老师的感念更甚，可以说，哥哥的一生因阎老师而改变。阎老师给一个自卑而且淘气的孩子无限的关爱和鼓励，她对哥哥的喜爱、夸奖和期望一生跟随着他，使他成为一个奋发自强的人。哥哥从北京大学毕业后进入中国青年报工作，有些年我们特别想念阎老师，希望能够当面向她表达我们的感激，有好几年时间，哥哥在自己掌管的版面上登出寻找阎老师的启事，直到最近几年，在杨老师的帮助下，我们才见到了阎老师。

或许是年代久远，或许是阎老师教过的学生太多，对于我们记忆中视若珍宝的点点滴滴，有许多她竟毫无印象。这也多少让人有点遗憾。

再就是杨老师，她是我五六年级的班主任。前面提到，三年级的期末考试作文中，许多同学写了我，我在班里的威信很高，四年级当了大队委，臂上戴三道杠。我变得骄傲了，对同学不像过去那么耐心，于是五年级杨老师接手时，我从三道杠降为两道杠。这对一个心智未开的少年无疑是重大打击。我为此痛哭过几次。很长一段时间，只要一离开学校，立刻把臂章摘下来，生怕父母和大院里其他人看见。这个挫折使我明白，一个人无论怎样优秀，学习再好，威信再高，也不能骄傲，永远要尊重别人，懂得低调做人。然而，在杨老师当班主任的两年中，我与她并不亲近，我一直认为她并不喜欢我。作为一个少年，说一个老师“好不好”，常常要看“他”或“她”是否喜欢自己。几十年后同学们与杨老师聚会时，杨老师带着欣慰的口气一一历数当年我们读书时的那些趣事，甚至重述出我的某一篇作文写了些什么。这让我相当吃惊并且感动。杨老师以另一种方式爱着她教过的孩子们，只是因为我们年幼，理解不到。

一个人的成长会遇到无数老师。但小学阶段的老师无疑是最重要的。那是人生的启蒙阶段，老师给予什么，孩子们就会接受什么。在这个意义上，我感谢芳草地小学，这是一所非常棒的学校。我也深深地感谢芳草地小学的每一位老师，他们都很尽责敬业。我能成为今天的我，与我在芳草地小学受到的教育是分不开的。

怀念我在芳草地小学度过的幸福时光！

回忆克玛努拉克

任友林（男，1966 年毕业）

55 年以前的事情，要回忆起来可能不很清楚准确，遗落些片段也是在所难免，但是，有些东西无论如何应该记录下来，对自己有所交代，希望对后人也会有所启迪。

我是 1960 年 9 月进入芳草地小学一年级上学的。进入小学第一个学期，我迅速地适应了学习的气氛。这可能得益于在外交部方家胡同幼儿园的良好教育和熏陶，基础打得较好，比如已经开始学习了简单的语文和算术，懂得集体生活要团结，要尊重老师尊重同学，所以除了上课之外，我还有余力关心点周边事物，帮助老师做点事情。

记得是一年级下学期，应该是1961年2月寒假过后刚开学，章丽贞老师先是在班上宣布了要有外国人来上学的事情，然后把我叫到办公室，个别谈话。我进了她的办公室以后，章老师的神情略显凝重，看得出来是有大事的样子，她认真地对我说："任友林，叫你来是我考虑再三，需要你来完成一项重要任务，就是重点陪同和帮助新来的克玛努拉克，这个任务很光荣。"

我当时并没有任何心理上的准备，也不懂得这个任务的深度和难度，只是瞪大了眼睛看着章老师，像是懂了点什么，点点头。章老师开始了引导和布置："他是柬埔寨国王诺罗敦·西哈努克的小儿子，叫克玛努拉克。他来我们班要跟班学习，要参加所有的课程。但是由于初学语言，需要一个过程，你要帮助他。他上下学不用陪同，但上课和课间的时间，有事你陪同一下，一块儿读书一块儿玩就行，没什么困难的，有老师在。"

我对此事没有任何经验，表情上有些不解和难色，章老师意会到了，马上补充道："你不用害怕，学校会有安排的，你要不卑不亢，落落大方。"我点点头，表示明白。

从这以后，"不卑不亢，落落大方"就成了我陪同小王子的行为准则。从不自觉地遵守纪律到自觉地融入到行动之中，不仅仅是对外国人，而且对所有的人，这八个字影响了我的一生。自信、理智是我从这八个字中悟出的道理，我终生受用。感谢章老师，感谢芳草地小学！

个性，调皮与大度

说到克玛努拉克的脾气和秉性，与他哥哥纳拉迪波大相径庭。纳拉迪波温文儒雅，品学兼优，克玛努拉克礼貌大度，好动调皮，学习上却有些愚钝，跟不上主流。他对上语文算术等正式课程不太上心，一是跟不上进度，二是玩心过重。一次他上课觉得无聊，就把他前桌女同学张宇的小辫子悄悄地盘绕在她的座椅背上，等到下课后班长喊起立时她站不起来，闹了个大尴尬，章老师和同学们一眼就辨识出是她后座的克玛努拉克所做。

克玛努拉克的中文发音不太准确，他入学以前虽然有几个月的私人语言老师预先教会了他一些常用的生活用语，但是刚开始正式上课还是吃力。可一个学期以后，他的口语就相当流利了，我和他的沟通不存在任何问题。我成了他的小老师，造句作业中的关键词汇，他会让我反复讲解是什么意思。我们交流逐渐深入之时，他会主动用词造些句子，与我讨论合适与否，逻辑是否成立，句式是否流畅。虽然……但是，因为……所以，不仅……还有……等等这些枯燥的练习，对他来说当然不是什么享受，他作为王子，不是从小接受中华传统文化的熏陶，难免觉得被动困难，产生退缩逃避的想法，这些都在情理之中。

而在课外，克玛努拉克则反被动为主动，创造力大大显现和提升。芳草地小学的操场必须夸奖，它是我们男孩子和女孩子的玩乐天堂。那时每周下午第二节课后，我们都会快乐地冲向操场，各自玩儿起自己喜欢的项目。克玛努拉克和我们共同玩过的项目有跳绳、跳马、足球、垒球……记得他人高马大，毕竟大我们几岁，跑跳投项目出色过人。只要学校开运动会，只要有接力赛，不管前面几棒我们班落后对手多少，他在最后一棒总能赶上甚至超前，这一幕全校闻名，带给大家无限的欢乐，也成了他骄傲的资本。

记得一次骄阳下体育课之后，大家汗流满面，累得不行，他跑出学校，自己掏钱买了一大盒冰棍回来给大家吃，虽然是三分钱一根的红果冰棍，但是在当时已经是奢侈至极了，对于他的豪爽，大家当然欢迎，在一片欢呼声中笑纳了。

芳草地到光华路之间的绿色天堂

克玛努拉克在我们二三年级的初期，上学下学都有陪同人员接送，可以想见，这对于不羁的他来说，少了许多乐趣。大约在四年级时，不知是他父亲西哈努克亲王的严厉要求，必须接近普通中国老百姓的生活，还是他本人的反复要求，我们可以共同下学回家了。

那时候的东大桥路只是单向单车道的普通马路，没有现在这么宽大，也没有现今的一排楼区。其路西是一条低洼的小河沟。这条小河窄处一米，可以一脚迈过，宽处有二三米左右。河的东岸是紧靠东大桥路的漫坡，西岸是一片绿荫的小树林。我们经常在放学以后，共同步行回家。我回予王坟外交部宿舍，他回第一使馆区的柬埔寨大使馆。

在紧张辛苦的六节课以后，我们都觉得卸下了重担，轻松了，可以自由自在地走走，放飞心情了。捉蜻蜓，撵壁虎，捞蝌蚪，吹柳叶，斗老根，在小树林里玩捉迷藏等，都是我们沿途可以玩乐的游戏项目。我们一般在东大桥路与光华路的交叉路口分手，道完再见后各奔东西。

长期相处，共同学习、运动、游戏和玩耍，使我们之间的了解逐渐加深。几次外事活动，包括每次西哈努克亲王来中国，我作为献花儿童一起去首都机场或者去北京站迎接，都使我们日益熟悉亲近。他回国前夕，正式邀请我去他家做客，我心里动了一下，但是马上拒绝了，表示以后再说吧，他当时有些尴尬，但立即表示了理解。回学校以后，我将这件事告诉了章老师，她夸奖我说："做得对！"

别离

1964 年夏天，克玛努拉克回国了。临行前他与我道了别，我们当然依依不舍，毕竟相处三年，从不了解到了解，从小屁孩到少年，互助互谅，共同成长了。可以想见，他如果仍在中国，我们的友谊肯定会持续下去，这是一种纯真的少年情谊，不分国籍，不分贵贱。

他留赠给我一张他与哥哥纳拉迪波冬日在柬埔寨大使馆门口的双人站像。没有想到，这张珍藏的照片却成了永久的留念。

我和孙敬修的忘年缘

李国良（1973 年至退休就职于芳草地小学，教授历史课程）

在龙潭湖公园离东门不远的地方，坐落着著名儿童教育家孙敬修的雕像。每次看到，孙爷爷为孩子们讲故事的音容笑貌都会栩栩如生地浮现在眼前，宛若昨天。而三十多年前我与孙老的几次接触，也随之像画面一样展开，顿生无限感慨。

孙老 89 年的生命里为孩子们讲了六十多年故事，深深地影响和教育了几代人，他是大家公认的学识渊博的长者、可敬可爱的前辈。

我和孙老的缘分，要从 1979 年说起。那是 11 月中旬的一天，学校广播里传出这样的声音："深受师生们喜爱的故事爷爷孙敬修要来我们芳草地小学啦！"话音未落，欢呼声似从天而降，从各个教室里炸响出来，让我这个当老师的，也抑制不住兴奋和激动，使劲儿拍红了巴掌。

我们这代人，毫不夸张地说，从小是听着孙敬修爷爷讲的故事长大的。20 世纪 50 年代，还是小学生的时候，收音机里传出的亲切生动又和蔼可亲的孙爷爷的声音，就是我们课余最大的念想和福利；而孙爷爷讲的故事，一个一个，成了我们童年时期最快乐的记忆。

为迎接孙敬修的到来，激动之中，我提笔写下了一首诗——

献给敬爱的孙敬修爷爷

听说孙爷爷要来和我们见面，
大家的掌声响成了一片。
连平日不爱说笑的同学，
这会儿也笑得那么甜。

虽然孙爷爷是第一次来我们校园，
您却每一天都生活在我们中间。
收音机一传出您的声音，
我们就坐在了您的对面。

听着您亲切和蔼的声音，
我们想得出您多么慈祥、和善；
听着您耐心诚恳的教诲，
我们想得出您多么喜爱娃娃、少年。

您讲的故事生动有趣，
吸引着我们把作业早点儿写完；
要是正好赶上吃饭，
呀！连饭碗全都忘了端。

您有那么多好听的故事要讲，
而且永远也没有个完。
就像天上闪闪的星星，
一颗颗、一串串望不到边。

每一个故事都令我们难忘，
像甘泉滋润着成长的心田。
您教我们做人——光明磊落，
您教我们学习——永不自满。

爸爸妈妈听着您的故事长大，
革命的重担已挑上双肩；
我们听着您的故事长大，
要去建设更美好的明天。

明天，不论我们走上什么岗位，
都不会忘记爷爷的心愿。
您看，今天我们是少年先锋，
明天就是共和国的英雄和模范。

诗写好后，同学们开始兴致勃勃地排练和广播。1979 年 11 月 21 日下午，我们期待已久的孙敬修爷爷如约来到学校，在操场西边的礼堂里和师生们见了面。献词过后，孙老讲话。他一开口，就是大家无比熟悉的声音："同学们都很聪明，还会更聪明，怎么才能更聪明呢？你看那'聪'字，竖着两个耳朵，还有一张嘴，对了，最要紧的，是要用心。"

坐在我旁边的石志达老师连连点头："讲得好！不愧是故事爷爷，一开口就是不一样。"

此后，1980 年、1981 年和 1983 年，孙老又三次应邀来到学校，和中外学生欢庆六一。1981 年，我更是有幸接送孙老，印象尤其深刻。6 月 5 日下午 5 时，我和张泉校长、祝丹妮等同学前往孙老家。到了他家，孙老拿出糖果热情招待，同时问两个小同学长大了想做什么，两位小同学不约而同地说要当医生，孙老高兴地说："当医生好！现在有些病还治不了，等你们当了医生，要把这些病都给治好了。"孙老的话让大家都笑了，笑的同时，我们也感受到了老人心里的那一份期盼。

晚会结束后，我和当时正在学校上一年级的女儿李滢一起送孙老回家。坐在孙老身边，我激动地跟孙老说："您第一次到学校来时，欢迎诗是我写的。您讲的故事影响了我的一生，我想借这个机会，当面表达对您的敬意和感谢。"孙老连声说着"谢谢"。女儿把用零花钱买的一块大巧克力装进信封，作为节日礼物送给孙爷爷，说："您现在别打开，等到家再看吧。"等到了家，孙爷爷笑着说："现在可以看了吧？""等我们出了门您再看，好吗？"闺女又跟孙爷爷开起了玩笑。"好，好。"孙爷爷乐呵呵地应着。后来闺女告诉我："我是想孙爷爷吃了巧克力更有精神，好给我们讲更多好听的故事。"

离开孙老家之前，趁这难得的机会，我请孙老留言，只见孙老欣然提笔，写下了这句话：“国良弟，我祝你身体健康，为儿童教育事业做出大的贡献！”（如附件图1-2所示）我如获至宝，双手接过，同时真诚地祝福孙老：“我祝您健康长寿！”而这幅字，我珍藏至今并始终努力践行。

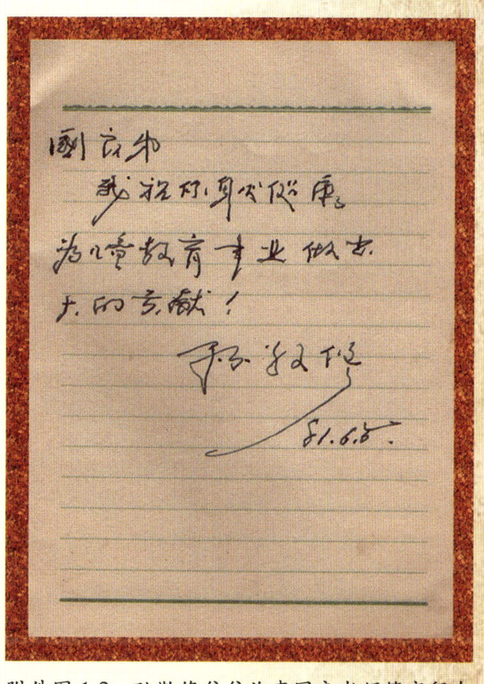
国良弟
我祝你身体健康
为儿童教育事业做出
大的贡献！
孙敬修
81.6.5.

附件图1-2：孙敬修爷爷为李国良老师签字留念（1981年）李国良提供

几年后，1987年的六一，中外儿童在人民大会堂举行联欢活动，我早早地到了门口。再次见到孙敬修老人，我热情地迎上前问好，不料孙老倒先喊出了我的名字，并道：“李老师好！”我感动得热泪盈眶——像孙老这样的大教育家，阅人无数，居然几年未见还记得我的名字，实在让我感慨颇多，不仅倍觉温暖和感动，更由衷领略到老人谦逊的为人与和蔼的魅力，正所谓“故事一生滋桃李无数，真情一世润人心万千”。

今天，时光进入2016年，孙敬修老人离开我们已近26个年头儿，写下此文，是为缅怀，更致敬意！

2016年6月12日

附件二：与国际部主管校长张宏对话：我们离真正的国际学校有多远

2014年9月，张宏老师从集团学术部接任芳草地国际学校国际部主管校长。任职后，他一直在深思一个问题：芳草地国际学校作为一所公办学校，早在20世纪60年初就开始接收外籍学生就读，一直承载着这一历史使命，今天已成为首都屈指可数的接收外国籍学生的公办校，那它离真正的国际学校有多远？2016年7月13日，笔者在芳草地国际学校日坛校区与国际部主管校长张宏就“国际学校”的理解进行了对话。

作为中国公办学校，建校初期就有外籍学生来芳草地学校读书。为进一步服务国家的外交事业和首都的经济建设，1973年被北京市确定为外国外交人员子女学习接收学校，成为首都屈指可数的接收国际生源的公办学校。2008年10月，学校更名为“芳草地国际学校”。“国际”二字的横空出世，一方面凸显了芳草办学的国际特色，另一方面也表明芳草将坚定不移地走国际化办学之路。2013年，学校出台了《芳草地国际学校2013—2015教育改革与发展行动计划》，其中明确提出“特色发展”的工作方针，表述为“关注全球教育发展趋势，坚持用开放的胸怀吸纳世界最先进的教育思想，传承、强化国际化办学特色，弘扬中国优秀传统文化，进一步提升学校国际化办学水平，为首都乃至全国教育国际化探索一条新路”。走国际化办学的道路，是芳草特殊的办学背景决定的，也是进一步提升办学品质、实现发展的必由之路。

办学一甲子，芳草朝着“国际”教育发展方向，在几代教育工作者的共同努力下，自身特色越来越鲜明，在首都乃至全国具有一定影响力。随着全球经济一体化的推进，中国教育改革越来越深入，远眺发展，芳草领导人也渐渐认识到：芳草不仅要培养好来自世界各国的孩子，同时也要不断提升办学品质，提升教育国际化水平，把中国教育，尤其是中国的基础教育推向世界教育的舞台。

一流的教育得益于一流的教师队伍。在刘飞校长的指导下，学校全面实施教师国际素养培训工程，借助外交部、使馆等资源，从国际礼仪、教育理念、教育情怀、教育知能等方面，全面提升教师素质。为实现深层次改革，满足学生的全面发展，学校在国家课程基础上整体构建了科学与人文结合、中西文化结合、课内外结合的具有芳草特色的课程体系（参见附件图 2-1），每个学生除完成 80% 的基础课程外，都有 20% 的自主课程可以选择。语言学习是芳草课程中的最大亮点。为了使来自世界各国的儿童学好汉语，学校启动了芳草汉语项目，自主研发教材，培训教师，输出教学资源。另外，学校的 PTA（家长教师联合会）称得上在教育管理上的创新。目前的 PTA 已形成完备的章程，9 个工作委员会直接参与学校管理与学生服务。

附件图 2-1：外国部芳草课程图，张宏提供

这一代芳草人在全力推进教育国际化的过程中谋事而动，屡屡见效，但各种挑战也接踵而至，学校发展之路光明而致远。众所周知，世界在变，教育如何与时俱进？面临新的挑战，芳草教育必须借鉴世界各国教育改革的先进理念和实践做法，促进教育交流和国际合作，增进办学合作、管理合作和项目合作；在课程建设方面，芳草还要不断增强课程的丰富性和选择性，探索个性化学习、主题教学，普及积极性教育评价；教师是总结教育过去和开创教育未来的主力军，面对新的教育改革，教师要继续秉承“学生第一”的理念，勇敢地探索和实施芳草课程，不断提高教育教学水平；注重教师学历培训，为学生提供安全快乐的教育环境；除学校教师和 PTA 组织外，努力建设其他课程辅导志愿者团队，让来自各种文化背景下的儿童都能享受到平等、优质的教育，让学校的教育质量保持在基于中国基础教育的卓越水平……

当“芳草教育”“知行课堂”“个性学习”各种概念武装我们头脑的同时，我们坚信自己正在迈向一个新的教育境界。我们在检省肩上责任的同时也坚信：向着未来美好的世界教育，我们执念前进，一定会到达光明的地方。

附件三：外籍、港澳台学生区域来源统计（1973—1996）

表 1：1973 年外籍、港澳台学生区域来源统计

班级 / 数量 / 区域	一年级一班	一年级二班	二年级一班	二年级二班	三年级一班	三年级二班	四年级一班	四年级二班	五年级一班	五年级二班	中国班	统计	备注
1. 赞比亚	2				3		1					6	春季
2. 瑞士	1		1									2	
3. 尼泊尔	1		2		3		2					8	
4. 加拿大	1							1				2	
5. 缅甸	1				2		3					6	
6. 罗马尼亚	1							1		2		4	
7. 坦桑尼亚	1		2		2						2	7	
8. 苏丹	2								1			3	
9. 阿拉伯也门	3											3	
10. 巴基斯坦	1						1					2	
11. 智利	1				2		1					4	
12. 也门民主共和国	2	1										3	
13. 阿富汗	1											1	
14. 赞比亚	1		3						1			5	秋季
15. 索马里	2		2									4	
16. 科威特	1											1	
17. 巴勒斯坦	3											3	
18. 埃及	1											1	
19. 圭也那	1											1	
20. 几内亚		7		2		1				1		11	
21. 阿尔及利亚		4		1		1		1				7	
22. 卢旺达		2		1		1		1				5	
23. 塞内加尔		1		2		1		1				5	
24. 日本			1	1	1		1				4	8	
25. 法国				1		1						2	
26. 扎伊尔				2		1				2		5	
27. 西德					1							1	
28. 南斯拉夫									1			1	
29. 西班牙											1	1	
统 计	27	15	11	10	14	6	9	5	3	5	7	112	

表 2：1974 年外籍、港澳台学生区域来源统计

班级 数量 区域	一年级一班	一年级二班	二年级一班	二年级二班	三年级一班	三年级二班	四年级一班	四年级二班	五年级一班	五年级二班	中国班	初中一年级	统计	备注
1. 苏丹	1		1										2	
2. 阿富汗	1												1	
3. 也门民主共和国	1		1	1									3	
4. 尼泊尔	1		1		1							1	4	
5. 阿拉伯也门	2		2										4	
6. 坦桑尼亚	4		2		1		1						8	
7. 日本	5		3		2		2		2		8	2	24	
8. 埃及	1		1										2	
9. 西德	1						1						2	
10. 挪威	1												1	
11. 意大利	1												1	
12. 缅甸	3		3				2		2				10	
13. 墨西哥	1		1								1		3	
14. 阿尔及利亚		3						2					5	
15. 塞内加尔		3		2		2		1		1			9	
16. 扎伊尔		8		2		7		3				1	21	
17. 喀麦隆		1											1	
18. 柬埔寨		3		4						1		1	9	
19. 乍得		2		2				1					5	
20. 老挝		1											1	
21. 刚果		1		1									2	
22. 加蓬		1		3				1					5	
23. 秘鲁		1											1	
24. 瑞士			1		1								2	
25. 加拿大			1							1			2	
26. 罗马尼亚			1							1		1	3	
27. 赞比亚			1		2		1						4	
28. 索马里			2		2								4	
29. 圭也那			1										1	
30. 巴勒斯坦			1						1				2	
31. 新西兰			1				1						2	
32. 奥地利			1										1	
33. 叙利亚			1										1	
34. 几内亚				5				1				1	7	
35. 卢旺达				2				1				1	4	
36. 澳大利亚					1				2				3	
37. 法国						1				1			2	
38. 西班牙											1		1	
39. 南斯拉夫												1	1	
统 计	23	24	26	22	10	10	8	10	7	5	10	9	164	

表 3：1975 年外籍、港澳台学生区域来源统计

班级 数量 区域	一年级一班	一年级二班	二年级一班	二年级二班	三年级一班	三年级二班	四年级一班	四年级二班	五年级一班	五年级二班	中国班	补习班	统计	备注
1. 阿拉伯也门	1		1		2								4	
2. 叙利亚	1												1	
3. 西德	1		1										2	
4. 意大利	1		1										2	
5. 澳大利亚	1											1	2	
6. 坦桑尼亚	3		4		2		1		1				11	
7. 巴勒斯坦	1												1	
8. 尼泊尔	1		1		1		1						4	
9. 阿尔及利亚		1											1	
10. 加蓬		2				3				1			6	
11. 布隆迪		1											1	
12. 扎伊尔		2		2		1		4		2			11	
13. 乍得		1		2		2				1			6	
14. 柬埔寨		1		3		3						1	8	
15. 也门民主共和国			1										1	
16. 挪威			1										1	
17. 缅甸			2		2				2			2	8	
18. 埃及			1		1								2	
19. 塞内加尔				1		1		2		1		1	6	
20. 喀麦隆				1									1	
21. 老挝				1									1	
22. 秘鲁				1									1	
23. 罗马尼亚					1								1	
24. 赞比亚					1								1	
25. 索马里					2		2						4	
26. 日本					2		1		2		11	3	19	
27. 新西兰					1								1	
28. 奥地利					1								1	
29. 几内亚						5		1					6	
30. 墨西哥											3		3	
统计	10	8	13	11	16	15	5	7	5	5	14	8	117	

表4：1976年外籍、港澳台学生区域来源统计

区域 \ 数量 \ 班级	一年级一班	一年级二班	二年级一班	二年级二班	三年级一班	三年级二班	四年级一班	四年级二班	五年级	中国班	统计	备注
1. 赞比亚							1				1	
2. 尼泊尔					1				1		2	
3. 加拿大			1								1	
4. 缅甸	3				2		1				6	
5. 罗马尼亚	3									1	4	
6. 坦桑尼亚	6		2		2		2		1		13	
7. 阿拉伯也门	2		1		1		1				5	
8. 也门民主共和国										2	2	
9. 索马里	2			1		1	2		2		8	
10. 巴勒斯坦	1										1	
11. 意大利	1					1					2	
12. 荷兰	1		1								2	
13. 日本	4		3	1	1		4		4	10	27	
14. 加纳	1										1	
15. 澳大利亚	1		1								2	
16. 巴西	1		1				1				3	
17. 乌干达	1				1						2	
18. 加蓬		2		2		1		3			8	
19. 喀麦隆		3				2		3			8	
20. 扎伊尔		1		2		2		1	5		11	
21. 几内亚		1						5	1		7	
22. 多哥		3									3	
23. 朝鲜			9				2				11	
24. 孟加拉国			1								1	
25. 秘鲁			1				1	1			3	
26. 塞内加尔				1				1	1		3	
27. 上沃尔特				1		1					2	
28. 西德					1						1	
29. 叙利亚					1						1	
30. 墨西哥					1					1	2	
31. 老挝						1			2		3	
32. 英国						1					1	
33. 新西兰							1				1	
34. 奥地利							1				1	
35. 泰国							1		1		2	
36. 埃塞俄比亚									1		1	
37. 乍得									1		1	
统　计	27	10	21	8	11	10	18	14	20	14	153	

表 5：1977 年外籍、港澳台学生区域来源统计

区域 \ 数量 \ 班级	一年级	二年级	三年级	四年级	五年级	统计	备注
1. 孟加拉国	7					7	
2. 乍得	3					3	
3. 坦桑尼亚	4					4	
4. 缅甸		1	1	1		3	
5. 朝鲜	6	2		2	2	12	
6. 多哥	1					1	
7. 罗马尼亚	1	1	1			3	
8. 加纳	2					2	
9. 加蓬	2					2	
10. 秘鲁	1	1				2	
11. 塞拉利昂	1					1	
12. 赤道几内亚				1		1	
13. 乌干达	1	1				2	
14. 扎伊尔				1		1	
15. 阿拉伯也门			1		1	2	
16. 法国	1			1		2	
17. 美国	1	1				2	
18. 新西兰	1					1	
19. 英国				1		1	
20. 巴西	1	1				2	
21. 墨西哥	1					1	
统　计	34	8	3	7	3	55	

表 6：1978 年外籍、港澳台学生区域来源统计

数量 班级 区域	一年级	二年级	三年级	四年级	五年级	统计	备注
1. 坦桑尼亚	6	1	1			8	
2. 菲律宾	4				2	6	
3. 缅甸	4		1	1		6	
4. 美国	1	1	2			4	
5. 巴西	1					1	
6. 秘鲁	1					1	
7. 孟加拉国	2					2	
8. 阿富汗	1					1	
9. 利比里亚		1				1	
10. 法国		3				3	
11. 塞拉利昂	1					1	
12. 朝鲜			2	1		3	
13. 日本	1	1				2	
14. 埃塞俄比亚	1					1	
统计	23	7	6	2	2	40	

表 7：1979 年外籍、港澳台学生区域来源统计

班级 / 数量 / 区域	一年级	二年级	三年级	四年级	五年级	统计	备注
1. 挪威	2		1			3	
2. 缅甸	2	1				3	
3. 法国	1					1	
4. 美国	1		2	2	2	7	
5. 坦桑尼亚	5			1		6	
6. 索马里	2					2	
7. 南斯拉夫	1					1	
8. 利比里亚		1				1	
9. 芬兰	1					1	
10. 塞拉利昂	2					2	
11. 意大利			1			1	
12. 柬埔寨	3					3	
13. 乌干达	1					1	
14. 爱尔兰		1	1			2	
15. 菲律宾	1					1	
统　计	22	3	5	3	2	35	

表 8：1980—1981 年外籍、港澳台学生区域来源统计

数量 班级 区域	一年级	二年级	三年级	四年级	五年级	补习班	统计	备注
1. 菲律宾	2						2	
2. 美国	5	8	5	2	1		21	
3. 墨西哥	1			1			2	
4. 阿根廷	1						1	
5. 缅甸	1		2				3	
6. 比利时	1	1					2	
7. 日本	1		1				2	
8. 坦桑尼亚	1						1	
9. 尼日利亚	1						1	
10. 澳大利亚	1	1		1			3	
11. 罗马尼亚	3	1		1			5	
12. 秘鲁			2	1			3	
13. 意大利	1		1	2			4	
14. 加拿大				1			1	
15. 爱尔兰	1						1	
16. 斯里兰卡						2	2	
17. 埃塞俄比亚	1	1		1			3	
18. 朝鲜	1	2	1				4	
19. 泰国	1						1	
20. 尼泊尔		1	2	1			4	
统　计	23	15	14	11	1	2	66	

表 9：1981 年外籍、港澳台学生区域来源统计

区域 \ 数量 \ 班级	一年级	二年级	三年级	四年级	五年级	汉补班	统计	备注
1. 朝鲜	2	1	2		1	2	8	
2. 菲律宾	1	1		2	1		5	
3. 美国	1	3			1	1	6	
4. 葡萄牙	2						2	
5. 坦桑尼亚	1		1	1	2		5	
6. 罗马尼亚	1	3	1		1		6	
7. 利比里亚	2			1			3	
8. 意大利	1			1	1		3	
9. 乌干达		1					1	
10. 墨西哥		1					1	
11. 日本		1		1			2	
12. 泰国		1					1	
13. 澳大利亚		1	1				2	
14. 芬兰			1				1	
15. 加拿大			1		1		2	
16. 厄瓜多尔			1				1	
17. 挪威			1		1	2	4	
18. 秘鲁				2	2		4	
19. 尼泊尔				1	1		2	
20. 中国香港	1						1	
统　计	12	13	9	9	12	5	60	

表 10：1982 年外籍、港澳台学生区域来源统计

班级 数量 区域	一年级	二年级	三年级	四年级	五年级	汉补班	统计	备注
1. 菲律宾	2	1	1		2		6	
2. 巴基斯坦	1						1	
3. 泰国	1		1				2	
4. 英国	1	1	1			1	4	
5. 朝鲜	2	1	3	6			12	
6. 法国	1						1	
7. 利比里亚	4	4		1			9	
8. 美国	1		1	1			3	
9. 巴西	1	1					2	
10. 葡萄牙		2					2	
11. 坦桑尼亚		2		1	1		4	
12. 意大利		2	1		1		4	
13. 墨西哥			1	1			2	
14. 日本			1		1		2	
15. 澳大利亚			1				1	
16. 厄瓜多尔					1		1	
17. 秘鲁					2		2	
18. 柬埔寨	1						1	
19. 新西兰	1					1	2	
20. 委内瑞拉			1				1	
21. 哥伦比亚	1						1	
22. 阿根廷		1					1	
23. 中国香港		1					1	
统　计	17	16	12	10	8	2	65	

表 11：1983 年外籍、港澳台学生区域来源统计

区域＼数量＼班级	一年级	二年级	三年级	四年级	五年级	六年级	英语班一年级	英语班二年级	英语班三年级	统计	备注
1. 朝鲜	2	2		6	4					14	
2. 西班牙	1									1	
3. 索马里	1	1								2	
4. 柬埔寨	1	2								3	
5. 毛里塔尼亚	1									1	
6. 菲律宾	1	2	1	1						5	
7. 阿根廷	1	1								2	
8. 澳大利亚	1			1						2	
9. 孟加拉国	1									1	
10. 意大利	1		3	4						8	
11. 巴基斯坦		1					2			3	
12. 新西兰		1			1					2	
13. 坦桑尼亚			1		1	1		1		4	
14. 巴西			1				1			2	
15. 利比里亚			1		1		2	1	1	6	
16. 英国			1	1						2	
17. 罗马尼亚			1							1	
18. 美国			5	4		2				11	
29. 泰国				1				1		2	
20. 墨西哥					1					1	
21. 秘鲁						1				1	
22. 厄瓜多尔						1				1	
23. 加拿大							2			2	
24. 赞比亚								1		1	
25. 中国香港	1									1	
统　计	12	10	14	18	8	5	7	4	1	79	

表 12：1984 年外籍、港澳台学生区域来源统计

区域 \ 数量 \ 班级	一年级	二年级	三年级	四年级	五年级	六年级	英语班	统计	备注
1. 秘鲁	1							1	
2. 阿根廷	1							1	
3. 墨西哥	1		2					3	
4. 加拿大	2	1						3	
5. 美国	2	1	1	4	3	1		12	
6. 意大利	1	2	1	2	3			9	
7. 莫桑比克	4	2						6	
8. 英国	1	1	2				1	5	
9. 柬埔寨	1	1	1					3	
10. 朝鲜	5	2	1	3	7	4		22	
11. 菲律宾	1	1	2	1	1			6	
12. 巴基斯坦	1						2	3	
13. 坦桑尼亚	1		1	1		1	1	5	
14. 西班牙		1						1	
15. 索马里	1	2					1	4	
16. 孟加拉国	3	4	1				2	10	
17. 委内瑞拉		1	1					2	
18. 毛里塔尼亚		1						1	
19. 利比里亚		1	1	2			2	6	
20. 巴西		1		1				2	
21. 厄瓜多尔				1				1	
22. 伊朗	1			2			2	5	
23. 伊拉克	2	2	1				1	6	
24. 泰国	1			1				2	
25. 澳大利亚	1		1					2	
26. 新加坡	1	1			1			3	
27. 法国		1						1	
28. 几内亚		1						1	
29. 中国香港		3						3	
30. 中国台湾		1	1					2	
统　计	32	31	17	18	15	6	12	131	

表 13：1985 年外籍、港澳台学生区域来源统计

班级 / 数量 / 区域	一年级	二年级	三年级	四年级	五年级	六年级	统计	备注
1. 柬埔寨	2	1	1				4	
2. 泰国	1	1			1		3	
3. 博茨瓦纳	1						1	
4. 伊拉克	5	1					6	
5. 新加坡	1	1	1			1	4	
6. 日本	1						1	
7. 塞拉利昂	1						1	
8. 朝鲜	1	4		1	3	7	16	
9. 莫桑比克	1	4	2				7	
10. 菲律宾	1	1	1	2	1	1	7	
11. 伊朗	5	1			1		7	
12. 加拿大	2	1	1				4	
13. 英国	3	2	1	2			8	
14. 古巴	1						1	
15. 美国	6		2	1	3	2	14	
16. 几内亚	2		1				3	
17. 孟加拉国	1	1	2	1			5	
18. 意大利	1	1	1				3	
19. 阿根廷		1					1	
20. 坦桑尼亚		1			1		2	
21. 澳大利亚		1	1	1			3	
22. 委内瑞拉			1				1	
23. 法国			1				1	
24. 利比里亚			1		1		2	
25. 巴西			1		1		2	
26. 中国香港			3				3	
27. 中国台湾			1				1	
统　计	36	22	22	8	12	11	111	

表 14：1986 年外籍、港澳台学生区域来源统计

区域 ＼ 数量 ＼ 班级	一年级	二年级	三年级	四年级	五年级	六年级	统计	备注
1. 赞比亚	1		1				2	
2. 日本	2	1					3	
3. 瑞典	1						1	
4. 孟加拉国	2	2	1	1	1		7	
5. 莫桑比克	1	1	4	2			8	
6. 新加坡	1	1	1	1			4	
7. 朝鲜	3	1	5			4	13	
8. 伊朗	3	2	3				8	
9. 几内亚	2			1			3	
10. 缅甸	1						1	
11. 美国	4	5	2	3		2	16	
12. 古巴	1						1	
13. 柬埔寨		2	1				3	
14. 泰国		1	1			1	3	
15. 博茨瓦纳		1					1	
16. 英国		1	1	1	1		4	
17. 阿根廷			1				1	
18. 意大利			1	1			2	
19. 菲律宾			1	1	1	1	4	
20. 西班牙			1				1	
21. 法国				1	1		2	
22. 利比里亚				1		1	2	
23. 巴西				1			1	
24. 澳大利亚			1				1	
25. 智利					1		1	
26. 加拿大		1					1	
27. 中国香港				2			2	
28. 中国台湾				1			1	
统　计	22	19	25	17	5	9	97	

表 15：1987—1988 年外籍、港澳台学生区域来源统计

区域　数量　班级	一年级	二年级	三年级	四年级	五年级	六年级	统计	备注
1. 日本	3	2	1	1			7	
2. 瑞典	1	1					2	
3. 孟加拉国	1	2	3	1	1		8	
4. 莫桑比克	3	1	1	4	2		11	
5. 新加坡		1			1		2	
6. 朝鲜	3	1	1	4	4		13	
7. 伊朗		1	1	1			3	
8. 英国	1		1	1	1	1	5	
9. 古巴		1					1	
10. 柬埔寨			2	1			3	
11. 泰国			1	1			2	
12. 美国	3	2	4	1	4		14	
13. 意大利	1			1	1		3	
14. 菲律宾				1	1	1	3	
15. 西班牙		1					1	
16. 法国	2						2	
17. 利比里亚					1		1	
18. 波兰	2						2	
19. 加拿大		1	1				2	
20. 南斯拉夫	1	1	2		1		5	
21. 阿富汗	1						1	
22. 墨西哥	1						1	
23. 荷兰	1						1	
24. 阿根廷		1					1	
25. 澳大利亚			1				1	
26. 华侨	1	1					2	
27. 中国香港	1				3		4	
28. 中国台湾					1		1	
统　计	26	17	19	17	21	2	102	

表 16：1988—1989 年外籍、港澳台学生区域来源统计

数量 班级 区域	一年级	二年级	三年级	四年级	五年级	六年级	统计	备注
1. 日本	1		1	1	1		4	
2. 波兰	1	2					3	
3. 菲律宾	2				1	1	4	
4. 柬埔寨	1			2	1		4	
5. 朝鲜	3	3	1	1	8	4	20	
6. 美国	4	8	3	2	3	3	23	
7. 澳大利亚	2						2	
8. 西班牙	1		1				2	
9. 加拿大	1		1				2	
10. 莫桑比克	1	1	1	1	4	2	10	
11. 意大利		1			1		2	
12. 瑞典	1	1	1				3	
13. 南斯拉夫		1		1			2	
14. 英国		1		1	2	1	5	
15. 墨西哥		1					1	
16. 阿根廷			1				1	
17. 孟加拉国			1	1	1		3	
18. 匈牙利			1				1	
19. 古巴			1				1	
20. 博茨瓦纳			1				1	
21. 荷兰		1					1	
22. 巴西			1				1	
23. 中国香港	1	2		2		1	6	
24. 中国台湾						1	1	
统　计	19	22	15	12	22	13	103	

表 17：1989—1990 年外籍、港澳台学生区域来源统计

区域＼数量＼班级	一年级	二年级	三年级	四年级	五年级	六年级	统计	备注
1. 南斯拉夫	1						1	
2. 日本	3				1		4	
3. 匈牙利	1			1			2	
4. 苏联	1						1	
5. 朝鲜	3	2	4	6	1	7	23	
6. 英国	1					1	2	
7. 瑞典	1			1			2	
8. 美国	1	2	1		2	1	7	
9. 新加坡	1						1	
10. 波兰		1	1				2	
11. 菲律宾		2					2	
12. 柬埔寨		1			1	1	3	
13. 西班牙		1					1	
14. 扎伊尔	1	2					3	
15. 澳大利亚		1					1	
16. 荷兰			1				1	
17. 意大利			1			1	2	
18. 南斯拉夫			1				1	
19. 墨西哥			1				1	
20. 巴西				1			1	
21. 孟加拉国					1		1	
22. 尼泊尔		1					1	
23. 中国香港	2		1	1			4	
统　计	16	13	11	10	6	11	67	

表 18：1990—1991 年外籍、港澳台学生区域来源统计

区域 \ 数量 \ 班级	一年级	二年级	三年级	四年级	五年级	六年级	统计	备注
1. 菲律宾	1		2				3	
2. 朝鲜	4	2	1	9	6	1	23	
3. 美国	2		3	2		2	9	
4. 法国	1						1	
5. 苏联	2	1					3	
6. 古巴	2		1				3	
7. 坦桑尼亚	3						3	
8. 蒙古	3		1				4	
9. 尼加拉瓜	1	1					2	
10. 南斯拉夫		1		1			2	
11. 英国		1					1	
12. 扎伊尔		1	2				3	
13. 日本		1	1				2	
14. 尼泊尔			1				1	
15. 意大利				1			1	
16. 荷兰					1		1	
17. 墨西哥					1		1	
18. 匈牙利				1	1		2	
19. 韩国	1	2		1			4	
20. 巴西		1					1	
21. 阿尔巴尼亚		1					1	
22. 罗马尼亚		1	1				2	
23. 中国香港		2	1	1			4	
24. 中国台湾	2						2	
统　计	22	15	14	16	9	3	79	

表 19：1991—1992 年外籍、港澳台学生区域来源统计

班级 数量 区域	一年级	二年级	三年级	四年级	五年级	六年级	统计	备注
1. 澳大利亚	2		1				3	
2. 苏联	3	2					5	
3. 阿尔巴尼亚	1			1			2	
4. 美国	5	2	1	5	2	1	16	
5. 蒙古	8	4	1	1			14	
6. 柬埔寨	2		1				3	
7. 韩国	6	2	5	3	2		18	
8. 菲律宾	1	1		2			4	
9. 朝鲜	5	4	1	1	5	6	22	
10. 日本	1		1	1			3	
11. 越南	4			1			5	
12. 罗马尼亚	1						1	
13. 委内瑞拉	1						1	
14. 法国		1					1	
15. 古巴		1		1			2	
16. 坦桑尼亚		1					1	
17. 阿富汗		1					1	
18. 扎伊尔		1		2			3	
19. 南斯拉夫			1		1		2	
20. 英国	1		1				2	
21. 印度尼西亚			3				3	
22. 匈牙利			1			1	2	
23. 意大利					1		1	
24. 罗马尼亚	1		3	2			6	
25. 荷兰					1		1	
26. 新加坡			1				1	
27. 中国香港	1	2		1	2		6	
28. 华侨	1						1	
	44	22	21	21	14	8	130	

表 20：1992—1993 年外籍、港澳台学生区域来源统计

区域（数量／班级）	一年级	二年级	三年级	四年级	五年级	六年级	统计	备注
1. 韩国	5	7	11	8	1	3	35	
2. 法国	1		1				2	
3. 朝鲜	2	3	4	2		6	17	
4. 丹麦	1						1	
5. 日本	2	2	1		1		6	
6. 阿尔巴尼亚	2	1			1		4	
7. 美国	6	5	4	4	1	1	21	
8. 蒙古	6	7	4	1	1		19	
9. 澳大利亚	1	1		1			3	
10. 保加利亚	1						1	
11. 伊朗	1						1	
12. 英国	1	1					2	
13. 加拿大	1					1	2	
14. 老挝	1						1	
15. 俄罗斯	1	3	4				8	
16. 泰国	1						1	
17. 缅甸	3	2					5	
18. 柬埔寨		2			1		3	
19. 菲律宾		1	1		2		4	
20. 越南		1					1	
21. 委内瑞拉		1					1	
22. 罗马尼亚		2	1	2	1		6	
23. 马来西亚		1					1	
24. 印度尼西亚		1		3			4	
25. 古巴	1	1	1		1		4	
26. 扎伊尔			1		2		3	
27. 匈牙利				1			1	
28. 新加坡		1	1	1			3	
29. 意大利						1	1	
30. 南斯拉夫		1				1	2	
31. 荷兰						1	1	
32. 智利		2					2	
33. 中国香港	4	1	3	1	3	3	15	
34. 中国台湾	2	2	3	1			8	
35. 华侨	1	3			1	1	6	
	44	52	40	25	16	18	195	

表 21：1993—1994 年外籍、港澳台学生区域来源统计

数量 班级 区域	一年级	二年级	三年级	四年级	五年级	六年级	统计	备注
1. 智利	2			2			4	
2. 韩国	18	13	11	16	8	6	72	
3. 乌干达	1						1	
4. 老挝	1	1					2	
5. 美国	6	9	6	2	3	1	27	
6. 阿尔巴尼亚	1	2	1		1		5	
7. 保加利亚	1	2					3	
8. 朝鲜	2	3	5	6	2		18	
9. 罗马尼亚	3		2	2	2		9	
10. 柬埔寨	1		2				3	
11. 波兰	1						1	
12. 葡萄牙	1						1	
13. 菲律宾	2		2	1			5	
14. 澳大利亚	1	2	1				4	
15. 新加坡	2	2		1	1	1	7	
16. 加拿大	2	1					3	
17. 蒙古	2	6	7	4			19	
18. 伊朗	1						1	
19. 格鲁吉亚	1						1	
20. 丹麦		1					1	
21. 日本		1	2		1		4	
22. 英国		1					1	
23. 泰国		1					1	
24. 马来西亚		1	1				2	
25. 俄罗斯			1	2			3	
26. 南斯拉夫			1				1	
27. 委内瑞拉			1				1	
28. 扎伊尔				1			1	
29. 印度尼西亚				3	3		6	
30. 中国香港	2	4		2	1		9	
31. 中国台湾	3	2	5	7	2		19	
32. 华侨		1	1				2	
统　计	54	53	49	49	24	8	237	

表22：1994—1995年外籍、港澳台学生区域来源统计

数量 班级 区域	一年级	二年级	三年级	四年级	五年级	六年级	统计	备注
1. 马达加斯加	3						3	
2. 英国	2		2				4	
3. 阿尔巴尼亚	2		2	1			5	
4. 菲律宾	2	2		3			7	
5. 韩国	11	14	16	10	19	6	76	
6. 澳大利亚	1	2	3	1			7	
7. 新加坡	1		1				2	
8. 日本	3			2		1	6	
9. 马来西亚	2		3	1			6	
10. 蒙古	6	3	5	5	3		22	
11. 乌干达	1						1	
12. 柬埔寨	5			2			7	
13. 美国	2	4	7	3	3	1	20	
14. 马绍尔	2						2	
15. 加拿大	1	2	2				5	
16. 朝鲜	1	3	2	4	2	3	15	
17. 罗马尼亚	2	2		1	2	2	9	
18. 智利	1	2			2		5	
19. 委内瑞拉	1			1			2	
20. 波兰		1					1	
21. 葡萄牙		1					1	
22. 瑞典		1					1	
23. 意大利		1			1		2	
24. 丹麦			1				1	
25. 俄罗斯			1		2		3	
26. 泰国			1				1	
27. 印度尼西亚			1				1	
28. 南斯拉夫				1			1	
29. 扎伊尔				1			1	
30. 中国香港	4	1	2	1	1	1	10	
31. 中国台湾	2	3	3	2	6	1	17	
32. 华侨			1	2			3	
	55	42	53	41	41	15	247	

表 23：1995—1996 年外籍、港澳台学生区域来源统计

数量 班级 区域	一年级	二年级	三年级	四年级	五年级	六年级			统计	
1. 美国	8	4	7	3	4	1			27	
2. 韩国	15	15	16	16	9	11			82	
3. 菲律宾	4	2	1		2				9	
4. 蒙古	5	6	2	7	3	2			25	
5. 苏丹	1								1	
6. 罗马尼亚	1	1	2		1	2			7	
7. 阿尔巴尼亚	2	2		2	1				7	
8. 日本	2	2		1	2				7	
9. 朝鲜	3	3	3	4	3	3			19	
10. 俄罗斯	2					2			4	
11. 新加坡	1	1		1					3	
12. 扎伊尔	1				1				2	
13. 马来西亚	1	2		1					4	
14. 澳大利亚	1		1	1		1			4	
15. 芬兰	1								1	
16. 马达加斯加		3							3	
17. 英国		2		2					4	
18. 柬埔寨		3			2				5	
19. 马绍尔		2							2	
20. 加拿大		1	3	2					6	
21. 安哥拉		1							1	
22. 波兰			1						1	
23. 葡萄牙			1						1	
24. 瑞典			1	1					2	
25. 意大利			1	1		1			3	
26. 丹麦				1					1	
27. 印度尼西亚				2					2	
28. 中国澳门	1								1	
29. 中国香港	5	5	2			1			13	
30. 中国台湾	2	3	4	4	2	3			18	
31. 华侨				1	1	1			3	
	56	58	45	50	31	28			268	

后记

时光飞逝，“芳草口述史”的筹备会议已经过去整整一年，作品亦如期完成，即将付梓。此时此刻，我不由得感慨万分，却又难以言表激动的心情，虽然作品中还印刻着遗憾。在这一年里，我行走在北京的各个区域，穿梭于海淀、朝阳、丰台、东城、西城、通州等地；在这一年里，伴随着艰辛、感动、快乐、幸福，与芳草地小学的诸多前辈、学子们相遇、相识；在这一年里，我带领团队成员先后访谈了老芳草教师、已退休的芳草教师、在职的教职员工以及已毕业的学生 120 余人次，聆听他们讲述自己的故事，感受他们对芳草的那份真情。

提起我与芳草地国际学校的缘分，还得从 2015 年初夏的一天说起。我接到首都师范大学教育学院张景斌教授的电话说：“北京市教育学会有一个委托项目，撰写“芳草口述史”，我推荐了你……”我在日本广岛大学攻读博士学位，是做人类学研究的，口述史研究也是我非常感兴趣的研究领域，便欣然接受了。同年 9 月，我接到了北京市教育学会监事长黄和平老师的电话，黄老师在电话中介绍了芳草地国际学校的一些情况。2015 年 11 月 19 日，“芳草口述史”的筹备会议在芳草地小学召开。

我清楚地记得那一天，下着初冬的第一场雨，中午雨越下越大，迎着初冬的寒意，我带着我的两位学生（姜方华、王正阳）参加下午一点半的筹备会议。虽说芳草地国际学校很有名，但我还是第一次踏入她的校园，来不及环顾学校的环境，就直奔会议现场的四楼贵宾室，会议室里坐满了 20 多位老教师，还有前任校长苏国华、书记张泉；北京市教育学会监事长黄和平等相关人员以及芳草地国际学校现任副校长于芳等。会议室的屏幕上显示着“芳草口述史筹备会”，刘飞校长开场致辞，讲了做这个项目的意义、目的等，最后拜托各位老前辈，拜托教育学会，拜托师大的专家，把这件事做好。随后大家进行了热烈的讨论。到这时我才得知，前来参会的老教师都是 1973 年重建后来到芳草地小学的，从他们的言谈话语中可以感受到，他们认同的建校初期是 1973 年，对此前的情况都不了解，学校 1956 年至 1970 年的档案资料也几乎没有。

会上讨论得很热烈，老教师们一定要让我先列出提纲来，要有针对性：要写什么？定位是什么？是写学校呢，还是写什么……。我深知由于学术背景不同，我们的写作思路和收集资料的方法是完全不同的。这也是之后在我的田野实践中常常遇到的困惑。每一次访谈都会遇到同样的问题，他们会问我：“你让我们给你讲什么？”我每次都会回答说：“我哪儿知道您有什么故事啊？您就讲一下，您在芳草地小学工作或学习期间给您留下印象最深、最难忘的故事就行。”就连在朝阳区档案馆也遇到过相似的问题，当我把介绍信递给档案馆前台的接待员时，他一边看着介绍信，一边问我需要什么资料，我回答：“只要跟芳草地国际学校有关的资料全都要。”他惊讶地抬起头看着我说：“不可以，你必须要有针对性。”我说：“我哪儿知道你们档案馆藏有芳草地国际学校的哪些资料呢？！”

当然，我不能怪他们有这样的要求，我向老教师们解释人类学的研究范式和撰写方法是要先去收集第一手资料，根据收集资料的内容来撰写。我还要回答他们的问题：“你们是支撑着这所学校的发展，而不是这所学校支撑着你们的发展。当然在写学校发展时，一定会从你们讲述的故事中看学校的发展。”在质疑声中，前任校长苏国华帮我解围说：“以小见大，从每一位老教师的故事中来看芳草地的发展……”最后苏校长说：“我有一个请求，你们走进芳草地一定要带着感情去写这本书！”我回答：“请您放心，我一定会带着感情去做的。”

之前我撰写的《黄济口述史》是一部个人史，没有那么复杂。但是，我在“芳草口述史”田野研究实践中发现，寻找口述的合作者是一件非常困难的事情。首先，口述者一定是某一历史阶段的亲历者，并且有表达的愿望；其次，讲述的故事必须是真实的。由于一些老教师年事已高，很多事情都是碎片化的记忆，有一些故事的时间、内容等，都需要与相关人员进行反复核实、确认。

会议结束后，我向黄和平监事长提出要求，请她尽快把口述合作者的名单提供给我。直到 2015 年 12 月 9 日，才收到黄老师转来的学校提供的 16 名口述合作者名单。名单到手后，我马上打电话落实访谈时间。在联系的过程中，有位老师又提供了新的线索，最终确认了六位老师，其中一位还不在校方提供的名单里。

2015 年 12 月 17 日下午，我带着我的团队开始了“芳草口述史”的第一次访谈。

学校把访谈地点安排在日坛校区的图书馆，受访的六位老师中，最年长的已 81 岁高龄，最年轻的 68 岁。并且只有一位是 20 世纪 60 年代在芳草地小学工作的老师，其他五位是 1973 年重建后，才到芳草地小学工作的。在访谈的过程中，我感受到她们已经力不从心，很多往事都回忆不起来了，只能记起事件，没有故事。但我还是要感谢她们，从支离破碎的事件中又给我提供了新的信息和线索。于是我又联系到了 1957 年 2 月调到芳草地小学任代理教导主任、如今已 86 岁高龄的章丽贞老师。令我欣喜的是她的记忆力超好，思路非常清晰，在电话中章老师又为我介绍了已 92 岁高龄的第一任校长张保真和 1956 年建校时在芳草地小学工作过、已 92 岁高龄的张淑华老师。随后我联系到了这两位元老。2015 年 12 月 29 日，我们首先来到了张淑华老师之女胡湘陵女士的府上，她的女儿向母亲说明了我们的到访之意，但是张老师已经回忆不起来建校初的情况了。张老师之女感到非常抱歉，给我介绍了 79 岁的高素琴老师。12 月 31 日上午，我们在牡丹园的一家肯德基店见了面，高老师给我带来了惊喜——她记忆中的 20 世纪 50 年代至 60 年代在芳草地小学工作过的老师名单和一些珍贵照片，就这样，我迈出了收集建校之初访谈资料的第一步。2016 年 1 月 7 日下午，86 岁高龄的章丽贞老师，以及 60 年代初在芳草地小学工作过的其他三位老师，来到了芳草地国际学校日坛校区的会议室，一起回忆并讲述了老芳草的故事。章老师在来之前做了认真的准备，这次收获颇丰。如：我们知道了芳草地小学最早接收外国留学生是 1961 年的春天，而不是 1957 年。之后一些细节故事多次通过电话与章丽贞等老师确认。2016 年 1 月 8 日上午，我们来到外交学院，拜访了首任校长张保真，张校长身体康健，记忆力也很好。张校长为我们讲述了 1956 年建校初期的情况，使我们弄清了一直以来都公认的“芳草地小学”的前身是“外交部子弟小学”的错误，学校的前身应该是“北京市东单区芳草地小学”，远在南京居住的芳草地小学元老孔凡珍老师，寄来了挂有“东单区芳草地小学”牌子的珍贵照片，证明了学校的初始名称。

根据研究需要，我依据历史的大背景，首先选择了两个学生群体，拜托章丽贞老师和高素琴老师帮助我寻找 1956 年 9 月和 1960 年 9 月在芳草地小学就读的学生作为主要的口述合作者。随后，又拜托了 1973 年重建后的几位老师，寻找在芳草地小学就读的学生作为口述合作者，但是非常遗憾，一直都没能找到。受托的几位老师都说，学生毕业之后都没有联系了。我从他们上小学的时间推算了一下，这些学生应该都还在工作，也许还没有闲暇去回忆他们的过去吧，也许再过几年，学生们会主动去找老师的。

在芳草教育口述史田野研究的过程中，我始终奉行诚信、负责、客观、严谨、公正的原则，尊重口述合作者。这一学术伦理的遵守一直坚持到成果的呈现。成果呈现后的确认，主要采用了三种形式。第一，将相关部分资料打印出来，发给口述合作者，面对面一起讨论，与他们一一核实、确认，征得他们的同意，并有第三方在场。第二，将内容打印出来，寄给相关的口述合作者；有些内容是通过电话确认的，保证不做无根据且与事实不合的诠释与推理。第三，在整理行文过程中口述合作者不同意出现自己名字的，本书均没有出现。

一路走来，伴随着感动：感动首任校长和老教师之间那份深情厚谊，她们（高素琴老师、黄树华老师）至今一直保持联系，每年都在老校长生日之际，为她庆生，孔凡珍老师从南京打来祝贺生日的电话；感动 55 年未见的师生，老师还能记得他们小时候的模样，叫出他们的名字；感动关槐秀老师为我讲述在国家困难时期，学生们把吃不了的牛奶和鸡蛋送给老师的场面；感动师生之情，1962 年毕业的罗庆朴同学，为感恩自己的启蒙老师，在自己负责的《中国青年报》相关版面上，撰文寻找特别想念的阎淑贞老师，希望能够当面向老师表达感激之情；感动 1965 年毕业的穆卫平同学，为表达对芳草地小学的爱，在暮年之际撰写了《芳草地》一书；感动 1966 年毕业的一些学生，在他们懵懂时做出了与年龄不符的事后，能够勇敢地站出来承认错误。一幕幕感动的场景说不完，道不尽，岁月无声，每一段时光都在渐渐变成一段光阴的故事。还有很多故事和思考没有来得及呈现在书中，甚感遗憾。

无论如何，让我借这个机会感谢所有帮助过我的人。首先感谢我的父母。是他们的正直和善良，潜移默化地影响着我，教会我如何做人，如何对待年长者，如何在年长者面前不失礼数。特别是在这一年的田野研究中得以实践，让我游刃有余地应对每一位口述合作者，获得他们对我的信任，他们对我都是以诚相待，给予了我最大程度的支持和帮助。

还要感谢我在广岛大学攻读硕士、博士学位期间，导师藤川信夫教授（现任大阪大学人间科学研究科教授）在我治学和求索的道路上给予的无私教诲与帮助，他严谨的治学态度深深地影响着我。今天的这部芳草教育发展史志的成果，是我用心来做的，用于回报恩师的栽培。

感谢首都师范大学教育学院的张景斌教授，是她推荐了我，让我有机会与芳草地国际学校结缘；感谢北京市教育学会名誉会长、北京市教育学会学术委员会主任李观政先生，北京市教育学会监事长黄和平老师对我的信任，把这个课题委托给我，并在实施的过程中给予各种帮助；感谢芳草地国际学校以刘飞校长、穆英书记、于芳副校长为核心的各位领导以及给予我帮助和支持的所有教职员工。恕我不在此一一提名致谢！

感谢原芳草地小学的张保真校长、杨国鑑校长、刘玉袭校长、苏国华校长以及张泉书记、张治齐书记；感谢老教师章丽贞老师、孔凡珍老师、张淑华老师、高素琴老师、黄树华老师、关槐秀老师、苗淑贞老师、杨桂兰老师、马志敏老师、孙德珍老师、张振刚老师、宁月珠老师、金公慰老师、马家俊老师、刘秀英老师、王宝娜老师、常美德老师、牛秀兰老师、卢桂芳老师、荣景甡老师、石志达老师、陈世华老师、杨军老师、杨凤茹老师、李家维老师、李国良老师、王道香老师、王美华老师、胡嘉玉老师、董树莉老师、彭香老师、岳爱珠老师等，你们不辞辛苦，为我们讲述了各自的芳草教育故事。

还要感谢芳草地小学老学子苏青云、杨长锁、部嘉媛、汤丽君、司明、杨葆毅、罗庆朴、罗雪珂、穆卫平、任友林、甘金水、王宏、郭力、陈舫、赵建军、王玉岭、李步、杨晓瑜等，他们以不同的方式给予我支持和帮助。恕我在此不一一提名致谢！其中特别要感谢任友林哥哥为我穿针引线，引荐 66 届毕业的各位哥哥姐姐，给予我最大的支持和帮助；还有陈舫姐姐为书的封面作画，在此深表谢意！

在此向董荷生先生、杨德纶校长之女冯芳，张淑华之女胡湘陵，荣闻远及闻远父亲荣健、母亲杜芳给予的帮助和支持，表示最真挚的谢意！

还要感谢我的团队同学王正阳、曹畅、姜方华、陈秀文、胡贺、赵霞、黄雅君、王红燕、周宜、张宗倩。她们将口述采集到的故事，转录成文稿，翻译报纸等，使我有更多宝贵的时间来思考。

感谢我的文化人类学同仁、中国人民大学人类学所的刘谦教授。在我撰写的过程中常常遇到困惑，欣慰的是我可以随时跟她讨论，她为我解除困惑，给予我启发，并在百忙之中通读文稿，给出修改的建议。说起这部芳草教育发展史志的书名，我们一起讨论、互相激发灵感的情形依然历历在目，感怀于心。

最后，还要感谢中国知名教育学家、北京师范大学教育学部的顾明远先生和中国知名人类学家、浙江大学的庄孔韶教授为本书作序，为此书增添许多光彩，衷心感谢两位德高望重的教育界、人类学界前辈的奖誉。

樊秀丽

2016 年 12 月 26 日于北京